# 最新版 建築構造の「なぜ」がわかる一問一答

Latest edition
Questions and Answers to resolve the problem of Architectural Structure.

?→!

# はじめに

近年、相次ぐ大地震や台風などの災害を受け、建築物に今まで以上に高い構造安全性が求められています。また、要求される性能や機能が多様化し、建築技術も進化し続ける中で、構造設計者にはより確実な対応が求められています。

本書では、日常の設計業務で見落としがちな注意事項や、判断に迷う場面で決断の拠りどころになるポイントについて、基本的な内容から新しい技術までを広く交えつつ、ベテランの構造設計者たちが一問一答形式で答えています。構造設計の初心者が意匠設計者との打合せをスムーズに進めるための一助となるほか、一般の方に建築構造に関する諸問題をわかりやすく説明する際にも役立つことを念頭に執筆されています。

なお、本書は２０１０年出版の『スパッとわかる建築構造』、そして２０１４年出版の『建築構造の「なぜ」がわかる一問一答』を増補改訂し、書籍化したものです。５年の間に起こった建築構造に関する制度変更や考え方の変化を踏まえ、元の執筆者に内容を見直していただきました。また、徐々に浸透しつつある新構法や技術、業務展開などについては、新たな執筆者を迎えて書き下しています。この本が、意匠設計者と構造設計者の意思疎通を深めるきっかけになることを、切に願っております。

２０１９年　秋

建築構造用語研究会　岡本憲尚

CONTENTS

## 基本設計

## 実施設計

## 現場

## 構造計画

[イラスト] アラタ・クールハンド
[編集協力] ホームプランニング
[装丁] 大杉晋也

本書は2014年に小社より刊行された「建築構造の『なぜ』がわかる一問一答」を、
増補改訂したものです。

# 基本設計

Q1

# 地盤調査だけで判断できないことは何か？

## 地盤調査で何が分かるか

地盤は、数百万年の歳月をかけて自然がつくりだしたものです。地盤調査は、その一部を取り出して性状を調べ、建築設計のために敷地地盤全体をモデル化する作業です。

### ①地盤の種類とその分布状況

地盤調査を行うと、地表からどの程度の深さにどのような層が平面的広がりをもって分布しているかを知ることができます［表1・図1］。

### ②地下水の状態

地盤には、ほとんどの場合地下水が存在し、ある深さから下方の土粒子の間隙は水で満されています。このとき、地下水で満たされた部分の最上位面を「地下水面」といいます。

### ③基礎設計のための「地盤定数」

直接基礎・杭基礎を設計する際は、地盤の設計定数（N値、せん断強さ、鉛直・水平方向の変形係数、単位体積重量など）が必要になりますが、これも地盤調査で求めることができます［※1］。同時に、軟らかい粘性土の地盤で問題となる長期沈下（圧密沈下）に関する地盤定数も、室内試験により把握できます。

### ④液状化の危険性

緩い状態で堆積している砂地盤は、地震時に繰り返しせん断応力を受けることで、砂粒子間の地下水の水圧が上昇し、まるで泥水のように振る舞うことがあります（この現象を「液状化」といいます）。地盤調査では、N値や土粒子の配合割合を調べることで、簡易的に液状化の危険度を判定することもできます。

### ⑤支持地盤の位置と広がり

工作物を含む建築物は、安全性を確保するために、基礎を良質な支持地盤の上に置くことが法律に

## 表1 ｜ 土と岩の種類と生成条件

**土の種類**

- 土
  - 運積土
    - 河成層…粘土·砂·礫層
    - 風成層…ローム·砂丘砂など
    - 重力作用…崖錐層
  - 残留土 -------- 風化作用…まき土など
  - 植積土 -------- 腐朽作用…泥炭·黒炭

**岩の種類**

- 岩
  - 火成岩
    - 深成岩…花崗岩など
    - 噴出岩…安山岩など
  - 堆積岩
    - 続成作用…泥岩·砂岩など
    - 生物の死骸…石灰岩など
  - 変成岩 —— 高圧·高熱…大理石など

地盤は土と岩からできている。土は生成・運搬過程の違いにより、粘性土、砂質土、礫質土、ローム層、泥炭層などに分けられる。岩も生成の違いにより、花崗岩、泥岩・砂岩などに分けられる

## 図1 ｜ 地盤想定断面図の一例

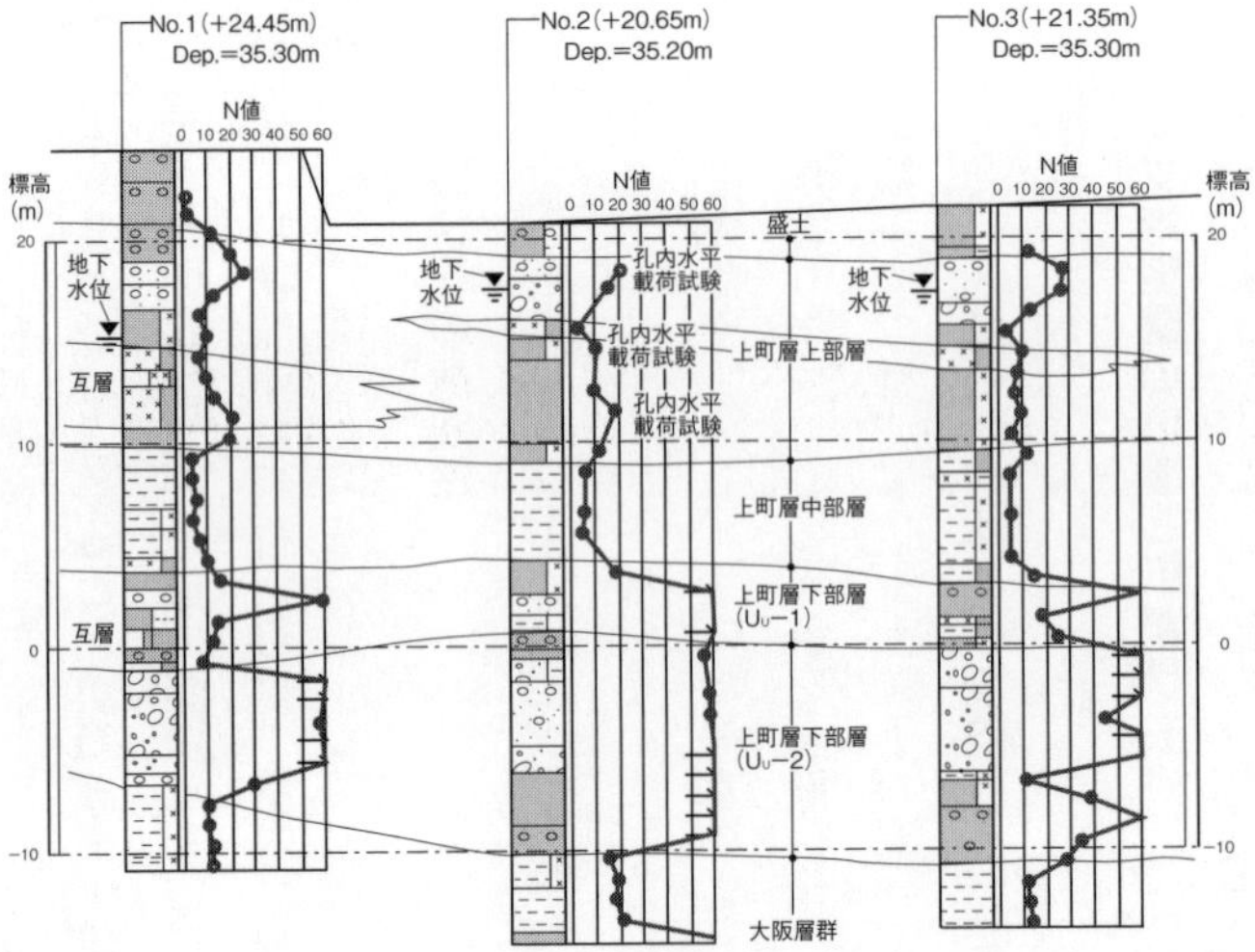


地盤調査結果に基づいて作成した地盤の想定断面図の一例。3本のボーリング調査は、標準貫入試験を1mピッチで実施し、その地点の深度方向の地盤構成とN値の分布が柱状図の形で表示される。これらの情報と、その地域の地盤の堆積環境を考慮して、地層の水平方向の連続性が推定される

「建築基礎設計のための地盤調査計画指針」（日本建築学会）

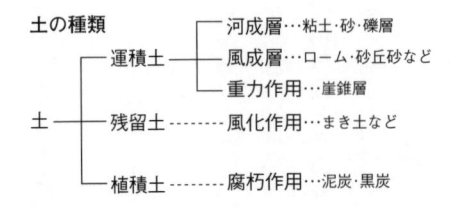

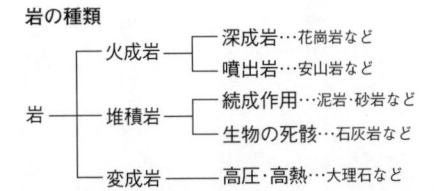

よって義務付けられています。支持地盤の目安は、粘性土でN値20以上、砂質土でN値30以上といわれていますが、明瞭な定義はありません。したがって、実際には建築物の荷重度の大きさに応じて、支持力と沈下を考慮し、設計者の判断によって支持地盤が決定されることになります。

## 地盤調査から基礎の選定まで

中規模建築物では、一般に地盤調査として、①ボーリング調査と標準貫入試験、さらに、②杭基礎が計画されている場合は、孔内水平載荷試験、③粘性土が分布する場合は、乱れの少ない試料の採取（サンプリングともいう）と室内土質試験が行われます。

これらの調査仕様は、調査地や計画建物により異なります。標準貫入試験では、地盤の相対的な硬さを示すN値が求められるとともに、採取した土質試料により地層の観察を行うことができます[写真]。

孔内水平載荷試験では、杭基礎の水平支持力を求めるための水平地盤バネ（水平地盤反力係数）が求められます。また、室内土質試験では、粘性土のせん断強さ（一軸圧縮強さ）や鉛直地盤ばね（変形係数）、圧密沈下に関する諸定数が得られます[※2]。

**写真｜土質試料**

標準貫入試験サンプラーに採取された土質試料

地盤調査が終了したら、支持地盤の深さを基本として、建物荷重、支持力と沈下に関する安全性などを考慮して基礎形式（直接基礎、杭基礎、併用基礎など）を選定します［図2］。

## 調査時の留意点

**①地盤調査で分からないこと**

地盤想定断面図［図1］は、3本のボーリング地点以外の地層は、あくまで想定にもとづいています。このため、ボーリング調査の間隔が広くなればなるほど、想定した地層と実際の地層に差異が生じる危険性があります。また、**敷地内で2本以上のボーリング調査を行って支持地盤はほぼ水平だと判断した場合でも、実際には2〜3mの不陸があることは少なくありません。**杭基礎の設計に際しては、ある程度地盤の不陸を想定して、いくつかのケースについて、あらかじめ検討する場合があります。

また、ボーリング孔のなかで確認される地下水位は、孔壁保護などの目的で使用される泥水などの影響を受け、自然の地下水位と異なる場合があるので注意が必要です［※3］。

**②地盤調査の前に**

建物の計画段階では、敷地の安全性を確認することが重要になります。そのためには、地盤調査に先行して現地踏査を行い、斜面地では斜面崩壊の危険性、切土・盛土の境界、擁壁と計画建物の位置関係を確認します。また、河川・海域に隣接する地域では、地震時の液状化に伴う護岸の側方移動が計画建物に及ぼす影響の検討も必要でしょう。また、軟弱地盤上の盛土などの場合は、圧密沈下が終了していることを実測値などにより確認しないと建物に障害が発生する恐れがあります。

（吉田 守）

## 図2 ｜ 支持地盤の深さと基礎形式の選定

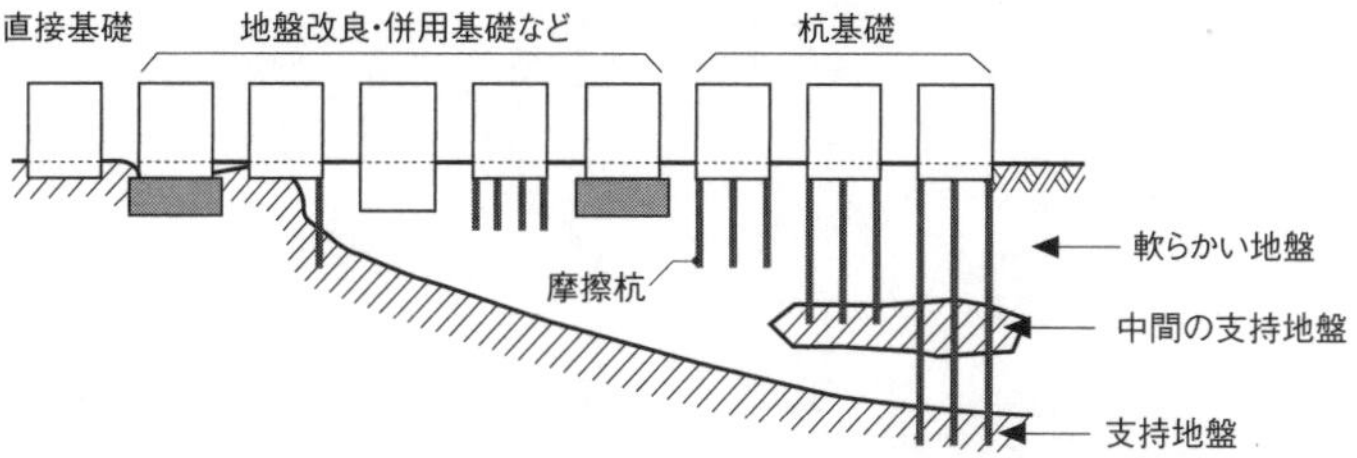


原則として、支持地盤が浅く出現する場合は直接基礎、深い場合は杭基礎が選定される。支持力と沈下に関する安全性を確認したうえで併用基礎、地盤改良などが採用されることもある。中間の支持地盤に杭基礎を置く場合は、杭先端（根固めがある場合はその先端）から下方に杭径の5倍程度の厚さの支持地盤があること、下位の地盤が杭先端荷重により圧密沈下を起こさないことを確認することが重要である

「建築基礎構造設計指針」（日本建築学会）

※1　地盤の技術書のなかには、地盤の設計定数を地盤調査から直接求めず、N値から推定する方法も記載されており、法律もこれを妨げてはいない。しかし、N値と設計定数の関係のほとんどは、両対数グラフで整理されているため一見相関がありそうだが、実際にはかなりのばらつきをもっている。N値から設計用地盤定数を設定する場合は、施工法や建物と地盤のバランスを考慮して、設計が安全側になるような適切な配慮が必要である

※2　試験法の詳細については、地盤工学会が発行している調査法・試験法を参照のこと

※3　地下掘削工事のために地下水位を正確に把握する必要がある場合は、現場透水試験の実施や、地下水観測孔の設置が望まれる

Q2

# N値がどれくらいあれば「杭なし」にできるか？

「うーん…N値だけで判断するのは…」

## 標準貫入試験は「お腹に手を当てる」程度のもの

判断指標としては直接基礎における長期許容地耐力表［表］を参照するのがベストです。表のN値に収まっていれば「杭なし」でできる可能性がありますが、そのほかに、設計する建物が安全かどうかは短期の地震力、風力の要因も考慮することが重要です。

たとえば、お医者さんにお腹の状態を診断してもらうとします。その際は、まず問診に始まり、本人の顔色を見ながらお腹に手を当てて叩いてみる、聴診器で音を聴く、尿、便を検査する、レントゲン、CTスキャンをしてみるなどと続くことでしょう。なかには、腹部を切開して内臓を取り出すことがあるかもしれません。

地盤の状態を知る手がかりとなるN値を標準貫



表｜長期許容地耐力表

| 地盤 | 長期許容地耐力（kN/㎡） | N値 |
|---|---|---|
| 〈土丹盤〉 | 300 | 30以上 |
| 〈れき層〉 | | |
| 密実なもの | 600 | 50以上 |
| 密実でないもの | 300 | 30以上 |
| 〈砂質地盤〉 | | |
| 密なもの | 300 | 30～50 |
| 中位 | 200 | 20～30 |
| | 100 | 10～20 |
| ゆるい | 50 | 5～10 |
| 非常にゆるい | 30以下 | 5以下 |
| 〈粘土質地盤〉 | | |
| 非常に硬い | 200 | 15～30 |
| 硬い | 100 | 8～15 |
| 中位 | 50 | 4～8 |
| 軟らかい | 30 | 2～4 |
| 非常に軟らかい | 20以下 | 2以下 |
| 〈関東ローム〉 | | |
| 硬い | 150 | 5以上 |
| やや軟らかい | 100 | 3～5 |
| 軟らかい | 50以下 | 3以下 |

地盤の長期許容地耐力をN値を用いて簡易に判断する表であるが、あくまでも判断指標の１つとして扱う。N値では表現できない透水性など、ほかの資料から経験、推理力を働かせて使用する

「小規模建築物基礎設計の手引き」（日本建築学会）

入試験で判断することは、実は「お腹に手を当てて叩く」ことと大差はありません。もっと正確な判断をしようと思えば、土質サンプルの採取、土の三軸圧縮試験データ、水平地盤反力係数の試験データ、スウェーデン式サウンディング試験の併用、近隣のデータを取り寄せるなども行う必要があるのです。そしてなにより、設計者としては現地で半日くらい腕組みをして周囲の景色、既存建物の状態を頭にインプットしておくくらいの調査はしておきたいものです。

地盤を形成する土の性質は、あえて一言で言えば「流粘弾剛塑性」となります。流体は気体もありますが地盤に限ると地下水です。粘性とは、いわゆる粘土に代表されるような性質のことですが、これは速度、周波数、時間に依存するため、たとえ剛体に見える岩であっても1000年単位の挙動をみれば粘土と同じになります。逆に、瞬間の力に対しては、粘土であっても剛体の性質を示すことになります。剛体は破壊後に滑り抵抗をすることから、剛塑性の性質で表されます。建物の長期の上下動は沈下、浮き上がりに限っても複雑で、その際は水の影響も無視できません。

## 地盤と基礎の関係

支持地盤と基礎の関係を整理しておくと、基礎には大別して直接基礎（ベタ基礎、連続基礎、独立基礎）と杭基礎があります。支持地盤もいくつかに分類されます。表土に始まり、砂質粘土、粘土質シルト、砂質シルト、粘土質シルト、粘土質砂、シルト質砂、砂礫、ローム、粘土、シルト、砂、礫、砂礫、岩と続きます（水分の有無も加わる）。加えて、改良地盤もありえます。

一般的な判断としては、建物基礎の直下が礫、

**図 ｜ 地中応力による圧力球根**

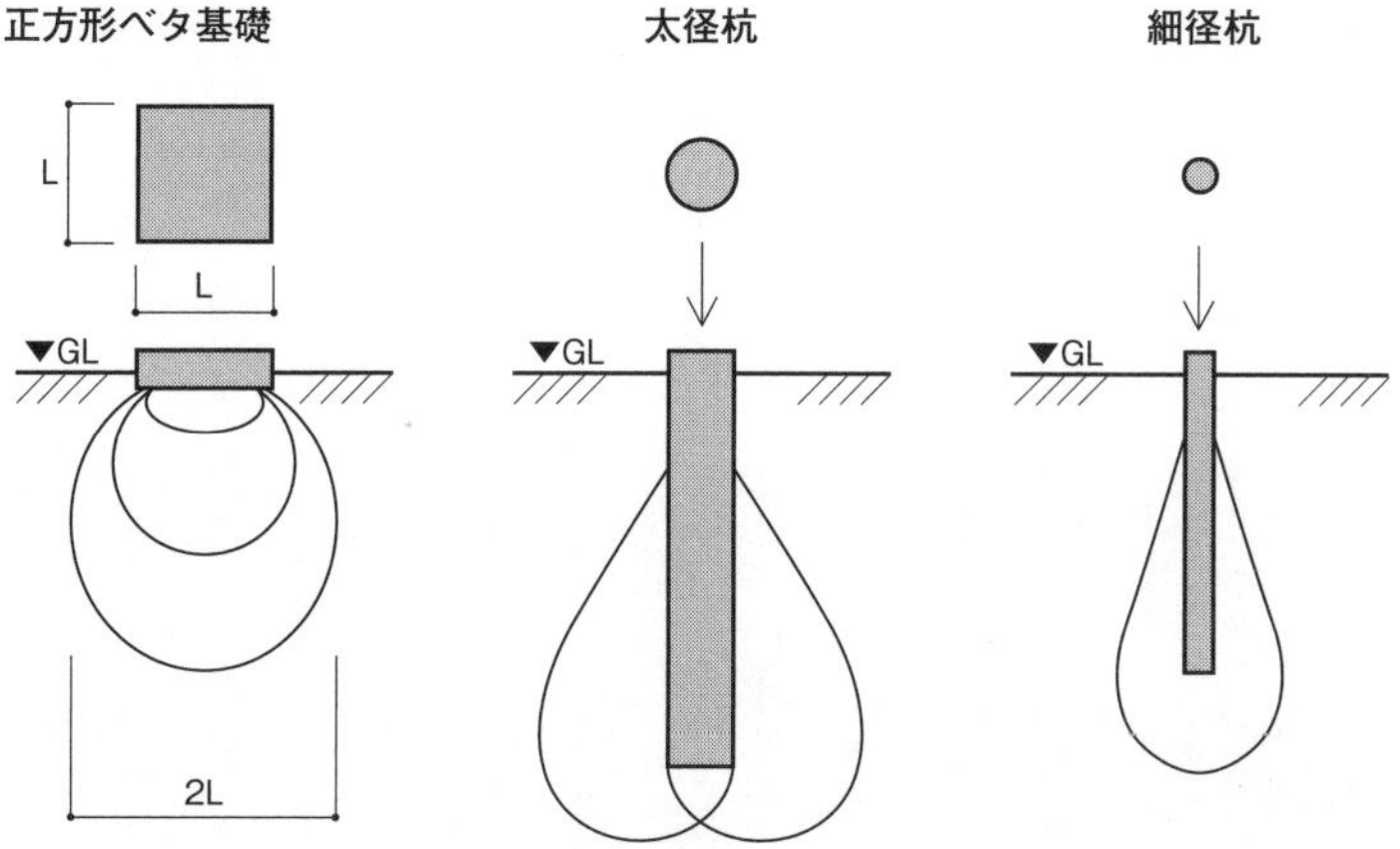


地中応力による均一土質圧力球根の分布であるが、この図からベタ基礎・摩擦杭・支持杭の境界は明確に区別できないことが分かる。または地盤は均一土質が分布していることは稀で、多種多様な分布をイメージする必要がある

砂礫、岩であれば独立基礎、深いところにあれば杭の支持地盤とします。杭を打てば建物の沈下が防げるかといえば、そうは単純にはいきません。直接基礎でも杭基礎でも、建物の重量と砂礫層の厚さ、分布の範囲による偏り、地下水の変動などがあるため、沈下防止の絶対策があるかといわれれば、「絶対はない」といわざるをえません。あくまで、建物に被害が及ばない範囲の沈下であることが判断の決め手となります。

## 長期許容地耐力表は信用できない？

さて、「杭を打たないでも済む地盤のN値」ですが、**ひとまず検討のよりどころとなるのが、N値と（直接基礎に採用する）許容地耐力度との対応表**です［表］。これによると、N値が5以上あれば、関東ローム層において150kN／㎡くらいの接地圧であれば杭なしでよいという判断ができるかもしれません。

ただし、本表の数値のみを機械的に採用するのは危険です。実際には、これから設計する建物の性質とにらみ合わせて判断する必要があるからです。N値を過信してはいけません。これも、お医者さんがお腹に手を当てて叩くことと同様であることを念頭に置いておくべきでしょう。

杭の要不要は、地盤の状態、性質、建物の用途、種類、規模、建物の沈下、浮き上がり、地震時の建物との相互作用、液状化対策、近隣対策などから、設計者に総合的な判断力が求められるのです。

事実、ベタ基礎とする場合には、許容地耐力度の概念自体に疑義を唱える意見もあります。これは、建物の基礎が及ぼす地盤への影響範囲は、その支配面積の大小により変化することから、地盤に関する安全な圧力（許容地耐力度）なるものは、基礎の沈下と深さの諸要因と合わせて固有の値として存在するものではないという考え方です。

したがって、地盤に限らず、力の釣り合い条件からだけでなく、「無限地盤」の広さを考慮した力と変形（時間×速度）のエネルギーとしての釣り合い条件を満足することが、「究極の回答」であることを意識しながら判断する必要があるのです。

**たとえN値からの許容地耐力度が表の範囲内であっても、緩い砂質地盤の場合、地震動に対する液状化現象が懸念されます。**地震動により地盤が揺すられることを考えると、固く締まった砂か緩い砂かの判断は難しいところです。まして砂層では土質サンプルを採れません。

逆に、沈下対策さえ施していれば、「地盤免震的」な効果から地上の建物にとっての地震動の入力は低減されます。

ところで、地盤の許容地耐力度がやや不足する場合は、地盤改良という方法もあります。固化材料としてセメント系のものを採用する場合は、工法によっては雨季工事のセメント分流出防止の管理と、強アルカリ分による敷地周辺の植物の生長に対する影響も考慮する必要があります。

結局、周辺地盤を考慮した杭と建物の地震時入力による挙動は、よくも悪くも学問的にはまだまだ未解明な分野であることを肝に命じおくことが大切なのです。

（真崎雄一）

参考文献：「N値およびCとΦの考え方」（土質工学会事業普及委員会／土質工学会）「土と建築基礎の問答」（鈴木三郎／エクスナレッジ）「建築基礎」（田中修身監修／建築技術）「建築杭基礎雑考」（杉村義弘場／総合土木研究所）

Q3

# 建替えの現場で既存杭をそのまま利用するには？

「まだ頑張れそうですね」

## 既存杭の利用は経済にも環境にもやさしい

既存杭の利用は、経済面、環境面において大きなメリットとなります。ただし、利用にあたっては、既存の図書によりその諸元が確認できるとともに、健全性、耐久性、場合によっては支持力の調査が必要です。また、既存杭でも現在の法規に適合する性能が要求されるため、設計に手間や費用がかかります。

建替えを行う場合、一般に既存の建物は基礎も含めて解体しなければなりません。なかでも、基礎杭を撤去するためには、多大な手間と費用がかかります。現在はエコロジー最優先の時代。すでに打たれている杭を撤去して、同じようなものを再びつくるのはモッタイナイ話です。そうした風潮を受けてか、最近では、日本建築学会の大会でも既存杭の利用に関する論文が数多く発表されるようになっています。

とはいうものの、新しい建物に既存杭を使おうとすると、今まではないさまざまな調査や検討が必要になります。たとえば、日本建設業連合会の地盤基礎専門部会 杭の再利用促進WGが2018年11月に改定した「既存杭利用の手引き―現在と将来の利用に向けて―」(以下、「手引き」)では、既存杭(場所打ち杭、既製コンクリート杭、鋼管杭)を活用する場合の問題点や検討方法を示しています。ここでは、この「手引き」を参考に、既存杭を利用する場合の検討事項を紹介します。

## 既存杭の性能を調べ利用方法を検討する

既存杭を利用するにあたっては、まず、検査済み証があることが前提となります。その上で、**杭の施工年代、杭種、杭配置、杭径・長さ、配筋・かぶり厚さ、設計基準強度、鉛直支持力、水平力の検討の有無**などを調べます。書類にてそれらが確認できた場合にも、抜き取り調査として、杭頭での目視確認や、耐久性調査（コンクリートの強度試験・中性化試験）、健全性調査を実施するのが一般的です。記録が見つからない場合や、既存建物より大きな荷重を作用させる場合には、杭の鉛直支持力を調べることが必要になることもあります。

主な調査項目は、表のとおりです。

既存杭が既製コンクリート杭の場合は、パイルキャップの撤去時に杭が損傷しやすいことや、杭頭を切断すると、切断面から30㎝程度の範囲でプレストレスが減少することなどに注意しなければなりません。

基本的な調査を終えたら次に既存杭の諸元や状態、性能などを勘案して、どのように利用するかを検討します。一般には、新しい建物を既存杭だけで支持できることはほとんどないため、新たに杭を追加する必要が生じます。

そこで、想定される既存杭の利用方法としては、以下のものが考えられます。

**●新たな杭と同等の鉛直支持力と水平耐力を、既存杭にも期待する方法**［図1］

**●新たな杭を補うかたちで、既存杭の鉛直支持力か水平耐力を期待する方法**［図2］

**●鉛直支持力や水平耐力は新たな杭にすべて期待し、既存杭は敷地地盤の余力とする方法**［図3］

既存杭の位置と新しい建物の柱位置は一致しないのが一般的です。そこで多くの場合、剛性の高いマットスラブを設けるなどして杭に生じる偏心力の処理が必要となります［図4］。

ところで、**建築確認などでは原則として、既存**

## 表 ｜ 主な調査項目

| | |
|---|---|
| 杭配置、杭種、杭径 | 露出した杭頭を目視して、記録どおりであるかどうかを確認。記録と違っていることも、ときどきある |
| 配筋・かぶり厚さ | 場所打ち杭であれば、杭頭をはつって調べる |
| コンクリート強度 | 既存杭から採取した供試体の圧縮試験で調べる |
| コンクリートの中性化 | フェノールフタレインの溶液を噴霧して調べる |
| 杭長・健全性 | 杭頭を手ハンマーで軽打して弾性波を発生させ、IT（Integrity Test）試験機［写真］で、その反射波を測定することによって、損傷の有無・位置や杭長を調べる<br>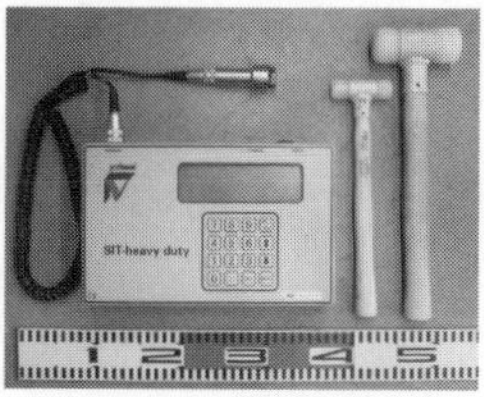<br>IT 試験機の例 |
| 鉛直支持力 | 静的鉛直載荷試験（押込み試験）で調べるのが確実だが、費用や反力杭が必要になるなどの点から、動的載荷試験で調べる場合も多い<br>動的載荷試験装置［写真］を用い、ハンマーを杭頭に落下して生じた弾性波と、その反射波を解析することによって支持力を推定する<br>ハンマーを直接杭頭に落下させる衝撃載荷試験は載荷時間が短く、杭体に波動現象が生じるため波動理論を用いた波形マッチング解析が必要になる<br>一方、ハンマーと杭頭の間に軟クッションを挟むことなどによって載荷時間を長くした急速載荷試験では、波動現象が生じないため簡単な解析で済むが、コストは高くなる<br><br>動的載荷試験装置の例 |

**杭にも現在の法規に適合する性能（使用材料の強度やかぶり厚さなども含む）が要求されます。**このとき検査済証が残っていても、現行法規に適合することを任意評定などで確認するよう求められることもあるので、事前に審査機関と十分な打ち合わせが必要です。

既存杭の利用は、経済的にも環境的にもよいことではありますが、実際に利用する場合は、調査や設計に手間や費用が少なからず必要になります。

それを理解したうえで、利用できそうな既存杭があれば、ここで述べた点などを踏まえて検討してください。

（小椋仁志）

**図１｜新設杭と同等**

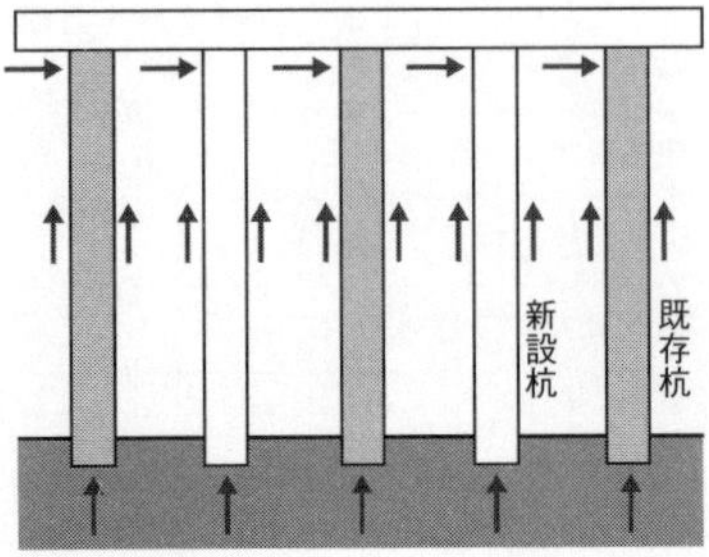


既存杭の性能などが明確に分かっている場合に、新設杭と同じように既存杭の鉛直支持力や水平耐力を期待する使い方がある

**図２｜主に鉛直支持力を期待**

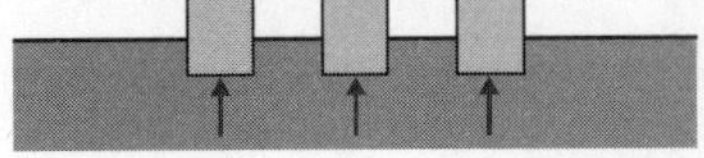


既存杭が鉛直支持力は満足しているが水平耐力は不足している場合に、水平耐力は期待せずに鉛直支持力のみを期待する使い方がある

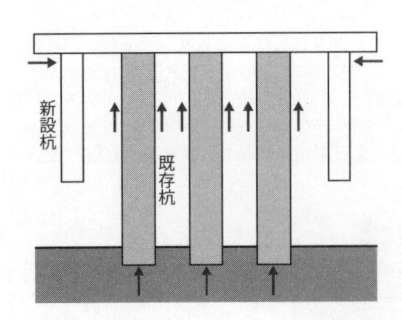

## 図3｜敷地地盤の余力

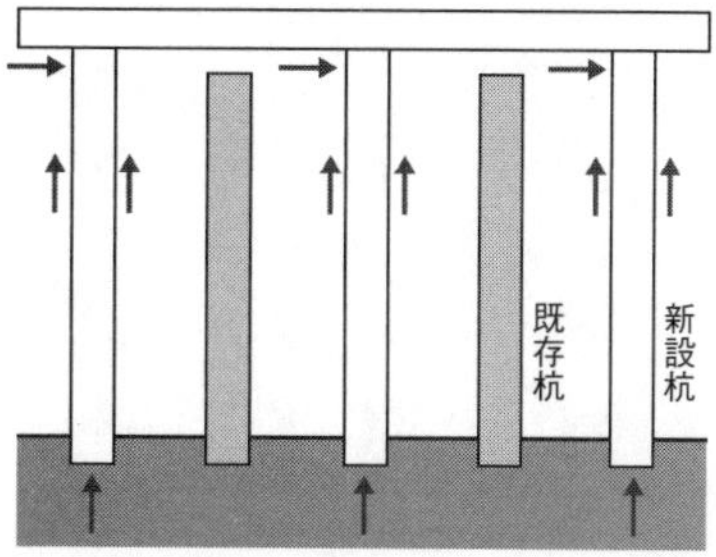


明確には分からないが既存杭の鉛直支持力や水平耐力などがある程度は期待できる場合に、構造体としては期待せず敷地地盤の余力として残す方法がある

## 図4｜偏心の処理（マットスラブの例）

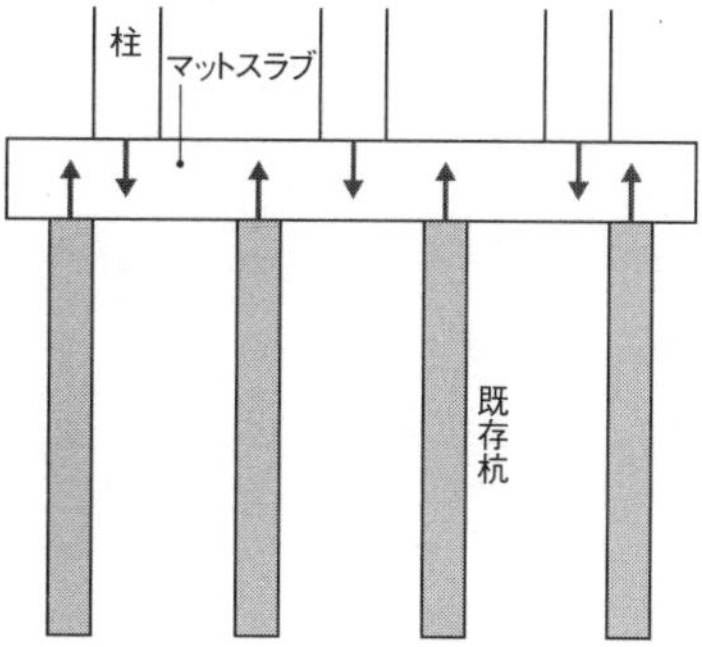


既存杭と柱位置が一致しない場合に生じる偏心力への対処として、基礎スラブの剛性を大きくするためにマットスラブとした例

Q4

# 不整形な建物の耐震性を確保するには？

「大丈夫なの？…」

## 不整形な建物はバランスが悪くなりやすい

優れた耐震性を発揮する構造は、構造体全体が一致団結して地震力に抵抗する構造です。不整形な建物は、構造部材が地震力にばらばらに抵抗して、構造体全体が力を発揮する前に、局部的に構造材が壊れて、それによって建物全体が壊れてしまう可能性があります。

### ●剛性バランスは平面、立面の両方で問題になる

市街地に建つ建物が不整形になる原因は、敷地形態などの外的要因、日影規制、斜線制限などの法的要因のほかに用途上、デザイン上の要求などさまざまです。かつては整形を第一の要件としていた超高層建築にも、最近は不整形なものが設計され、次々と街中に出現しています。

不整形な建物は、地震力に対する架構の硬さ（剛性）のバランスが悪くなる傾向にあります。また、整形に見える建物でも、耐震壁や大きな吹抜け空間が偏った位置にあると、バランスの悪い構造となります。このように、剛性バランスの良し悪しは平面的なものだけでなく、立面的なバランスも問題になります。

### ●偏心率は平面的な剛性バランスの指標

平面的なバランスの悪さは、建物自重の重心位置と剛心位置（柱、梁、ブレース、耐震壁など地震力に対する抵抗要素がもつ水平剛性の中心）のズレ（偏心）によって起こります。このズレの量を偏心距離といいます。地震力はその層の重心位置に作用すると考えられるので、偏心距離の大きな構造体が地震動を受けると、剛心を中心として建物に平面的な回転モーメントが作用します【図1】。これにより構造体は地震力の作用方向に水平変形すると同時に、ねじれ（回転）変形を起こします。偏心距離と構造体のねじれ剛性から求められる弾力半径との比

を偏心率と呼びます。ねじれやすさはこの数値の大小によって評価されます。

偏心率が大きいほど平面的な剛性バランスが悪く、ねじれやすい構造体となります。ねじれ変形の影響が大きい構造体では、剛心から遠い距離にある架構がより大きな変形を起こします。大きな変形を生じた架構は発生応力も大きくなります。そして、地震の初期にその部分の構造材だけが塑性化して、地震エネルギーの消費がその架構に集中する危険性があります。こうなると、そこ以外の架構はそれほど損傷していないにもかかわらず、その架構の局部的な破壊により、構造全体が引きずり込まれるように倒壊する可能性があります。その結果、被害の状況は「大破」に類するものになるでしょう。

**●剛性率は高さ方向バランスの指標**

多層建築においては、地震動による各層の水平変位量にばらつきが大きい構造体を、「立面的な剛性バランスが悪い構造」といいます［図2］。バランスが悪くなる原因は、耐震壁またはブレースの数が層によって大きく異なることや、柱・梁断面の寸法がある層で急激に変化する、階高がある層だけ高くなることなどです。上階に耐震壁が多く、最下階にピロティをもつ集合住宅はその代表例です。地震動によって生じるある層の水平変位と、各層の水平変位の平均値との比を剛性率と呼びます。

剛性率がほかの層より突出して小さな層をもつ構造体は、地震動によってその層のみが大きく変形して、部材の塑性化が集中して起こります。この場合も偏心率が大きい場合と同様、地震エネルギーの消費がその層に集中して、ほかの層がそれほど損傷しないまま、その層のみが崩壊してしまいます。この現象を「層崩壊」といいます。こうした局部崩壊をきたす構造体は、地震エネルギー消費（吸収）能力が低く、耐震性能も低いということになります。

## 図1 | 偏心の大きな構造

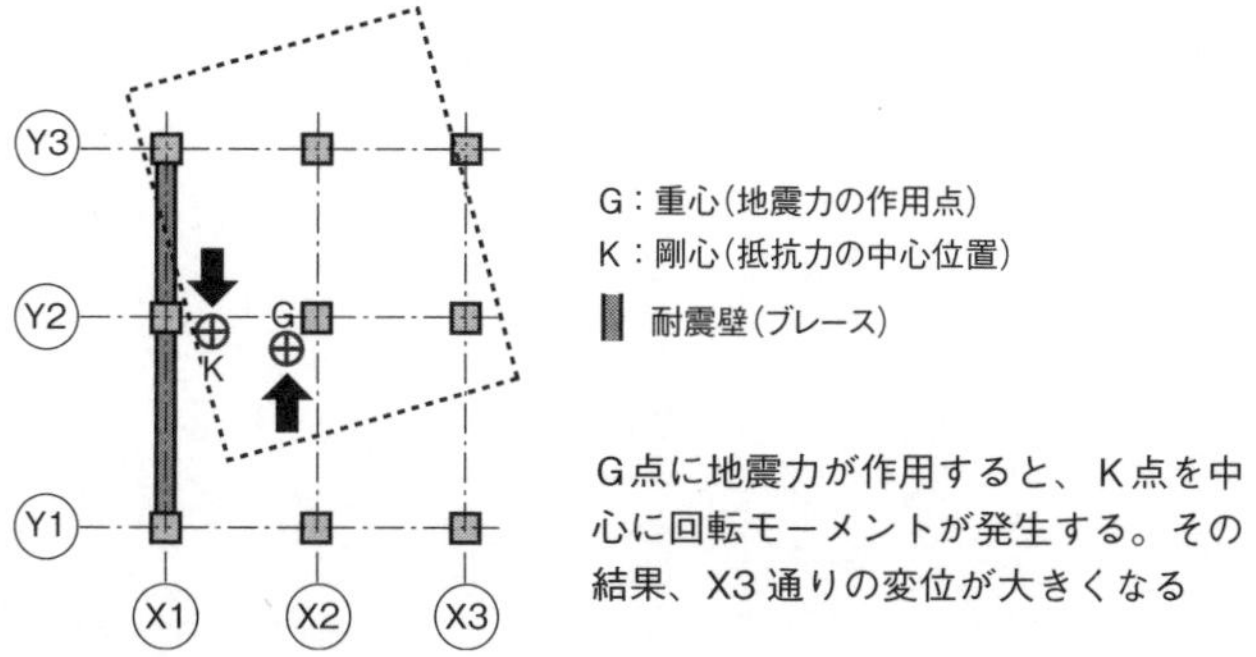

G点に地震力が作用すると、K点を中心に回転モーメントが発生する。その結果、X3通りの変位が大きくなる

## 図2 | 立面的な剛性バランスが悪い構造

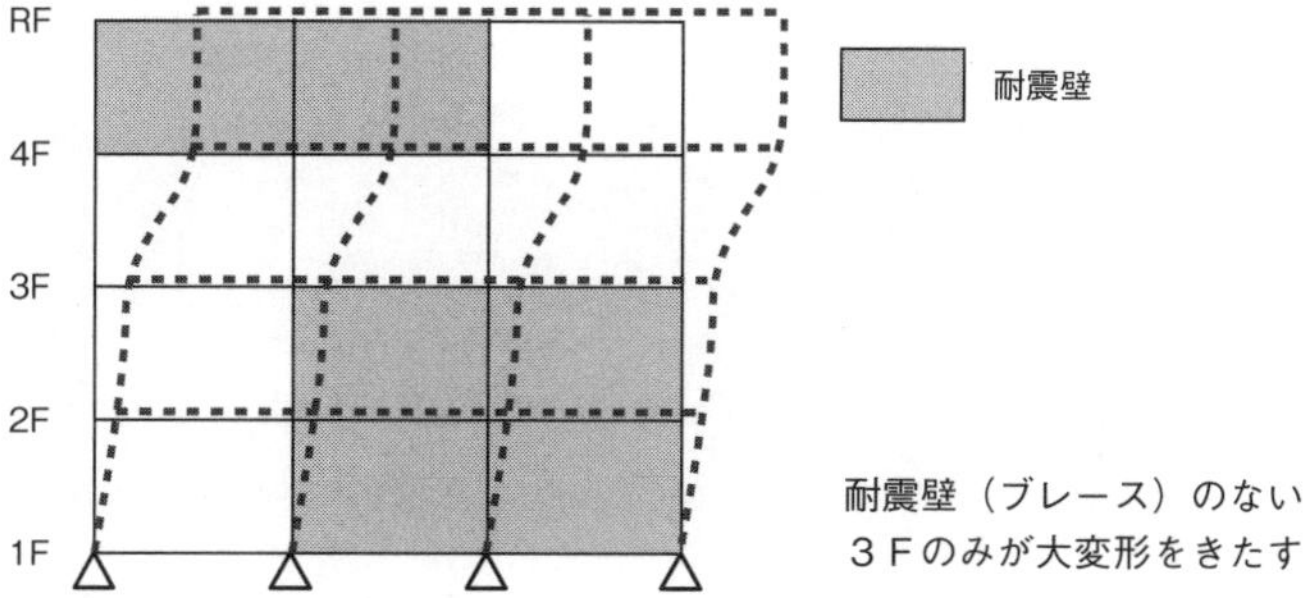

耐震壁（ブレース）のない3Fのみが大変形をきたす

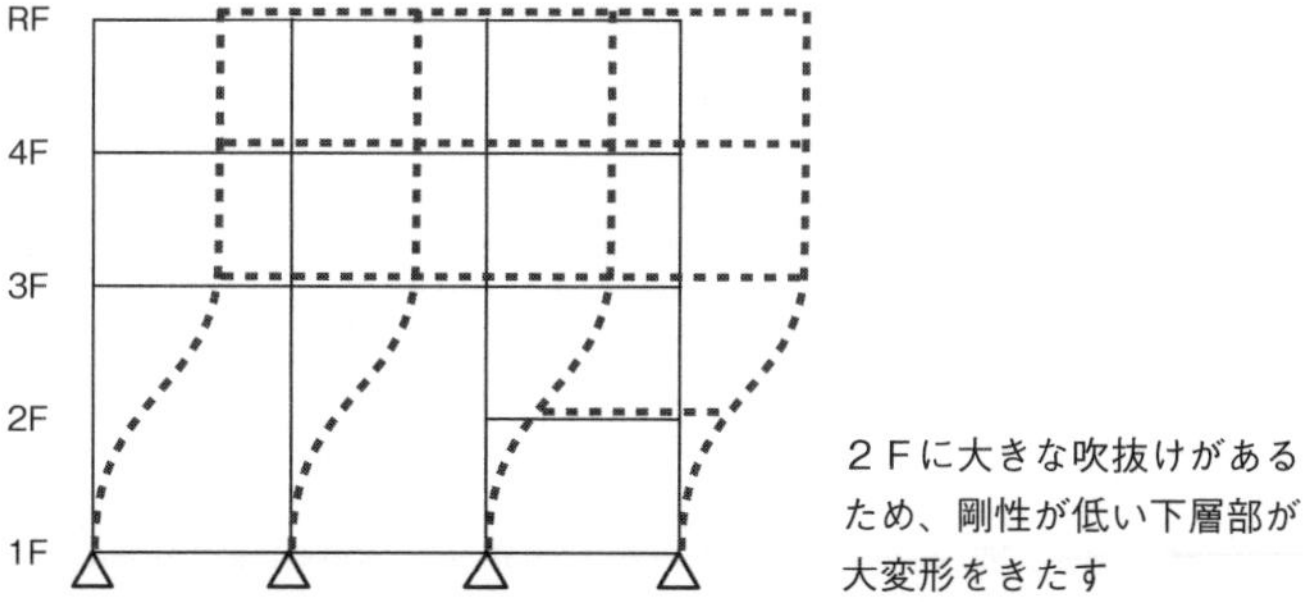

2Fに大きな吹抜けがあるため、剛性が低い下層部が大変形をきたす

## 剛性バランスの悪さを改善または担保する

### ●壁やブレースの配置を変更する

耐震性能がよい構造とは、構造部材全体で地震エネルギーを吸収することができる構造をいいます。そこで、偏心率が大きい構造の改善策としては、壁またはブレースの配置を変更するとか、壁の厚さを調整することなどが考えられます。**純ラーメン構造であれば、剛性の低い架構の柱、梁部材の断面寸法を上げるか、逆に剛性の高い架構の部材断面を適正なサイズまで小さくする**などの方法が考えられます。そのほか、柱配置を工夫することでも耐震性能は上がります。これらはいずれも重心位置はそのままにして、剛心を重心に近づける方法です。

逆に重心を剛心に近づける方法もあります。具体的には、**床版の重さを変化させ、重心を移動させる方法がもっとも簡便**です。床版を重くしたいときは、コンクリートの厚さを増す、軽くしたいときは床版をALC版等とするなどの方法が考えられます。

### ●構造体の保有水平耐力を高くする

実際の設計では、さまざまな理由から、剛性バランスの悪さを設計上無視できる範囲内に納められないことが多くあります。この場合は耐震強度を上げて、局部的な変形が増大する部分の破壊を防がなければなりません。

具体的には、**構造体の保有水平耐力をバランスのよい構造体より高くする**ことになります。現行法の基準では偏心率が制限の範囲を超える場合は、その程度によって必要保有水平耐力を最大1.5倍、同様に剛性率の場合最大2.0倍割り増すこととしています。平面的にも立面的にもバランスの悪い場合の耐力割増率は最大で1.5×2.0＝3.0倍となり、部材の断面寸法や建設コストに大きく影響します。

**図３ ｜ 剛性バランスの改善**

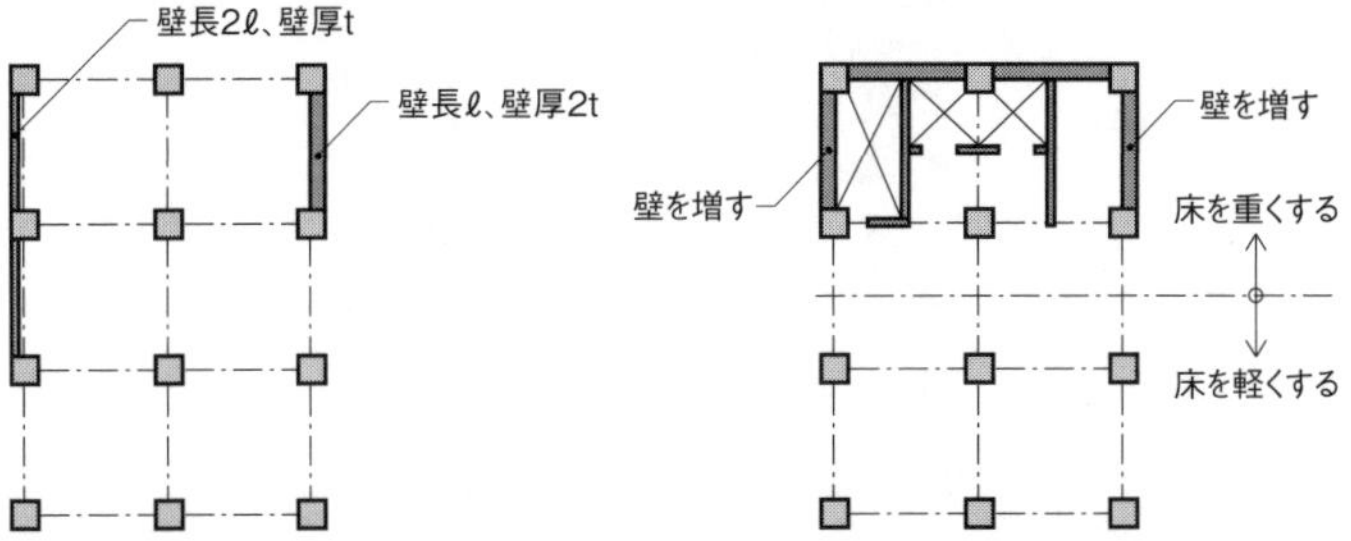


壁の厚さを調整して、偏心量を改善する

建物重心を壁側に近づける（偏心量の改善）、壁を増す（回転剛性を高めてねじれにくくする）

## 法規定順守だけでなく重要な設計者判断

日本の耐震設計の進歩は、関連法規の改正によるところが少なくありません。不整形な建物に起りがちな剛性バランスの悪い構造体に対しても、１９８１年の建築基準法改正時に、これまでに述べてきたような偏心率・剛性率・必要保有水平耐力などの考え方が導入され、一定の耐震性を確保する設計法が規定されました。

法は、共通的な判断基準を規定していますが、設計の問題をすべて規定することは不可能ですし、そうあるべきではないと考えます。また技術基準に関わる法の規定には不明解な部分もあります。不整形な建物の設計に際しては、法規をなぞるだけでなく、設計者自身のしっかりとした判断力をもって設計に臨むことが不可欠といえるでしょう。

（金田勝徳）

Q5

# 仮定断面はあくまで「仮定」と捉えるべきか？

## 仮定断面は「根拠ある数値」

仮定断面は、その時点で共有化された設計条件のもとで、構造設計者が構造計画に基づき、〝根拠ある数値〟として責任をもって顧客と各設計分野に提示するものです。設計条件の確実性と構造設計者の構造計画能力によって、仮定断面の確実度は変わります。

設計の初期段階で意匠設計者と打ち合わせをすると、彼らは打ち合わせ用として、柱・梁の形状や寸法を記入した基本設計図を提示してくることがあります。拝見すると、わりとほどよいサイズになっていて感心させられることが少なくありません。すでに多くの建物で経験を積んでいることで、部材断面が彼らなりに整理され、データベース化されているのかもしれません。ときには、「この梁せい、もう少し小さくできませんか」と迫ってくることもあります。

さて、仮定断面ですが、これは構造設計者が構造計画にもとづき、**「根拠ある数値」として責任をもって示す各分野共有の情報**です。それをもとに、意匠、構造、設備などの各分野が詳細な検討を進めたり、構造躯体費の概算を出すために必要となります。

意匠・設備設計者にとっては外形寸法のみ重要視されそうですが、概算を出す場合は歩掛かり（鉄筋量、配筋、鉄骨板の厚さ）や、材料強度も必要となります。実施設計スタート後は、共有で使用する仮定断面の変更は極力避けるべきですが、修正が必要な場合は迅速な調整機会をもつことが大切になります。

## 仮定断面の求め方

仮定断面を設定する際は、その構造・形式を耐震壁やブレース付きとするか、純ラーメンとするか、また柱をどのように配置するかが重要になりますので、意匠・構造・設備の各設計者間で協議しながら構造計画を練っていく必要があります。柱間隔を大きくとれば、梁断面も大きくなり柱断面も大きくなりますが、逆に柱間隔が細かすぎると、空間の快適性を阻害するとともに、不経済な構造躯体となってしまいます。

また、この段階では、柱の長期軸力の大きさや梁のスパンと断面せいの比など、構造設計者が過去に蓄積しているデータ情報から断面設定がなされることも多いでしょう。

実施設計の段階になると、仮定断面は建築主からの要求事項と意匠・設備設計者からの情報をもとに、より詳細に設定していきます［図1］。建築主からの要望としては、用途から決定される積載重量と耐震グレードや常時の性能（遮音等級など）、意匠設計者からは重量に関係する仕上げ仕様や、必要な梁下の高さ、階高案、設備設計者からは機器重量や設備方式、配管経路方針です。このとき仮定断面を設定する方法には特定の手法があるわけでなく、構造設計者各人の経験と知識をもとに工夫をこらして設定していきます。

最近は「最適断面設定の理論・手法」も発表されていますが、現状では実建物のような複雑なものへの適用には不十分です。仮定断面の設定方法には、経験データに基づく方法と、略算による方法の2種類があり、さらに略算法には許容応力度計算によるものと、必要保有耐力から求める方法があります。仮定断面の精度を高めるためには略算による手法が望ましいと考えます。

## スラブ厚、耐震グレードも重要

柱、大梁の仮定断面を設定する前には、常時の

## 図 1 ｜ 仮定断面設定のための情報の流れ

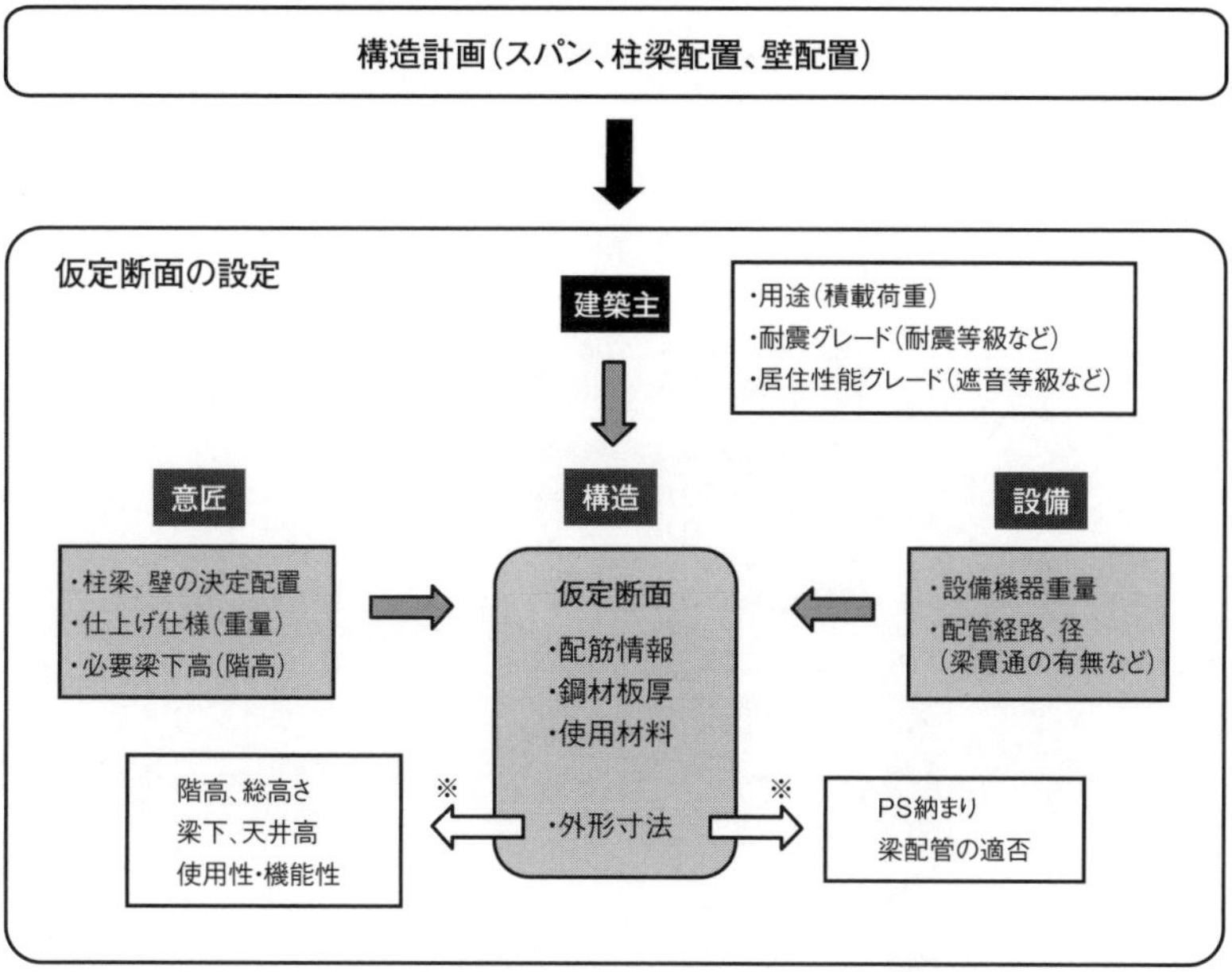


※ 外形寸法変更により再検討が必要な項目

仮定断面は、建築主・各設計分野の要求条件を満たすものとして構造設計者が設定する。仮定断面のうち断面外形寸法の変更は意匠・設備分野への影響があるので、仮定断面修正が必要な場合は迅速な調整機会をもつことが必要

## 図2｜仮定断面の算定フロー

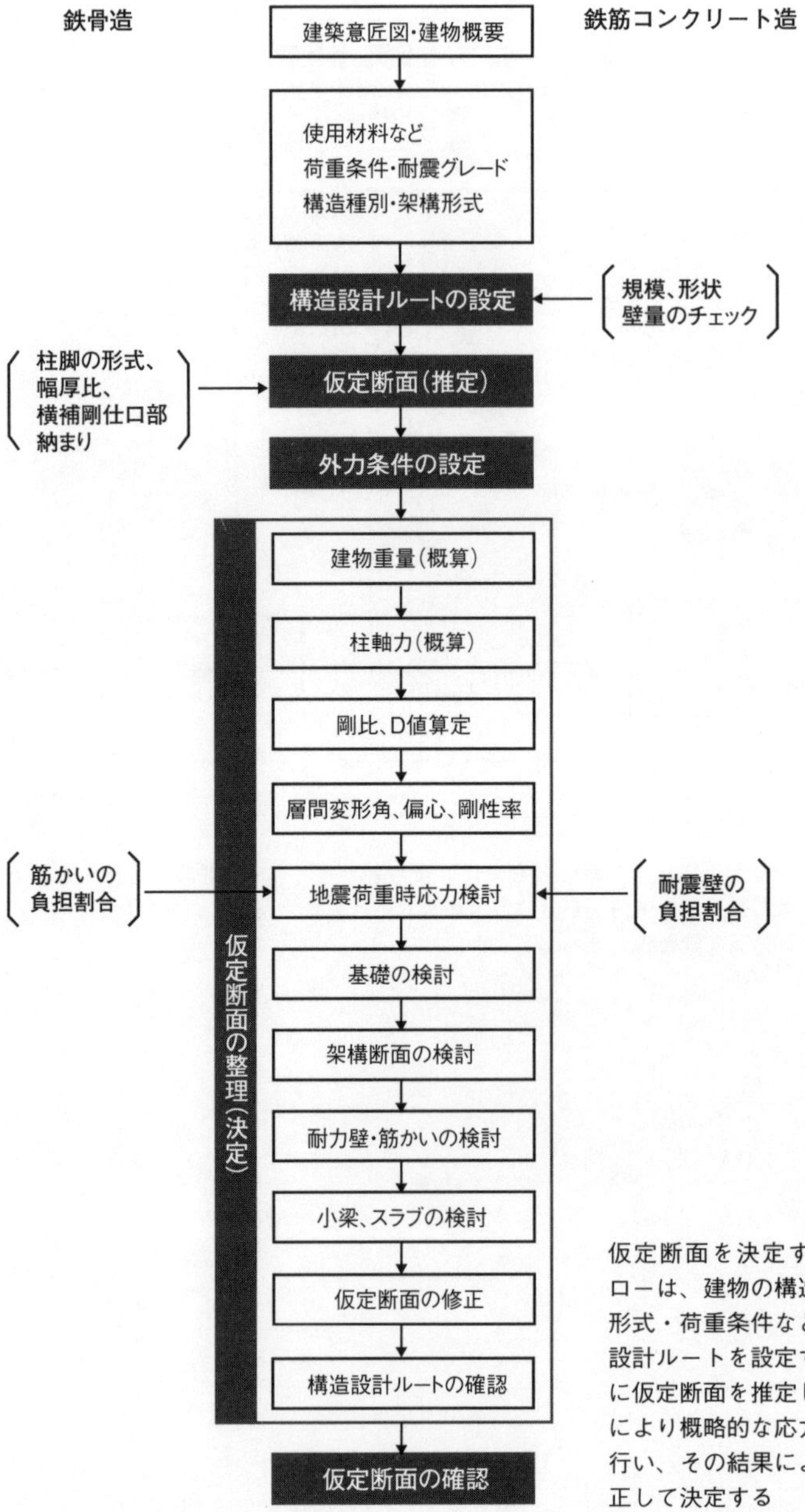


仮定断面を決定する作業のフローは、建物の構造種別・架構形式・荷重条件などを想定して設計ルートを設定する。その次に仮定断面を推定し、その断面により概略的な応力計算などを行い、その結果により断面を修正して決定する

性能から決定されるスラブ厚を設定しておくことも大切です。近年は、分譲マンションなどに要求される遮音等級が10数年前から比べると一段と高まっており、応力のみで決定されるスラブ厚は15cm程度でも、遮音性能を要求するために必要とされる厚さは22cm程度以上となるのが現状です。スラブ厚は建物重量のなかでも大きな比率を占めるため、柱・梁断面を設定する際の影響は計りしれません。

また、耐震グレードの確認も重要です。品確法が求める耐震等級のレベルをどこに設定するかで地震力が変わり、断面にも影響します。

なお、鉄骨純ラーメン構造のような比較的柔らかい構造の場合は、部材耐力からではなく、一次設計時の層間変形角規定から断面が決定されることが多いので、変形の確認が必要になります。

（高山正春）

Q6

# 柱断面を小さくするには?

## 一般的な柱断面の決め方

柱の断面は、その柱に長期に生じる応力と短期に生じる応力が、それぞれ長期許容応力度、短期許容応力度以下となるように決めます（保有水平耐力の確認を行う場合は、柱と大梁の耐力比なども考慮し、必要保有水平耐力以上確保できるように柱断面を決めます）。さらにS造の場合は、短期（地震もしくは風荷重時）に層間変形角の制限を満足できているかを確認する必要があります。

略算の際は、柱1本あたりの床負担面積を算定し、柱に作用する圧縮軸力（長期荷重）を算出します［図1］。次に耐力壁やブレースなどの水平抵抗要素が地震もしくは風荷重時にどの程度水平力を負担できるかを想定し、残りの水平力を柱梁ラーメン構造で負担するものとして柱1本あたりの水平せん断力（短期）を算出、その水平せん断力から柱頭、柱脚の曲げモーメント（短期）を算出します。ここで求めた長期に作用する圧縮軸力と短期に作用する曲げモーメントから、どの程度の柱断面が必要かを想定することが可能となります［図1、2］。

したがって、**作用する応力を小さくすれば、柱は細くできます**。ただし、RC造であれば配筋の納まり上、柱幅250㎜程度が最小寸法となり、S造であればその製造可能寸法を考慮する必要があります。S造の中実材とすることで極限まで柱を細くすることもできますが、座屈現象を考慮する必要があります。

## 水平抵抗要素を確保すると柱を細くできる

耐震、耐風などへの水平抵抗要素（耐力壁やブレースなど）を十分確保して、地震もしくは風荷重時にほぼすべての水平力を負担できるようにすれ

**図１｜柱１本あたりの床負担面積**

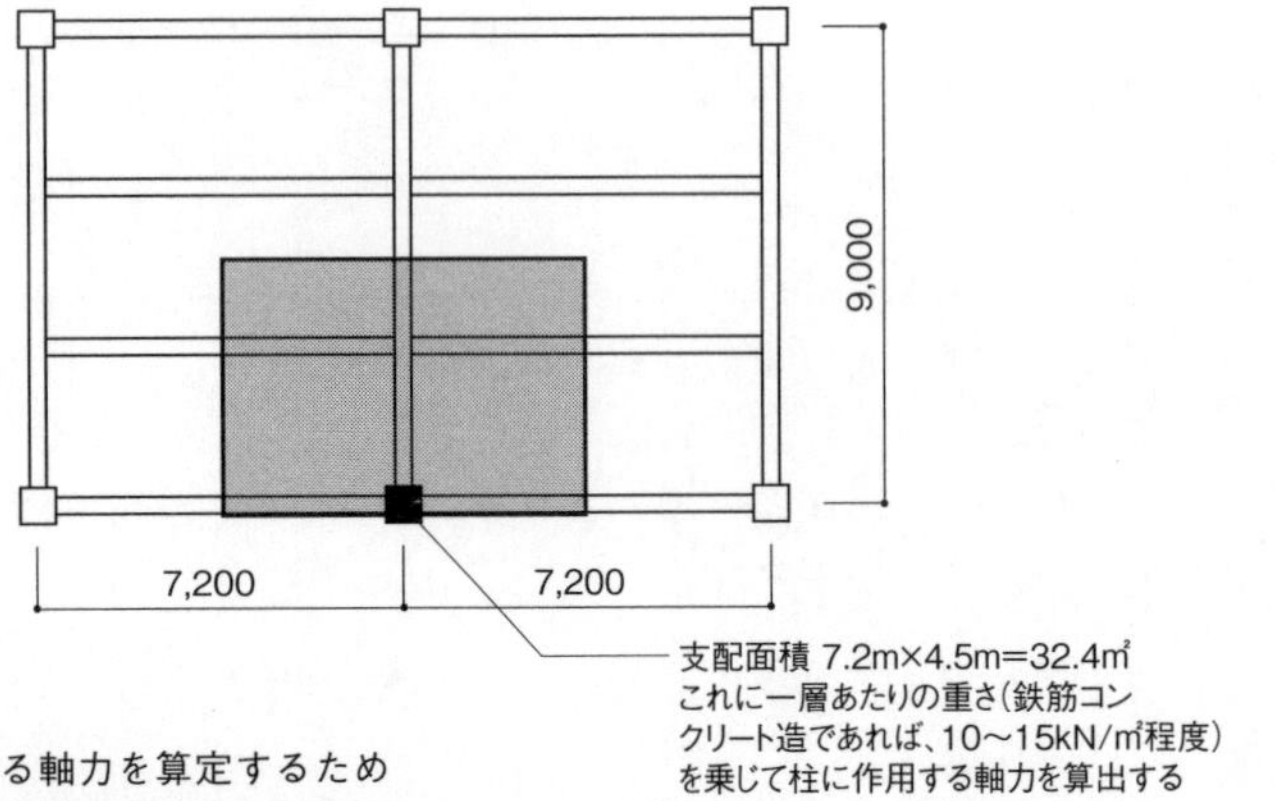
9,000
7,200
7,200
支配面積 7.2m×4.5m=32.4㎡
これに一層あたりの重さ（鉄筋コンクリート造であれば、10〜15kN/㎡程度）を乗じて柱に作用する軸力を算出する

柱1本に作用する軸力を算定するために、その柱が鉛直荷重を支えることになる範囲（各階における支配面積［グレー部の面積］）を求め、それにその部分の単位面積あたりの重量を乗じる

ば、柱梁ラーメン構造で負担する水平力をほぼゼロにすることができます。このような構造計画であれば、柱は主として圧縮軸力（長期荷重）を考慮して設計しておけばよくなります。

このときは、短期に作用する曲げモーメントを考慮する場合に比べ、柱を細く設計することが可能となります。さらに柱1本あたりの床負担面積を小さくすれば、圧縮軸力（長期荷重）も小さくでき、より細い柱を設計することが可能になります。ただしその分、柱の本数は増えてしまいます。

## 材料強度を高くすると柱を細くできる

高い（圧縮）強度を有する材料を使用するのも、より細い柱を設計できる方法の1つです。現在では、従来の10倍近い強度を有する高強度コンクリート（Fc200：圧縮強度200N/mm²）が開発されていたり、

**図2 | 柱に作用する応力**

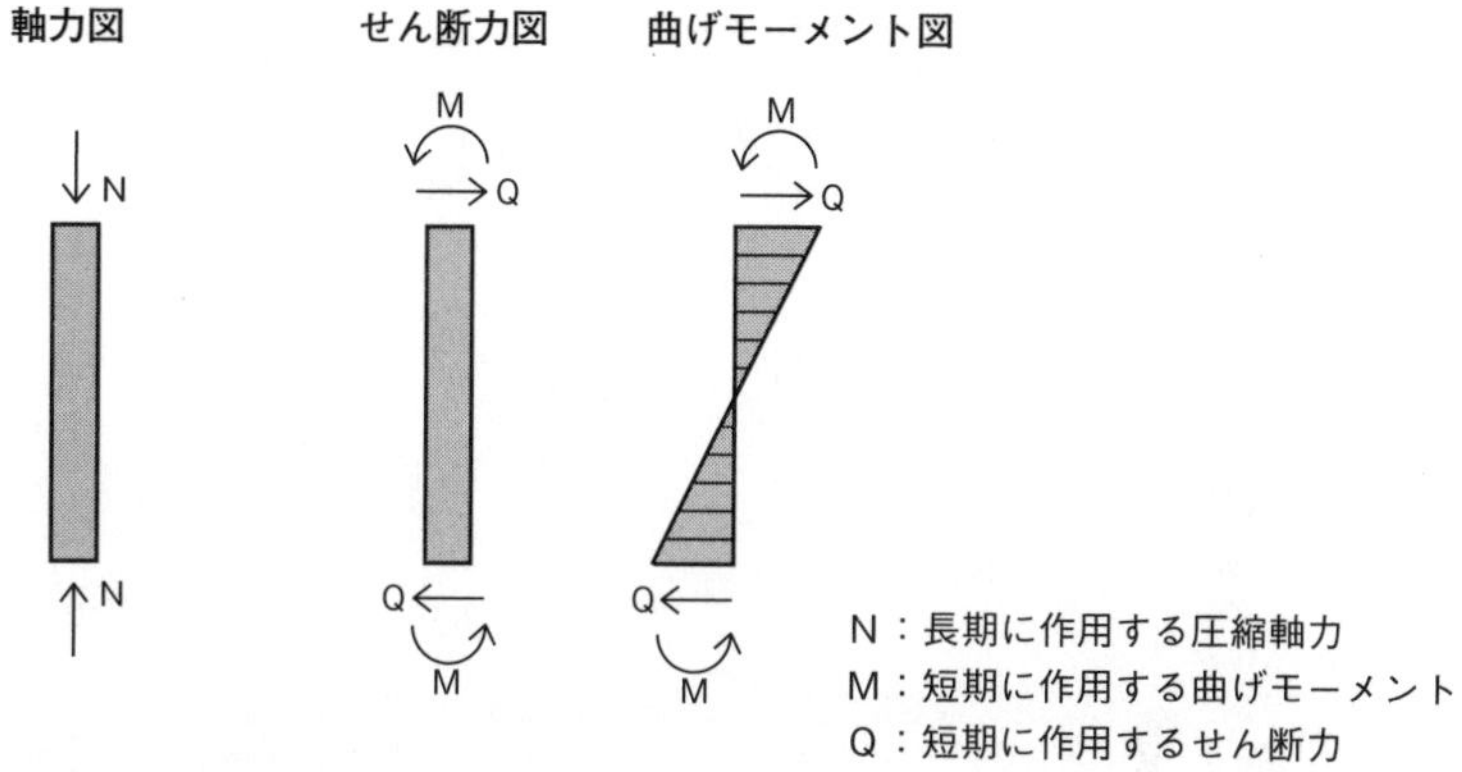


柱に作用する応力（軸力、曲げモーメント、せん断力）を算出し、柱の設計を行う

鉄骨でも従来の2倍程度の強度をもつ80キロ鋼材（材料強度780N/㎟）が使用できる段階にきています。また、鉄骨とコンクリートを組み合せたCFT（コンクリート充填鋼管）構造は、耐火上の条件がクリアされれば無耐火被覆とすることも可能で、仕上げも含めた柱寸法を小さくすることにより、細い柱を実現できます。

## 座屈現象を考慮する

しかし、短期に作用する曲げモーメント（せん断力）を極力抑え（耐震、耐風などへの水平抵抗要素を十分に確保）、圧縮軸力（長期荷重）も小さくなるように構造計画を行い、高い強度の材料を用いれば、いくらでも細い柱が設計できるというわけではありません。柱の長さに対して柱の幅が小さくなると座屈という現象（圧縮力を受ける方向と直交す

**図3 ｜ 座屈現象**

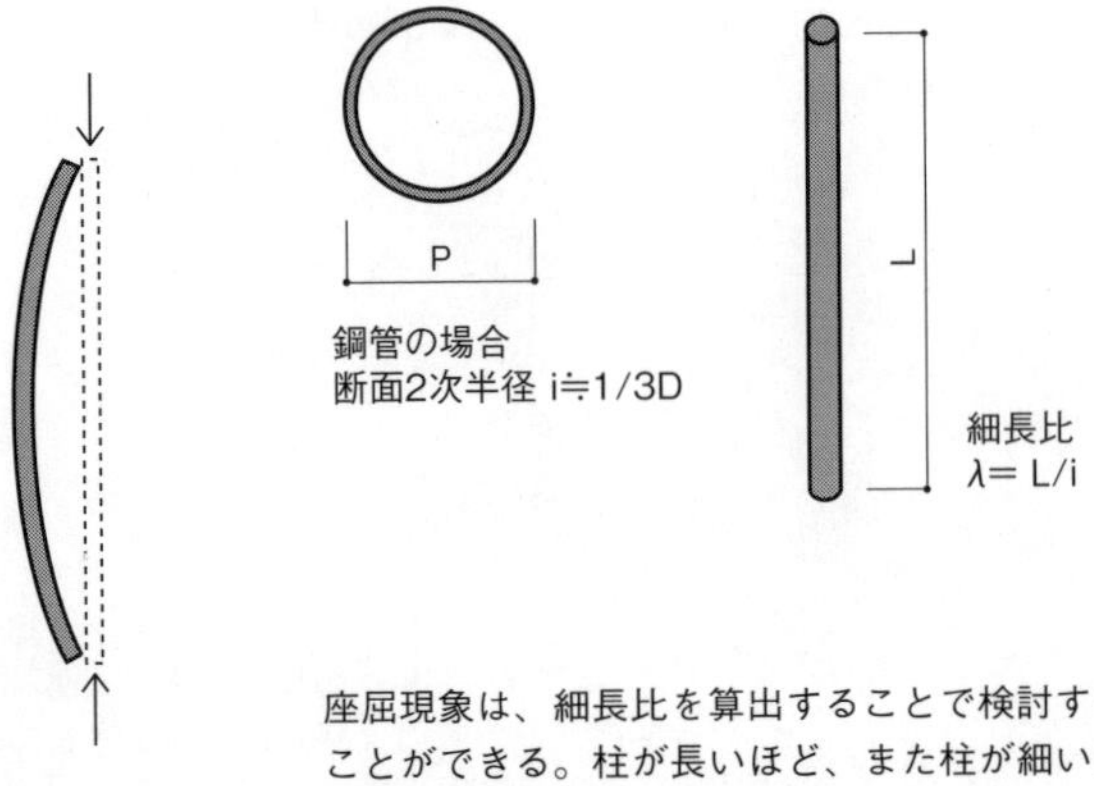


座屈現象は、細長比を算出することで検討することができる。柱が長いほど、また柱が細いほど細長比は大きくなり、座屈しやすくなる

る方向に部材がはらみ出す現象）が生じます［図3］。

座屈を考慮した圧縮耐力は、細長比（＝座屈長さ／断面2次半径）によって決定されます。したがって細い柱を設計する場合は、細長比を考慮して材料強度を決めなければなりません。また、座屈長さは柱頭、柱脚の固定度により異なるため、座屈長さの設定にも注意が必要です。座屈現象を机上で簡単に求められない場合は、構造実験などを行い実際の座屈耐力を実験的に求める必要もあります。

## 経済性・施工性への注意も必要

たとえば柱に鋼管を使用する場合、より細い柱を設計するためには、板厚を大きくして径を小さくすることが考えられます。究極的には空洞のない中実材を使用することも考えられます［図4］。

ただし、柱をより細く設計するということは、

**図4｜細い柱の実現（鋼管の場合）**

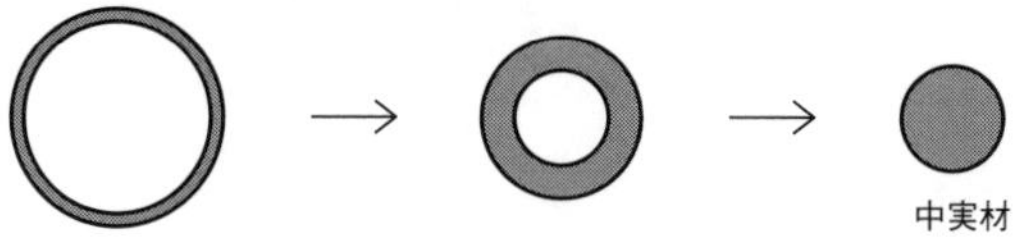


鋼管柱において柱を細くするためには、板厚を大きくすることが考えられ、究極的には中実材になる。ただし、座屈現象に注意が必要である

より多くの鋼材を使用することになる場合もあり、経済性を損ねかねません。これはコンクリートの場合も同じです。現場打ちコンクリートの場合は、細い柱のための矮小な型枠内にコンクリートがうまく充填できないため、プレキャスト化の検討も行われますが、これもコストアップにつながります。

いずれの場合も、細い柱の意匠性、全体計画に及ぼす影響を考慮するとともに、経済性・施工性の検討も不可欠です。また、構造体への耐火被覆も含めた仕上材の寸法も十分に検討しておかなければなりません。細い柱の設計は、意匠設計者と構造設計者が協働して行う必要があります。

（朝川　剛）

Q7

# 梁せいはどのように決定しているか？

「このくらいの距離がいいかな…」

## 梁せい、梁幅を決める制約条件

梁せい、梁幅を決める判断基準はさまざまですが、一般的には建物ごとの要求事項に応じて優先順位をつけ決定していきます。制約条件としては、

●建築主のニーズ（天井高さ、階高）
●構造性能（部材耐力、部材強度、たわみ制限、振動クライテリア）
●設備（配管ルート、必要空間寸法）

などがあります。加えてデリバリー（運搬条件）、施工性などといった条件もあります。

## RC造の大梁、小梁のせい

大梁、小梁とも基本的にはスパンと階高から最も効率的な断面となるように考えます。

梁せいはスパンが重要な要素となり、階高との関係からできるだけ大きな梁せいがとれるように考えます。意匠設計者と仕事を進めていく場合は、まず初期仮定断面を示し、そのあと条件に合致するように調整していくことになります。おおむねスパン長の10分の1から12分の1を目安とする場合が多いです【図1】。梁幅は梁せいとの関係から決まりますが、大梁であれば柱幅寸法、配筋本数も考慮に入れながら決定することになります。検討手順の項目としては、

①階高設定と天井高さとの関係
②設備配管などによる梁貫通の有無。ある場合の最大径の設定
③梁せいの制限内で長期曲げ応力を概算し、ひび割れ曲げモーメント（Mcr）などと比較しながら梁幅を調整
④隣接する梁との配筋の連続性
⑤X、Y方向の梁せい（配筋）の調整

**図1 ｜ 柱スパンと梁せいの目安**

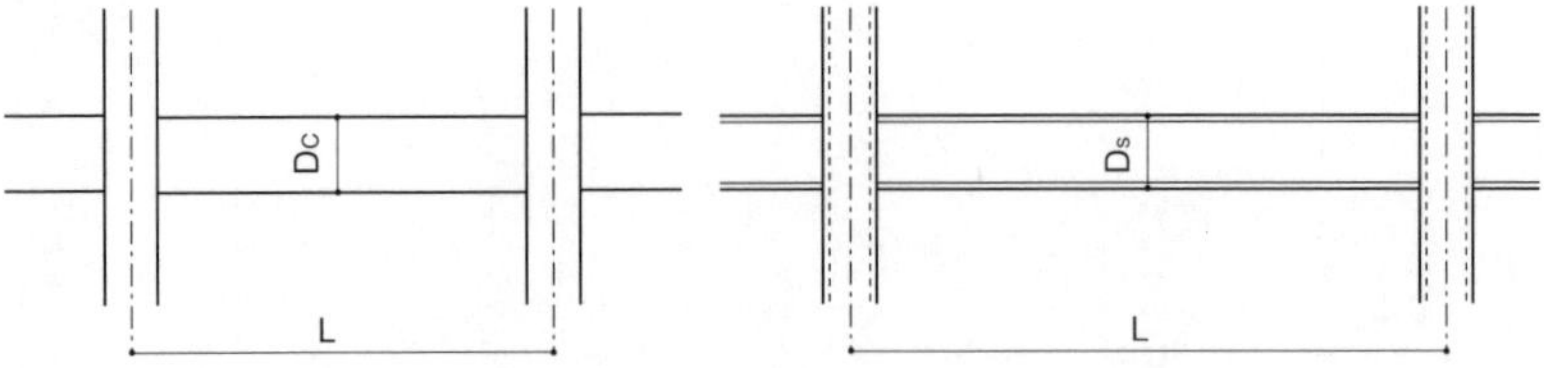


$$\frac{D_C}{L}=\frac{1}{10}\sim\frac{1}{12}$$

$$\frac{D_S}{L}=\frac{1}{15}\sim\frac{1}{20}$$

RC造大梁では、スパン6m程度の場合、最上階で梁幅（B）×梁せい（D）=35×60㎝とし、下階にいくに従って5㎝単位で増やす。スパンが大きい場合は長期曲げ応力によるクリープ変形も問題になるので、目安以上に梁せいをとることが望ましい
S造大梁では、梁せいが大きくなるとウェブ材の幅厚比が大きくなり部材ランク（変形性能に関する種別）が低くなるので、ウェブの板厚も同時に厚くするように注意が必要

⑥長期、短期の応力解析により断面設計を行い、必要配筋量から配筋納まりを確認

⑦右記で応力的に厳しい（配筋が過大）場合は断面寸法を増加

これらを繰り返し、各条件に対して最大公約数的に満足する断面へ収束させていくことになります。

通常、梁幅の調整と合わせ、**主筋の配筋が2段以下でかつ1段目と2段目本数の比が7：3から6：4程度に納まるようにする**のが一般的です［図2］。曲げモーメント応力（M）から主筋の本数を算定しますが、梁せい（D）と梁幅（b）から求められる、$M/bD^2$［※］が大きくなると圧縮側がコンクリートだけでは抵抗しきれなくなるため、鉄筋が多く必要になり不経済な断面になります。当然引張り側コンクリートのひび割れも問題になってきます。右記の配筋本数の目安はバランスの取れた断面寸法の目安で

**図２｜RC造の梁幅と主筋配置**

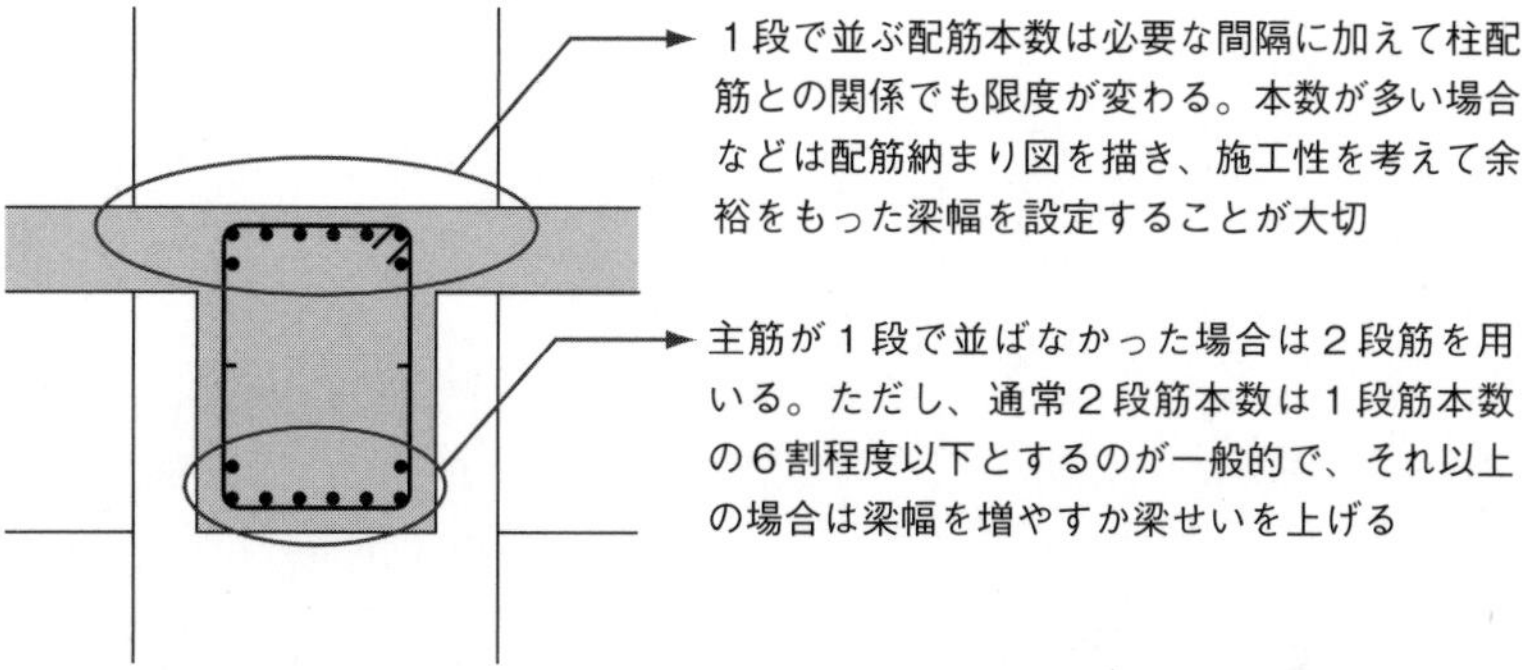
１段で並ぶ配筋本数は必要な間隔に加えて柱配筋との関係でも限度が変わる。本数が多い場合などは配筋納まり図を描き、施工性を考えて余裕をもった梁幅を設定することが大切
主筋が１段で並ばなかった場合は２段筋を用いる。ただし、通常２段筋本数は１段筋本数の６割程度以下とするのが一般的で、それ以上の場合は梁幅を増やすか梁せいを上げる

もあるのです。

梁幅も同様で、単にせん断応力に対して計算で必要なせん断補強筋を並べればよいわけではありません。補強筋量が過剰な場合は断面が小さいことを意味します。ＲＣ造では余裕のあるせん断耐力の確保が重要ですので、梁幅を調整して無理のない配筋量となるようにします。

設備配管の貫通がある場合は、必然的に貫通スリーブ径の3倍以上の梁せいが必要となります。また連続して配置できる貫通数にも限度があり、あまりにも配管が多い場合は梁下を通さざるを得なくなります。場合によっては梁せいと階高を変更しなければならなくなりますので、設備設計者との事前調整が非常に重要です。

小梁の断面寸法は負担する床荷重によって決まってきますが、小梁の配置がスラブの大きさに関係しますので、必要スラブ厚さなどを同時に検討しながら小梁本数を決めていくことになります。また、スラブの種類、たとえばプレキャストスラブの採用や型枠にデッキプレートを用いる場合には、小梁間隔がそれらの最大寸法により決定されることもあります。小梁配置、本数が決まれば負担荷重が確定するので、大梁と同様の手順で検討を進めます。

## S造の大梁、小梁のせい

基本的な検討手順はRC造の場合とおおむね同様ですが、S造で事務所用途であれば、ある程度長スパンになることが多いため、部材応力の検討に加えて、たわみ量や振動特性といった部材剛性が重要な要素になります。梁せいの目安としては、スパン寸法の15分の1~20分の1程度となります[図1]。

S造の場合は、大梁と柱との接合部に制約が多く、X方向とY方向の梁せいに微妙な差を設けることができません。**通常はそれぞれのフランジ間に150㎜以上の段差が必要**です[図3]。片方向の梁の天端位置を上げ(下げ)たい場合は、お互いの下フランジの位置が同じになるか、十分な間隔がとれるように梁せいを調整する必要があります。

また、RC造の場合に比べ、小梁の架け方によりスラブ荷重の伝達経路が、X方向、Y方向で大きく異なることがあります。**両方向の梁せいを考える場合には小梁の方向にも注意を払いましょう**。このことは逆に、X、Y方向でスパンの異なる架構でも、小梁の架け方を工夫して同じ梁せいとすることも可能といえます。両方向の梁せいをそろえることで、柱仕口の加工を簡素化でき、合理化につながることもあります。

梁幅は板厚との関係があります。大梁の場合は取り合う柱材の板厚と極端な差が出ない範囲で板厚を40㎜以下に納まるように梁幅を調整します。

図3 | S造の柱仕口部と梁せい

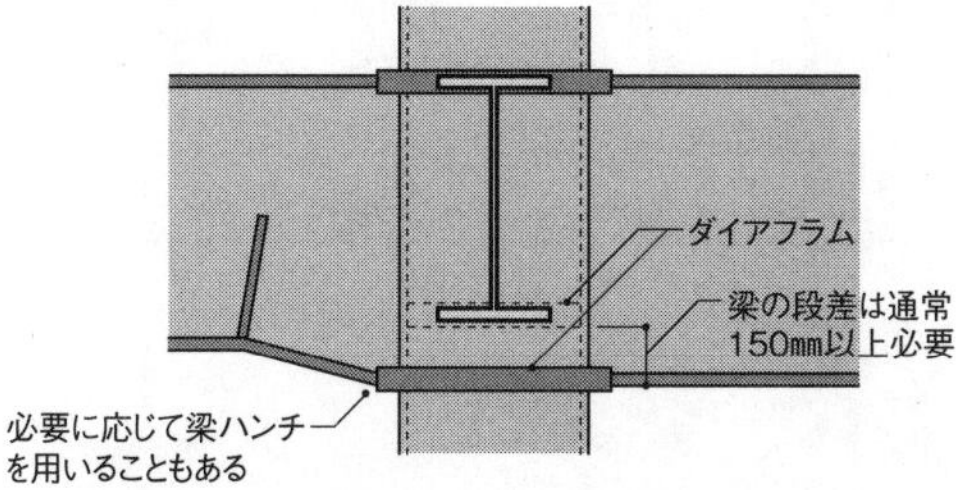
ダイアフラム
梁の段差は通常
150mm以上必要
必要に応じて梁ハンチ
を用いることもある

通常、柱・梁仕口部にはダイアフラムを設けるが、梁段差があると梁フランジ位置に応じた数枚が必要となる。ダイアフラム位置が近いと溶接による部材品質の確保が難しくなる

以上のように、梁せい、梁幅は単に必要な部材耐力だけで決定するものではありません。できるだけ手戻りを少なくするためにも、事前の検討が非常に大切です。

（大畑勝人）

※　必要鉄筋比 pt と圧縮鉄筋比（複筋比）γ = ac/at の関係を与える式。ac とは圧縮側に入る鉄筋（主筋）の断面積、at は引張側に入る鉄筋（主筋）の断面積

Q8

# 梁せいースパンーコスト、これらの相関関係は?

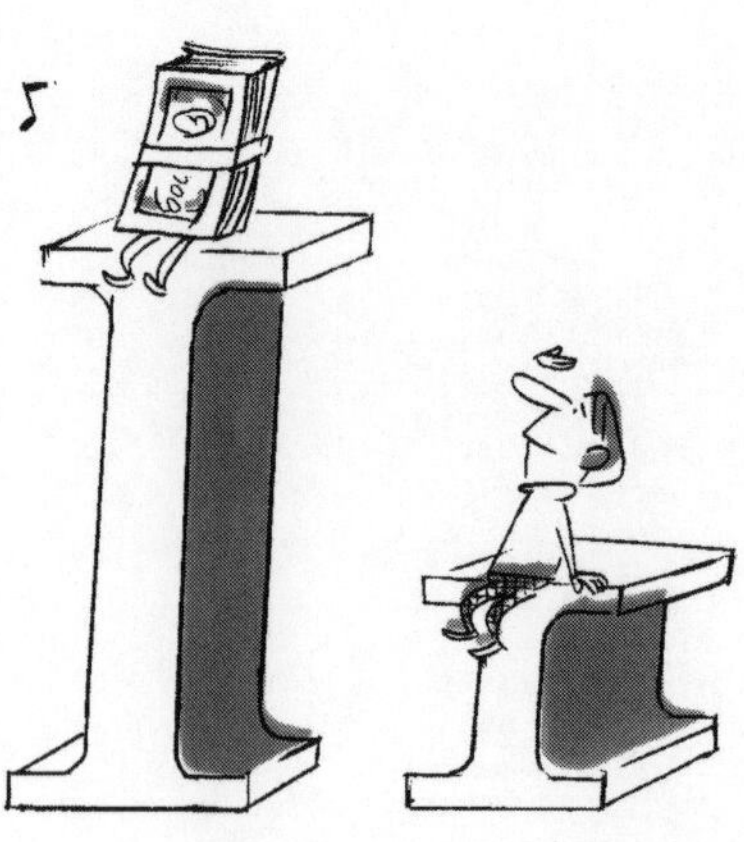

## RC造の梁せいについて

部材（柱・梁）の断面サイズは、構造設計者の腕の見せ所であると同時に、躯体コストにも大きく影響してきます。スパンと梁せいの関係は物理的にある程度制約があり、この関係は、RC造、S造によっても違います。まずRC造について説明します。

RC造の大梁の場合、梁せい（D）はスパン（ℓ）の12分の1～10分の1程度といわれています。これは、長期的な鉛直荷重と短期的な地震荷重で決定されます。建物の下階では、地震時に部材に発生する応力が大きくなるため、梁せいは大きくなる傾向があります。地震の影響が少ない上階は、梁せいを小さく設計することが可能でしょう。しかし、梁には設備のダクトを通すための貫通孔を設けることがあるので、それを考慮しておかなければなりません。梁貫通を設ける場合、図1のような制約があるので注意が必要です。

また、長期荷重による影響が大きい梁では、過大なひび割れによる障害を防止するため、梁のスパンと梁断面の関係から、図2の式を満足させることが、日本建築学会のRC規準に提案されています。

## RC造の梁せい－スパン－コストについて

次にRC造の大梁の梁せい・スパンを変化させ、適正断面について検討してみましょう。RC造5階建ての4階の大梁を想定します。図3の検討結果によると、スパンが大きくなるにつれ、大梁の梁せいは大きくなり、ℓ／11～ℓ／10程度となることが分かります。コストについては、床組を6×8ｍとし、大梁の梁せいを変化させた大梁単体の躯体コスト比を示しました。これによると**梁せいが小さくなると鉄筋量が増えることになるため、コストが増える傾**

## 図１｜ＲＣ造とＳ造の梁貫通の制約事項の例

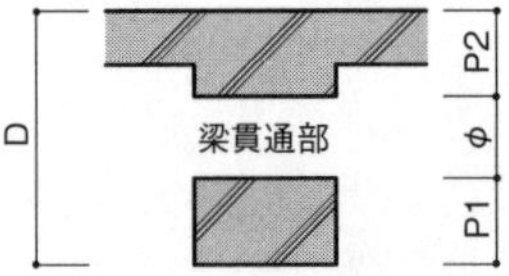


φ≦D/3、P1とP2は250㎜以上必要

RC 造の梁貫通は貫通孔の３倍以上の梁せいが必要。配管に勾配が必要な場合は、その勾配を考慮して、貫通孔の端あきを 250㎜以上とする

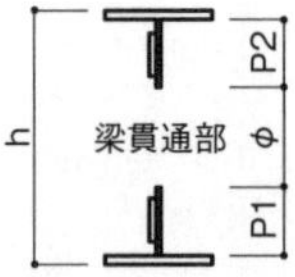


φ≦h/2、P1とP2は100㎜程度以上

Ｓ造の梁貫通は貫通孔の２倍以上の梁せいが必要。貫通孔の端からフランジまで 100㎜程度のあきがないと補強プレートが設けられない

## 図２｜ＲＣ梁の過大なひび割れ防止のための検討式

$$\ell / D < \sqrt{Cc / \alpha \cdot b / W_0}$$

$\ell$ ：スパン（㎜）　D：梁せい（㎜）　b：梁幅（㎜）
Cc ：Ｔ形断面の場合　Cc＝1.0N/㎜$^2$、長方形断面の場合　Cc＝0.6N/㎜$^2$
$\alpha$ ：梁の固定度　両端固定＝1/16、両端支持＝1/8、片持梁＝1/2
$W_0$ ：梁の平均荷重 (N/㎜)

検討例として、Ｔ形断面で梁幅＝350～400㎜、固定度 $\alpha$＝1/16、梁の平均荷重を床荷重（DL+LL）＝7,000N/㎡の支配幅６m と仮定し、$W_0$＝42N/㎜として式を展開すると、$\ell$ / D＜1/11.5～1/12.3 となり、一般的な梁幅の場合で、$\ell$ / D≦1/12 程度とする必要がある

「鉄筋コンクリート構造計算規準・同解説」（日本建築学会）

## 図３｜ＲＣ造の梁せい−スパン−コストの検討例

床組

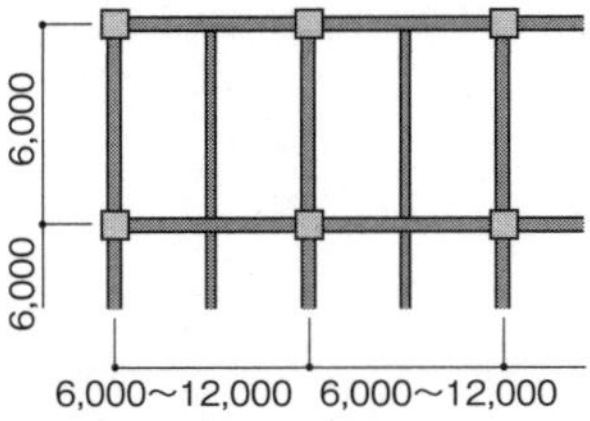


スパンを変化させた場合の梁断面

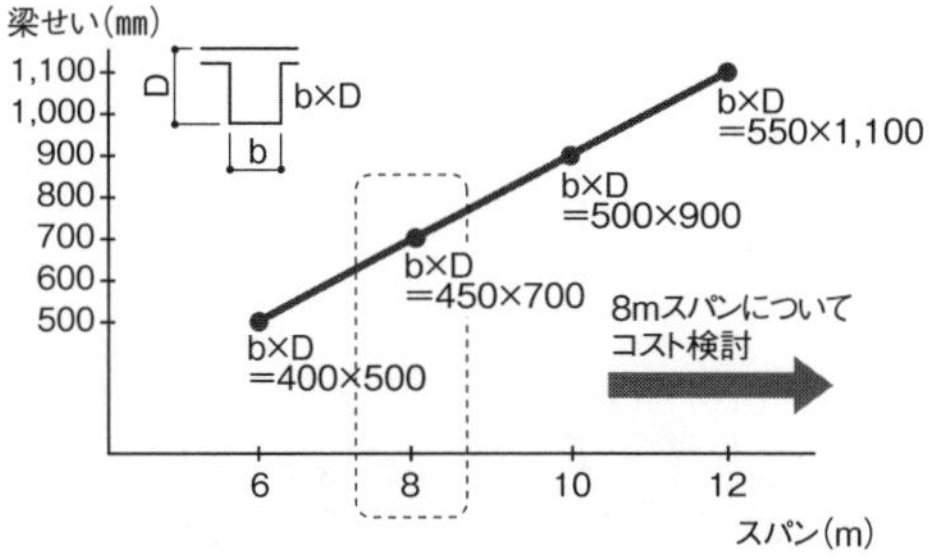


スパン８ｍの場合の梁せいとコストの関係

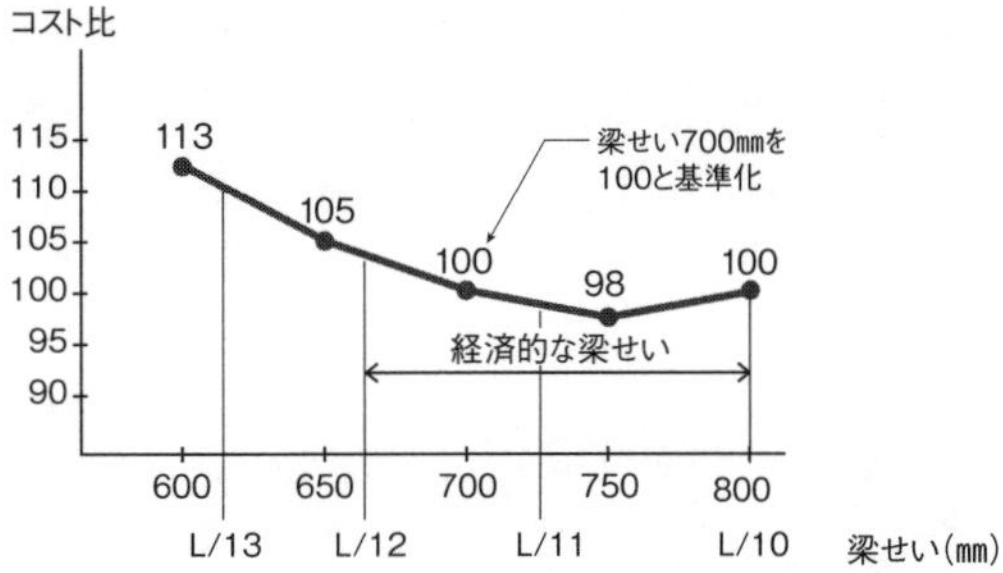


５階建ての４階の大梁を想定して、床組の基本グリッドを６ｍ×（６・８・10・12）ｍと変化させた際のＲＣ造の梁せいの推移を検討している。荷重条件は、長期の床荷重（DL+LL）＝7,000N/㎡、地震時の荷重として2層分（Ｒ階、５階）×水平震度0.3Gとした水平力を考慮している。断面の決定は、主筋量pt（＝at/bd）が1.0〜1.2%程度となるような無理のない断面としている。また、８ｍスパンについて経済的な大梁せいを検討している

■仮定条件

床荷重：DL+LL（フレーム用）＝7,000N/㎡

地震荷重時：w＝12,000N/㎡

検討応力：長　期　ML＝1/12×6.0m×7kN/㎡×$\ell^2$

　　　　　地震時　ME＝6×$\ell$×2層×12kN/㎡×H/2、H＝（2,800+Dmm）/1,000

　　　　　短　期　MS＝ML＋ME

使用材料：コンクリートFc24N/mm２、主筋SD345

梁のたわみ制限：$\delta \leqq \ell/250$　変形増大量8を考慮し、たわみの絶対量は20mm程度とする

**向にあります。**梁せいがℓ/11～ℓ/10の範囲ではコストはあまり変わらない結果となっています。ただし、下階の大梁では、地震時による応力が増すので、経済的な梁せいは大きくなる傾向があるでしょう。

## S造の梁せいについて

S造の梁せい(h)は、スパンや荷重により大きく異なりますが、スパン寸法の20分の1～15分の1程度となります。ロングスパン部の鉛直荷重による応力が支配的となる大梁はスパンの20分の1程度が最小値となります。ただし、大梁の断面が小さいと振動障害が発生することがあるため、鉛直荷重によるたわみ制限(δ≦ℓ/250)により断面が決定することがあります。また、梁貫通を設ける場合は、**図1**のような制約がありますので注意が必要です。

## S造の梁せい－スパン－コストについて

S造の大梁についても、梁せい・スパンを変化させ適正断面について、S造5階建ての4階の大梁を想定して検討してみましょう。**図4**の検討結果によると、スパンが大きくなるにつれ大梁の梁せいが大きくなり、ℓ/20～ℓ/13程度となることが分かります。スパン15m以上になると大梁のたわみ制限により断面が決定しています。また、床組を6×12mとし、**大梁の梁せいを変化させた場合の鉄骨コスト比を算定すると、梁せいがℓ/20～ℓ/18の範囲が最も経済的**となっています。ℓ/20を下回る梁せいでは、鉄骨量が増える傾向があります。梁せいが大きくなると幅厚比制限(SN490材でウェブせい/ウェブ厚≦51)によりウェブ厚が計算値以上に必要となるため鉄骨量が増加します。RC造と同様に、下階の経済的な梁せいは大きくなる傾向があるでしょう。(吉原　正)

## 図4 │ S造の梁せい－スパン－コストの検討例

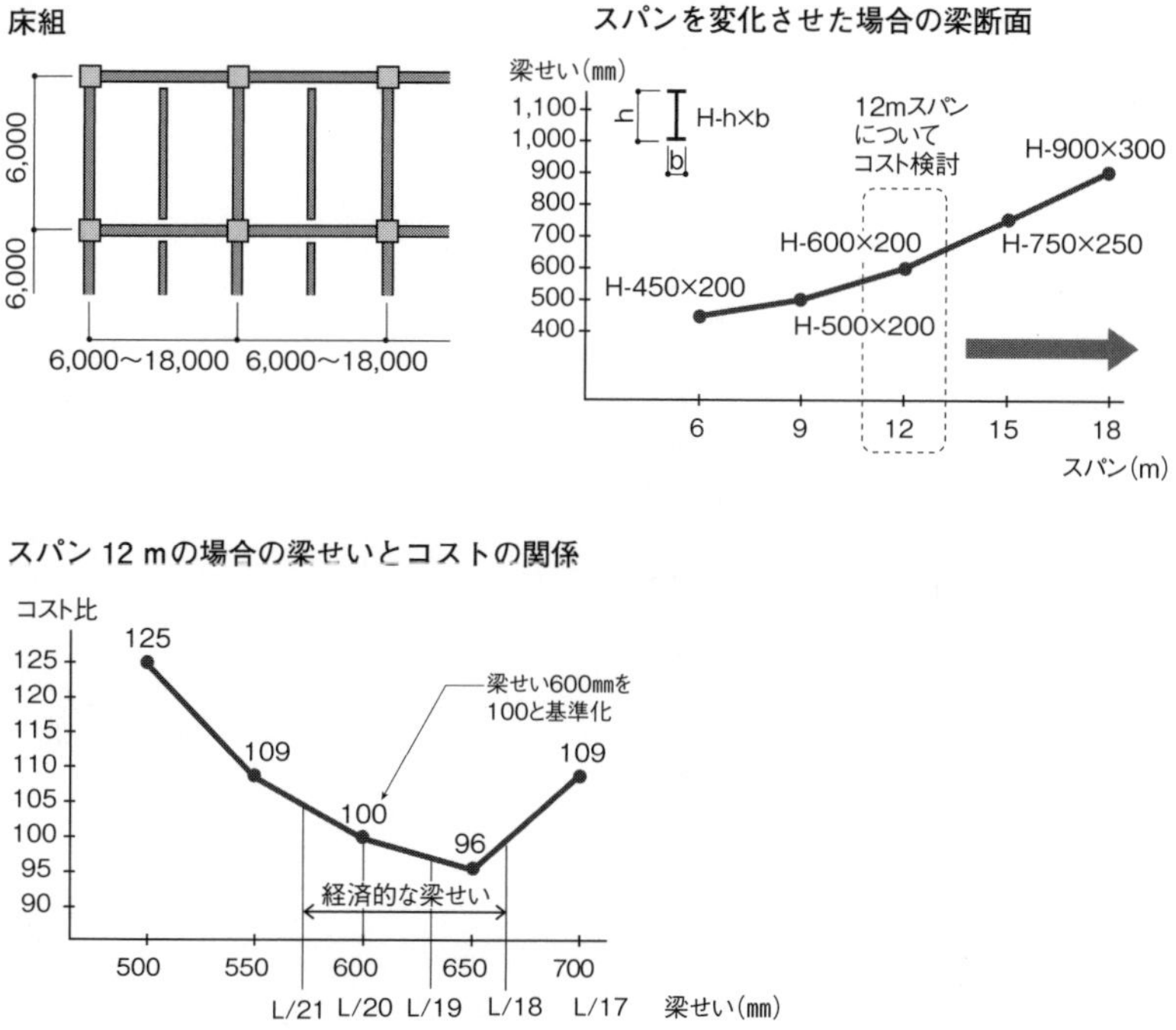


5階建ての4階の大梁を想定して、床組の基本グリッドを6m×(6・9・12・15・18)mと変化させた際のS造の梁せいの推移を検討している。荷重条件は、長期の床荷重(DL+L)=6,000N/㎡とし、地震時の荷重として2層分(R階、5階)×水平震度0.3Gとした水平力を考慮している。断面の決定は、応力度比を0.80～0.95程度にとどめ、最大鉛直変位をℓ/250、絶対量を20mm程度となる断面としている。また、12mスパンについて経済的な大梁せいを検討している

**■仮定条件**

床荷重：DL+LL（フレーム用）=6,000N/㎡　　地震荷重時：w=8,000N/㎡

検討応力：長　期　ML=1/12×6.0m×6kN/㎡×$\ell^2$

　　　　　地震時　ME=6×ℓ×2層×8kN/㎡×H/2、H=(3,000+Dmm)/1,000（階高）

　　　　　短　期　MS=ML+ME

使用材料：SN490

断面の制限：フランジ、ウェブともにFAランクを確保する

梁のたわみ制限：δ≦ℓ/250　たわみの絶対量は20mm程度とする

Q9

# 梁断面を小さくするには？

大きい方が支える力は強いけどね…

## 梁断面は許容応力とたわみで決まる

建物の基本計画時に「この梁せいはどこまで小さくできますか?」「梁幅はどのくらいまで縮められますか?」などとよく聞かれます。

こんなときは、梁せいが梁の有効長さの10分の1程度となっているか、梁断面を小さくしてたわみが告示の制限内に納まるか、鉄筋が並ぶか、梁貫通が設けられるかなどを念頭に置きながら、断面の検討を行ってください。

階高、天井高に影響する梁断面は小さいほうが望ましいですが、無理は禁物です。まずは梁に発生する応力およびたわみの算出方法を確認しておきましょう。

構造設計の世界では、梁に発生する応力が材料の許容応力度以下となり、たわみが一定の制限値以下となるように梁断面を決定していきます。

**表1**は「梁の架け方」による、梁に生じる応力(モーメント)とたわみの算定式です。梁に生じるモーメントは作用する荷重に正比例し、スパンの2乗に比例します。たわみは荷重に正比例し、梁せいの3乗、スパンの4乗に比例します。さらに梁に生じるモーメントおよびたわみは、「梁の架け方」すなわち「梁が連続しているか否か」によっても大きく異なります。

次に、梁に許容される応力およびたわみについて考えてみましょう。鉄筋コンクリートの許容モーメントは、引張側鉄筋の許容引張力または圧縮側鉄筋の許容圧縮力とコンクリートの許容圧縮力の合力に応力中心間を乗じて求めます。

したがって、鉄筋コンクリート造の梁せいを600㎜から500㎜に縮めたい場合、応力中心間距離が約0・81倍となるので引っ張り側の鉄筋を約1.2倍入れればよいことになりますが、たわみは1・2の3乗=1・

## 表１ ｜ ＲＣ造とＳ造の梁貫通の制約事項の例

梁の架け方つまり梁の連続条件ごとの、梁に生じる応力と中央部のたわみの算出式。右図の「ア 単純支持」の場合は下欄「ア」の計算式にて算出する。「ア」は対象とする梁に連続する梁が存在しない場合、「イ」は対象とする梁の片側にのみ連続する梁が存在する場合、「ウ」は対象とする梁の両側に連続する梁が存在する場合を示す

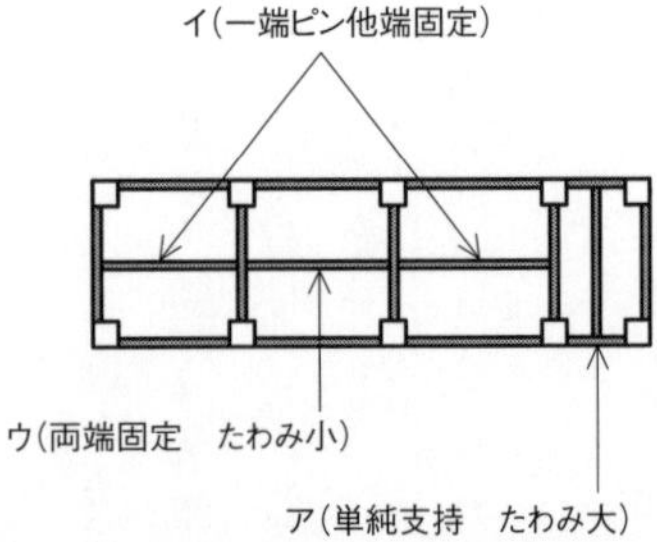


| 梁の架け方（支持条件） | M:梁の応力(モーメント) [注1] | | | δ:梁の弾性たわみ [注2] |
|---|---|---|---|---|
| | 外構 | 中央下端 | 連続端上端 | 中央下端 |
| ア | 0 | $WL^2/8$ | − | $5L^4/384 \times EI$ |
| | 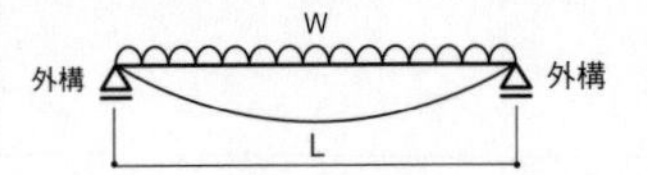 | | | 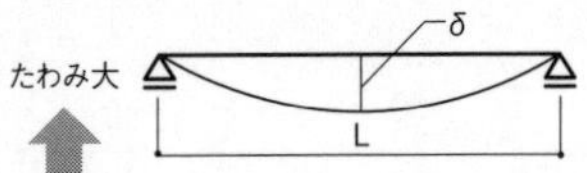 |
| イ | 0 | $WL^2/8$ | $WL^2/8$ | $WL^4/184EI$ |
| | 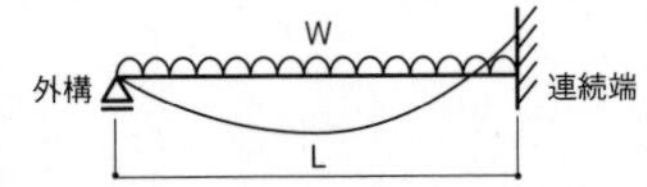 | | | 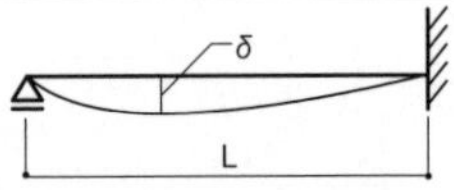 |
| ウ | $WL^2/12$ | $WL^2/24$ | $WL^2/12$ | $WL^4/348EI$ |
| | 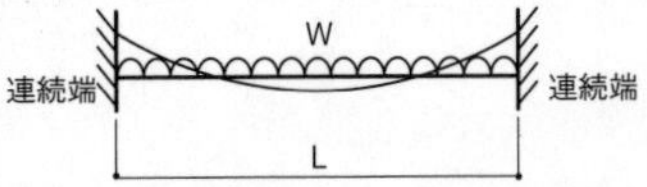 | | | 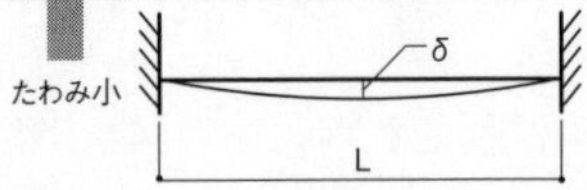 |



[注１] M：梁の応力（モーメント）、δ：梁の弾性たわみ、W：単位長さ当たりの重さ、L：支持スパン、E：ヤング係数、I：断面２次モーメント（B・D 3/12：矩形断面の場合）。なお、表中の応力およびたわみの算定式には梁端の固定度は考慮していない

[注２] 弾性たわみとは材料のクリープなどを考慮しない純粋なたわみの理論値を示す

728倍大きくなるということを考慮しなければなりません。ただし、このような考えが成立するのは「釣り合い鉄筋比以下」であることに注意が必要です。

## 条件式から定まる梁せいを目安にする

**表2**は梁せいと梁の有効長さの関係の制限を示したもので、条件式から定まる梁せいが構造計画段階での目安となります。鉄筋コンクリート造の梁で有効長さが6000mmの場合、6000/10＝600mmが梁せいの目安となります。この条件式から求められる梁せいは、複雑な計算を伴わないため安全側な数値となります。

もう1つ梁せいを求める方法があります。それは、**表1**の式などから求められる梁の弾性たわみに、たわみの増大に伴う調整係数（変形増大係数）を乗じて求められたたわみを梁の有効長さで除した値が

**表2｜告示が定める梁のたわみ制限式※**

| 建築物の部位 | 変形増大係数 | 条件式 |
|---|---|---|
| 木造 | 2 | D/L ＞ 1/12 |
| 鉄骨造 | 1 | D/L ＞ 1/15 |
| 鉄筋コンクリート造 | 8 | D/L ＞ 1/10 |

この表においてDおよびLはそれぞれ以下の数値を表すものとする。
D：梁のせい（単位：mm）　L：梁の有効長さ（単位：mm）

250分の1以下を満足させることが要件となります。

変形増大係数はコンクリートや木材のクリープを考慮する係数のことで、鉄筋コンクリート造の梁の場合は、計算で求められる弾性たわみの8倍（木造の梁の場合は2倍）を梁のたわみとします。

鉄骨は完全弾性体なので、変形増大係数は1.0として計算します。鉄筋コンクリート造の梁で有効スパン6000㎜、弾性たわみが1.5㎜の場合、1.5㎜×8倍＝12㎜を梁のたわみとして、12／6000＝1／500＜1／250となり、制限を満足していることになります。

## 梁と床の剛性のバランスも重要

梁断面を小さくできるか否かは、梁の許容モーメントを変えることなくたわみも抑えることが可能かということです。**鉄筋コンクリート造の梁のせいを縮める場合は幅を広げ鉄筋を増やします。鉄骨梁の場合は、せいを小さくして梁幅の大きい「中幅」の鋼材にするのが一般的です。**しかし、部材形状の変更だけで対応できない場合は、「梁の架け方」を工夫して梁に作用する荷重を小さくできないかということを考えます。

応力とたわみが目標に納まったとしても、梁と床の剛性のバランスも重要です。梁断面を小さくしすぎるとスラブ全体で振動してしまうこともあります。スラブ厚が応力によらず、遮音性能で決まるスラブに取り付くせいが450㎜以下の小梁などは要注意です。

梁せいを小さくするために鉄筋を増やす、増やすと鉄筋が並ばないので2段筋とする、2段筋とすると梁貫通孔が設けられないなどの事態も生じます[図]。梁せいが小さくなると主筋位置の施工誤差の影響も大きくなります。また、曲げひび割れも出や

図｜梁貫通と主筋の干渉

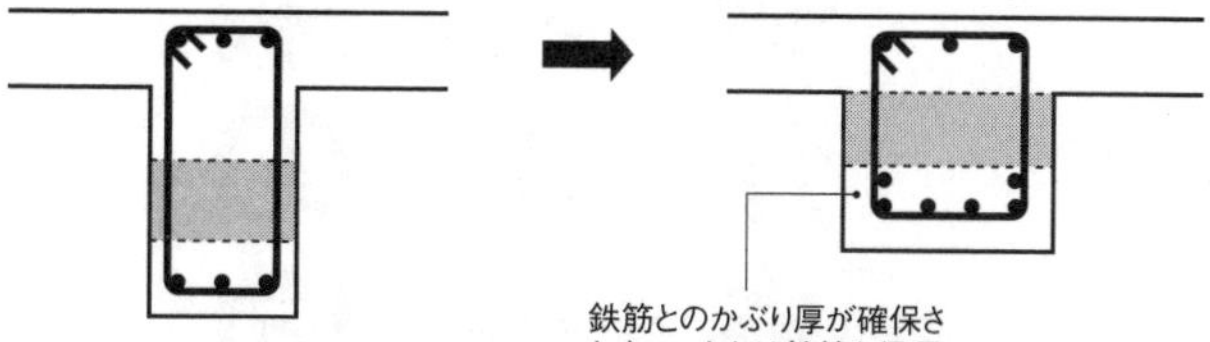
鉄筋とのかぶり厚が確保されない。または鉄筋と梁貫通孔が干渉してしまう

すくなります。単に応力から必要とされる鉄筋量を配置するのではなく、ひび割れ幅の拡大に配慮した配筋が望まれます。

（栗原一郎）

※　許容されるたわみは平成12年5月31日建設省告示第1459号「建築物の使用上の支障が起こらないことを確かめる必要がある場合及びその確認方法を定める件」に定められている

Q
10

# 小梁の向きにはどのような意味があるか？

図１｜床伏図の例

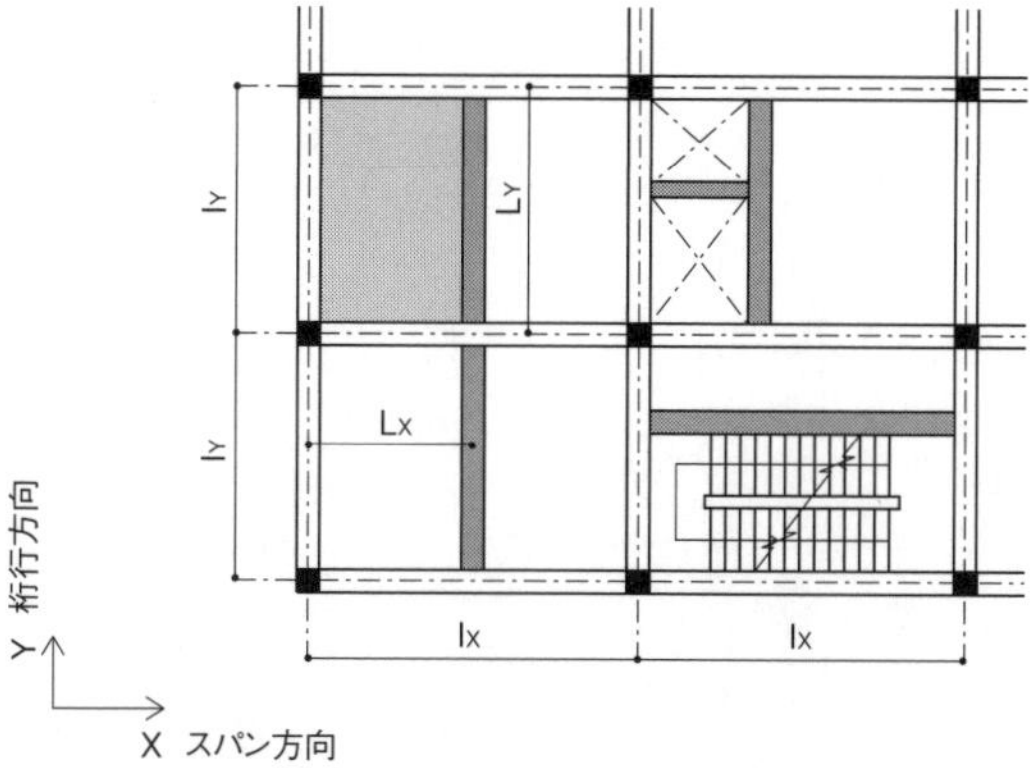


RCの場合、スパンの短い方向（Y桁行方向）に小梁を設けるのが一般的。ただし、エレベーター、階段、設備配管の縦シャフト廻りでは、それらの配置に応じて、小梁、孫梁を配置する

## RC造の小梁の配置や向きの決め方

小梁の配置や向きを決める要因には、

**①スパン（X）方向と桁行（Y）方向の柱スパンの関係**
**②必要なスラブ厚（用途、仕上げ、積載荷重）**
**③エレベーター、階段、設備配管などの縦動線**
**④間仕切壁（耐震壁）の配置**
**⑤床下、天井上での設備配管**

などがあります。

RC造の場合、①の関係から、床スラブの辺長比：（Ly/Lx）が1.0（正方形）に近くなるように小梁の配置、向きを決めます。**通常はX、Yスパンの短い方向に設けます**［図1］。床スラブ形状が正方形に近いほど応力を2方向で処理できるからです。Ly/Lxが2.0に近づけば、床スラブは短辺（X）方向の一方向板となります。とくに③に関連するエレ

ベーター、階段、設備の縦シャフトまわりでは、小梁、孫梁の向きはこれらにより決定されるため、周辺の床スラブのなかには一方向板に近いものになる場合があります。また、④については、柱・大梁ラーメン内に設置される耐震壁（耐力壁）以外に、RC造の間仕切壁（非耐力壁）の位置、方向に応じ、小梁を配置します。

通常の事務所ビルの場合、床スラブの積載荷重：2900N/㎡、仕上げ荷重：500N/㎡とすると、Ly＝Lx＝6.0ｍ（面積で36㎡）を小梁なしで成立させる場合は、必要な床スラブ厚さは18㎝となります。スラブ厚を15㎝程度に抑えようとすると、スラブのスパンが小さくなるように、小梁の配置、向きを決定することになります［図2］。

一方、⑤の平面的に配置される設備配管に関しては、配管の方向と小梁の方向が直交した場合、小梁に貫通孔を設けなければなりません。配管の大き

**図２｜典型的な小梁配置の例**

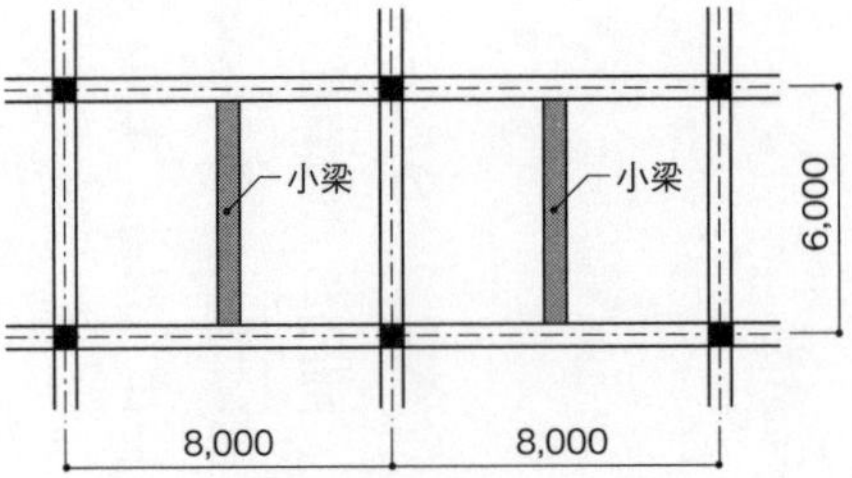


この図に示すような大きいサイズのスラブで、オフィスや住宅など、とくに積載荷重が大きくないものについては、小梁を配置することによりスラブ厚を薄くすることができる

さによっては、小梁に貫通孔を設けることができず、施工図段階で小梁の方向を変えなければならないケースもあるので、基本設計時に建築、設備との調整を十分に行っておくことが肝要です。**小梁の向きを変えることにより、床スラブの計算や、小梁から力が流れる大梁の長期応力状態が変わり、構造解析、構造設計をやりなおす必要が生じる場合もあるから**です。

また、集合住宅では、住戸間の遮音性能（床衝撃音の性能）を高める必要性から、20~25cmのスラブ厚を要求される場合も多く、積載荷重も事務所の場合より小さいことから、小梁がおのずと不要となることもあります。

## S造の小梁の配置や向きの決め方

S造の場合、床スラブにデッキプレートを型枠

**図3｜鋼製のデッキプレート（型枠）と場所打ちコンクリートの例**

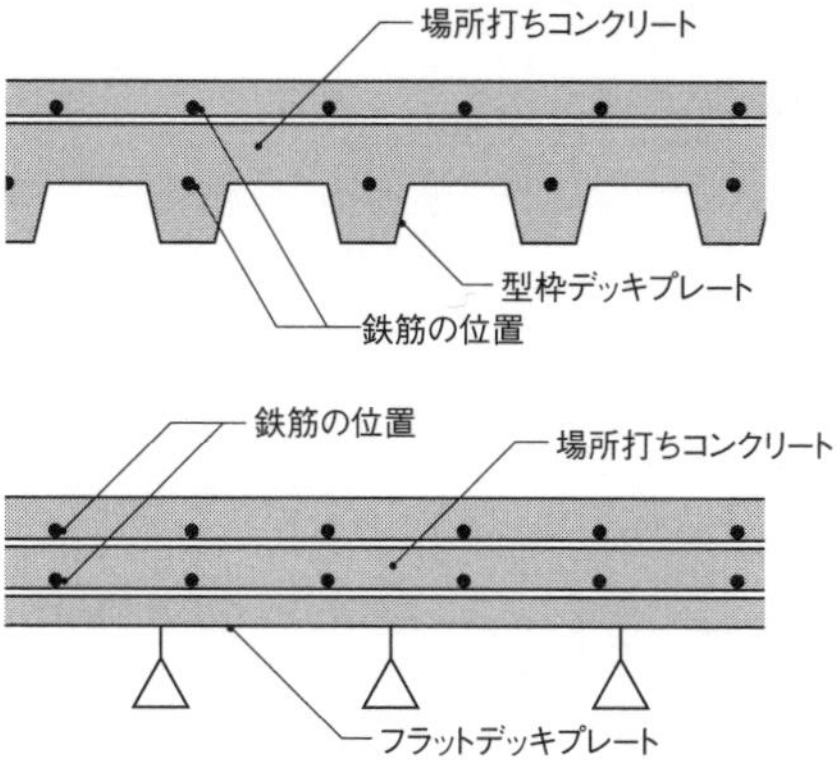


鉄骨造の場合には、鋼製のデッキプレート（さまざまな種類がある）を型枠と兼用して使用し、そのうえに鉄筋を配置した後、現場でコンクリートを打設する

### 図4 ｜ 鉄骨造の床スラブと小梁の例

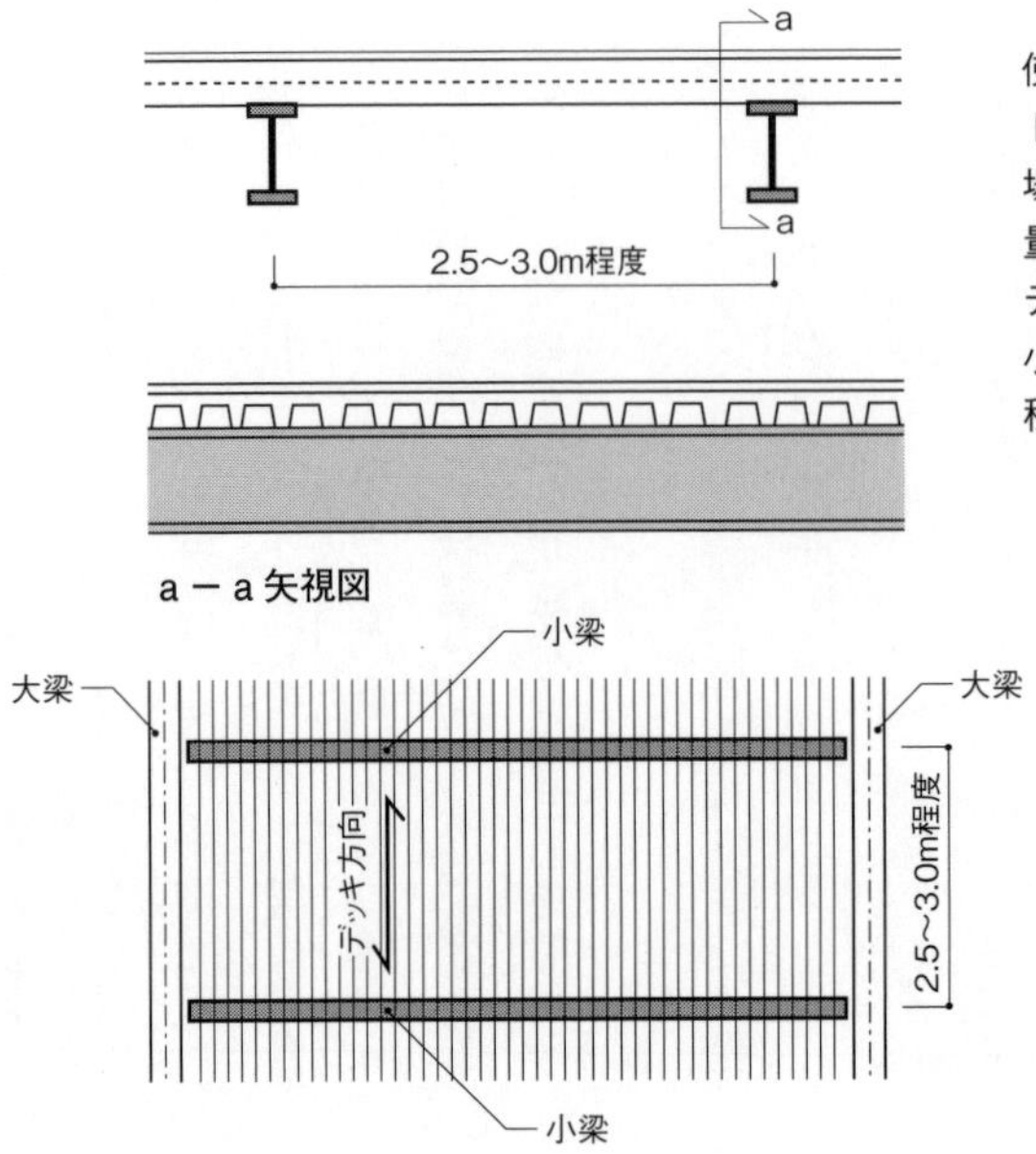


使用する鋼製デッキプレートの種類、厚みにもよるが、場所打ちコンクリートの軽量化、配筋の最適化も含め、デッキプレートを支持する小梁はおよそ2.5〜3.0m程度となる

### 図5 ｜ 市松模様の小梁配置の例

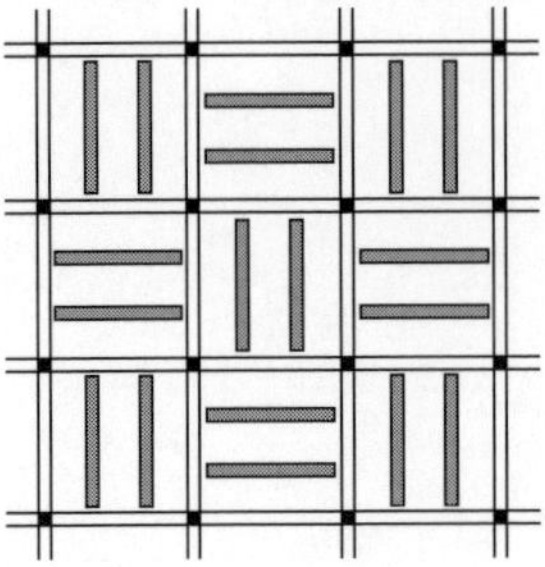

標準スパンが連続する（Lx=Ly）工場、倉庫などの場合には、長期荷重による梁応力（曲げモーメント、せん断力）を均一化し、両方向に同断面の鉄骨大梁を使用することにより、設計、生産効率を高める場合がある

として使用し、その上に配筋して、コンクリートを打設するのが一般的です。デッキプレートは波形のものとフラットなものがあり【図3】、波形の場合、波形の溝方向に鉄筋を配置するので、溝方向の一方向スラブとなります。波形にもさまざまな形状や厚み（0.8～1.6㎜程度）がありますが、コンクリート打設時の型枠としての応力、変形により、およそ2.5～3.0ｍ前後の間隔で小梁を配置することになります。

とくにオフィスの機能として片側の大梁のスパンが10ｍを超える場合には、その長大スパン大梁と直交方向におのずと小梁が配置されることになります。

前述のフラットなデッキプレートの場合、床スラブはRC造と同じく二方向板として配筋することも可能ですから、縦動線まわりや積載荷重が非常に大きい場合（金庫、倉庫など）には有効となります。

力の流れは、床スラブ（→孫梁）→小梁→大梁となるので、小梁の配置、向きが大梁の応力状態に大きく影響します。スパン（X）方向と桁行（Y）方向の大梁のスパンがほぼ等しい場合などは、X方向とY方向の大梁の長期応力状態をそろえ、同じ断面を用いた合理的な設計とするため、図5に示すように、市松模様の小梁配置とする場合もあります（工場・倉庫といった製造・物流施設、ショッピングセンターなどに多く見られます）。

（中井政義）

Q
11

# スラブの種類を上手に使い分けるには？

## 梁の配置はスラブの厚さを決めてから

ひとくちにスラブといっても、その種類や工法は数多くあります。建築主の要求性能だけでなく、施工面からコスト面まで、全体のバランスを考えて計画する必要があります。そのためには、まず各種スラブの特徴や長所、短所を把握して、建物に見合ったものを使い分けましょう。

意匠設計者がプランニングの段階で、「梁の位置をずらしたい」「部屋の天井を高くしたい」「ダクトが当たるので小梁をなくしてほしい」などという依頼をしてくることがよくあります。

**梁の位置が問題になる場合は、大梁や小梁の間隔を広げる、小梁をなくすなどの方法が考えられますが、その前にまずスラブのチェックが必要になります。**建物に流れる荷重は、スラブ→小梁→大梁→柱→基礎と順番に伝達されるように、設計の最初期に検討が必要なのはスラブなのです。

RC造の場合、一般に使用される在来型枠工法では、スパンはスラブの厚さから決まってきます（適用スパンは6～7m程度）。たわみや振動対策を考慮して、スラブ厚さは短辺方向で有効スパンの40分の1以上とし、面積が大きい場合は適宜小梁を設けます（バルコニーなどの片持ちスラブの場合は10分の1以上）【図1、図2】。

有効スパンに対し、スラブ厚さがこの条件以下の場合は、使用上の支障が起こらないことを確認しなければなりません。このときは、たわみの最大値が16倍の変形増大係数を考慮した上で、有効スパンの250分の1以下とする必要があります（平12建告1459号）。

なお、この条件はあくまで1枚のフラットなスラブとした場合の値なので、プラン上、スラブ段差や開口部などがある場合は、安全率の余裕をみる、

**図1｜四辺固定スラブの必要厚さの算定**

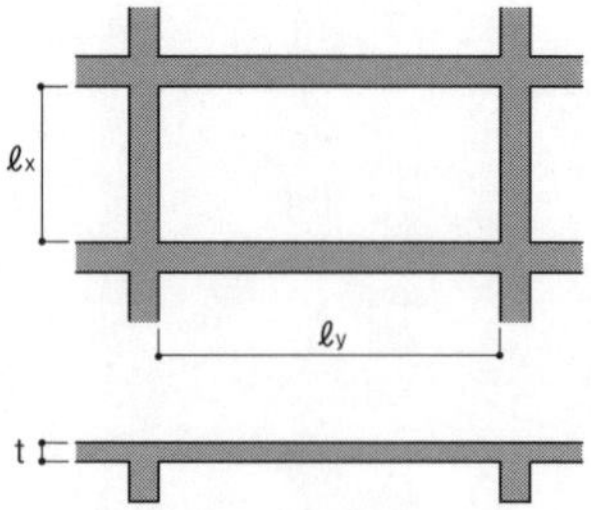


$t > \frac{\ell_x}{40}$

通常、使用時の過大なたわみ、ひび割れや振動障害などが起こらないようにするため、スラブ厚さは、８㎝以上かつ短辺方向内のり長さの1/40以上とする

**図2｜片持ちスラブの必要厚さの算定**

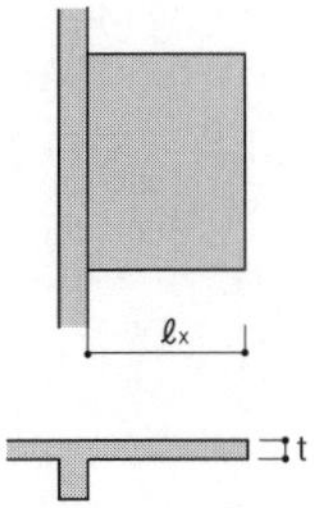


$t > \frac{\ell_x}{10}$

片持ちスラブの場合、基端の厚さは、はね出し長さの1/10以上とする

小梁を設けるなどの対処が必要になります。

## 遮音や乾燥収縮の問題も考えたい

１枚のスラブの大きさは、面積が大きくなるにつれ、性能に対する問題が発生してきます。とくに問題になりやすいのが遮音性能です。構造計算上の応力や、たわみはクリアしていても、音に関する問題は上下階の用途も考慮したうえで検討しなければなりません。

そのほか、乾燥収縮の問題も検討する必要があります。アウトフレームなどにより、１枚のスラブを部屋の外部と内部に分ける場合などは、温度変化による収縮クラックの対策も必要となるのです。

一方、鉄骨造の場合は、デッキプレートに場所打ちコンクリートを打設して、デッキプレート自体を構造体で用いる合成スラブとするのが一般的です

**図3 | 在来スラブとボイドスラブ**

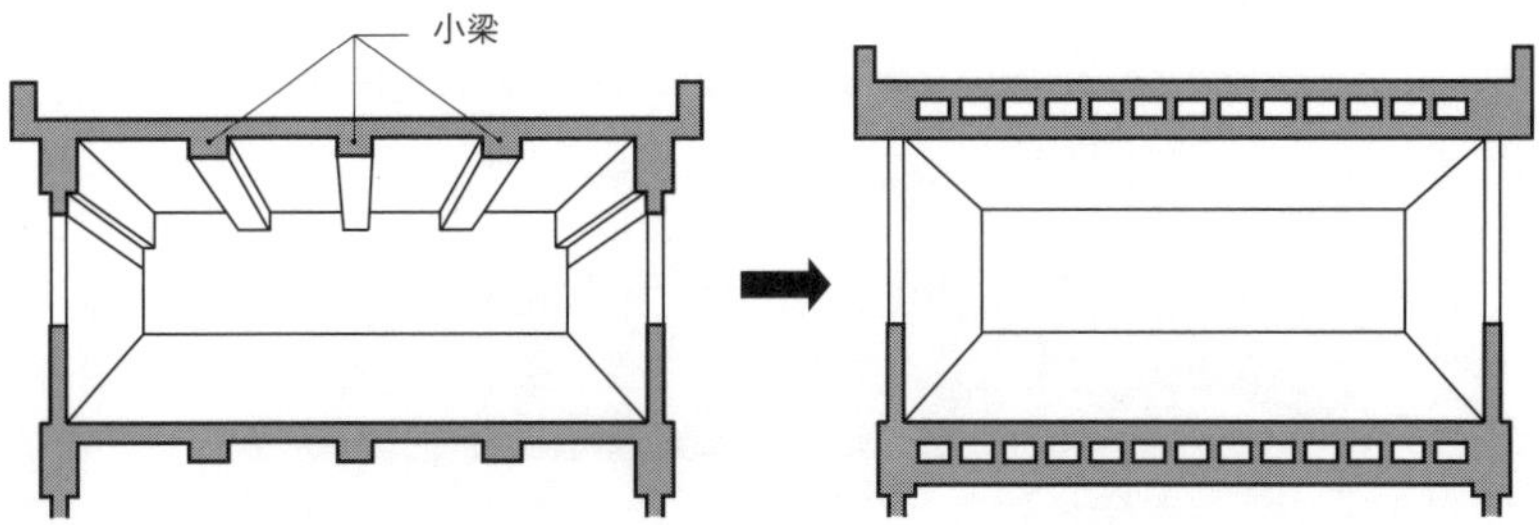
在来スラブ（在来型枠工法）
ボイドスラブ(中空スラブ工法)
天井の小梁をなくし広い部屋の空間をつくりたい（在来スラブでは解消できない場合）
小梁のない広い空間をつくることができる


が、デッキプレートのサイズや支持条件（単スパンまたは連続スパン）によって、スラブのスパンは変わります。耐火時間によってもスラブ厚さは変わります。なお、適用スパンは2.5～3m程度です。

## 代表的なスラブ工法

梁の位置や間隔の問題とは別に、建物の用途やプラン上、もっと大きな空間をつくりたいという要求が出される場合があります。しかし、一般の在来型枠工法では、どうしてもある程度のスパンで制限されてしまいます。この場合は、特殊なスラブ工法で梁のない大空間を構成することができないか検討することになります。代表的な3つの工法の特徴と注意点を示します。

**①ボイドスラブ**

ボイドスラブは、コンクートスラブの中に鋼製

**図4 ｜ フラットスラブ工法の一例**

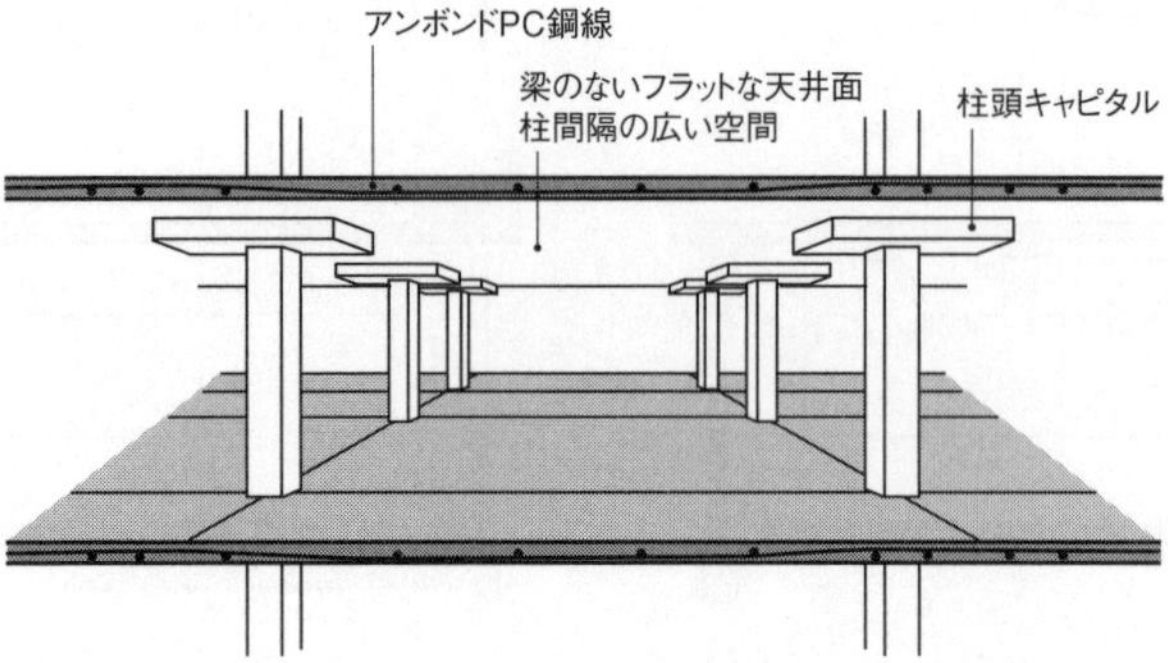


床板が梁なしで直接柱により支持される。階高を低く設定できるのが特徴。柱頭部はキャピタルで補強

のボイド管を通して中空スラブとするものです。中空部分には設備配管を通すことができるので、梁貫通などの問題も解消され、小梁の位置なども気にせずに、すっきりとした空間を設けることができます。

トータルのスラブ厚さは250～350㎜程度で、従来のスラブと比較すると、剛性や強度にも優れているといわれます。スラブが厚くなる分、天井高や階高の設定には配慮が必要です。遮音性はよいとされていますが、中が空洞で面積の大きい床板となるため、音の太鼓現象の問題には注意が必要です。軽量衝撃音（LL値）のほかに、重量衝撃音（LH値）も確認しておきたいところです。

スラブの方向性は一方向、二方向どちらも可能ですが、開口部やスラブ段差、コンクリート壁など、直接集中荷重がかかる部位には注意が必要です。

**②フラットスラブ**

フラットスラブは、梁の仲介なしに床と柱だけ

**図5 | ワッフルスラブ**

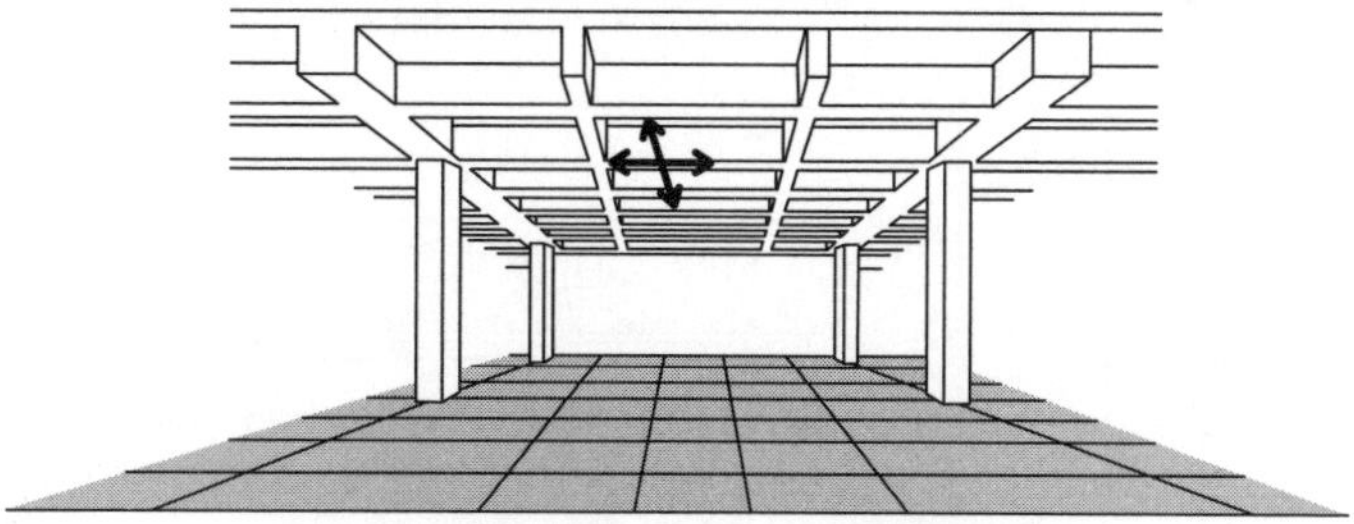

矢印は力の伝達方向を示す（2方向に力を流す）

仕上がりが格天井のように、縦横に小梁状のリブをつけたRCスラブ。見た目がワッフル菓子に似ていることからのネーミング

で構成するスラブ工法です。たわみやひび割れ防止のため、スラブ内にアンボンドPC鋼線（コンクリートと付着しないように加工されたプレストレストコンクリート用のPC鋼線）を縦横に配置し、PC鋼線に張力を導入します。これにより、梁がない床と柱の広い空間が構成されるのです。

大梁を設けないため階高を低く設定でき、積載荷重も大きく見込めますが、水平力の負担がほとんどできないので、耐力壁（耐震壁）などを設けて水平力を負担させる必要があります。

なお、床と柱の接合部分は水平力を受けたときのパンチング破壊を防止するため、柱頭にキャピタル（柱とスラブの間の補強）を設けたり、柱形状を広げるなどの配慮が必要となります。

### ③ワッフルスラブ

ワッフルスラブは、文字どおりお菓子のワッフルに似た形状で、比較的小さいリブが格子状につい

## 表1 ｜ 場所打ちスラブ

| 名　称 | 板の形状 | 適用スパン（m） | 形状、工法の特徴・ポイント |
|---|---|---|---|
| 中実スラブ | 平板 | ～7 | 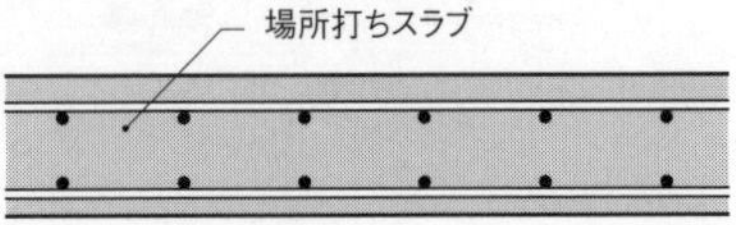<br>在来型枠工法により、梁と一体化。力の伝達方向は一方向、二方向どちらも可能。遮音性能や振動音に対しても性能はよいが長スパンでは、たわみに注意が必要である |
| ボイドスラブ | | ー | 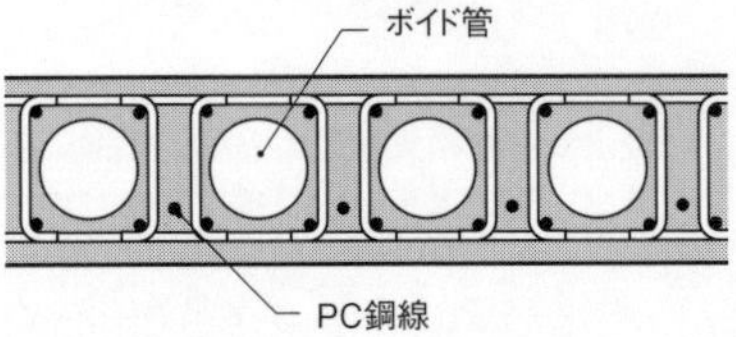<br>鋼製ボイド管、または球体ボイド（発泡スチロール）を用いて中空スラブとする。方向性は一方向、二方向どちらも可能で、落床や段差床部分も可能。コンクリート壁など、集中荷重がかかる部位は注意が必要である |
| ワッフルスラブ | ワッフルスラブ | ー | 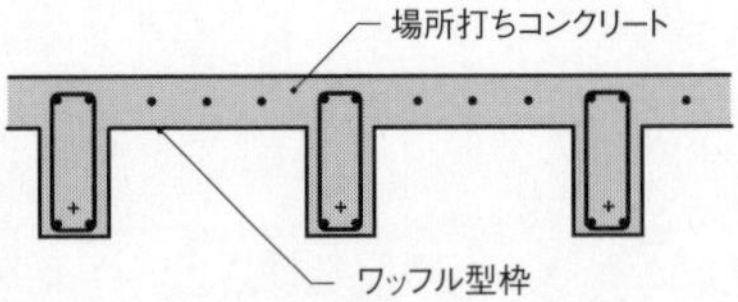<br>お菓子のワッフルの形をした型枠を並べコンクリートを打設する。小梁状のリブ底に配筋を行う。力の伝達方向は、二方向に伝達される |

## 表2 | ハーフPCaの合成スラブ・デッキプレート合成スラブ①

| 名　称 | 板の形状 | 適用スパン（m） | 形状、工法の特徴・ポイント |
|---|---|---|---|
| 鉄筋トラスハーフPCa合成床工法 | 平板 | ～6程度 | 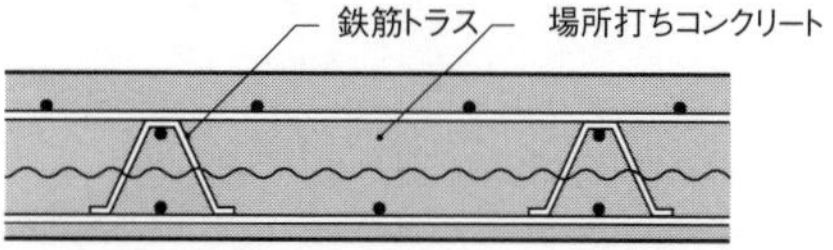<br>スラブの設計は在来工法の場合と同じで、設計の修正は不要。工場製作のハーフPCａ板と場所打ちコンクリートを一体化させる。トラス筋の乱れは少なく、トラス筋により板の剛性が向上する。天井面はフラットなので、直天井とすることが可能である |
| 鉄筋トラスハーフPCa中空床工法 | ボイドスラブ | ～8程度 | 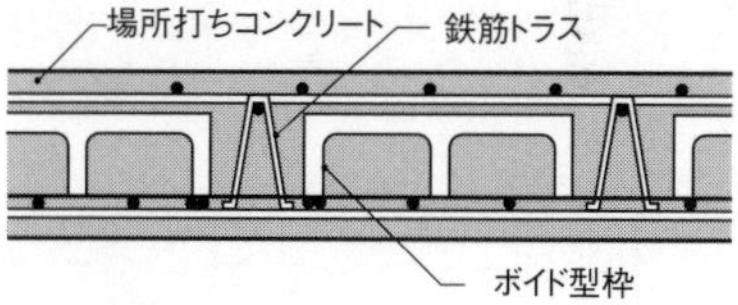<br>スラブ厚さを確保し、高い剛性となり、中空とすることで自重の低減が可能となる。梁－梁間のスパンを長くすることができる。PCa 合成床工法同様に、天井面はフラットなので、直天井とすることも可能である |
| 鉄筋トラスハーフPCaリブ付床工法 | リブ付きスラブ | ～9 | 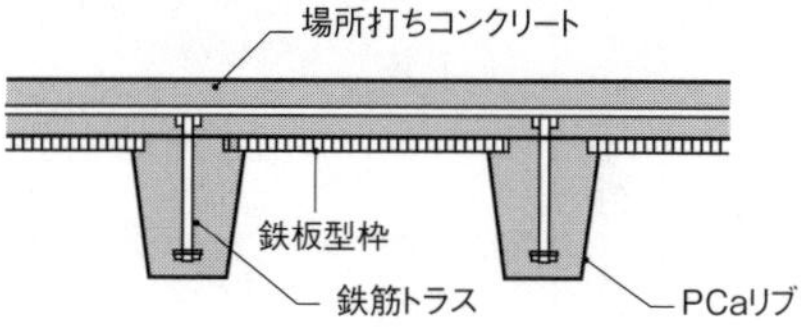<br>トラス筋により補強したリブをプレキャスト化したハーフPCaスラブである。梁せいの小さいリブを一方向に配置するため、小梁をなくすことができる。リブピッチを細かくし、支保工が不要となる |
| プレストレストハーフPCaリブ付床工法 | | 3～9 | 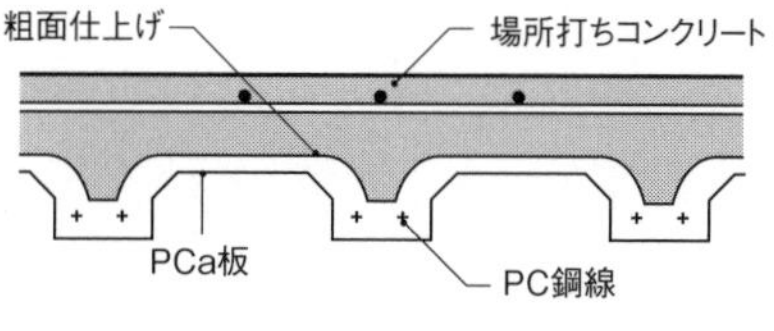<br>小梁を設けずに長スパンでスラブの計画が可能である。リブをプレストレス導入により補強するため、施工時でも支保工が不要。PCa 板は施工荷重を考慮したむくりが設けられ、施工後は一様な厚さになる |

## 表2 ｜ ハーフPCaの合成スラブ・デッキプレート合成スラブ②

| 名　称 | 板の形状 | 適用スパン（m） | 形状、工法の特徴・ポイント |
|---|---|---|---|
| フラットデッキ床工法（中空型） | フラットデッキスラブ | ～3程度 | 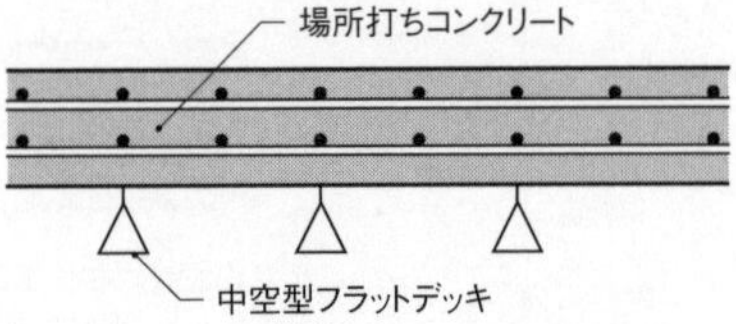<br>上面がフラットのため、設計時に一方向・異方向のどちらでも配筋が可能。デッキプレートと異なり平滑で溝部がないため、コンクリート使用量が軽減できる。床型枠として使用することができ、施工時の支保工が不要。製品が軽量のため、安全かつ能率的に作業を行える |
| デッキプレート合成床工法（鍵溝タイプ） | デッキプレートスラブ | ～3程度 | 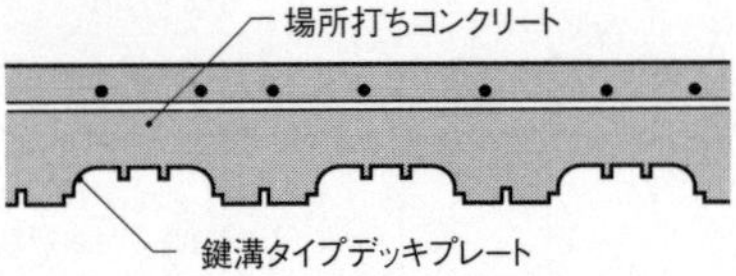<br>コンクリートと鍵溝とがかみ合い、一体となることで合成床の効果を発揮する。コンクリート打込みのため、耐火被覆は不要となる。施工時の型枠支保工や鉄骨造の場合における床面ブレースが不要となる。構造認定について各構法で取得している |
| 鉄筋トラスリブ付鉄板型枠床工法 | 鉄筋トラスリブ付き鉄板スラブ | ー | 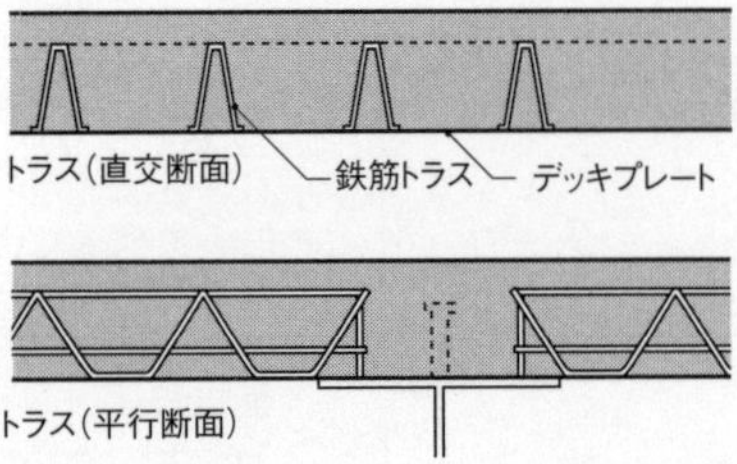<br>上下弦材とラチス材の鉄筋が溶接されているため、配筋の乱れの心配がなくスペーサー類も不要である。許容スパン内ならば支保工は不要で、捨型枠であるため、解体工事も不要となる。梁間に敷き並べることで、型枠工事と鉄筋工事の大半が同時に終了となる |

たスラブをいいます。リブが格子状の小梁として作用するため、小梁なしで比較的に大きな面積を支えることができます。

＊

以上、代表的なスラブをいくつか解説してきましたが、スラブの工法による種類は、これまでもさまざまなニーズに合わせて数多く開発されてきました。しかし、これら特殊なスラブ工法を採用する際は、建物の規模や用途によってはコストアップにつながる可能性もありますので、単に建築主の要求性能を満足させるだけでなく、コスト面も含めた全体計画が重要視されることも忘れてはなりません。そうした面も踏まえて、スラブの使い分けを有効に活用していきたいものです。

また現在は、スクラップ&ビルドという考え方から、環境問題やエコロジーを考えて、建物を長期にわたって使用できる計画が重視されるようになってきました。

今後は、時代の変化やニーズに合わせた内装や設備の改修により、構造躯体はそのまま使い廻せるようなスケルトンインフィルの考え方も必要です。これもスラブ工法を選択していくうえでは欠かせない検討要素となるでしょう。

（大沼彰裕）

Q
12

# 床が振動する原因は何？

「クリープ現象！」「変形増大係数！」

## 建物の変形を制御する

床の振動は、変形に対する設計が十分に行われていないことから発生する可能性があります。とくに床や梁などの部材は、時間の経過とともに変形が進行するクリープ現象が生じやすいので、長期的な変形を考慮した設計が必要です。

構造設計においては、建物内の各部材に働く力が許容値を超えないように設計することは当然です。そのうえでもう1つ重要なことは、建物の変形を制御することです。具体的には、地震時の横方向の変形について、層間変形角を200分の1以下とすること、固定荷重や積載荷重による梁や床版の変形（たわみ）をスパンの250分の1以下となるように設計することなどです。

梁や床のたわみを抑えるには理由があります。もし、梁や床がたわんで傾斜したり、建物の振動が抑えられなかったりすると、居住者の快適性を損なう大きな原因となり、建築主とのトラブルに発展することも少なくありません。

一般には、**たわみが大きい部材ほど、振動も大きくなります**。たわみはスパンの3乗に比例するので、スパンがわずかに長くなるだけでもたわみは大きくなります。大スパン構造の建物ほどたわみに対する注意が必要です。また精密機械を扱う工場など、振動に対してデリケートな用途の建物に関しては、制振装置の設置など、特別な措置を検討したほうがよい場合もあります。

建物のなかで振動が起きやすい部分の1つに階段があります。一般的な居室に比べるとあまり振動しても気にならない個所かもしれませんが、デザインに凝ったスレンダーな階段はやはり振動しやすくなります。あらかじめ建築主に対してはそのような可能性を示唆しておいたほうがよいかもしれません。

**表1 ｜ 構造の形式と変形増大係数**

| 構造の形式 | | 変形増大係数 |
|---|---|---|
| 木造 | | 2 |
| 鉄骨造 | | 1（デッキプレート版にあっては1.5） |
| 鉄筋コンクリート造 | 床版 | 16 |
| | 梁 | 8 |
| 鉄骨鉄筋コンクリート造 | | 4 |
| アルミニウム合金造 | | 1 |
| 軽量気泡コンクリートパネルを用いた構造 | | 1.6 |

**表2 ｜ 振動の原因**

1）道路や鉄道など、振動を生じる環境に隣接している
2）デザインを重視したあまりに部材がスレンダーすぎる
3）大スパンや片持の梁、床の変形に対する設計が甘い

## たわみの設計はクリープ現象を考慮して

実際にたわみに対する設計を行うためには、クリープ現象を理解しておかなければなりません。

部材に荷重を与えると変形が生じますが、荷重を除くと元に戻ります。この変形を「弾性変形」と呼びます。しかし荷重が継続的に与えられると、弾性変形に加えて時間の経過とともに変形が進行していきます。これをクリープ現象といいます。クリープ（creep）とは、英語で「這う」を意味する言葉です。そこから、変形がゆっくりと進行してゆく現象をイメージすることができるでしょう。

コンクリートと木材はクリープの大きな材料なので、RC造、木構造を設計する際は、クリープ現象に対して細心の注意を払う必要があります。鉄骨造はクリープの影響が少ないので、クリープ現象を

**図1｜コンクリートの荷重時間と変形の関係**

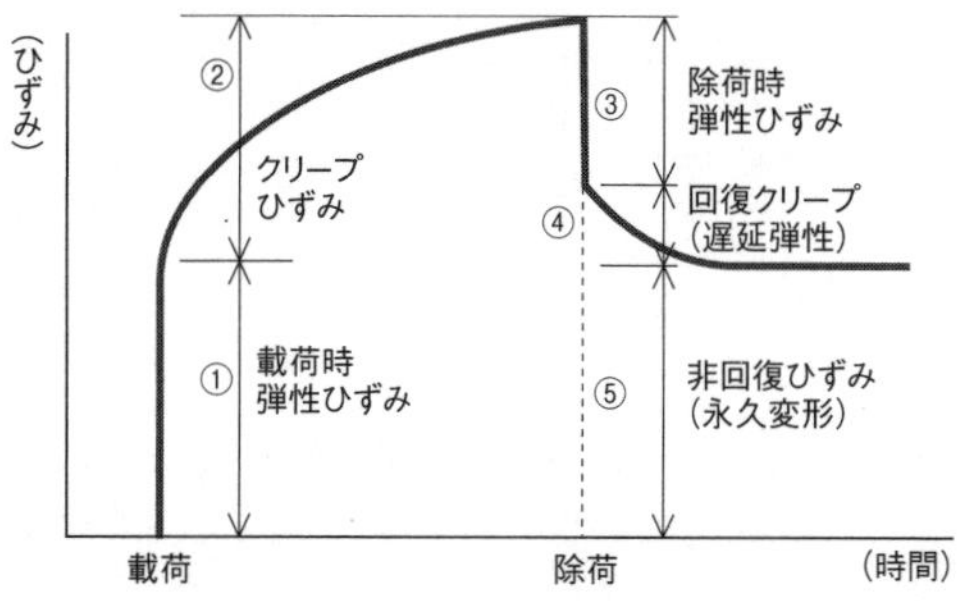


RC部材のクリープ変形は約2～3年かけてゆっくりと進行する。途中で荷重を取り除くと瞬間的に変形が一部戻り、その後クリープ変形の逆をだどるように徐々に戻っていくが、時間がたっても完全に元の状態にはもどらず、残留変形が残る

「コンクリートのおはなし 改訂版」(日本規格協会)

考慮せずに設計を行う場合も多くあります。

弾性変形にクリープ変形を加えたものがたわみの最大値［※1］です。**表1**の変形増大係数を見ると、数値がもっとも大きいのがRC造です。床版は16、梁は8となっていて、RC造のクリープ現象が、ほかの構造形式に比べて顕著であることが分かります。これは、RC造はほかの構造に比べて部材にかかる荷重のなかでも自重の割合が大きく、継続的に大きな自重が加わっているなどの理由によります［図1・※2］。

木造の変形増大係数は、RC造に比べると小さな値ですが、クリープ現象［※3］の影響は無視できません［図2］。

## 必要な数値より余裕をみて設計する

たわみに対する設計は、クリープ現象を考慮しながら行いますが、建物にかかる荷重は竣工後に変動する場合も多いため、余裕をみて設計する必要があります。その一例として、竣工後の変形が大きいと予想される場合には、部材をあらかじめアーチのように上向きに反らせ、むくり（キャンバー）をつけることもあります **[図2]**。ただし、目に見える変形の問題は解決できますが、先述の振動の問題の解決にはつながらないことも多いので注意してください。振動を抑えるためには、固有振動数の算出など高度な計算が必要となることもあります。また計算どおりに、むくった分だけ部材が変形しない場合もあるので、むくりのつけ方には設計者の経験と勘が重要になります。さらに、片持ち部材は、先端のたわみが大きくなりやすいため、細心の注意を払う必要があります。**たとえ、変形が0であっても目の錯覚で先端が落ちているように見えることも多い**ので、多少大きめのむくりをとっておくのがよいでしょう。

たわみに対する設計に限りませんが、正確な計算に基づいて建物の安全を証明することは大切なことです。しかし、計算結果のみを鵜呑みにすることなく、建物をとりまくさまざまな環境や要因を常に頭に入れ、自分の勘を大事にすることも必要です。はじめのうちは、そのような勘をもつことは難しいかもしれませんが、実践を積んで知識や経験を蓄積していくことで、自然とそのような感覚は身についてくるはずです。

（萬田 隆）

## 図2 ｜ 木造部材の荷重時間と変形の関係

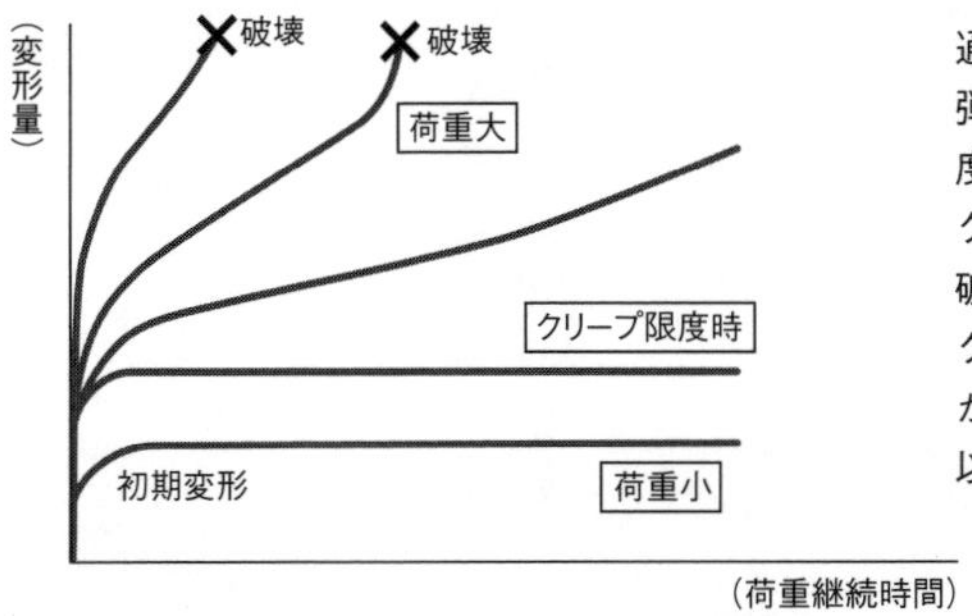


通常、木造部材のクリープ変形は弾性変形の2倍程度だが、ある限度以上の荷重を載荷し続けると、クリープ変形がとまらず、やがて破壊にいたる。この限度の荷重をクリープ限度荷重という。部材にかかる荷重は、クリープ限度荷重以下であることが必要

「木造 建築構造の設計」(日本建築構造技術者協会)

## 図3 ｜ むくりのつけ方

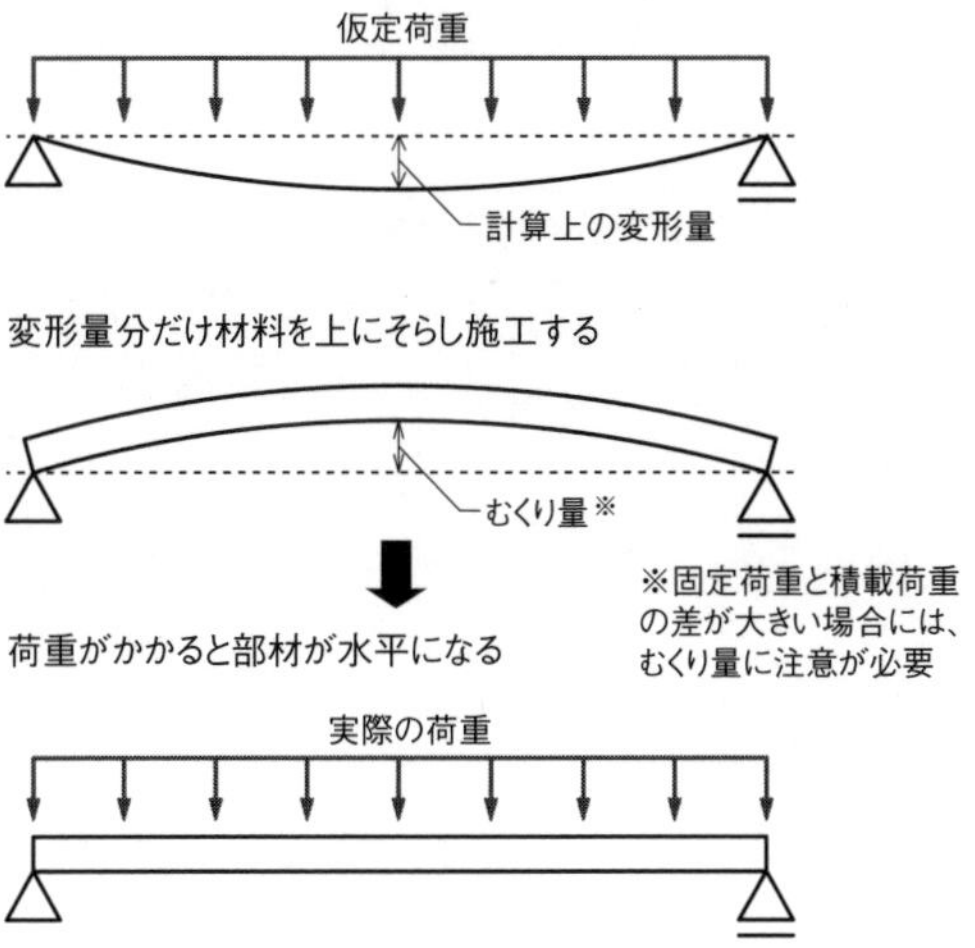


※1　たわみの最大値の算定は、実際には計算で求められた弾性変形の値に、建築物の構造形式および部材の種類に応じて定められた変形増大係数(表1)を乗じて算出する(平成12年5月31日建設省告示1459号「建築物の使用上の支障が起こらないことを確かめる必要がある場合及びその確認方法を定める件」第2号)

※2　詳しくは日本建築学会『鉄筋コンクリート構造計算基準・同解説、許容応力度設計法』を参照

※3　木材のクリープ現象に関する詳細は、日本建築学会「木質構造計算基準・同解説」や日本住宅・木材技術センター「木造軸組工法住宅の許容応力度設計」に詳細な記述がある

Q 13

# はね出し（片持ち）の設計を安全に行うには？

## はね出し長さの10分の1以上のスラブ厚に

はね出し（片持ち）長さは、一般にその長さに対するある一定の比率以上の部材厚（梁せい）寸法を確保することにより成立させることができます（RCスラブの場合10分の1以上）。ただし、荷重条件および変形や振動などに配慮したうえで、設計する必要があります。

バルコニー、庇など、はね出しが問題になる部分はたくさんありますが、それらは静定構造となるため冗長性がなく（はね出しの根元部分が壊れると落下する危険性があります）、その安全性の確保に十分な注意が必要となります。そのため、薄いはね出しスラブや庇などを設計する際は、構造上の入念な検討が不可欠となります。

「鉄筋コンクリート構造計算規準・同解説」（日本建築学会）では、RC造のはね出し部分のスラブ厚は、はね出し長さ10分の1以上とするように規定しています[図1]。これは、厚さに対してはね出し寸法が大きくなるスラブは、応力に対して満足していても、ひび割れ、クリープなどの不具合が生じる可能性があるため設けられた規定です。**この規定を超えるRC造のスラブを設計する場合は、プレストレスを導入するなどして、ひび割れが起きないように十分な検討が必要**となります。

RC造のひび割れは美観上の問題だけではなく、耐久性の問題にも直結するおそれがあります。外部で雨などにさらされる部位はとくに注意を要します。おおむね0.3㎜を超えるひび割れが生じるとそこから水が浸入し、白華（エフロレッセンス）が生じることがあります。さらに、内部の鉄筋に錆が発生すると、鉄筋の膨張により周囲のコンクリートが爆裂し、最悪の場合ははね出し部分が崩落する危険もあります。

### 図1｜はね出しスラブのはね出し長さと厚さの関係

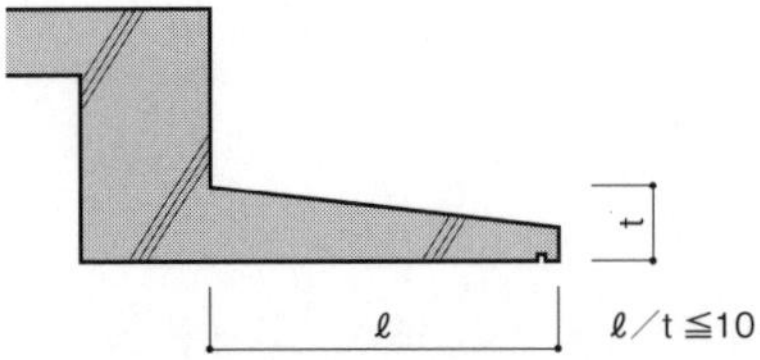


はね出し寸法に対するスラブ厚さは1/10以上とする必要がある。これは、耐力だけではなく、ひび割れ、クリープなどの影響も考慮したうえ、設定されている

### 図2｜排水溝に関する注意

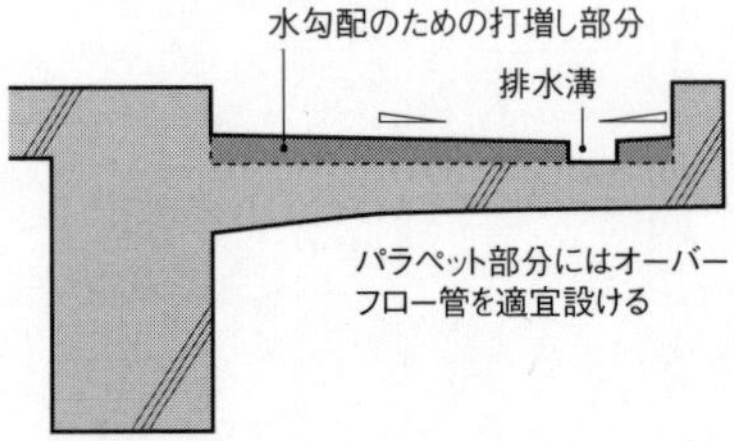


バルコニー部分などには、水が溜まることを防ぐために排水溝とオーバーフロー管を設ける必要がある。また、増打ちが生じることによる重量増も適切に評価する必要がある

RC造の場合、ひび割れ、収縮、クリープによって、弾性変形の数倍となる変形が生じることもあるので注意が必要です。

## 排水溝の設置や積雪に関する注意

排水溝を設けることによりスラブに断面欠損が生じるおそれがあるときは、構造体となるスラブ上にコンクリートの増打ち部分を設けます。その場合、増打ちコンクリートの荷重を見込んだうえで、構造設計を行うことになります。

パラペット部分においては、適切にオーバーフロー管を設け、排水管が詰まった場合でもバルコニーや屋上に水が溜まらないようにする必要があります。水が溜まると想定以上の荷重が作用することになります［図2］。

とくに、多雪地域においては積雪荷重を適切に評価したうえ、十分な安全性を確保して設計する必要があります。雪の吹き溜まりなど想定を超える積雪荷重が作用することを想定し、フェールセーフ（はね出し根元部分が壊れても落下を防ぐための対応）も検討するとよいでしょう。

## S造におけるたわみと振動に関する注意

S造のはね出し部分では、たわみと振動が問題になることがあります。はね出し部分の変形を適切に評価し、必要に応じて部材にキャンバー（むくり）を設けることも検討します。変形が大きい場合には、外装材などの仕上材が寸法どおりに取り付けられないことがあります。

また、屋外の庇などにおいては、フラッタリング（羽ばたき現象）が生じることもあるので、風荷重による吹き上げへの注意が必要です。また場所によっては、はね出し部分の振動が居住性能に影響を与えることもあります。要求される居住性能を確認したうえで、十分な剛性を確保する必要があります。剛性が不足する場合には、制振装置を設けることにより減衰させることも考えられます。「建築物の振動に関する居住性能指針・同解説」（日本建築学会）などを参考にするとよいでしょう。

## 部材余裕率と基端部の剛性に関する注意

はね出し部材は、次の3つの理由から安全率を十分に確保する必要があります。一般のはね出し部材では1.5、はね出しスラブでは2.0の安全率を確保します。

**①静定構造となるため冗長性がない**

**②地震時の上下動震動（±1G程度）を考慮する必要がある**

## 図３｜上端鉄筋が下がることによる耐力低下

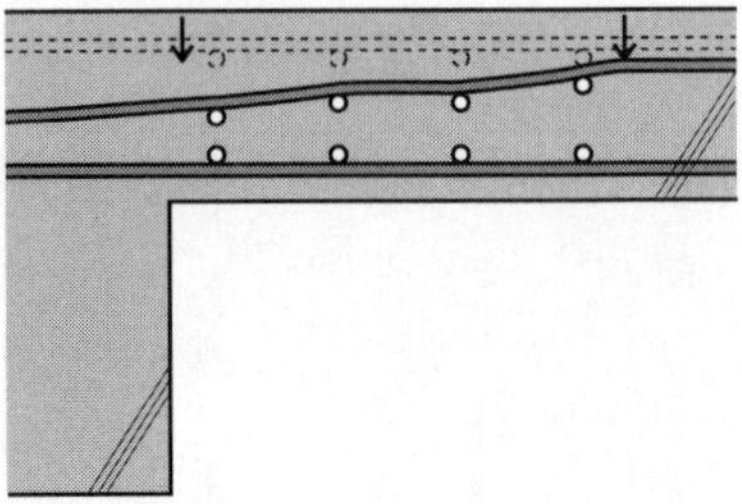

上端鉄筋は、施工時（コンクリート打設時も含め）に下がる可能性がある。スラブの厚さが梁せいなどに比べ小さいため、下がった寸法による耐力低下は梁などに比べ大きくなる。そのため、十分な余裕率を確保する必要がある。とくに基端部は注意する

## 図４｜はね出し部材基端部分の注意点

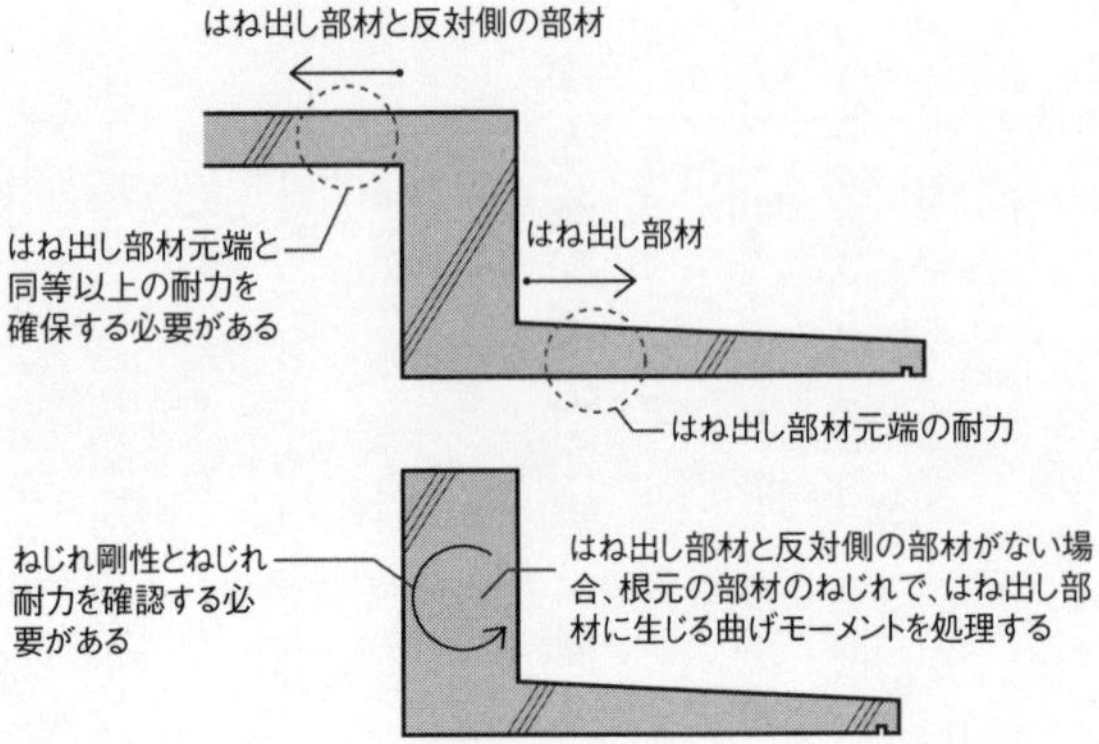
はね出し部材と反対側の部材
はね出し部材元端と同等以上の耐力を確保する必要がある
はね出し部材
はね出し部材元端の耐力
ねじれ剛性とねじれ耐力を確認する必要がある
はね出し部材と反対側の部材がない場合、根元の部材のねじれで、はね出し部材に生じる曲げモーメントを処理する

はね出し部材基端部分に生じる応力は伝達されなければならない。原則、はね出し部材と同等以上の曲げ耐力を有する部材が反対側に連続している必要がある

図５｜基端となる固定度の仮定への注意

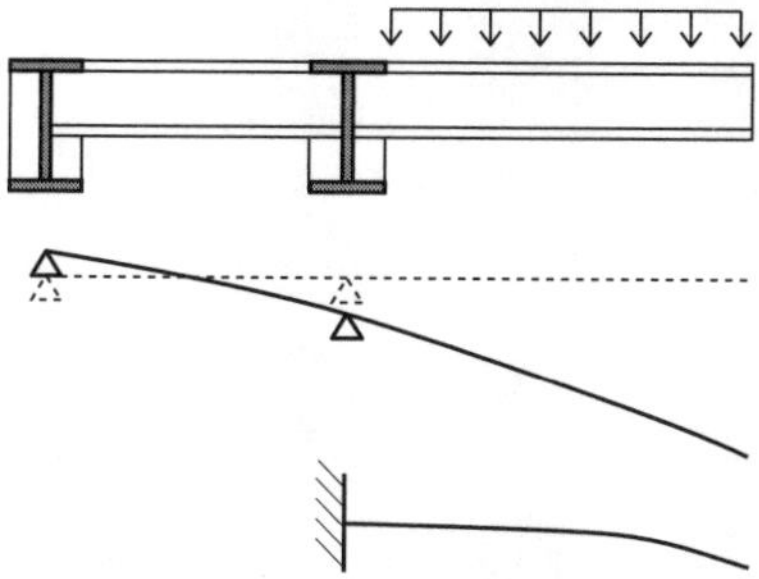


基端部分の剛性（根元の部材と反対側の吊り合う部材の剛性）を考慮しないと、変形を過小評価する場合があるので注意が必要である

## ③上端鉄筋が下がり、耐力低下の懸念がある［図3］

はね出し部材の反対側には、はね出し部材と同等以上の耐力を有する部材を設ける必要があります。反対側に釣り合う部材を設けないと、根元の部材のねじれによってはね出し部材に作用する曲げモーメントを処理することになります。やむをえず、このような構造設計を行う場合は、根元の部材のねじれ剛性、ねじれ耐力を適切に評価する必要があります［図4］。

またS造の場合、根元の部材の剛性と反対側の吊り合う部材の剛性を考慮し、はね出し部材の基端となる固定度、はね出し部材の変形を適切に評価する必要があります。基端部分を完全に剛であると仮定して変形を算定すると、変形計算において過小評価となることもあるので注意してください［図5］。

（朝川 剛）

Q14

# 耐震壁の必要長さを把握するには？

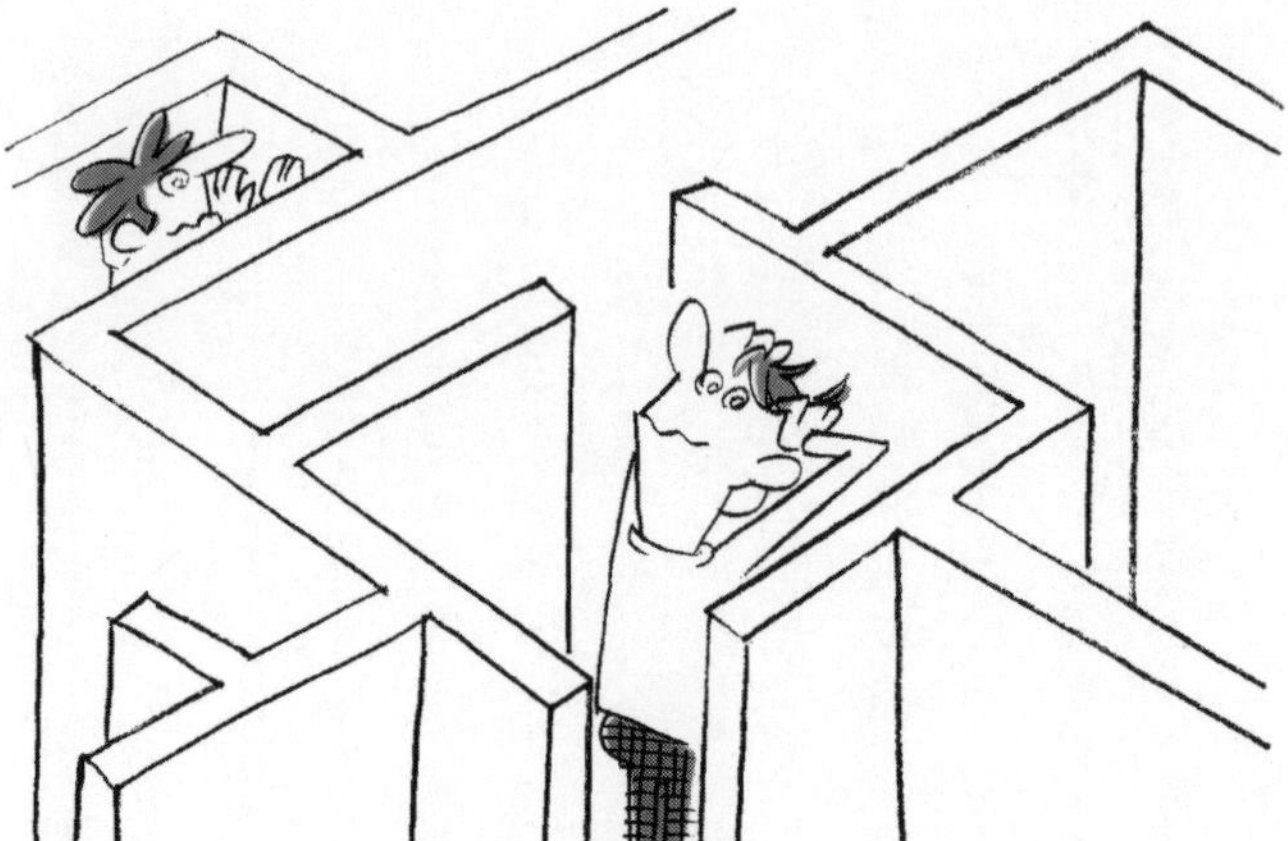

「たくさんつくり過ぎ"!!」

## 耐震壁はどれくらい必要か

耐震壁の必要数の出し方は、必要壁量を求める下記の方法でおおよそ算出できます。

主に耐震強度の確保を耐震壁で行う場合は、強度型の設計法である設計ルート1（交告第593号二号イ［1］）を参考に計算します。［1］式を満足するように耐震壁の壁量を考えていくのです。

略算的に算出する場合は、耐震的に必要と考えられる各階の所要強度を、「当該階が支える部分の床面積の和×単位面積当たりの建物重量（約12～16kN/㎡くらいでよい）」で求め、それを鉛直部材（耐震壁、袖壁など）の水平強度にもとづく単位強度（2.5）で除することで、耐震壁の水平断面積（必要壁量［長さ×厚さ］）を求めることができます。**耐震壁の厚さが決定されれば、その必要長さも決まります**ので、各方向に、あるいは一方向に、必要な壁を分散配置すればよいでしょう［図1］。

## 耐震壁の重要性

耐震壁が多く確保できそうな場合、強度型の設計法としルート1を満足する壁量を考えます。耐震壁が少ない場合でも、平面的・立面的なバランスに注意したうえで、ルート2を満足する程度の壁量を確保することが目安になります。

日本建築学会では「耐震壁」、建築基準法では（少なくとも新耐震設計法以降は）「耐力壁」、表記の仕方は異なれど、鉄筋コンクリート構造（RC造）の建物において、耐震壁は重要な耐震要素の1つとなります。

耐震壁は、柱・梁だけで構成するラーメン架構に比べて水平剛性が高いため、地震時には大きな水平せん断力を負担することができます。耐震壁を各

**図1 | 壁の分散配置**

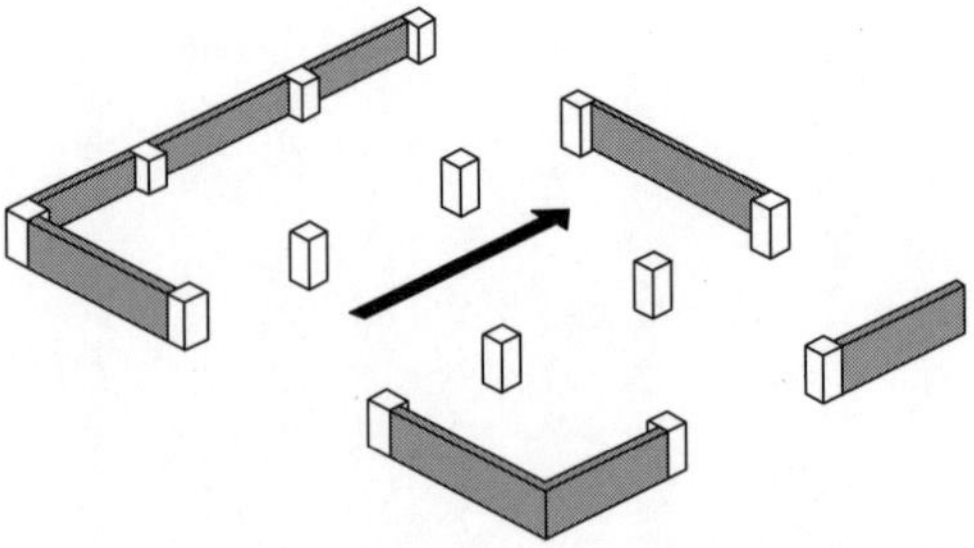

建物重心と剛心が合うように耐震壁を極力配置する。外側にねじり抵抗が大きくなるように極力配置する

**図2 | 市松模様の耐震壁配置**

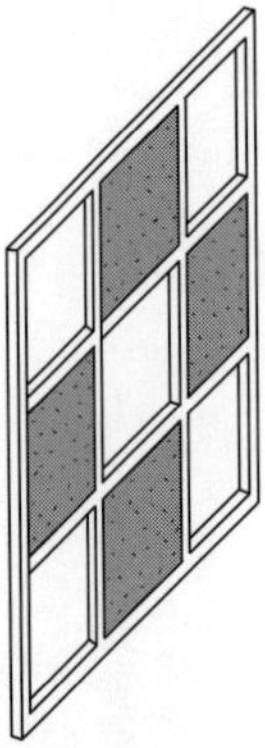

地震時柱軸力の低減による柱伸縮の減少可能

階に効率よく効果的に配置することができれば、ラーメン架構に対する地震時応力からの影響も少なくできます。結果として、柱の断面寸法を小さくすることが可能となり、より開放的な空間を実現できるようになります。また、ラーメン架構の断面が小さくなれば、使用する鉄筋量も少なくて済みますので、工事全体のコストダウンにもつながります。

その一方、耐震壁の存在は、設計の自由度を制限する側面ももちあわせています。そのため、その採用、配置については、建築用途上、機能上必要不可欠な壁であるかどうかの判断がきわめて重要になります。さらに平面上、立面上、耐震壁をバランスよく配置できるかの判断も大切です。それらがクリアできれば、耐震壁を積極的に活用する構造計画を進めていくことができるでしょう。

## ピロティ、塔状比、開口に注意

耐震壁は水平剛性が高いため、地震時には大きな水平せん断力を負担できるといいましたが、耐震壁を連層で設けている建物が一部の階だけ耐震壁を設けていないと、その階の剛性と耐力が激減します。いわゆる、ピロティ型建築物のピロティ階のことです。

連層耐震壁を支えるために、ピロティ階に設置される単独柱は、地震時には過度の応力集中が生じ、層崩壊を起こさせるおそれが高くなります。ピロティ階での層崩壊を避けるためには、隣接する架構に耐震壁を設けて剛性の急変を防いだり、全体として市松模様の耐震壁配置を考えたりするなどの必要があります［図2］。

中高層以上の建物で「塔状比」が大きくなると、耐震壁の曲げ変形の影響により、上部で水平せん断力の負担割合が低下し、ラーメン架構の負担せん断力が、増加する傾向となります。

また、耐震壁に複数の小開口が設けられている場合は、すべての開口を「包絡する開口」として扱う場合と、「等価面積の開口」として扱う場合があり、各開口位置により耐震壁の耐力は大きく変動しますので、設計者間の綿密な打ち合わせと適切な判断が必要になります［図3］。

開口位置が上下階で同一場所にある場合も、境界梁に応力が集中するため注意が必要です。なお、平19国交告594号第一により、開口高さが大きい場合は、耐震壁のせん断耐力が大きく低減されるように変更されたので、開口際に付帯柱を設けるような対応も考える必要があるでしょう［図4］。

耐震壁は、事務所ビルなどではコア廻りの階段・エレベータ壁に隣接して設けられることが多くなります。耐震壁は剛性および耐力が高いため、隣接床

## 図３｜開口による耐力低減（複数開口の考え方）

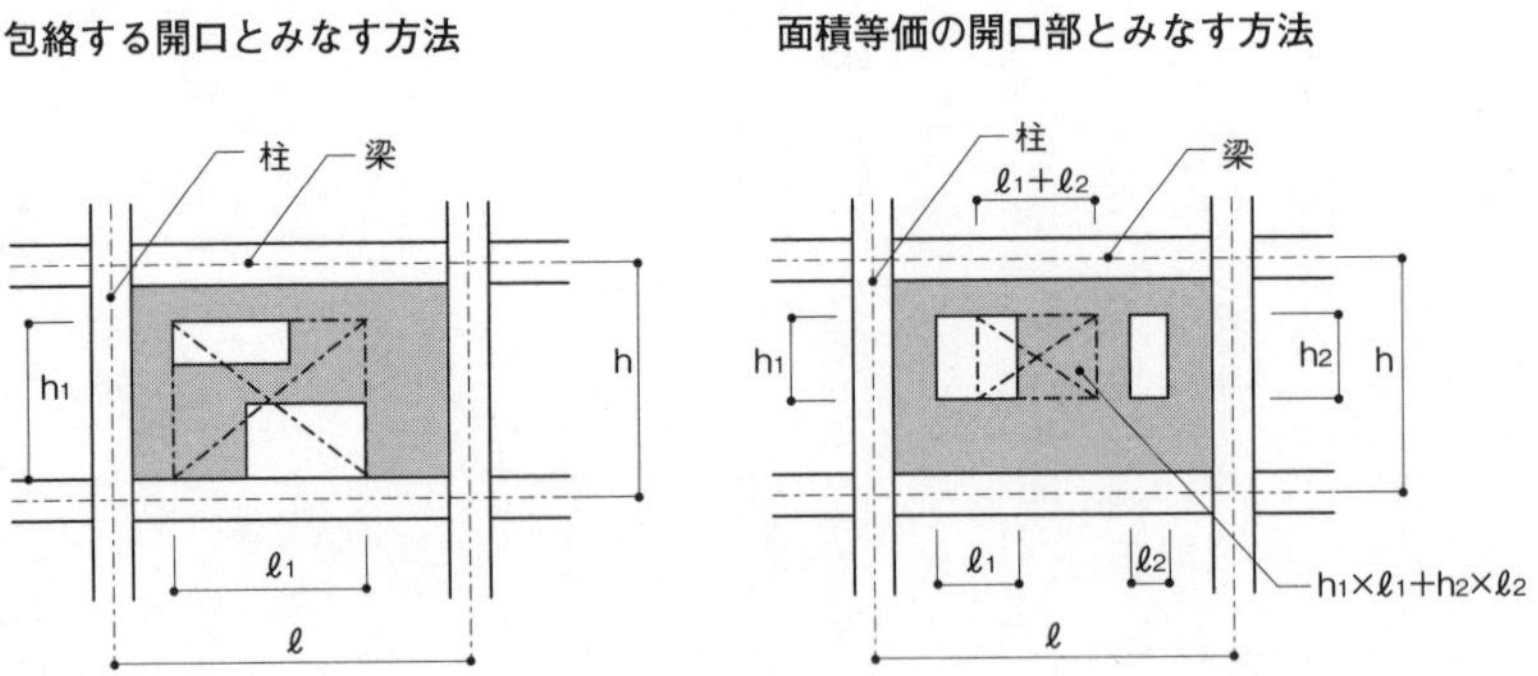


面積等価の開口部とみなすには、開口間が１m以上かつ1.5×開口高以上離れている必要がある。

たとえば、スパン＝10 m、階高＝３m　開口面積$A_0$＝2㎡としたときの耐力低減

**●単一開口の場合**

開口高さ$h_1$＝２mのとき　r2＝0.33　　縦長開口は大きく耐力低減される

開口幅　$\ell_1$＝２mのとき　r2＝0.80

開口面積$A_0$＝２㎡のとき　r2＝0.74

**●複数開口の場合**

包絡する開口の場合：実開口面積より大きな開口となる

面積等価の開口の場合：実開口面積の合計を単一開口面積と考える

## 図４｜開口際に付帯柱を設ける

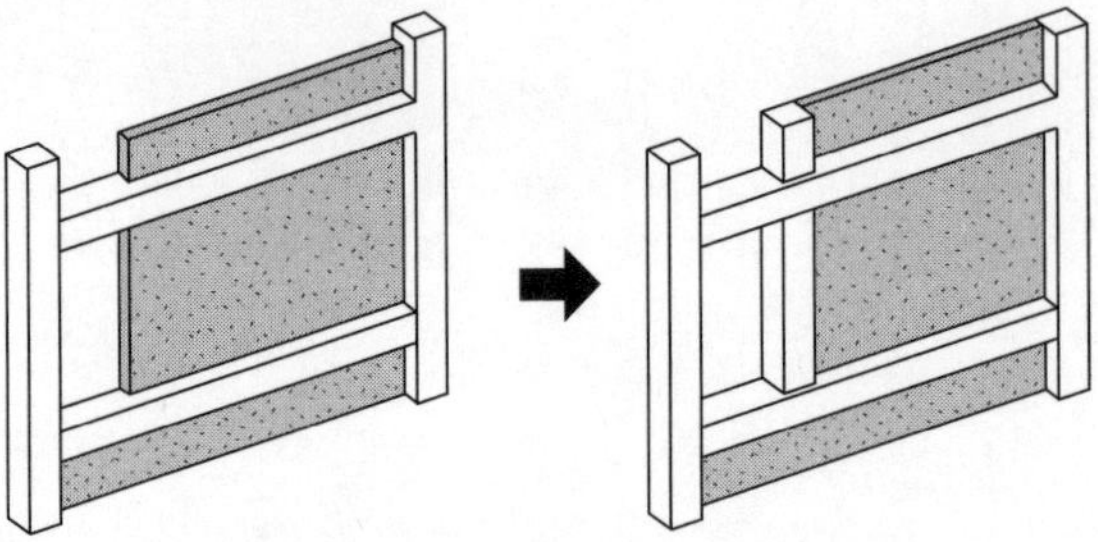

平19国交告594号第1より、開口高さが高い場合、開口高さ比（$h_0$/h）によるせん断耐力の低減率が大きく、せん断耐力が小さくなるため、付帯柱を設けることも考えられる

版の剛床仮定が成立するか、隣接床板の水平力伝達能力が確保されているかを検討しなければなりません。また、耐震壁の付帯柱が支える軸力が小さい場合は、基礎に引抜力が生じるため、浮き上がりに対する検討も必要となります。

（一之瀬春雄）

参考文献：「2007年度版　建築物の構造関係基準解説書」（日本建築学会）「鉄筋コンクリート構造計算基準　同解説」（日本建築学会）「建築知識2006年7月号 プロとして恥をかかないための構造設計キーワード40」（エクスナレッジ）

Q 15

# プラン上、壁を抜きたくなったら？

## 剛性と強度の違い

剛性と強度の全体のバランスをとるような壁の配置が、構造設計では必要です。

「この壁は邪魔なので、抜いてもらえませんか?」、あるいは「遮音上の性能確保から、この壁はRC造でお願いします」。これは打ち合わせで意匠設計者からよく聞かれる言葉です。容易なことと思うかもしれませんが、構造設計者としては全体的なバランスを考えなければなりませんので、簡単にOKを出せません。では、ここでいう「バランス」とは何でしょうか。それを考えるには、まず剛性と強度について理解しておく必要があります。

「剛性」「強度」は、意匠設計者および新人の構造設計者が誤解しやすい用語です。この用語を簡単に説明すると、「堅い(固い)」「強い」という意味になります。ただし、堅い(固い)から強いというわけではありません。

「堅い=強い」「柔らかい=弱い」と認識している人がいますが、そうとも限りません。台風のときを思い出してみてください。樹木は倒れずに頑張っているのに、看板が倒れている光景を見たことはないでしょうか。樹木は風に揺られてしなるほど柔らかいですが、折れないくらいの強さがあります。看板はあまり揺れませんが、すぐに折れるくらい弱いものです。これを図で示すと図1のようになります。

**図1**は同じように変形させるのにどちらのほうが多くの力を必要とするかを示しています。これは堅さ(剛性)です。**図2**のように、壊すのにどちらのほうがより多くの力を必要とするかを示したものが強さ(強度)です。**構造設計者はこの剛性と強度を建物全体にバランスよく配置できるように構造計画を行います。たとえ壁1枚であっても、それは重要な構造計画の一部なのです。**

**図1 ｜ 剛性が高い**

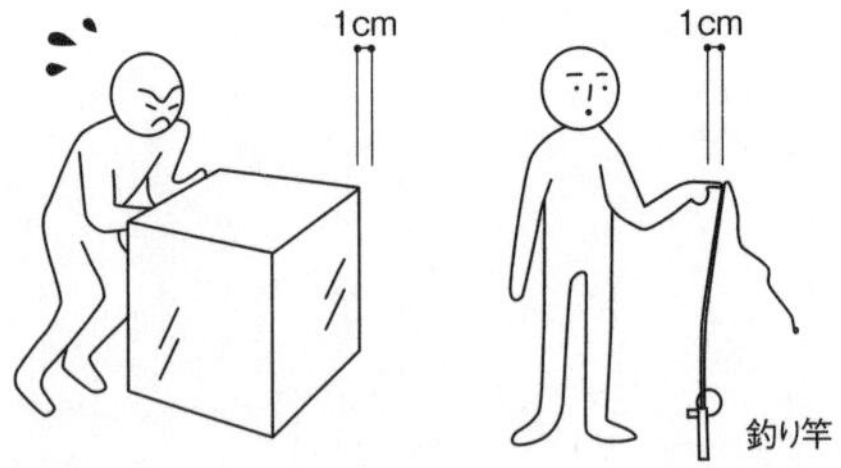


同じ1㎝を変形させる場合に、大きな力を加えている左側のほうが、小さな力で変形してしまう右側よりも堅い（剛性が高い）

**図2 ｜ 強度が高い**

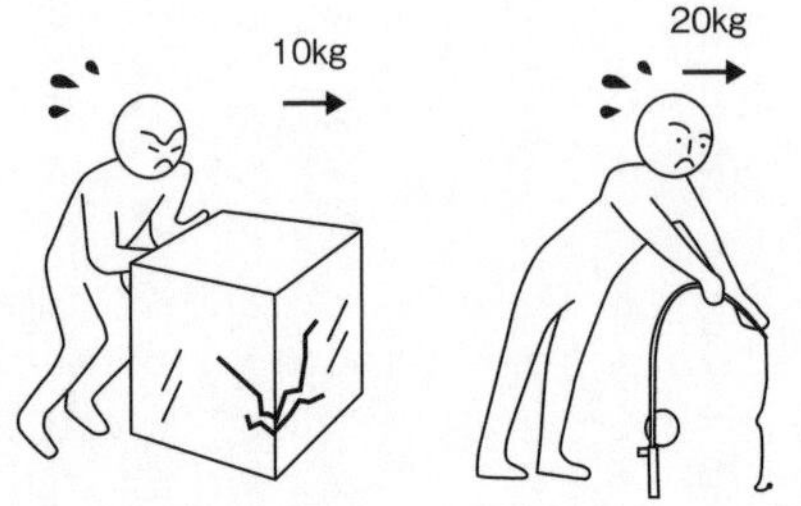


左側は10kgで壊れてしまうが、右側は20kgの力でも壊れない。左側より右側のほうが強い（強度が高い）

## 平面的なバランス

建物のバランスには、平面的なバランスと立体的な（階ごとの）バランスの2つがあります。専門用語でいうと前者が偏心率、後者が剛性率です。

建物の平面に堅い壁や柱が偏って配置されていると、地震時には建物が回転しやすくなり、柔らかい側に多くの変形を生じさせようとします【図3】。地震時はその階の重心に力が加わります。その重心と建物の剛性の芯である剛心との距離（偏心距離）が大きくなれば、建物を回転させようとする力が大きくなります。ただし、それに抵抗する「ねじれ剛性」が高ければ、回転はしにくくなります。

ねじれ剛性とは何でしょうか。ネジ回し（ドライバー）を想像してください。同じネジを回すにしても、杖の部分が細いものより太いもののほうが簡単にネジを回すことができます。同じように、中心

図3 ｜ 剛性が偏った平面計画

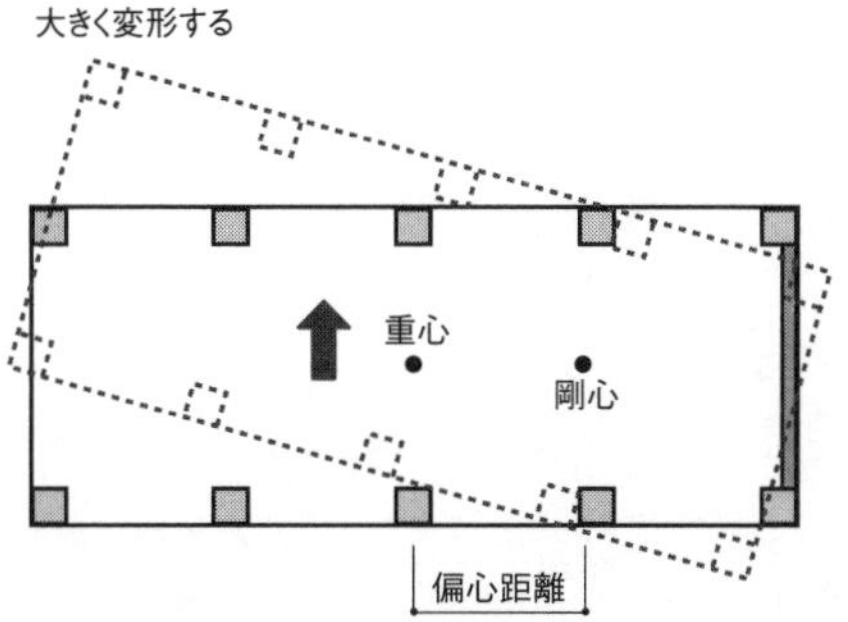


片側のみに、耐力壁を配置すると、耐力壁側に剛心が移り、重心との偏心距離が大きくなる。この場合、地震時に建物が平面的には点線のように変形する。その結果、大きく変形するフレーム（柱および梁）に大きな被害が生じやすい

（剛心）よりも、より外側に剛性の高いものがあれば建物は回転しづらくなります。これがねじれ剛性です。多少、偏心距離が大きくても、建物のなるべく外側に剛性の高い部材を配置できれば、ねじれ剛性が高まり、偏心には有利になると考えられるのです。

## 立体的な（階ごとの）バランス

兵庫県南部地震では、層崩壊（ある層のみの崩壊）によって倒壊した建物がいくつか見られました。ある層の剛性が極端に小さいと、その階に大きな変形が生じ、地震エネルギーを吸収して、大きな被害を起こす一因となります。このように他階と比べて極端に剛性の小さい階をピロティ階と呼びます。ピロティ階が最上階にあれば、それほど大きな問題にはなりませんが、下階にいけばいくほど大きな被害の一

## 図 4 ｜ 上階・下階の耐力壁の配置が異なるプラン

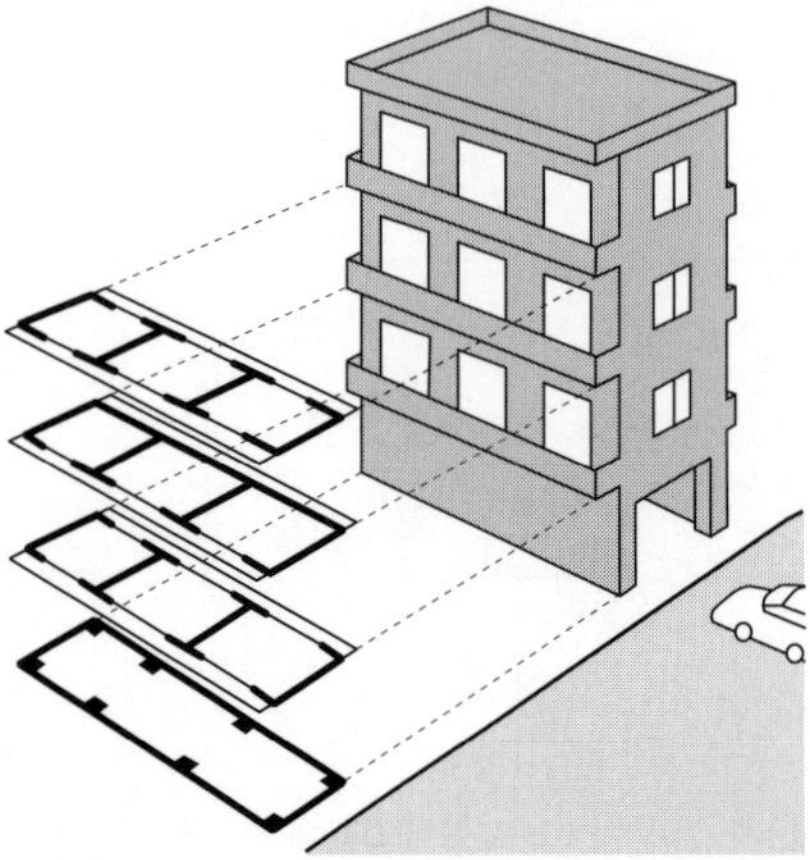

2 階から上は住戸であるため、戸境にRC 壁（耐力壁）があり、バルコニー側と玄関側には開口がたくさんあいている。1 階は駐車場であり、道路側は車路となるため、上階と同じ位置にRC 壁を設けられない。また、上階では開口がたくさんあく壁下は、1 階では開口のあかない壁（耐力壁）となりやすい。このような形状のマンションが多く存在する

## 図 5 ｜ ピロティ階の設計

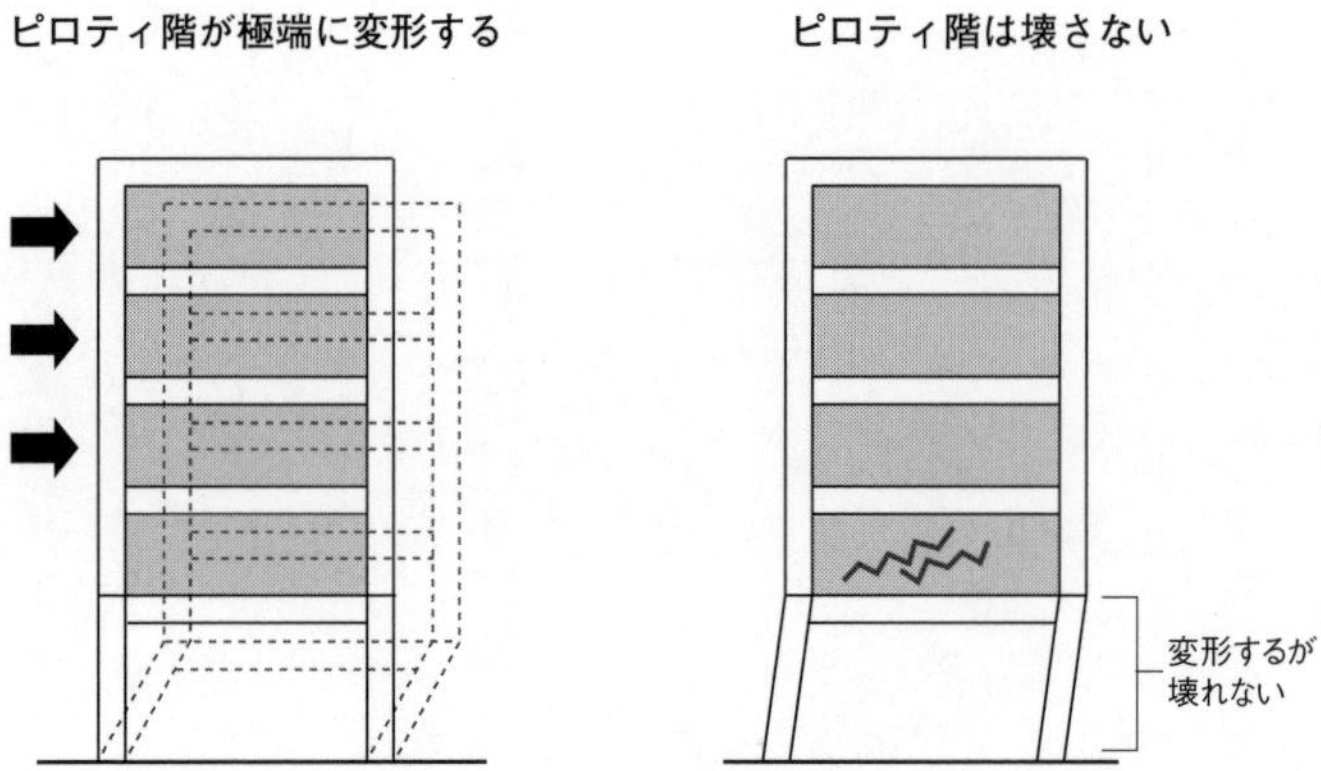
ピロティ階が極端に変形する
ピロティ階は壊さない
変形するが
壊れない

ほかの階に比べて剛性が極端に小さい階（ピロティ階）においては、その階のみ変形が極端に大きくなり、柱が壊れやすくなる。設計ではピロティ階の柱は壊れない設計にする

因となります。こうした例としてよく見られるのが、2階以上が住戸、1階が駐車場の建物です。図4の共同住宅は、2階以上の戸境壁はRC壁で、1階は車路などでRC壁が設けられない平面計画です。この場合、上階は剛性が高いため変形量が小さくなりますが、大きな地震力が作用する1階は剛性が小さく、変形量が大きくなります。すなわち地震エネルギーが集中する階となるのです[図5]。

では、ピロティ階のある建物は絶対に計画してはいけないのかというと、一概にそうとも言いきれません。上部のRC壁を非耐力壁などにして剛性を小さくする、あるいは、下階でも設置できる個所にはRC壁を設け、各階のバランスをよくすれば、全体としてバランスのよい建物となります。しかしピロティ階の設計に関しては、兵庫県南部地震の教訓から、2006年の改正建築基準法により、基本的には、ピロティ階の柱をなるべく破壊させない考え方で設計方法が確立されました[図5]。なお、高層建物の下層においては、ピロティ柱は軸力が大きくなることから、かなりの危険因子となります。できる限り避けたほうがよいでしょう。

（山口幸治）

**Q16**

# 耐震壁に設ける開口、縦長と横長ではどちらがよい？

「まいどーっ」　「あ、こっちこっち」

## 開口を開けるときのルール

開口部を設けた耐震壁の扱いは告示で定められているほかに、構造設計者の工学的判断に委ねられている部分もあります。耐震壁の性能は建物の耐震性能や建設コストに大きな影響を与える場合があるので、耐震壁の性能を左右する開口部の取り扱いは重要です。開口周比、個別・複数開口の扱いなどに配慮しながら、当該の壁が耐震壁とみなされるのかどうかを丁寧に検討しなければなりません。

**①開口形状は縦長、横長どっちが有利？**

平19国交告594号第1によると、耐震壁の開口については、満たさなければならない基準の1つとして「耐震壁のせん断耐力の低減率の評価基準」があります［※］。そこから、耐力壁のせん断耐力の低減には、「耐震壁として評価できる基準」のほかに、架構スパンに対する開口の幅、階高に対する開口の高さが関係していることが分かります。

その基準に照らし合わせてみると、開口の形状は極端な横長、縦長は避けたほうがいいことが理解できます。『鉄筋コンクリート造建物の靭性保証型耐震設計指針・同解説』（日本建築学会）には、開口壁の圧縮力の伝達概念図が掲載されています［図1］。この図から、開口の形状によっては圧縮場が大きく変動し、場合によっては伝達機構がうまく形成されないと分かります。

さて、縦長、横長のどちらがいいかですが、これは**辺長比の大きい縦長、横長はいずれも好ましくなく、正方形に近い小開口にとどめるべきです**［図2］。

**②開口形状は丸型、角型どっちが有利？**

建物の開口形状は意匠上の要請から必ずしも矩形になるとは限りません。円形など矩形でない場合も想定されます。

## 図１｜開口壁の圧縮力の伝達概念図

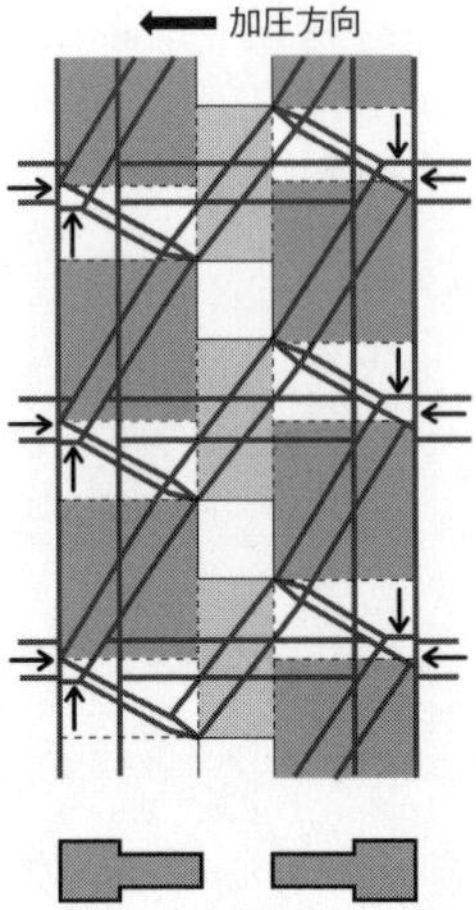


図では正方形に近い小開口が壁版中央に配置されているため、左端から右端まで直線的に圧縮場が形成されており、合理的な伝達機構となっている。開口部の形状によっては圧縮場が折れ線形状となり、合理的な伝達機構とならないことが分かる

「鉄筋コンクリート造建物の靱性保証型耐震設計指針・同解説」（日本建築学会）

## 図２｜縦長開口と横長開口

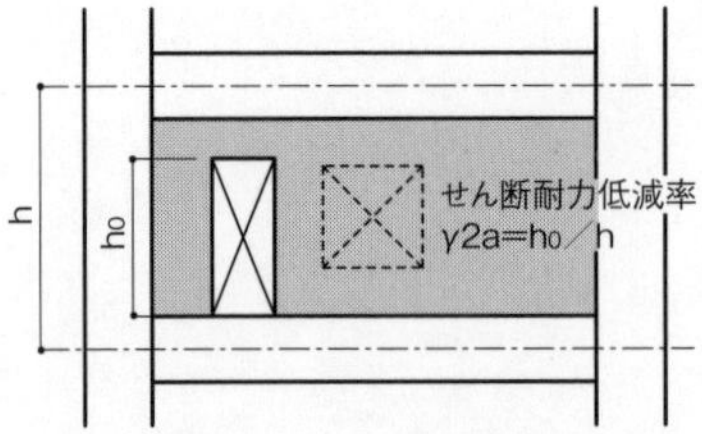


縦長開口を設けた例

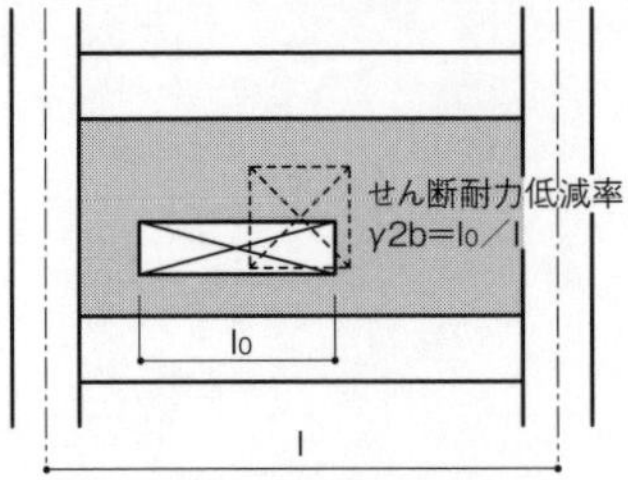


横長開口を設けた例

辺長比の大きい縦長開口、横長開口はいずれも耐震壁のせん断耐力が大きく低減されることになる。また、縦長開口、横長開口の周辺には圧縮場が形成されにくく、応力伝達の合理性からも好ましい

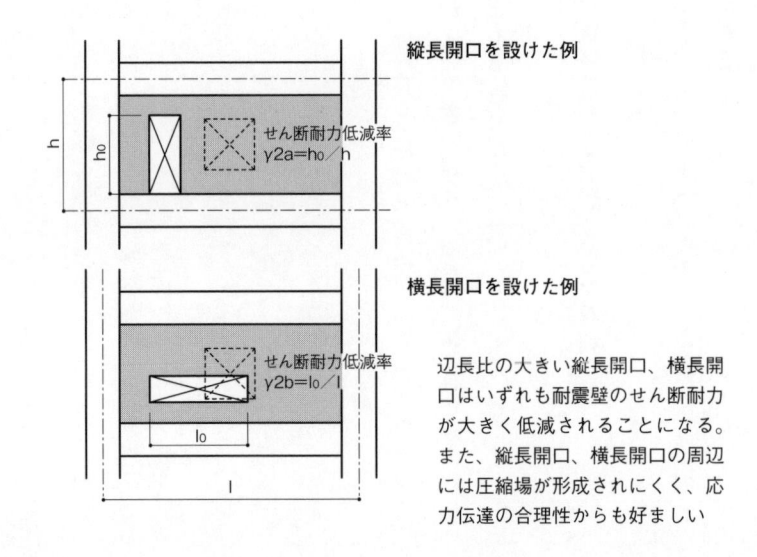

この場合、丸型の開口は等価な矩形開口、包絡した矩形開口に置換して扱うことになります。『鉄筋コンクリート構造計算規準・同解説』(日本建築学会)によると、開口補強の設計は角型開口に生じる縁応力(開口部縁端部に生じる開口周辺に沿った応力)に対して行うことが慣用化されており、実際の建物も角型開口が大半であろうと考えられます。

丸型開口は、角型開口に比べて縁応力の伝達が比較的円滑かつ合理的で、開口際の付加応力によってひび割れの発生を回避することについては改善の方向にあります。また梁貫通口は使用目的、構造的合理性の観点から一般に丸型が多くなります。

さて、丸型、角型のどちらがいいかですが、これは**開口面積が同じであれば、丸型とするほうが有利**といえます[図3]。

## ③開口補強筋はどう納める?

開口周囲の隅角部には、自己収縮、乾燥収縮、地震力などにより応力が集中する傾向にあります。これらの付加応力に対しては、補強筋を有効に配置する必要があります。とくに外壁には、ひび割れ誘発目地を設けることが多いため、開口部の補強筋は、そのかぶり厚、間隔に配慮した配筋計画が大切になります。

開口周囲の隅角部から放射状に発生するひび割れに対しては、これと直交方向に配置される斜め補強筋が直接的に有効です。しかし、その納まりを考慮すると、斜め補強筋を縦・横の開口補強筋に割り増す方法も考えられます[図4]。場合によっては、壁厚を増すことも視野に入れ、開口補強筋の配筋計画に配慮した部材寸法の照査が必要になるでしょう。なお耐震壁の開口が、複数の開口を1つの大きな開口とみなす「包絡開口」となる場合は、開口補強は必ずしも開口周囲に限定せず、影響域に配慮した補強を施すようにすることも大切になります。

## 図 3 ｜ 丸型と角形の例

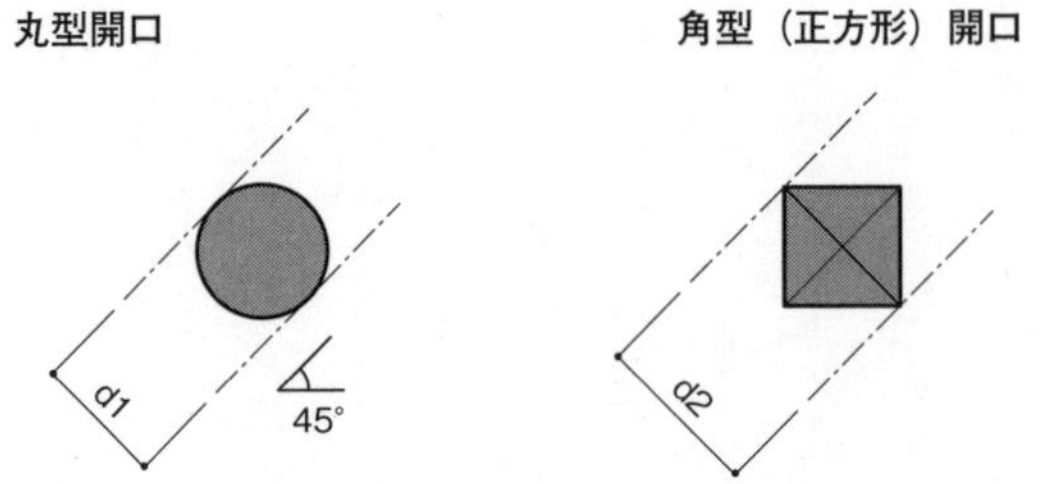


両者の開口面積が同じであれば d1<d2 となり、
丸型のほうが圧縮場に与える影響が小さい

## 図 4 ｜ 斜め補強筋を縦・横筋に割増した例

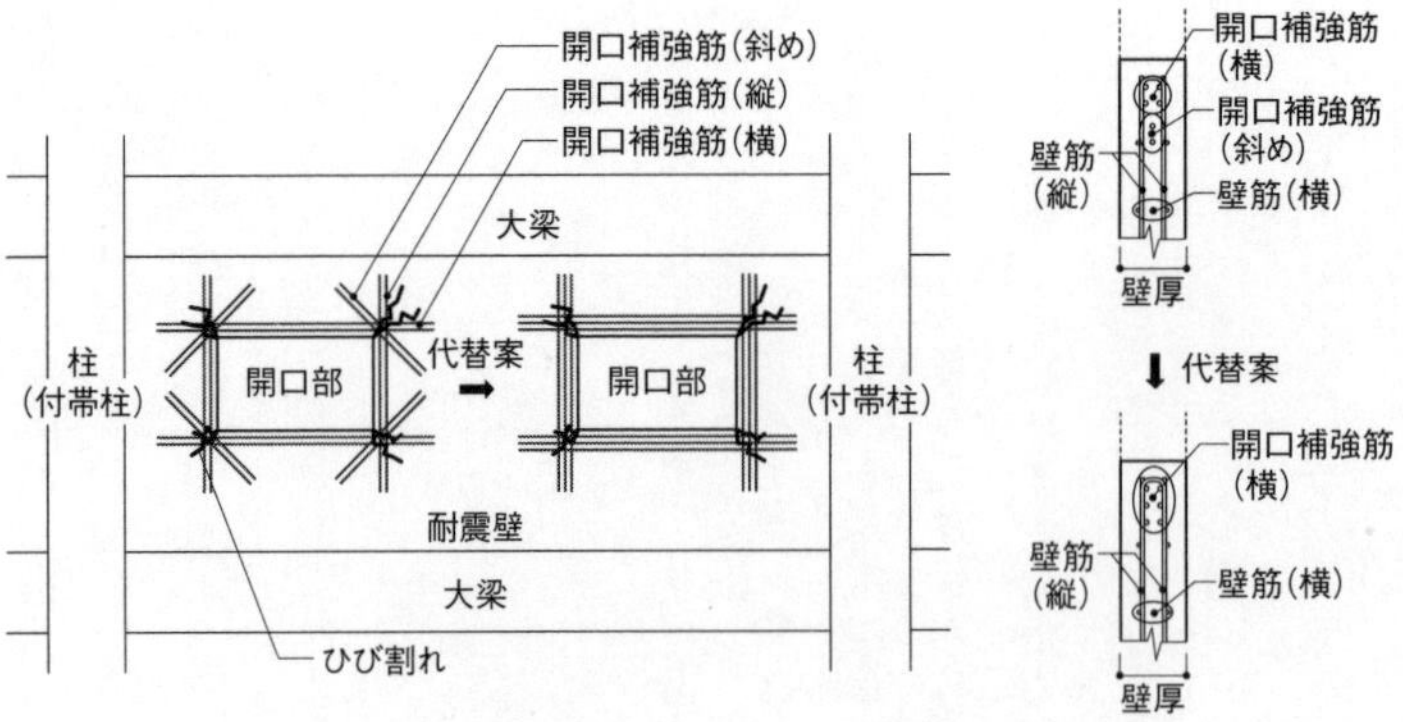


開口補強として慣例的に配筋される斜め筋は補強筋とし
ては有効であるが、納まりのうえでは配慮が必要である

※　建築基準法告示平成 19 年国土交通省 594 号第 1 によると、以下の 3 項目の基準を満足する必要がある。①耐震壁として評価できる基準（平 19 国交告 594 号第 1 第 3 号イ (1)）、②耐震壁のせん断剛性の低減率の評価基準、③耐震壁のせん断耐力の低減率の評価基準

前述のとおり、「耐震壁として計画できること」と、「耐震壁としての性能が十分であること」は必ずしも一致しません。なぜなら、「①耐震壁として評価できる基準」を満足したとしても、開口形状により、②③で剛性、せん断耐力が大きく低減される場合が生じるからです。開口が設けられた耐震壁は、無開口の耐震壁と比較すると、大地震時にせん断破壊を生じる可能性はずっと高くなります。耐震壁（付帯柱含む）は鉛直荷重を支えている場合が多いことから、たとえそれが局部的な耐震壁であったとしても当該耐震壁のせん断破壊が建物の致命的な損傷または崩壊につながる恐れがあることを認識する必要があります。

建物の保有する耐震性能は、こうした「最弱な」耐震壁がせん断破壊を生じた時点で決定づけられます。せん断耐力が横長開口、縦長開口、さらには開口率で大きく低減されてしまうと、それを補うために壁厚の増大、壁鉄筋量の増大が必要になりますが、それは構造設計上非合理であると同時に不経済な建物を生むことにもつながります。

耐震壁の計画は建物の耐震合理性、経済性の観点から重要な要素ですが、構造設計のみならず意匠設計までも含めた建築計画に対する総括的な判断が求められる分野であることも覚えておいてください。

（横山 充）

Q 17

# 構造躯体を露《あらわ》しできれいに見せるにはどうすればよい？

## 意匠と構造がデザイン意図を共有する

構造躯体を露しにする場合、構造材が支持する力の流れと材料特性に細心の注意を払い、何を表現したいのかを考えてください。**鉄骨では接合方法、コンクリートでは色とひび割れに配慮しましょう。**構造材を見せるには、強・用・美のバランスが重要になります。

「構造材をそのまま見せたい！」。これは意匠設計者の要望としてよく聞かれる話です。構造材は本来建物の自重を支え、さまざまな荷重に対して建物の安全性や使用性を維持するものです。この構造材をいわゆる仕上材で覆うことなく、そのまま表現するためには、まず何といっても意匠設計者と構造設計者が互いの考えを理解し設計を進めていくことが大事です。

構造材を見せるためには、その前提として設計者自身が構造材の「力の流れ」を意識できている必要があります。そうすることで、力強くまた理にかなったデザインが生まれるのです。構造材を集約してダイナミックな表現とするのか、あるいはスレンダーな部材構成で繊細な表現とするのか、設計者どうしがデザイン意図を共有することはやはり重要です。同断面の部材を複数組み合わせることにより本数以上の性能を発揮できる場合もありますが、設計次第では逆に性能が低下することもあります。構造材の配置についてはなるべく早い段階でスタディをし、両設計者間で方向性を確認するようにしましょう。

以下、代表的な構造材料である鉄骨とコンクリートを例に、構造材を仕上げとするために、知っておきたい注意点をいくつかご紹介します。

**図１｜梁フランジの溶接接合**

エンドタブ

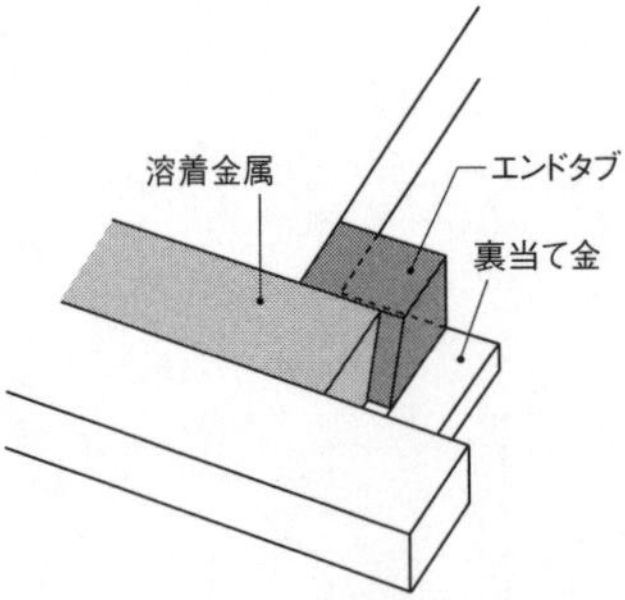


エンドタブは、溶接後に切り取るが、切断面が残ってしまう

固形タブ

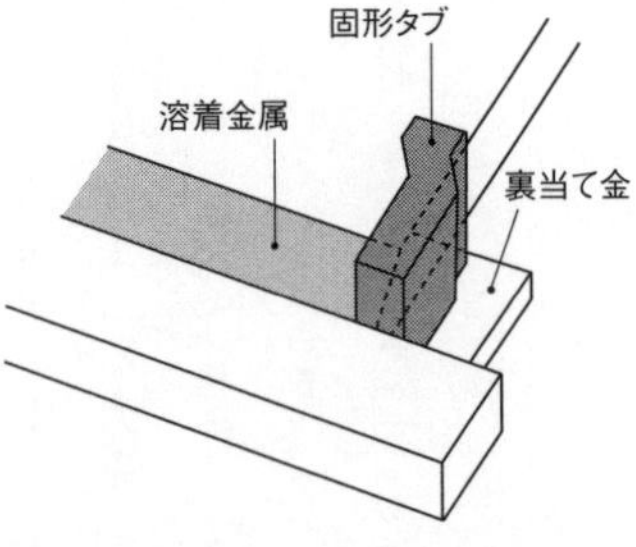


固形タブは、溶接後に簡単に取り外せるため、跡が残らない

## 鉄骨を見せる場合は接合方法が重要

まず、構造材の基本的な材料特性を理解しておきましょう。鉄骨はとても柔軟で靭性に富み強度も高く、経年による変化や劣化が少ない材料です。比較的小さい断面で構造材としての性能を発揮できるので、板材（プレート）の組み立て材、鋼管あるいは形鋼を組み合わせて接合して構造材とします。このとき接合方法によって構造材としての表現が大きく左右されます。どのような形状の鉄骨部材で表現するのか、またその接合をどのように行うのかを考えておかなければなりません。

　鉄骨部材を仕上げとして見せる場合は、接合方法に対する注意がとくに重要です。鉄骨は多くの場合、溶接またはボルトで接合します。溶接接合では、溶接の欠陥を避けるため裏当て金やスカラップなどさまざまなディテールを採用しますが、これがデザイン上好ましくない場合があります［図1］。そこで、**裏当て金は溶接後取り外せて目立たないようにできるものを使用したり、スカラップはノンスカラップを採用する**など、事前に考えておかなければなりません。複雑な部材の三次元的な組み合わせを実現するためには、コストが割高になりますが鋳物による接合も可能です。

## コンクリートを見せる場合は色とひび割れに配慮

コンクリートは形状をさまざまに変えられる構造材料で、材質は繊細です。強度はもちろん、耐久性、色調、質感もさまざまに変化します。ただし、時間の経過とともにひび割れが発生するので劣化にも気を配る必要があります。

コンクリートを仕上材として表現する代表例が打放しです。その際はコンクリートの色とひび割れにとくに配慮が必要になります。

コンクリートの色は、その材料によって変わり、最終的にはセメント、細骨材、粗骨材の順に影響を受けます。強度の違い、わずかな配合の差異によっても影響を受けます。**材料の銘柄、産地などには留意し、外観上隣り合う部位では、同じロットの配合となるようにします。**

階で強度を切り替える場合も要注意です。ひび割れを発生させない配慮としては、膨張材や収縮低減型AE減水剤を使用することも考えられますが、これも色調に影響します。とくに、色調にこだわる場合には、試験練りを行うなど事前に確認できるようにしておきましょう。

コンクリートは時間経過に伴って色調が変化する場合があります。**時間経過に伴う変色は、骨材に含まれる有機物や黄鉄鋼が原因**となります。有機物

## 図2｜亀裂を防ぐ誘発目地

一般的な誘発目地

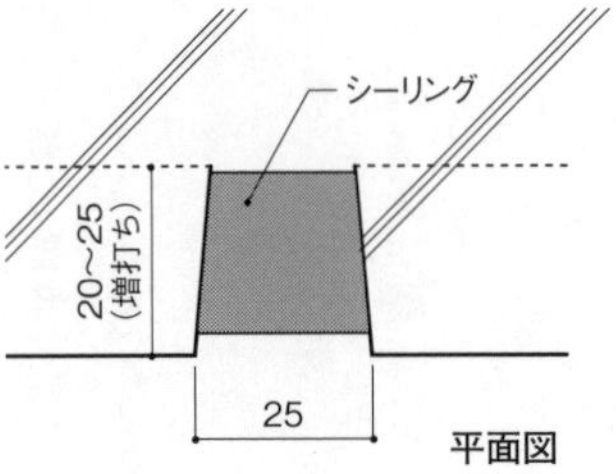


化粧目地と合わせた誘発目地

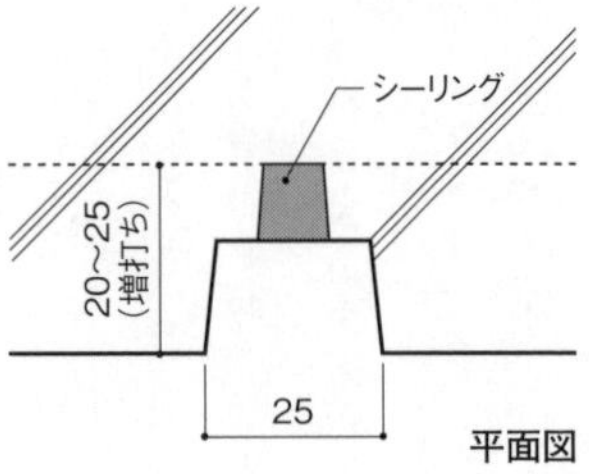


開口部廻りの亀裂誘発目地

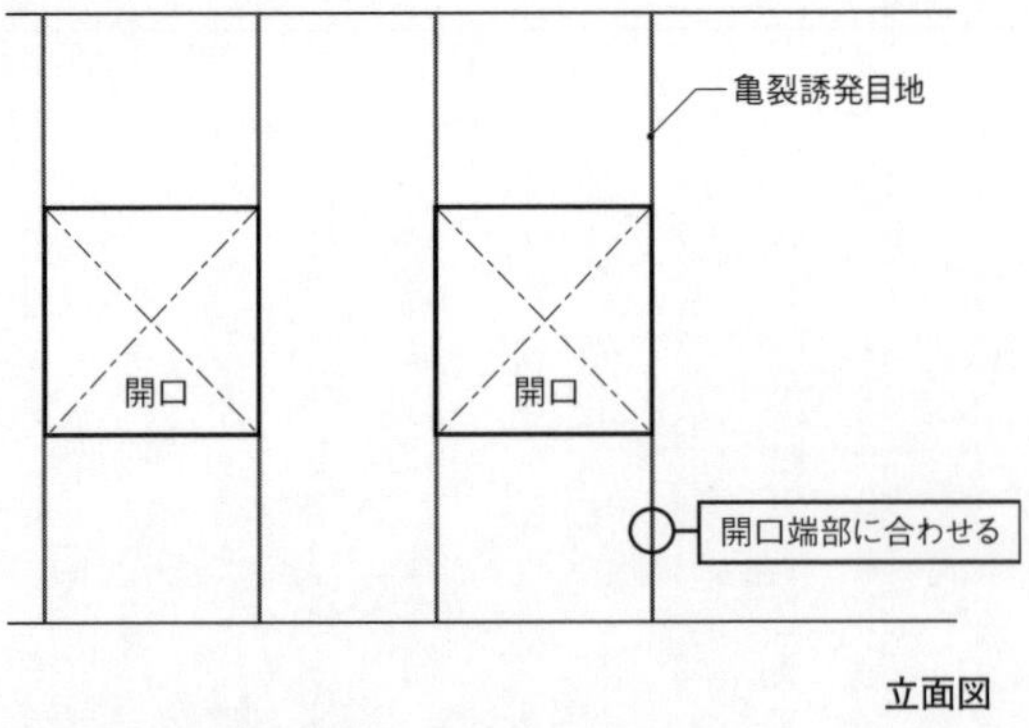


亀裂誘発目地の位置は次を目安とする
①横方向は打継ぎ目地でよい
②壁のついている柱がある場合は、柱際近くに設ける
③開口部廻りは開口端部に接するように設ける
④パラペットは下部の壁から連続してパラペット天端まで設ける

の有無は有機不純物試験によって調べられるので有機物を含まない骨材を選択し、黄鉄鋼の含有量が多くないセメントを指定します。型枠の管理や転用回数にも注意が必要です。型枠の変形、表面の汚れ、剥離材の塗りむらなどがコンクリートの打ち上がりを損ないます。また転用回数が増加するほど、色調や表面の光沢むらが見られるようになります。

コンクリート表面のジャンカを排除しひび割れの発生を抑えるためには、密実なコンクリートとする必要があります。ただし無理に小さい断面にして鉄筋が建て込むと、コンクリートの充填性を損ねることになります。適当な断面を確保し、無理なく打設できる配筋とすることも必要です。

ところで、コンクリートには必ずひび割れが発生するものです。そのため、打設前には誘発目地を配置し、適切に開口補強筋を配置するなどの配慮をします［図2］。誘発目地とは、断面を一部欠損させひび割れを集中させるために配置するものです。目地間隔は部材の大きさにもよりますが、標準的な壁では4～5m以内に配置します。また、目地底でも内部にある鉄筋に対して必要なかぶり厚を確保しておく必要があります。

構造材を仕上げとして見せる設計、それは構造設計者にとっても魅力ある作業です。それだけに、構造仕上材であると同時に構造部材としての安全性・使用性を確保する必要もあります。設計作業に変更はつきものですが、デザインの変更が思わぬ命取りとならないよう、「構造＝仕上げ」とする計画では、意匠設計者と構造設計者の協力がいっそう求められます。

（丸川玲子）

Q
18

# ガラスを美しく使いこなすには？

## 主体構造が先行するとサッシ設計が限定される

まず、一般的なオフィスビルに大きなガラス面を計画する場合、どのようなプロセスで考えていくかを、振り返ってみましょう。設計者の多くは意匠図を眺め、マリオンの方向をおおよそ設定したあと、単にガラスでできた普通の壁面として、自重のみ考慮する程度で主体構造の設計を先行させているのではないでしょうか。しかし、主体構造がある程度決まったあとでサッシ面の詳細を設計するプロセスでは、この時点ですでに支持条件が決定されているため、これに影響を与えない範囲でサッシ面の設計をしなくてはなりません。そのため、選択可能なシステムが限定されることとなります。加えて、通常の設計の流れのなかではサッシ関係の設計は締切間際の時期となることが多く、メーカーが提供している既製品のなかから、コストを考慮しつつシステムを選定して、設計終了となりがちです。ガラスを美しく使いたいと考える以前に、設計プロセスにおいてこのような問題点があることを、まず理解しておいてください。

## 設計者同士の空間の共通イメージが重要

本当に開放的ですっきりとした空間を構成したいのであれば、**主体構造の構成を含めた調整が必要になります。またそれに要する労力やコストも考慮しなければなりません。**完成時に、大きなガラス面の中央（中央ならまだしも、微妙にずれた位置）に、太く大きな柱があったのでは、興ざめでしょう。柱の配置や形状まで含めて、空間をどのように構成していくのかをイメージしながら、意匠設計者、構造設計者、設備設計者の三者で議論を重ね、調整して

**写真1｜主体構造を利用した表現**

主構造の構成にリズムを持たせて変化させ、その間をガラス面で構成することで独創的な空間をつくりだしている事例。「大泉学園 K ビル」(K デザインワークス)

**写真2｜大きなガラス面で開放的なイメージを構成**

フラットバー＋DPG を用いて構成した単純なシステムで、軽快な表現を実現している事例。「千歳船橋パークビル」（K デザインワークス）

**写真3｜開放性を制御しつつも、豊かな空間を構成**

フラットバーの方立の後ろに、ポリカーボネート板を配して光量をコントロールすることで、やわらかい表現としている事例。「千石 K 邸」（佐藤光彦建築設計事務所）

### 写真4｜デザイン表現との融合による解決（1）

主体構造の柱をBBOXとすることにより、見付幅を細くして構成したうえで、1階はガラス面を奥に配することで、表現に変化をもたせている事例。「吉祥寺プロジェクト」（きき一級建築士事務所）

### 写真5｜デザイン表現との融合による解決（2）

この建物のためにデザインされた木建具を利用して、柔らかなでどこか懐かしい空間を実現している事例。「日野グループホーム」（デネフェス計画研究所）

### 写真6｜デザイン表現との融合による解決（3）

ルーバー状に配置しコールテン鋼（耐候性鋼板）を用いることで、ファサードに変化をもたせている事例。「MASUNAGA 1905 AOYAMA」（サイトウマコト）

**図1｜ガラス方立**

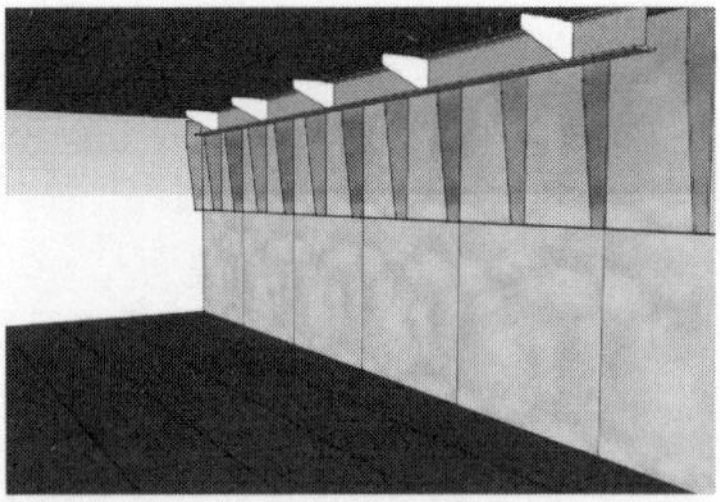

上階から方持ち形状のマリオンを出すことにより、非常に透明性の高い構成とすることも可能。その場合は、上階の梁にねじれ止めをつけるなどの配慮が必要

**図2｜スチールフラットバー**

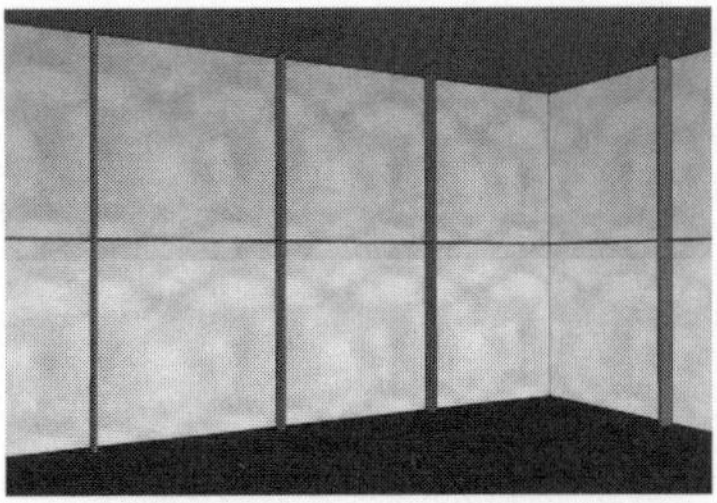

もっとも単純に方立寸法を減らすことが可能な構成案。シンプルなのですっきりとした空間をつくることができる。材が大きくなる場合は、方立そのものの面外座屈への配慮が必要

いくことがもっとも重要なポイントになります。そのためには、早めの段階で総合的な検証が必要です。場合によっては、ほかの階の柱の位置を変更することも考えなくてはなりません。それだけに、設計者同士でガラス面を設ける空間の重要性についての共通認識が不可欠となるのです。

## 採用可能なマリオンの種類

では、そのようにして計画したガラス面に、採用可能なマリオンの種類をいくつか挙げてみたいと思います。

**●ガラス方立**

透明なガラス方立で構成する手法。透明性は確保されますが、意外に大きな材となる場合もあるため、計画上の配慮（意匠性、施工性など）が必要。縦方立が原則となります。ガラス面の高さが高くな

い場合、リブガラスを上部からの片持ち形式とすることで、非常に高い透明性が得られます［図1］。

**●スチールフラットバー**

鉄は、ほかの材と比べて強度・剛性ともに優れているため、比較的小さな断面で風圧力を制御することが可能です。水平マリオンとして採用する場合は、マリオン自体の自重によるたわみに配慮する必要があります。大きなガラス面を支持する方法としても採用できますが、その場合は材の面外方向の座屈に対する配慮が必要です［図2］。

**●トラス**

トラスシステムを支持材としてガラス面を支持する方法。壁面のシステムをそのまま水平方向に展開することで、アトリウムの屋根面まで同一システムで構成することが可能になります［図3］。

**●ケーブルトラス**

ガラスを直接DPG（ドット ポイント グレー

**図3 | トラス**

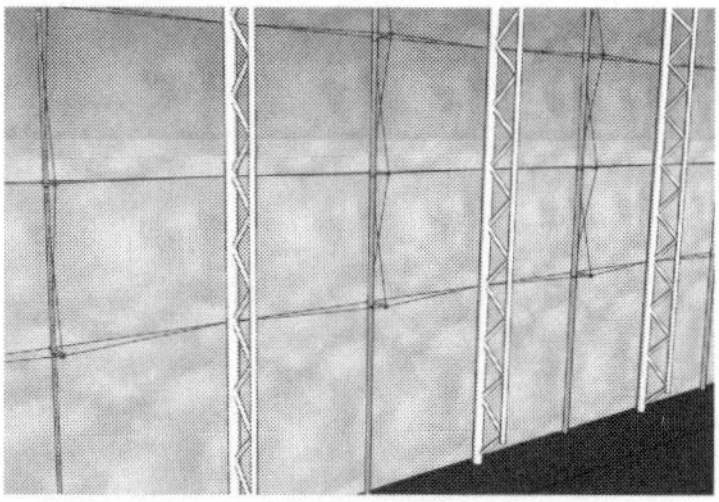

トラスの寸法や構成を変化させていくことで、非常に大きなガラス面まで対応可能。立体トラスなどを利用して、屋根面まで展開することも可能。小さな空間に利用する場合は煩雑に見えることがあるので注意が必要

**図4 | ケーブルトラス**

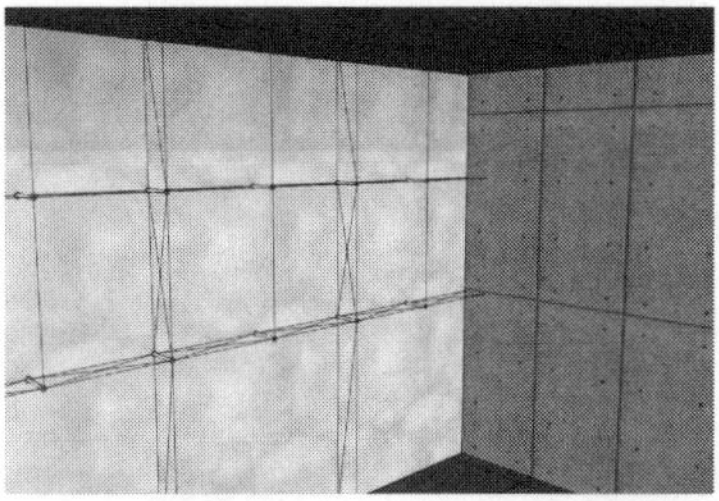

トラスの応用であるが、ケーブルで構成されているため、サクション側の力に対して検討を重ねる必要がある。採用するためには、周辺の支持部材が一定の剛性をもつことが条件となるため、計画当初より配慮

**写真7｜スロープと水平臥梁として利用している例**

ガラスブロックを支えるマリオンがスロープの鉛直のたわみ止めとして働き、スロープがマリオンの臥梁として機能している事例。「山梨学院大学付属小学校」（パルフィ総合建築計画）

ジング）で留めつけ、その背後にケーブルトラスを用いて構成する方法。特許権の関係上、メーカーの協力が不可欠となるため、コストを含め初期段階での調整が必要です［図4］。

これらのほかにも手法はありますが、その空間にふさわしい方法を選ぶのはいうまでもありません。

また、その空間に機能上必要となる要素を積極的に利用し、構成を変化させることも検討してみてください。たとえば、キャットウォークやルーバーを、方立や臥梁として利用できないかといった検討は、面白い結果が得られるかもしれません［写真7］。

## 計画時に注意すべきこと

計画時に注意すべき点は次のとおりです。

### ●関係法令について

外装材の検討を行う場合の風圧は、建物全体を

写真8｜横に大きく広がったガラス面

柱位置を調整して、大きなサッシ面を構成している事例。既製サッシを利用。「鶴岡斎場」（伊東空間研究所）

検討する場合の風圧と異なりますので、以下の法令に留意しなければなりません。

**（令81条3項）**

屋根ふき材、外装材及び屋外に面する帳壁が、風圧並びに地震その他の震動及び衝撃に対して構造耐力上安全であることを確かめること

**（令82条の4）**

屋根ふき材、外装材及び屋外に面する帳壁については、国土交通大臣が定める基準に従った構造計算によって風圧に対して構造耐力上安全であることを確かめなければならない

**（平12建告１４５８号）**

屋根ふき材及び屋外に面する帳壁の風圧に対する構造耐力上の安全性を確かめるための構造計算の基準を定める件

紙幅の関係上、詳細な方法を十分説明できませんが、各自、上記法令は確認しておいてください。

**図5 ｜ 帳壁に作用する風圧（平12建告1458号）**

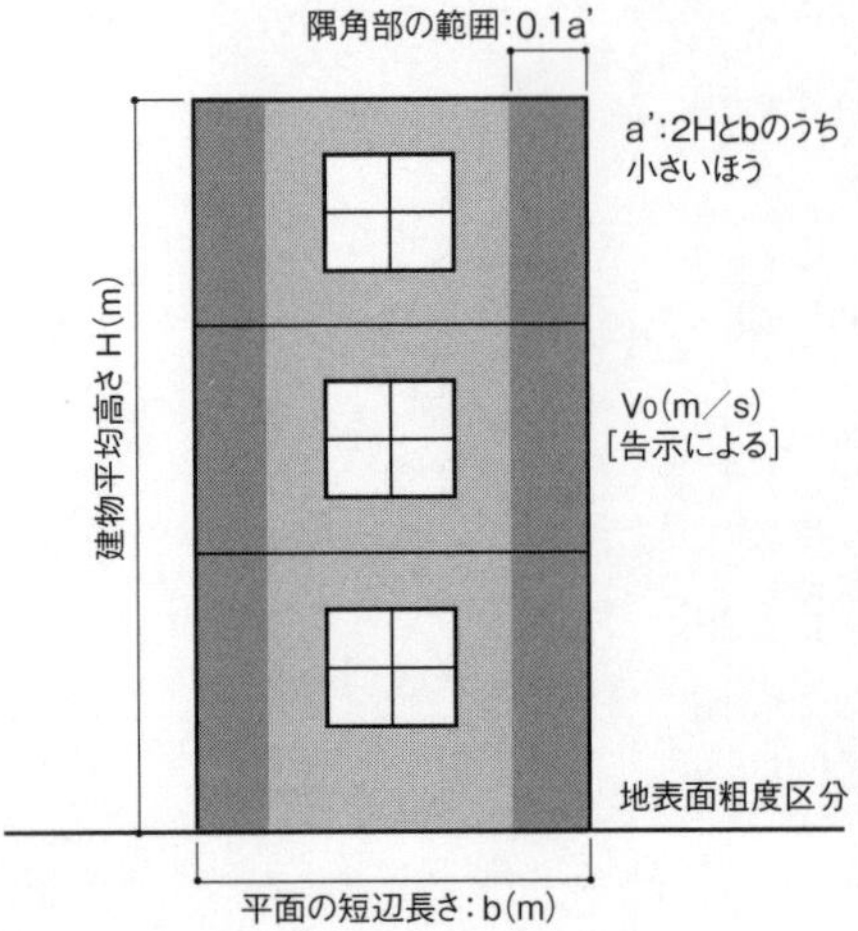


**風圧力算定に用いられる係数とその意味**

W ：風圧力［$\bar{q}\cdot\hat{C}f$］

$\bar{q}$ ：平均速度圧［$0.6\cdot Er^2\cdot Vo^2$］

$\hat{C}f$ ：ピーク風力計数［隅角部は異なる値］

Er ：平均風速の鉛直分布を表す

Zb ：この高さ以下は、風速一定と考える高さ

$Z_G$ ：地表面に影響されない高さ

H ：基準高さ［（建物高＋軒高）/2］

$V_0$ ：基準風速［高さ10mの平均風速］

地表面粗度区分：都市化の度合いや海岸線からの距離に応じ決まる

覚えておいてほしいのは、単位面積あたりの荷重としては、

**外装材用風荷重＞構造骨組用風荷重**

の関係にあるということと、

**外装材の使用個所によって風力係数（＝単位荷重）が変化する**

ということです。この関係は、床用載荷荷重と骨組用載荷荷重の関係に似ています。

構造骨組用風荷重では、ピーク値の影響が速度圧として与えられているのに対して、外装用では風力係数として与えられていることにも注意してください［図5］。

**●電食について**

腐食耐性の高い金属を用いた場合でも、水分が供給されると組み合わせによっては、電食（ガルバニック腐食）が生じる場合があります。用いる個所に応じて、使用材料を選定しましょう。

## ●施工性・メンテナンス性について

一般的にガラス面の施工は工事の最終段階に行われることになります。大きなガラス面を採用する場合は、搬入方法などを考慮して計画を立案する必要があります。また、万一破損した場合のメンテナンス方法も考慮しておく必要があります。

(久田基治)

Q
19

# 地下室の設計・施工は、地上の建物とどこが異なるか？

「土圧、水圧、地下水位、山留め、排水…他にある？」

# 構造上の「地下」とはどこか

地下室の設計には、**地表面上載圧・土圧・水圧**に対しての検討が必要です。設計や施工検討においては、地下残留構造物など「地盤の中には何があるか分からない」ことを基本に、余裕のある対応を心掛けるようにします。

建物の階が地下に埋まっていれば、「地下室」「地下階」となりますが、具体的にはどこからが「地下」となるのでしょうか。建築基準法上は、床面の位置が平均地盤面から天井面高さの3分の1以上下がっていれば地下階となりますが、構造的にはちょっと違います。地盤面から少しでも下がれば土圧が作用します。また、地震や風に対する建物の揺れは、しっかりと固定された面からの建物高さで決まりますので、法的には地下階扱いになるにもかかわらず、構造的には地上階扱いとなる場合もあります。いずれにしろ、地下室の構造設計も、地上階の設計と同様に長期荷重と短期荷重に分けて、その影響を考慮する必要があります。

## ①長期荷重に対する配慮

地下室を設計する際は、固定荷重、積載荷重に加えて、土圧、水圧も考慮しなければなりません。両圧力とも、深度が深くなるにつれて大きくなるため、地下外周の柱や壁も、深度が深くなるほど断面寸法が大きくなります。ここが地上と大きく異なる点でしょう【図1】。ただし、現実の建物は地盤面に傾斜があったり、地下水も同じレベルにあるわけではありません。

土圧に関しては、傾斜のきつい斜面に建つ建物では、北側は完全に地盤面下に埋まっているのに南側はほぼ地上階になっているという状態もありえます。そこでの土圧は、「偏土圧」という状態になり、常に建物の一方から水平方向の力が建物に作用する

**図1 | 土圧、水圧**

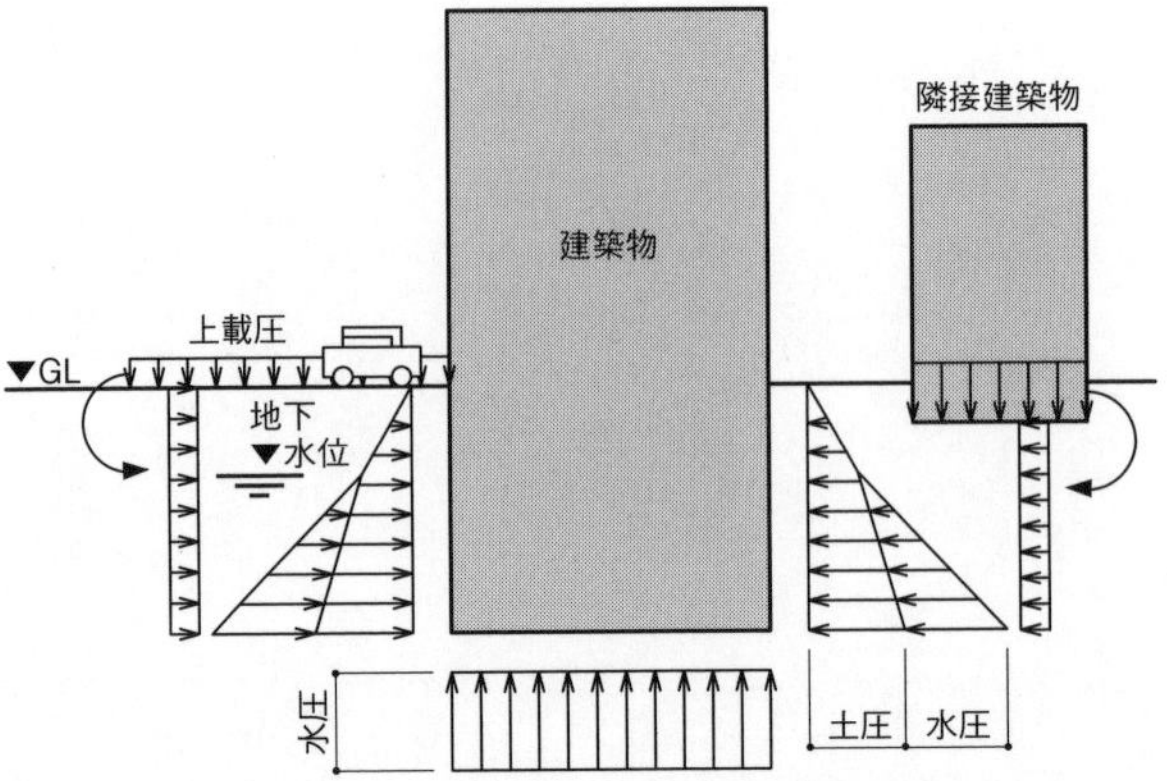


地下には、土圧や地上面からの荷重（上載圧）が側面から、水圧が側方と下方から作用する

ことになります。この場合、地下階は壁を多くして対処するのが一般的です。また基礎も、基礎底面の摩擦力（直接基礎の場合）や、設置した杭で抵抗させるといった検討が必要になります［図2］。

標高の低い土地や川、湖、海などに近い土地は、一般に水位が高く、水圧が大きな問題になります。このとき、**水圧は地下水面以下の建物容積分と同等の浮力を生じさせる**という点に注意が必要です。これは、地震、風、土圧などと比べると、確実に生じる外力です。水には、側方圧だけでなく浮き上がり圧もあるため、建物の下面にはそれに抵抗するための耐圧版が必要になります。また、重量の軽い建物は、建物自体の浮き上がり対策も考えておかなければなりません。

**②短期荷重に対する配慮**

地下には風が吹かないし、雪も降らないので、地下部分に作用する短期荷重時の外力は、主に地震

## 図2｜偏土圧の状態

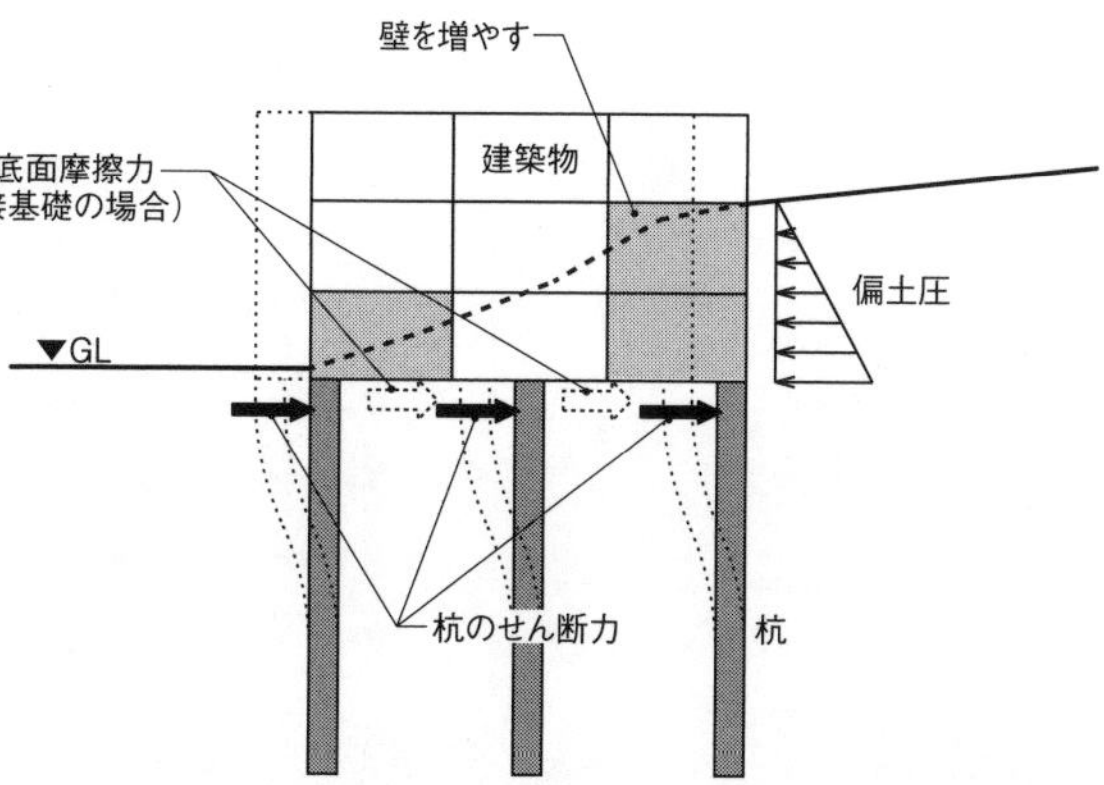


建物周囲の地盤面に高低差がある場合、高いほうからの土圧が常に生じる（偏土圧）。この土圧に対して、壁や杭で抵抗させる

力になります。ただし、地震力は地上の場合と考え方が異なり、地盤面からの深さに応じた「水平震度k（地盤面で0.1、地下20mの位置で0・05、20m以深で0・05一定値）」により計算することになります。このとき、前述のような地下階床面が天井面高さ3分の1くらい下がっている半地下のような建物の場合、法的には地下階であっても、構造的には上部構造扱いなので「Ai分布より計算された地震力」を採用することになります。では、どのくらい地盤下に埋まっていれば地下扱いになるかというと、「地下階階高のおおむね3分の2以上」です[図3]。なお、地震時に土圧が著しく増大する恐れのある場合は、短期荷重として地震時土圧も考慮する必要があります[※1]。

　地下は、地上に比べて厚い外壁や断面の大きな柱・梁があるため、耐震上の問題は少なくなります。ただし、地上に中央コア壁を擁する建物では、地下

**図3 ｜ 構造的な「地上」「地下」の違い**

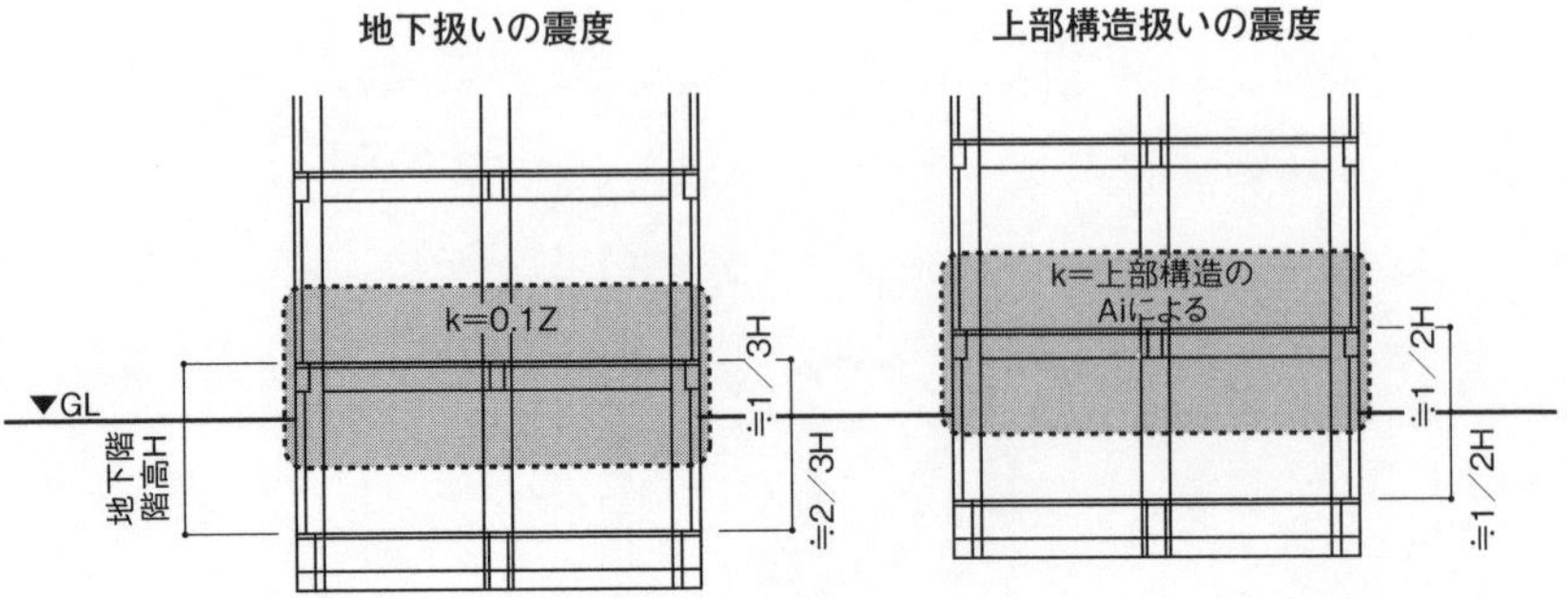


地盤面よりの高さが地下階階高のおおむね 1/3 を超えるか否かで、点線部の階が地下なのか上部構造なのかを判断する。水平震度 K は図のように異なってくる。建築基準法上は両方とも地下階

は外周が土圧壁を兼ねた耐震壁となる場合が多いので、中央コア壁が負担した地上の地震力を1階床スラブを介して地下の外周耐震壁へ伝達させるための検討が必要です。また1階床スラブは、地下施工時に建設重機が載るステージとしてよく利用されます。重機荷重を見込んだ設計を行い、変更手続きの必要がないようにしましょう。

## 地下の施工

地下を設けるためには、地盤を掘らなければなりません。施工の際は、掘る手間、残土処理、周囲の山留め・切梁などの仮設に加え、地下水のある場合はディープウェルによる排水処理など、地上にはない工事項目が追加されることに留意しましょう。とくに止水工事は難易度が高い工事です。水圧によるヒービング（軟弱な粘性土地盤における下部地盤

の回り込み）やボイリング（根切り底面付近の砂質土地盤に上向きの浸透流が生じ、砂粒子が水中で浮遊する状態）などの事故が起きやすいので入念な工事計画が要求されます［※2］。また最近では、既存の建物を解体した後に新築するケースが増えています。上部構造に比較して地下構造の解体には多大な労力を要すると共に、近接構造物への影響も懸念されます。このような場合、既存の地下壁を山留め利用するなど有効に活用することで対策を図れるケースもありますが、既存構造の残置は「廃棄物の処理及び清掃に関する法律」の規制に関係するため、計画時に関係各署と協議が必要です。

このように、地下を設計する際は、主に長期的な検討項目が増加します。また、漏水処理など細かな納まりにも注意しないと、建物の機能や耐久性能にも支障が出ます。

（森田仁彦）

参考資料：※1「建築基礎構造設計指針」（日本建築学会）※2「山留め設計指針」（日本建築学会）

# 実施設計

# Q20

# 配筋の基本ルールを教えてほしい

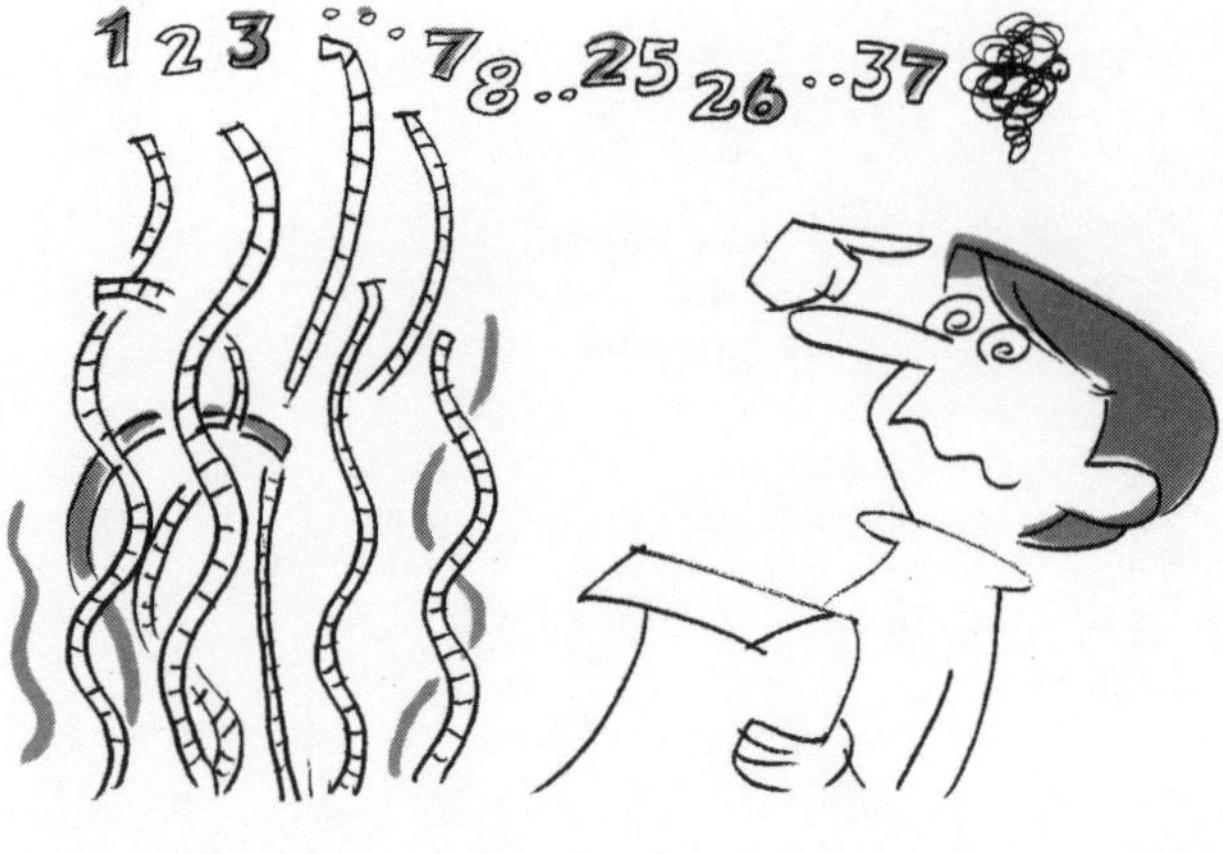

図１｜鉄筋配置のあき

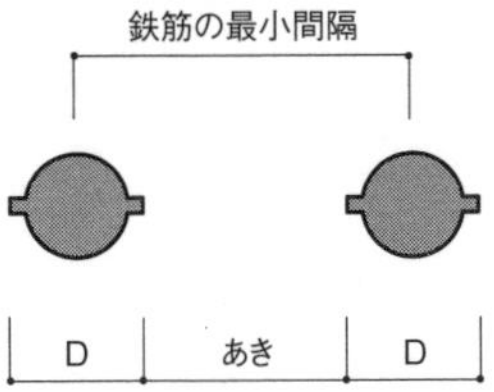


あき≧粗骨材の最大寸法の 1.25 倍、隣り合う鉄筋の平均径の 1.5 倍かつ25㎜

図２｜鉄筋の折り曲げ内法半径

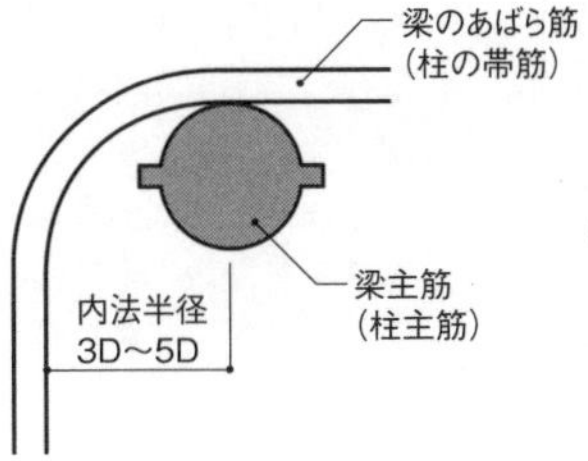


鉄筋の折り曲げ半径には規定がある。帯筋コーナー部に納まる柱主筋、あばら筋コーナー部に納まる梁主筋の位置には注意が必要

## 配筋で重要な「あき」と「ピッチ」

鉄筋の納まりは配筋要領を十分に理解したうえ、納まりのスケッチを実際に描くことにより、きれいに納めることができます。また、現場に出向き実際の配筋状況を確認するとともに施工者の声に耳を傾けることも忘れてはいけません。

鉄筋を配置するときに重要とされる、「あき」と「ピッチ」には、コンクリートをしっかりと充填するためのルールがあります。ここでは、その基本的な考え方を解説いたします。

あきは、一般に粗骨材の最大寸法の１・25倍、隣り合う鉄筋の平均径の1.5倍かつ25㎜以上とします［図1］。また、鉄筋の折り曲げについては、その内法半径に規定（3D～5D、D：鉄筋径）があります。そのため、柱梁のコーナーに位置する主筋は、帯筋・あばら筋のR形状の内側に納めることになります

**図3 | 柱と大梁を同一面とする場合の納まり**

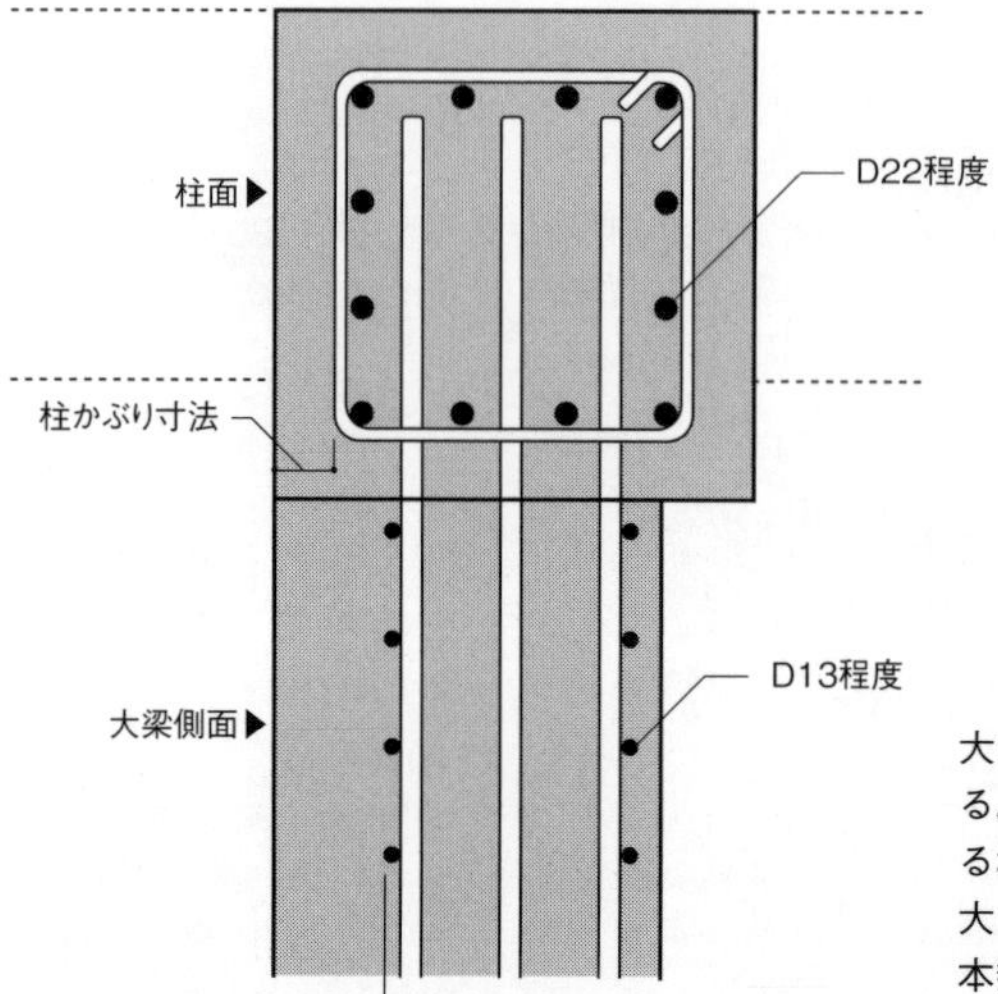


大梁主筋は柱主筋の内側に納める。柱面と大梁側面が同一面である場合、大梁側部のかぶり寸法が大きくなり、大梁幅内に並ぶ主筋本数も少なくなる可能性がある

[図2]。したがって、帯筋とあばら筋の径が決まれば、ある柱幅および梁幅に、ある径の鉄筋が何本まで並べられるかを決めることができます。

ただし、以下に示すような各部の納まりにおいては、鉄筋の納まりを設計段階で慎重に検討しておかないと、現場で十分なあきが確保されない納まりとなり、結果としてコンクリートの充填性に問題が生じ、構造性能の低下を招くことになりかねません(これを防ぐためには配筋詳細のスケッチを描くとよいでしょう)。

## ●柱と大梁を同一面とする場合は鉄筋本数に注意

柱面と大梁の側面を同一面とする場合は、一般に大梁の主筋を柱の主筋の内側に配筋するため、大梁の主筋は梁の内側に寄せられることになります(相対的に同一面となる梁側面のかぶりが大きくなる)。したがって、所定の鉄筋本数が並ばない(並べようとすると所定のあきが確保できない)可能性

**図4 ｜ 円弧状に配置された抗主筋と基礎梁主筋の納まり**

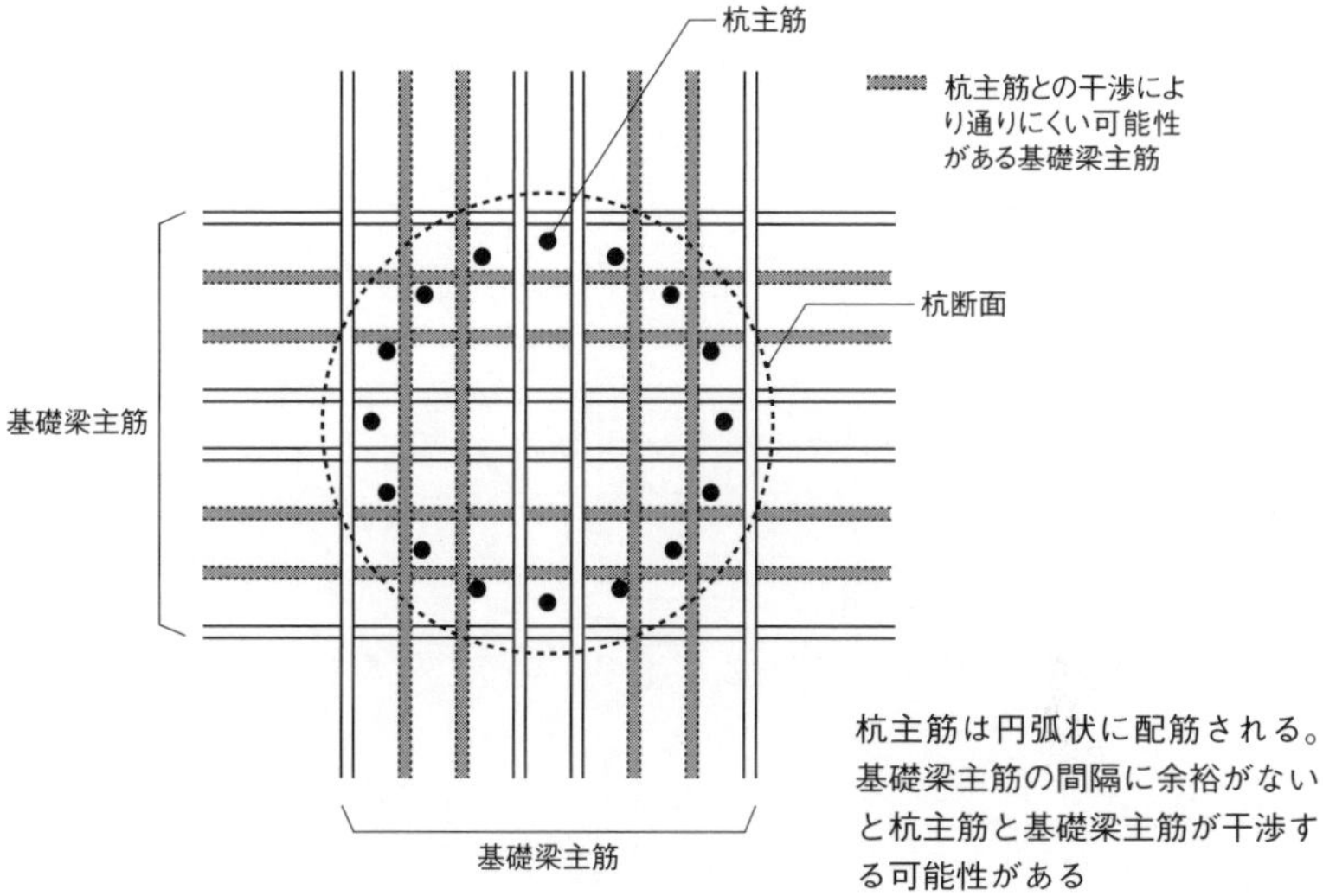

杭主筋は円弧状に配筋される。基礎梁主筋の間隔に余裕がないと杭主筋と基礎梁主筋が干渉する可能性がある

があるので注意が必要です［図3］。

## ●杭の主筋と基礎梁の主筋の納まりを確認する

場所打ちコンクリート杭主筋は、円弧状に配置されます。杭頭部で、一般に基礎梁内に定着され、そこに2方向から基礎梁の主筋が納まることになります。円弧状に配置された等間隔の杭主筋は、円弧の端部において基礎梁の主筋が通りにくい場合があるので、注意しなければなりません［図4］。

## ●アンカーボルトは基礎梁主筋のあきに留意

杭の主筋と基礎梁の主筋の納まりと同様に、基礎梁の上に鉄骨のベースプレートを配置してアンカーボルトを設ける場合は、アンカーボルトを基礎梁主筋のあきの部分に落とし込むことになります。基礎梁主筋が混み合っている場合（あきが小さい場合）は、設計で定めた（ベースプレートに孔あけした）アンカーボルトの位置に納まらない場合があるので注意が必要です［図5］。これら2つの例から

## 図5 | 基礎梁主筋に納めたアンカーボルト

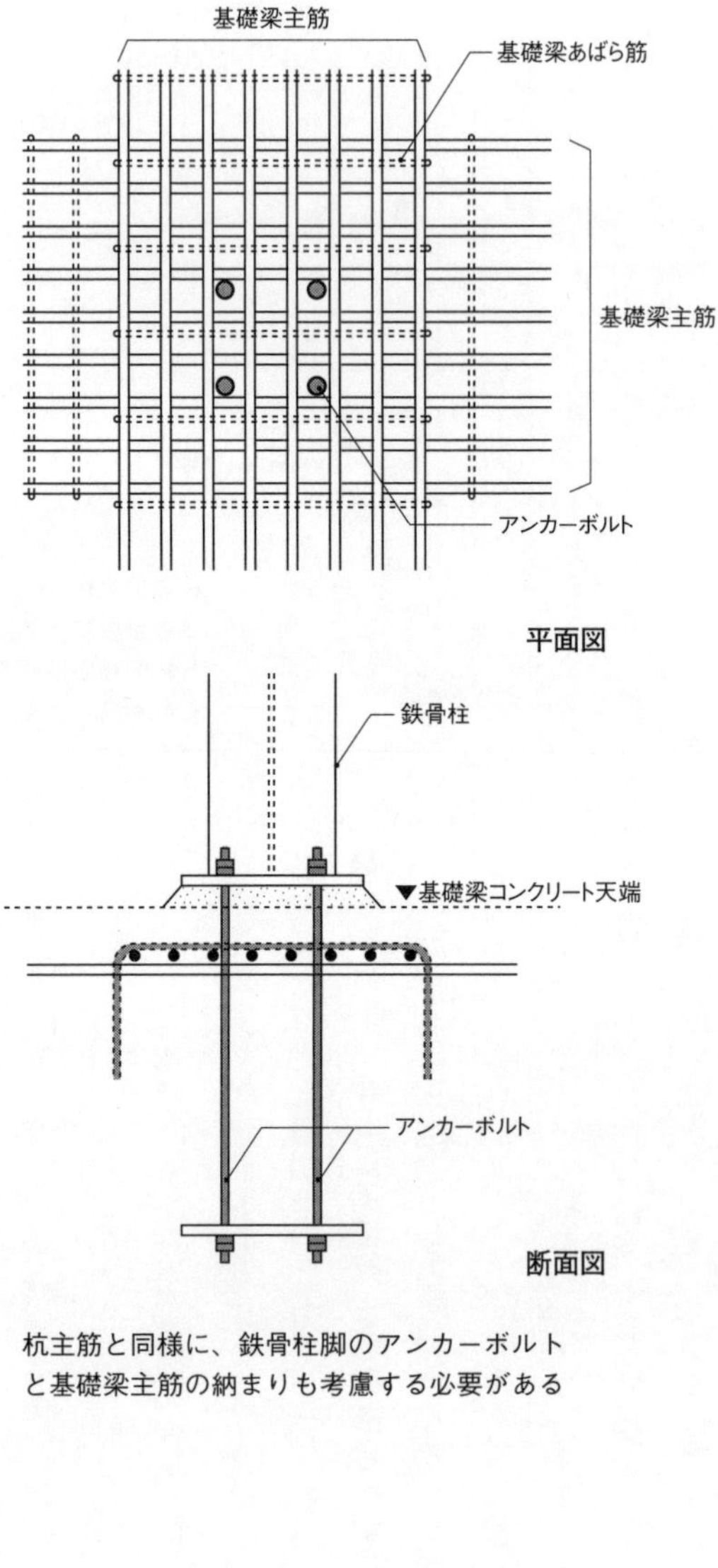


杭主筋と同様に、鉄骨柱脚のアンカーボルトと基礎梁主筋の納まりも考慮する必要がある

**図6 ｜ 柱頭の主筋の納まり**

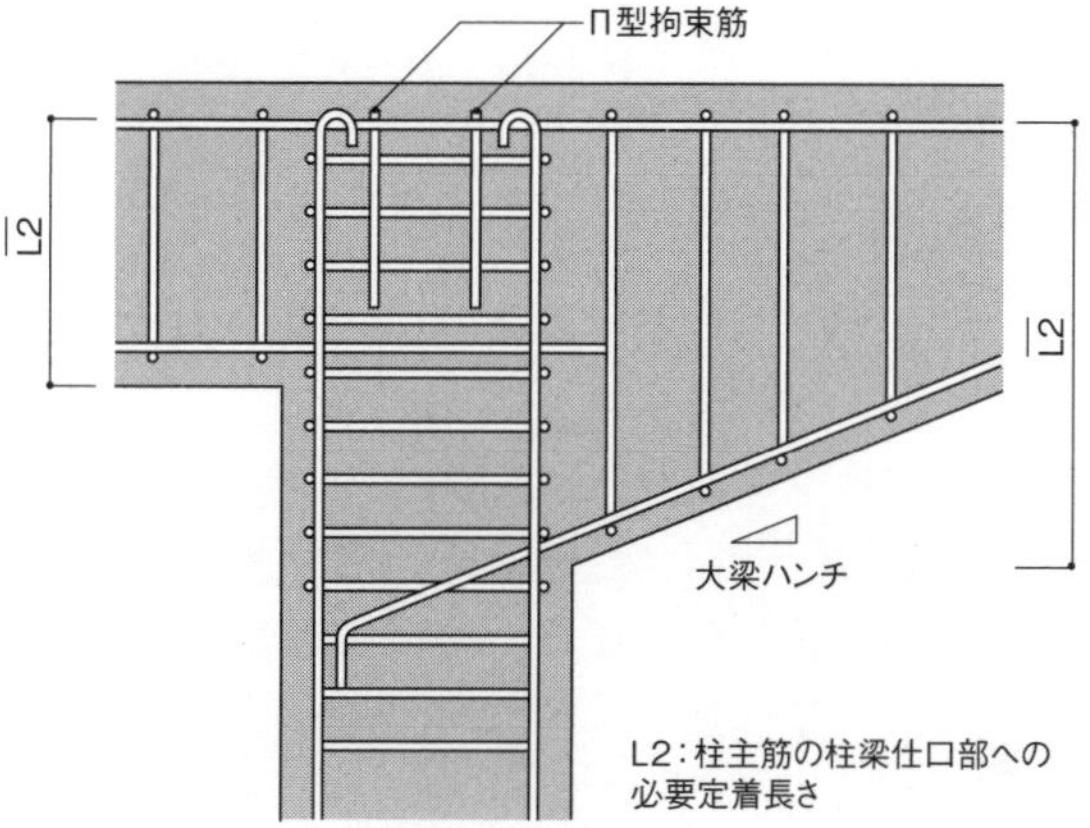


柱主筋の定着長が確保されない場合（$\overline{L2}<L2$）、ハンチをつけて定着長を確保することが考えられる（$\overline{L2} \geqq L2$）。また、上部にΠ型拘束筋を設け、柱頭部分が無筋状態とならないようにする

も分かるように、基礎梁の主筋においては、常にあき（ピッチ）に余裕をもたせた設計をすることが望まれます。

## ●柱頭の納まりでは補強方法も考える

柱頭部において、柱の鉄筋を柱・大梁の仕口部に定着しようとするとき、最上階の大梁のせいが小さいと定着長さが十分に確保できない場合があります。このときは、具体的な補強方法を設計段階から考えておく必要があるため（配筋要領図にまとめて記入しておくことも考えられる）、柱主筋の鉄筋径と最上階の大梁のせいの関係を考慮した設計が望まれます。場合によっては最上階の大梁端部にハンチを設けることにより、柱・大梁仕口部の寸法を大きくすることも考えられます。また、柱の主筋を最上階の大梁の上端筋の下端で止めることにより、柱頭部分が無筋状態（最上階の大梁の上端筋が拘束されない状態）とならないように注意する必要があります［図6］。

**●梁レベルとふかし**

ＯＡフロアなどは仕上げ寸法の違いから居室、廊下、水廻り、機械室などと床レベルが異なることが多々あります。大梁・小梁のレベルは同一レベルにすると明快ですが、そうすることで梁上端に増打ちが多く生じ、コンクリート重量が増えることは構造上好ましいことではありません。コンクリートが増えれば建物重量および鉄筋（増打ち補強筋など）・型枠が増え、コストも上がることになります。

そこで床レベルの範囲を考慮し、それに対応する梁レベルを設定する必要があります。ただし、小梁を受ける大梁は小梁の主筋が定着されなければならないため、必要に応じて増打ちが必要になる場合があります。梁せいと床レベルを把握したうえで、梁レベルを決定し、必要に応じて梁せいの再検討をする必要があります［図7］。

**●スラブ筋の内外関係を統一する**

同一階でスラブ形状に変化をもたせると、部分的に短辺方向が一致しない場合が出てきます。だからといって、個々のスラブで鉄筋の内外関係を変えていくのは施工上煩雑となります。各階ではスラブ筋の内外関係を統一することが好ましいのですが、その場合、スラブの短辺方向の鉄筋が内側に配筋される場合があります。ここは構造計算上、注意が必要なところです［図8］。

**●床開口廻りは補強筋の納まりを考慮する**

床開口廻りには開口補強筋を設ける必要があります。とくにスラブ短辺方向のスラブ筋が数多く切断される場合は補強筋の本数を多くしなければなりません。一般には、切断された本数と同等以上の補強筋を設けるようにします。開口の位置は、設備設計者と事前に調整し、補強筋が無理のない配置となるよう検討する必要があります［図9］。

**●スラブ内に埋設配管がある場合はより慎重に**

## 図7 ｜ 梁レベルとふかし

### 大梁・小梁上端レベルを同一とする場合

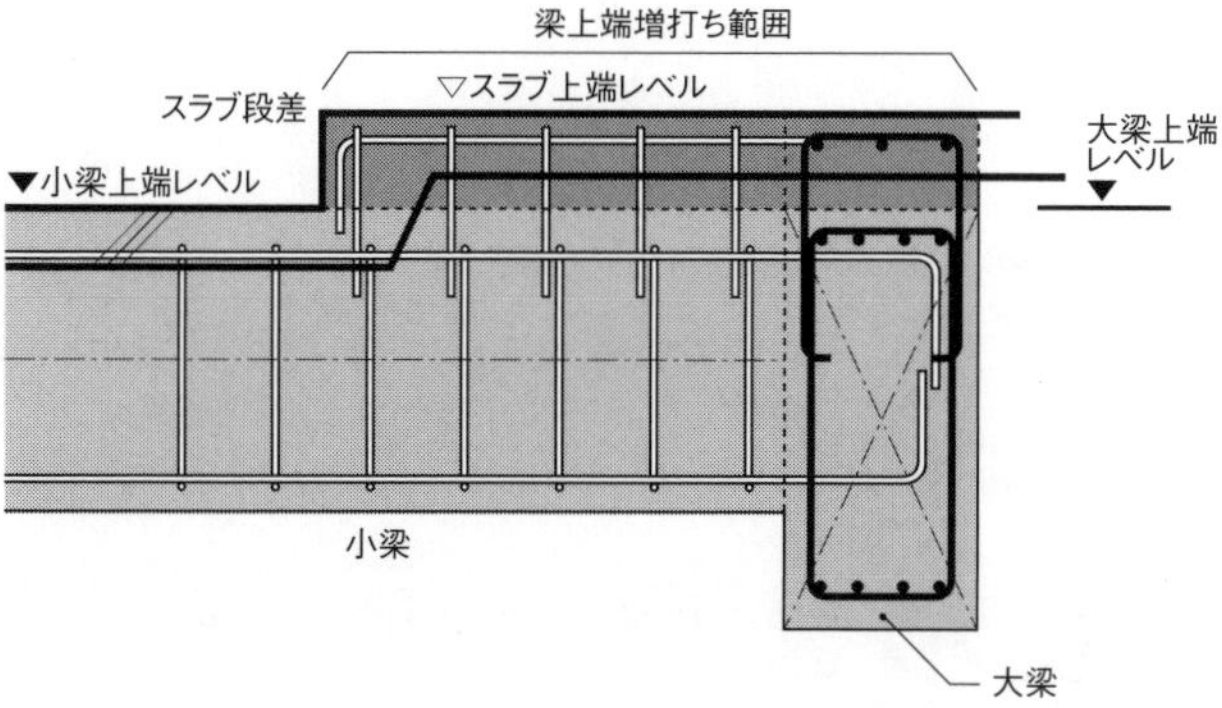


梁上端レベルを同一にすることは明快で整理しやすいが、
梁上端増打ちが増えることもある

### 大梁・小梁上端レベルを同一にしない場合

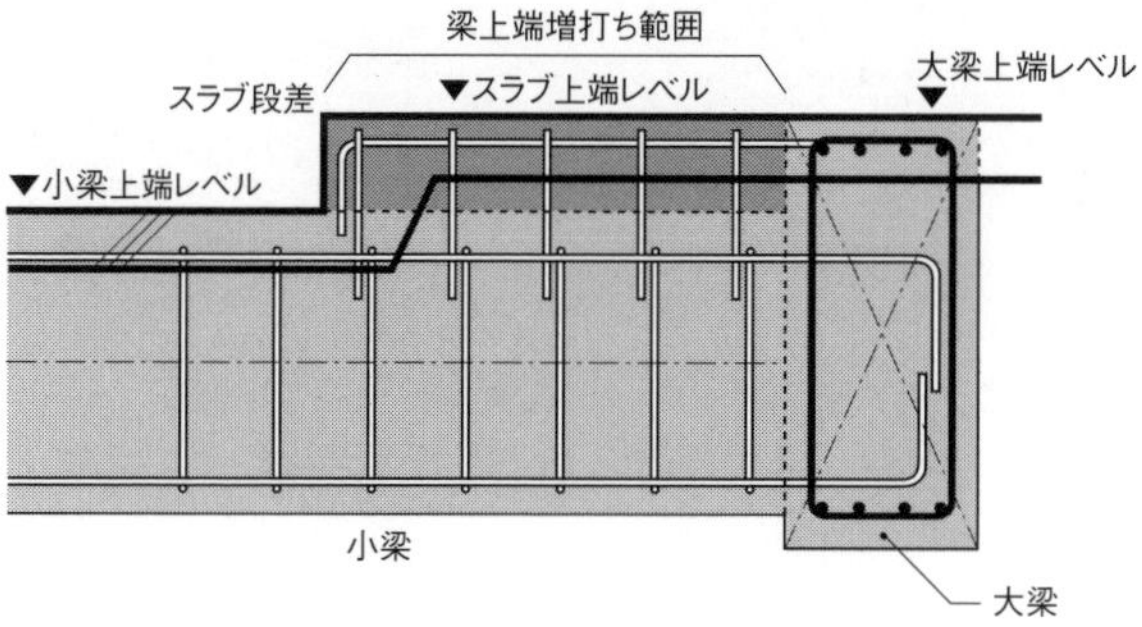


スラブ上端レベルに応じて梁上端レベルを調整すると、
梁上端増打ちが減ることになるが、連続する梁主筋の連続性、小梁と取り合う大梁の下端レベルの確認などをする必要がある

## 図8｜スラブ筋の納まり

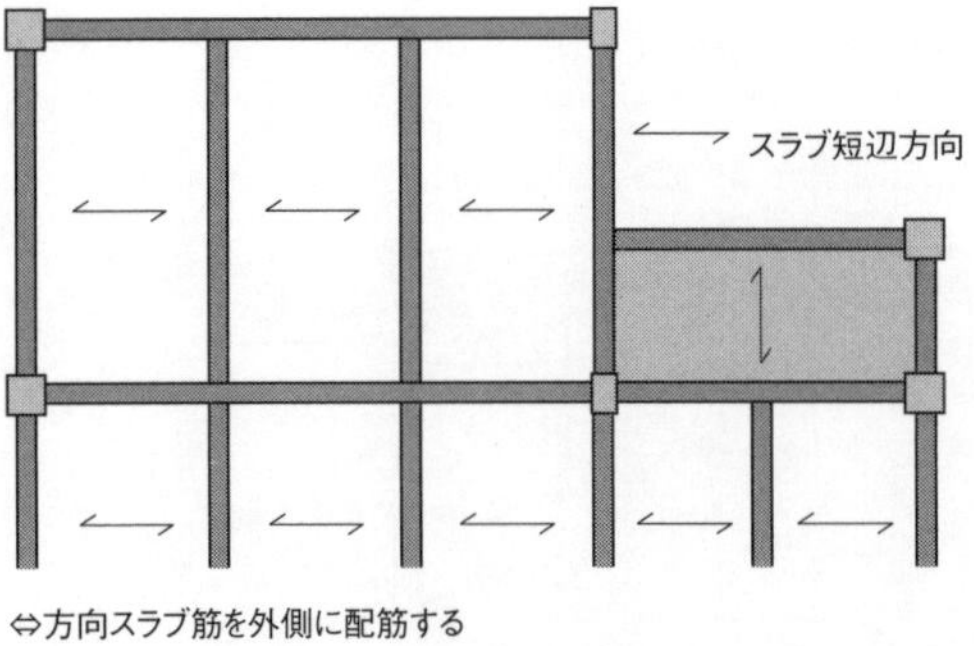


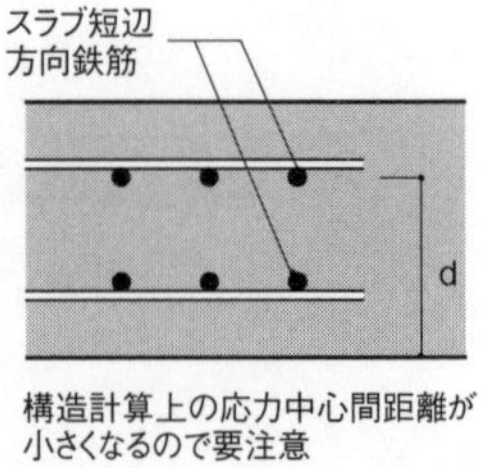


スラブ筋の内外方向を同一階で統一することが、一般的に望まれる。短辺方向（主筋方向）鉄筋が内側に配筋されるスラブもあるため、構造計算上の注意が必要

## 図9｜床間口廻りのスラブ筋の納まり

設備開口が調整されていない場合

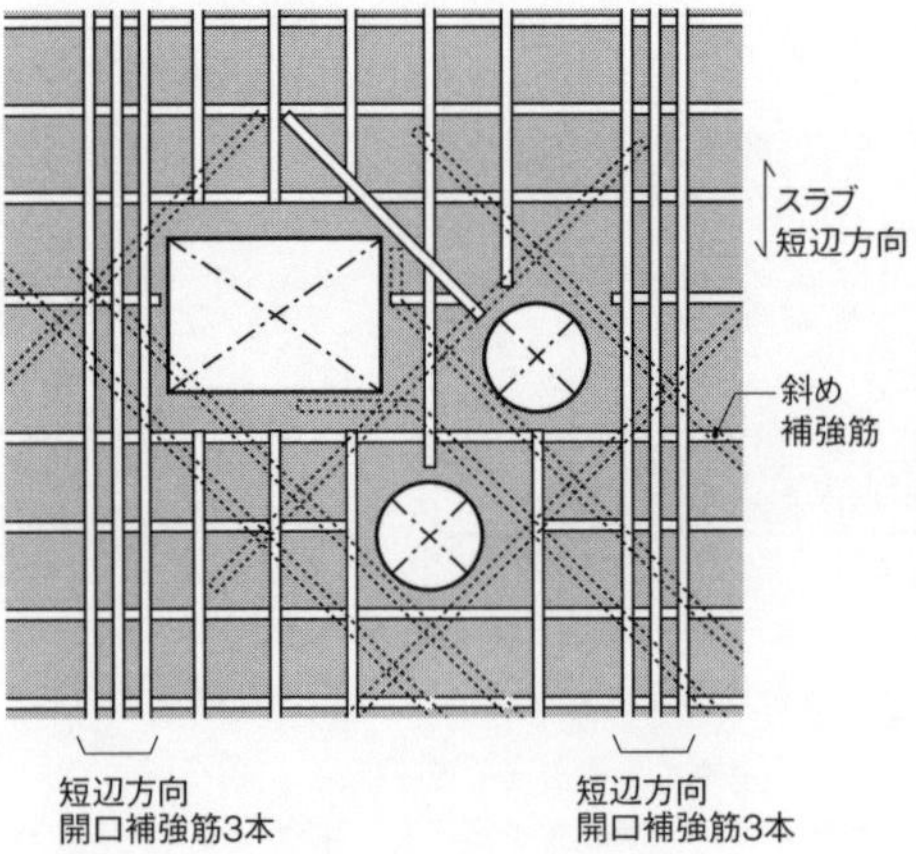


設備開口位置が調整されていない場合、鉄筋が混み合ってしまい所定の開口補強筋を配筋することができず、スラブの耐力が十分に確保できない可能性がある

設備開口が調整された場合

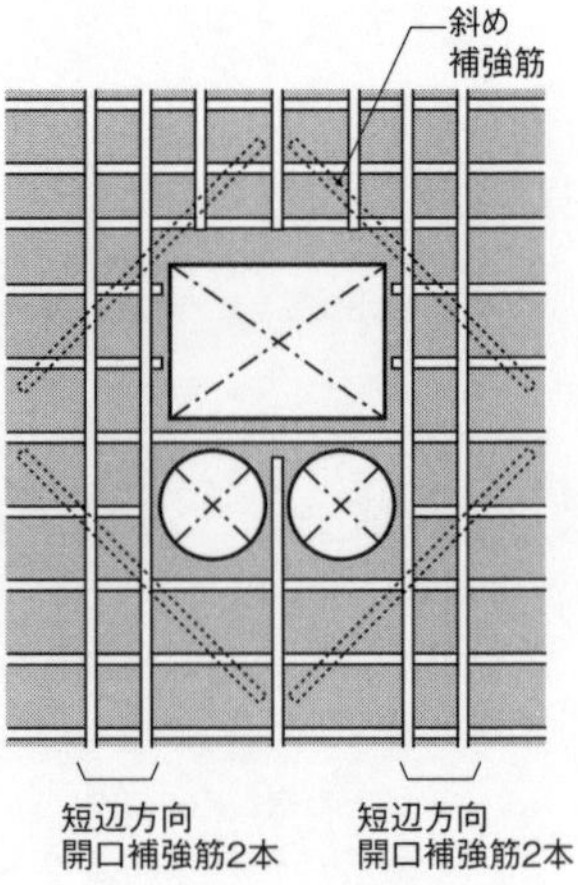


設備開口位置が調整された場合、所定の開口補強筋を所定のあきを確保したうえ、配筋することができる

図10 ｜ スラブ内埋設配管がある場合の納まり

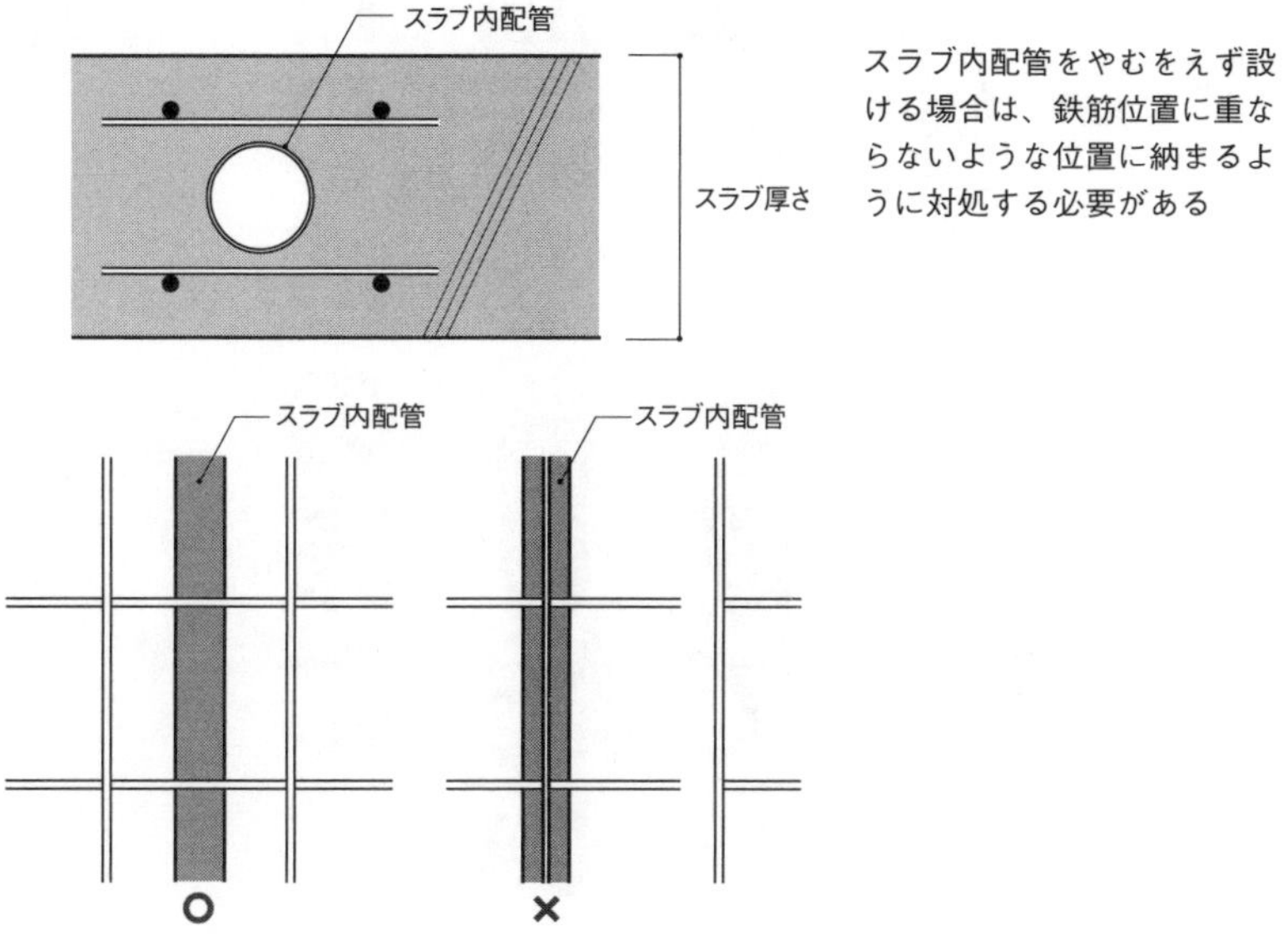

スラブ内配管をやむをえず設ける場合は、鉄筋位置に重ならないような位置に納まるように対処する必要がある

スラブ内の埋設配管は構造上の弱点となるため、できる限り避けるべきですが、やむを得ず埋設する場合は、配管径を把握し、そのうえでスラブ厚にその影響を反映させます。現場ではスラブ筋に完全に沿ったかたちで配管が設置されることを防ぐ（スラブ筋周囲の付着面積が不足する可能性があるため）など、施工上の配慮が必要になります［図10］。

## ●鉄骨の先組み・後組みの違いを知ろう

敷地条件などによりますが、梁レベルが同一で単純明快な平面形状などの場合は、梁部材などを先組み（地組み）するなどのプレファブ化工法が考えられます。これは、工期短縮などのメリットもありますが、事前に柱・梁接合部や継手部の検討はしっかり行わなければなりません。先組み（地組み、プレファブ化）、後組み（在来工法）の違いを理解したうえで、設計者と施工者が協働して対応する必要があります。

（朝川 剛）

Q21

# RC造の床に側溝を設けたい。簡易な配筋で可能か？

「奥様のエアロビクス用であって」

## 床に側溝が多いときは浮き床に

RC造の建物では、複雑な形状の段差でも、納まりを気にしなくていいのであれば、設計、施工することは可能です。しかし、側溝を設ける場合は、床の連続性を確保するのが大変面倒になります。

「公共建築工事標準仕様書」のなかに、段差のあるスラブ補強の例が紹介されています。それによると、たとえば段差Hが70㎜以下であれば、段差の5倍の幅を上下のスラブで重ねることになり、当然、側溝であれば左右にこの段差がくることになります。

私自身、この要領での配筋をやむなく指示することはありますが、側溝の数が増え、縦・横・さらには斜めに側溝を配置しようとすると、浮き型枠を固定するために型枠工事に時間がかかり、鉄筋業者に嫌われます。「こんなガタガタの床は、うまく配筋できんぞ」といわれ、何とか配筋できたとしても、コンクリートの打設に手間どることになり、その結果、ジャンカが増えます。ジャンカだらけのコンクリート面を見て現場監督と険悪なムードになる意匠設計者をなだめることもよくあります。**側溝の数が多い場合は、浮き床にしてシンプルな形状でスムーズに施工するほうが、工期も短く安く上がり、打ち上がり面もきれいです。**

## 側溝が深いときは小梁で対応も

大きな段差で70㎜を超える場合は、350㎜幅で梁状のコンクリートの塊が出現します。この配筋は鉄筋業者に大変評判が悪いため、私は側溝の両側に小梁を配置するようにしています。ただし、小梁であるため、途中で曲げることはできません、まっすぐに側溝を通すことになります。この場合も、数が多

**図1 ｜ 段差Hが70㎜以上の場合**

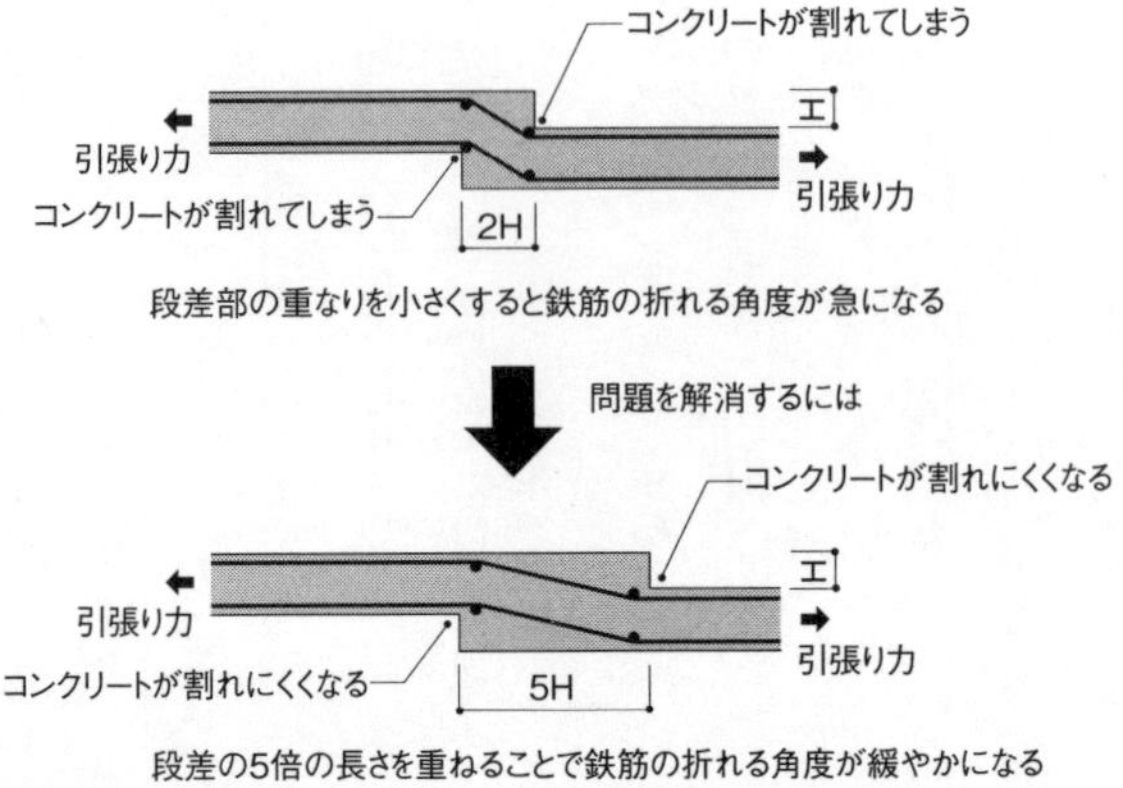
コンクリートが割れてしまう
引張り力
引張り力
コンクリートが割れてしまう
2H
H
段差部の重なりを小さくすると鉄筋の折れる角度が急になる
問題を解消するには
コンクリートが割れにくくなる
引張り力
引張り力
コンクリートが割れにくくなる
5H
H
段差の5倍の長さを重ねることで鉄筋の折れる角度が緩やかになる

スラブ段差の配筋で、とくに注意が必要なのは引張り力がかかる鉄筋により起こるコンクリートの割れを防ぐこと。急激な折り曲げは禁物である

い場合は浮き床にすることをおすすめします。浮き床ができない場合は、床上を転がす配管をなくすためにパイプスペースを確保してもらっています。それと、やはりRCの打放し面をきれいに見せるには、単純な形状がよいです。

## 段差をつけるときは排水管に注意を

意匠設計者のなかには、「床仕上げや建具による床レベル差に配慮していない」「梁上に配管などが通過しているにもかかわらず、梁レベルを考慮していない」といったミスを犯す人がいます。床仕上げが異なる廊下と事務室間（エレベーターは石、事務所はカーペットなど）、水洗いを行う部屋排水、屋根の横引き排水、外と内の境（30㎜くらいの段差をつけたがる）などで、段差に配慮した設計を見落としがちになります。局部的に床を下げて排水の横引

## 図２｜段差Hが70㎜を超え、150㎜以下の場合

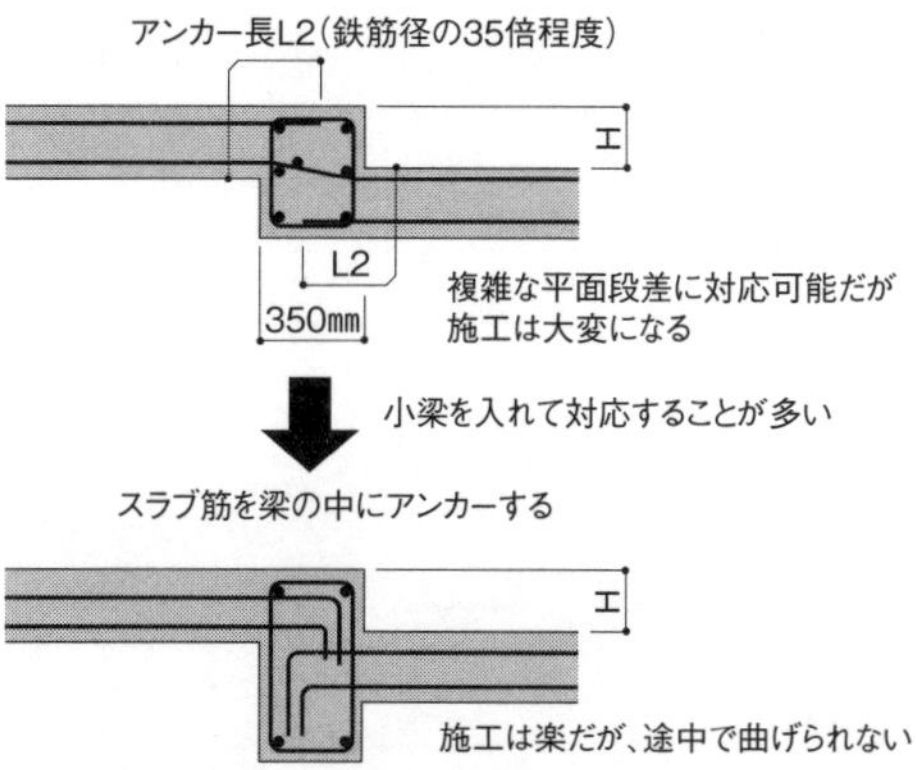
アンカー長L2（鉄筋径の35倍程度）
H
L2
350㎜
複雑な平面段差に対応可能だが
施工は大変になる
小梁を入れて対応することが多い
スラブ筋を梁の中にアンカーする
H
施工は楽だが、途中で曲げられない

コンクリートの形状は自由度が大きいという長所はあるが、必要以上に複雑な施工を要求すると問題点も増える

きをすると、梁が下がっていないので、排水管があたることになります。早めに気がつけば、梁を下げて構造計算を行えばよいのですが、これらは、実施設計終了間際で（最終の）平面詳細図と矩計図を入手した時期に発覚することが多く、その時点では設計が進みすぎて後戻りが効かなくなっています。構造図を訂正して梁を下げた図面を送ると、意匠設計者から「梁せいをどこまで削れますか」という連絡がくることがあります。「この梁は応力が大きいため簡単には削れません」と答えると、「梁下の出入口の有効がギリギリで、頭が当たってしまいます」と。そこで、新法以降は柱梁接合部の設計も要求されるため、「梁せいを削る代わりに梁幅を増やせませんか」と聞くと、「パイプスペースが納まりません」と。結局、軒高も斜線いっぱいで階高の調整もきかないため、大きな手戻りをすることになります。これを何回も繰り返すと、建築主に怒られますので、

## 図３｜大梁が納まらない例

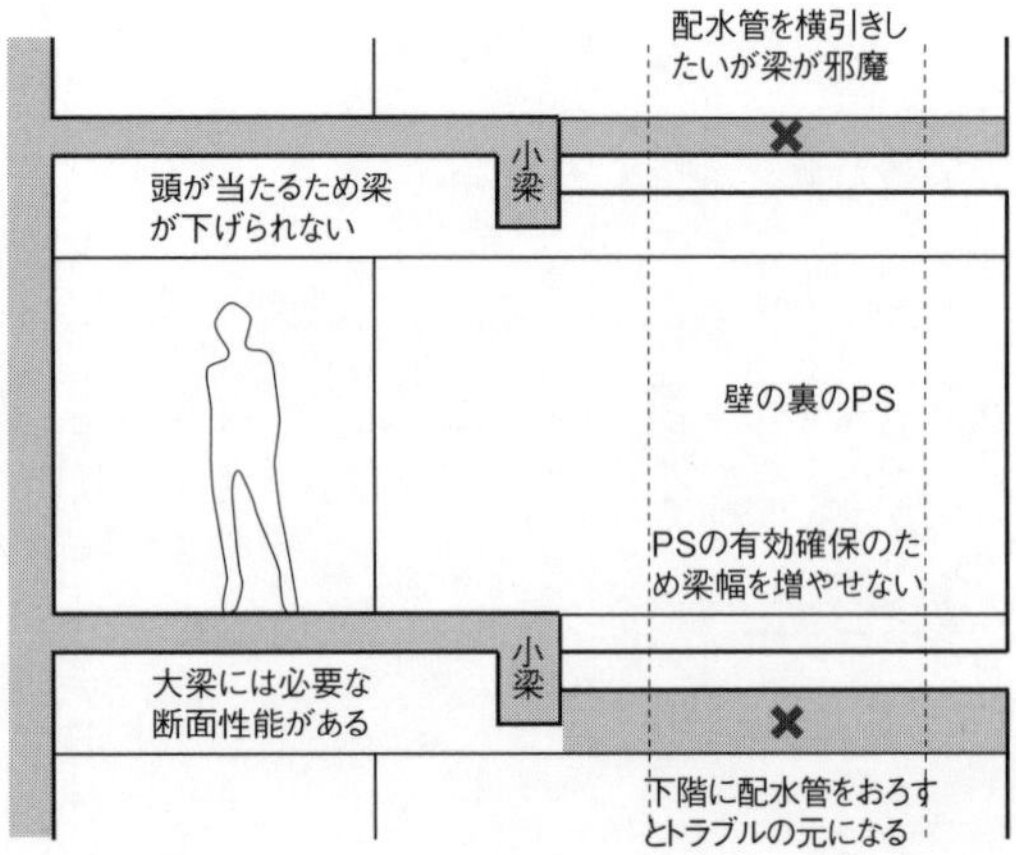


階高をギリギリまで詰める設計をする場合は、配管を振回しにくくなる。水廻りとPSの配置を注意して設計する

## 図４｜スラブ段差により梁貫通が難しくなる例

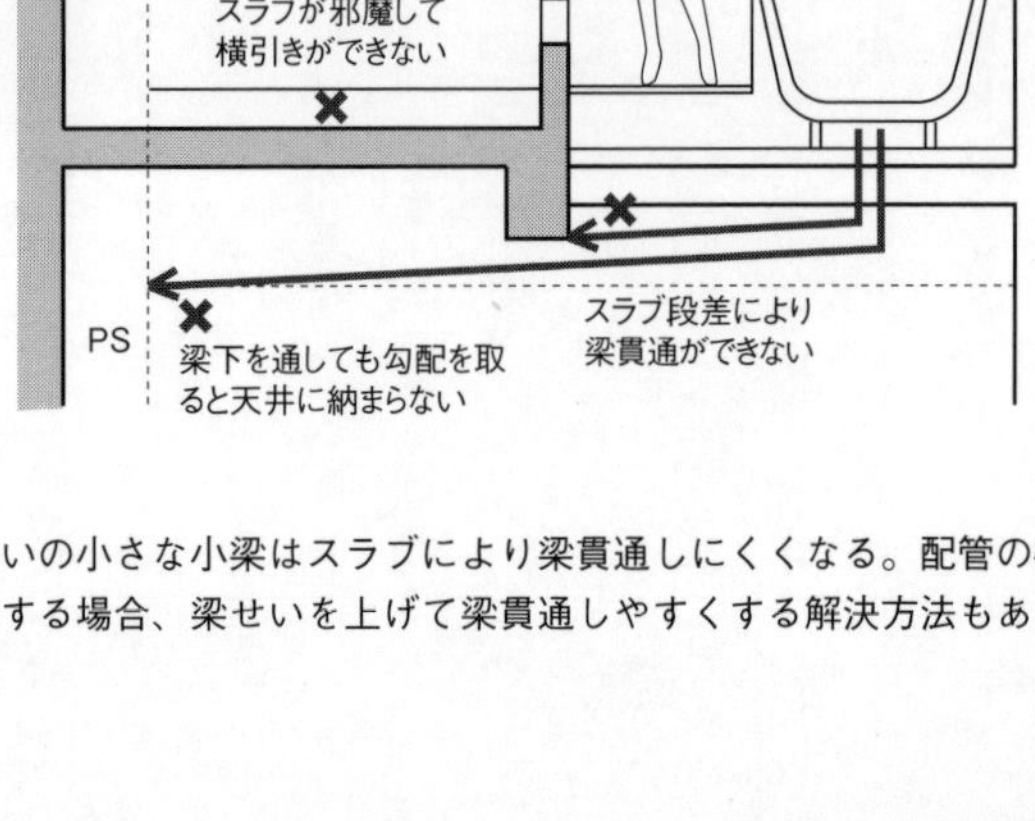

梁せいの小さな小梁はスラブにより梁貫通しにくくなる。配管の横引きをする場合、梁せいを上げて梁貫通しやすくする解決方法もある

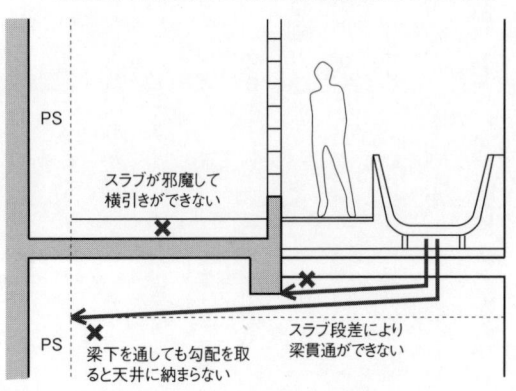

意匠・構造・設備の整合性を事前にとるように心掛けられたほうがよいでしょう。

## 意匠・構造・設備の情報交換を

設計途中でのスラブレベルの調整は、意匠的なことだから後は知らないと安易に変更をしていると痛い目にあいます。仕上げ表を確認し、スケッチなどを使った打ち合わせを行い、技術的な問題点がないか構造設計者や設備設計者と情報交換をすることにより、手戻りを防ぐことができます。段差が必要となる部位のイメージを、よく理解しておくことは重要で、それを、協力事務所にうまく伝達できれば一人前の設計者です。ほかにも、次のようなやりとりはよくあります。

意匠担当「防水のためスラブを下げてもよいですか」

構造担当「床を下げたら排水管が下階の天井に納まりにくくなりますが、大丈夫ですか」

設備担当「ああ、大丈夫ですよ、横引きしますから」

構造担当「スラブ段差の受け梁に配管を貫通させようとしても、貫通先にもスラブがありますよ」

意匠担当「そこを何とか、……すみません(^_^;)」

（大賀成典）

---

参考資料：図1・図2「公共工事標準仕様書」

Q22

# スリットを設ける理由は何か?

「だれ?....」

## スリットは必要か

壁周辺に設けるスリットは、階高が大きくなると幅も大きくなります。目地・スリットデザインの方針は、スリットの効果を理解したうえで、意匠設計者と構造設計者の意思統一により、構造性能を満足させる必要があります。

一般に、壁の構造種別を選定する際は、遮音や耐火性能の確保、仕上材との相性や意匠性などからRC壁が多く採用されます。ところが、それらの壁にスリットが多用されているにもかかわらず、**スリットの仕様や配置については、意匠設計者にも構造設計者にも無頓着な人が多いのが現実ではないでしょうか**。RC壁に「なぜスリットを設けるのか」「スリットに要求される項目は何か」を理解したうえで、タイルなどの仕上材とどのように調和させるかを考えることで、魅力ある建物になります（なお、ここでのスリットとは、完全に縁を切る形状の構造スリットを対象とします）。

建物に計画される架構面内の壁には、耐震壁の規定から外れる腰壁、垂れ壁、袖壁なども存在します。構造計算において、当該部材の影響として剛域や剛性を考慮する必要がある壁を二次壁と呼びます。ただし、これらの壁にスリットを設けて架構から分離すると、当該部材の影響を考慮しなくてもよい非構造壁となります。

建築計画では、構造計画上有効でない壁や形状的に精度が正しく評価できない壁でも、諸条件からRC壁とする場合があります。このとき構造設計上の選択としては、RC壁のうち積極的に利用しない部分を非構造壁と考え、構造解析上、柱・梁への影響を排除する方法があります。その際、構造体と縁を切る目的で配置するのがスリットで、これにより構造安全性の向上を図ることができます。スリットの目的は次の3つです。
①壁付き柱や梁をなくし、各部材間の剛性や応力の均等化を図って応力の集中を回避する。
②偏在する剛性の高い壁付き柱や梁をなくし、層内の平面的なねじれ性状（偏心率）と上下階の層間変形角のバランス（剛性率）を改善し、損傷の集中を回避する。
③壁による短柱化や短スパン化を避け、内法長さを大きくして、終局時の曲げ破壊を先行させ塑性変形性能を向上させる。

## スリットに求められる性能

スリットには、耐火性能、水密性能、構造性能が求められます［表1］。耐火性能（令107条の1）の要求は、非損傷性、遮熱性、遮煙性があります。しかし、スリットを設けると非耐力壁に区分され、遮熱性、遮煙性について延焼のおそれのある部分は1時間、そのほかの部分は30分の耐火性能を満足させなければなりません［表2］。ただし、その際はスリット材＋RCの複合壁として耐火性能を満足させればよいとしています。

水密性能については、建設場所や高さによって決まる風圧力に対して確保する必要があります。

構造性能は、地震時に変形（面内変形）が生じた場合に、柱の変形を拘束させないスリット幅を確保する必要があります（スリット付き壁の可動幅として、壁高さの100分の1以上を確保する）。なお、地震時や暴風時の面外力に対して脱落防止（面外力）の検証もしなければなりません［表3］。

### ●スリットの配置パターンと幅

腰壁、垂れ壁、袖壁にスリットを設ける場合、その位置は柱際および梁上とし、サッシ開口により生じる腰壁や垂れ壁には、開口端部に鉛直スリット

## 表１｜スリット構成材の性能項目一覧

| 性能項目 | スリット構成材 | | | | 性能項目 |
|---|---|---|---|---|---|
| | シーリング材 | 緩衝材 | 耐火材 | 振止め筋 | 配慮項目 |
| 耐火性能 | ○ | － | ○ | － | 耐火時間 |
| 水密性能 | ○ | － | － | － | 限界圧力差 |
| 遮音性能 | （内外壁や周辺環境による要求性が異なる） | | | | 音響透過損失 |
| 空気質保全性能 | ○（室内環境） | | | － | F☆☆☆☆ |
| 耐震性能 | － | ○ | ○ | ○ | 層間変形追従等 |
| 耐風性能 | － | － | － | ○ | |
| 耐久性能 | ○ | － | － | ○ | 防錆対策等 |

## 表２｜令107条の１における耐火構造の要求耐火時間

| 建築物の部分 | | | 遮熱性 | | 遮炎性 | |
|---|---|---|---|---|---|---|
| | | | 延焼の恐れがある部分 | その他の部分 | 延焼の恐れがある部分 | その他の部分 |
| 壁 | 間仕切り壁 | 耐力壁 | 1時間 | | － | |
| | | 非耐力壁 | 1時間 | | － | |
| | 外壁 | 耐力壁 | 1時間 | | 1時間 | |
| | | 非耐力壁 | 1時間 | 30分 | 1時間 | 30分 |

## 表３｜壁の耐火時間（令107条）

| 要求項目 | 性　能 | 備　考 |
|---|---|---|
| 層間変形追従（面内変形） | 中地震時層間変形で損傷なし（シールを除く）。大地震時層間変形で損傷許容（脱落不可） | 地震時変形規定：令82条の2 |
| 脱落防止（面外力） | 地震時の局部震度に対する安全性の確保<br>暴風時の風圧力に対する安全性の確保 | 局部震度の規定：令88条（本体架構と同等の振動性状の場合はAi分布に基づく地震力による）<br>風荷重の規定：令82条の４、平12建告第1348号 |

**図１ ｜ 鉛直スリットの構成材**

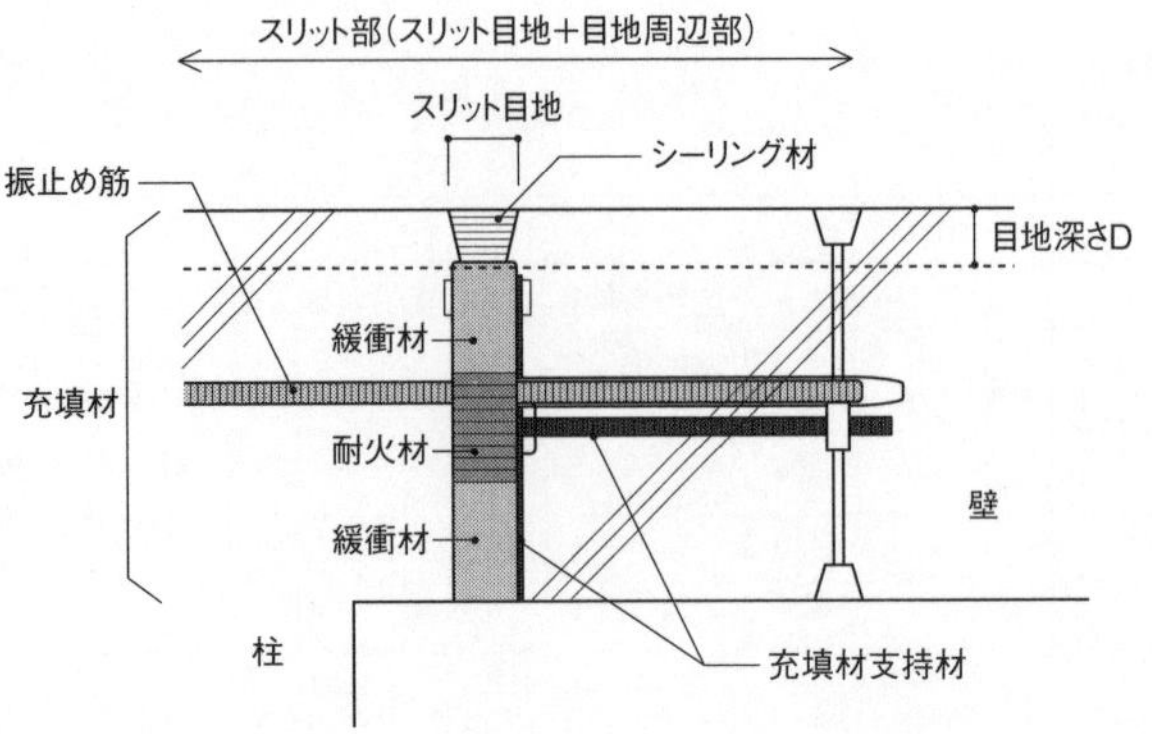


スリット材は、緩衝材と耐火材の充填材と、振止め筋とシーリング材、スリット位置保持のための支持材の補助材で構成されている

を設けます［図1］。袖壁長さが250㎜以下でスリットを設けない場合は、柱の応力集中に対し余耐力の確保が必要です。鉛直スリットの可動幅は、スリットに緩衝材や耐火材が充填されていることから変形可能幅がスリット幅より小さくなります。なお、変形可能率（スリット変形可能幅／スリット幅）について代表的なメーカーを調査したところ、鉛直スリットで68～98％と大きくばらついていたため、採用に当たっては注意が必要です。

### ●タイル割りとスリット位置

タイル仕上げとするコンクリート壁の目地は、間隔を3m程度とし、誘発目地で囲まれた面積を10㎡前後として配置する場合が多いようです。これは、コンクリートの自己収縮によるタイルのひび割れを避けることを主眼に置いた計画です。開口がある場合は、開口端部からのひび割れを避けるためにスリットを設けます。タイル仕上げの目地配置は、水

**図2 | タイル仕上げの納まり例**

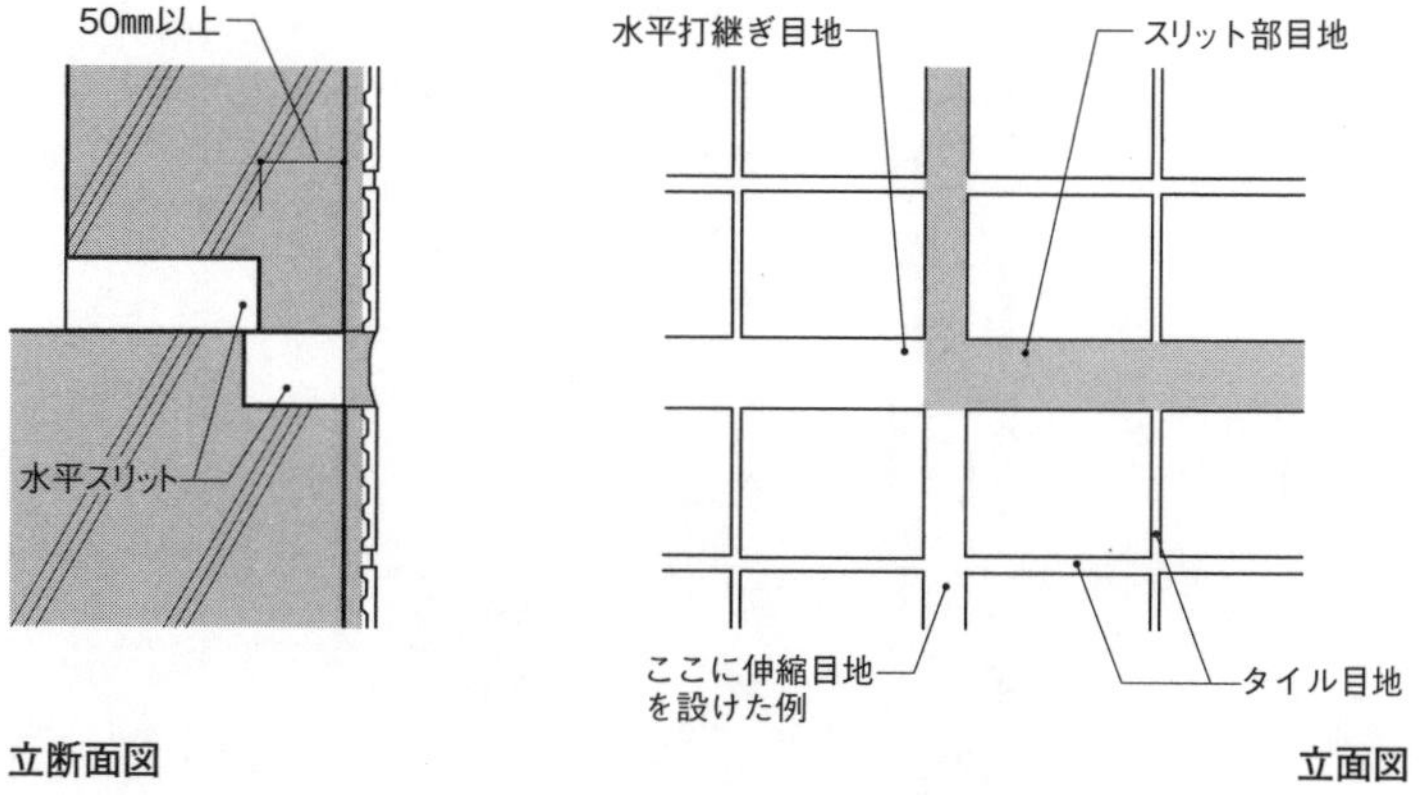


目地幅、スリット幅を合わせて意匠性の統一を図る。また、水平スリットの段差部の長さは、型枠脱型時のひび割れ防止のため50mm以上を確保する

平打継ぎ目地と誘発目地、さらにスリット位置を一致させて、コンクリート打設に関して不具合が生じないスリットの配置計画とすることが大切です［図2］。

（佐藤則勝）

参考資料：表1，表3、図1，図2いずれも「鉄筋コンクリート造建築物における構造スリット設計指針」（技報堂出版）

Q23

# シャフトが納まらない。原因は何か？

図１｜ＲＣ造　基準階コア

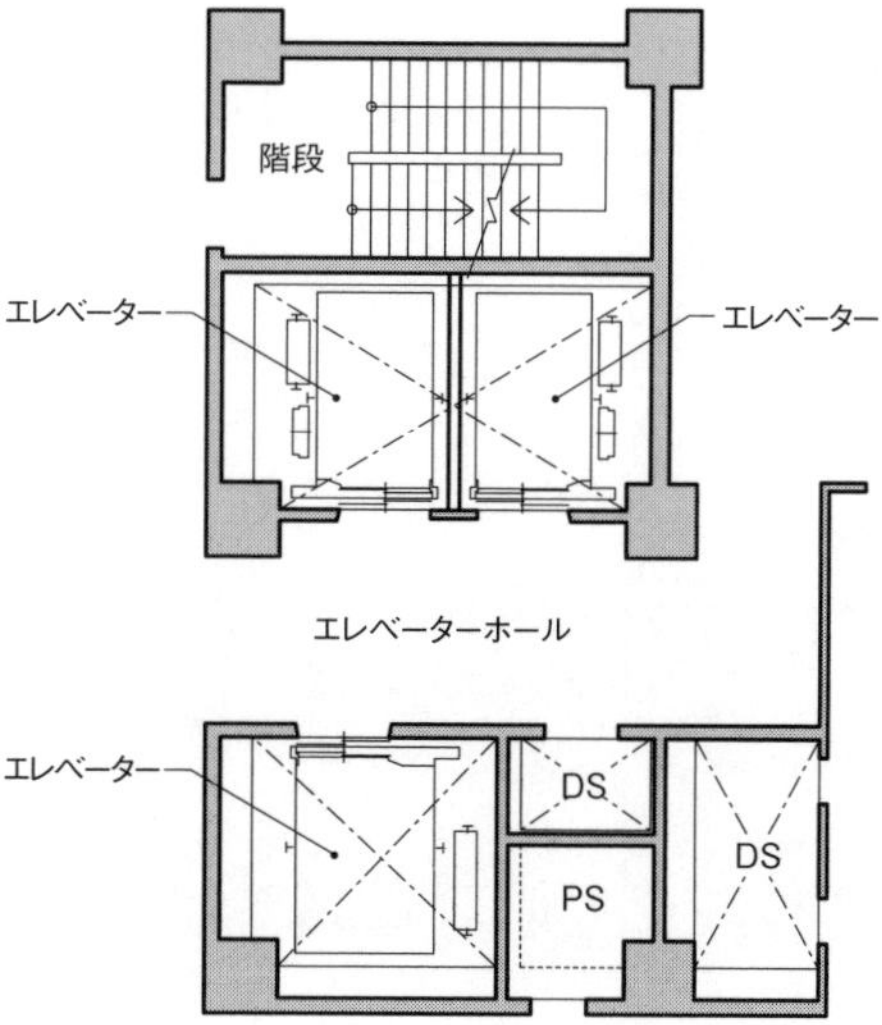


階段室やエレベーターなど上下階で連続しているシャフト廻りに、DS・PSが配置されていることが多い。柱・梁幅などが大きくなると、納まらなくなる

## エレベーター用シャフトの注意点

シャフトが納まらないといった問題を起こさないためには、設備担当者や構造担当者と、柱・梁・基礎寸法およびシャフトの必要最小寸法と形状などの情報を共有し、問題がある場合は解決法を提案してもらい、プランを確定していくことが大切です。

建物には、エレベーターシャフトや空調ダクト（ＤＳ）、給排水・空調配管（ＰＳ）などのシャフトがあります［図１］。これらのシャフトは各階で同じ位置に設けるのが一般的ですから、建物のプランに大きな影響を与えます。

また、最上階ではエレベーターカゴの上部に、オーバーヘッド空間を確保しなければなりません。これはスラブのレベルより高くなることがあります。斜線制限などで建物の高さがギリギリに計画されているケースでは、エレベーターのオーバーヘッ

**図2 ｜ 鉄骨造　基準階コア・最下階コア**

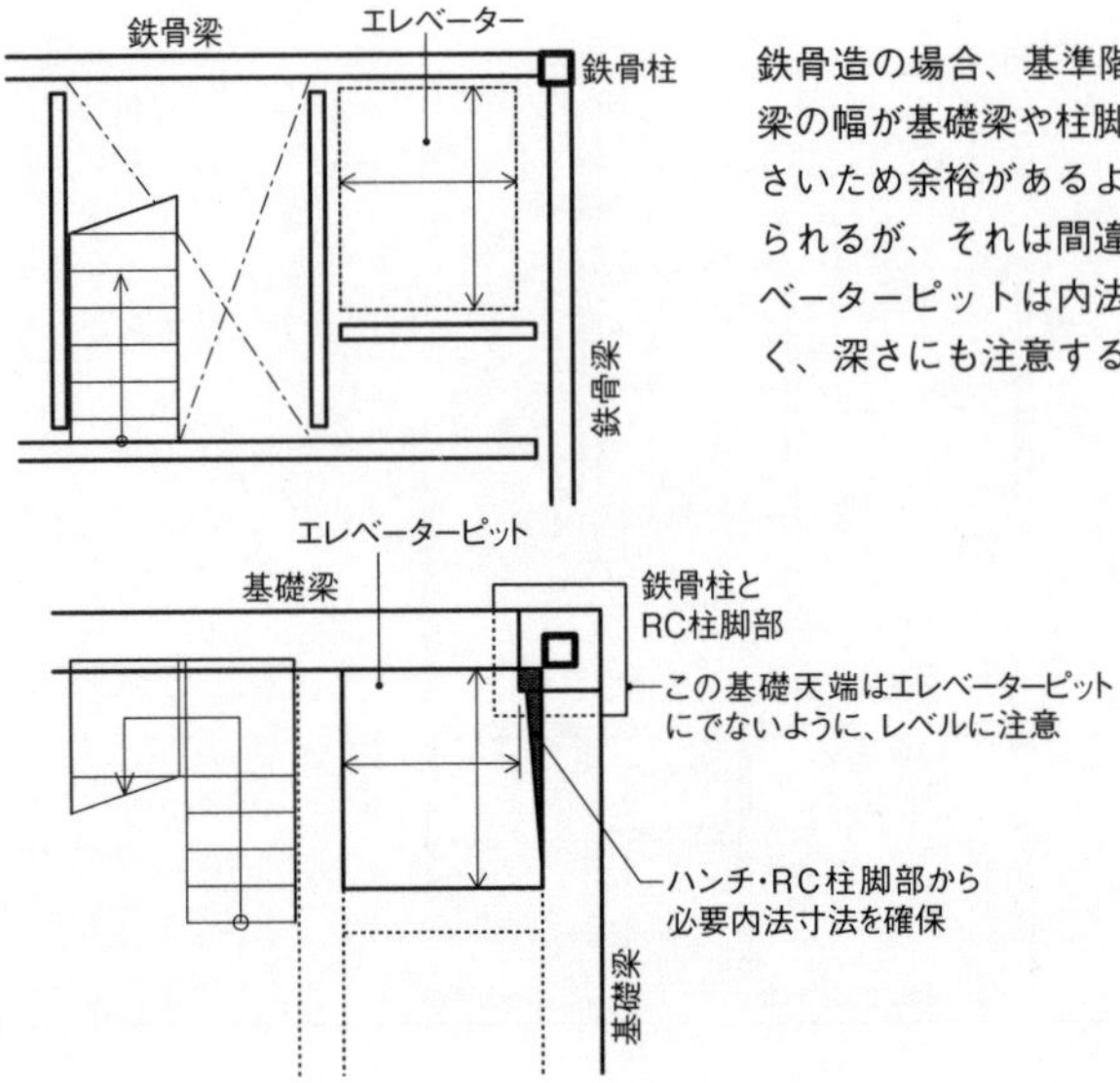


鉄骨造の場合、基準階では柱・梁の幅が基礎梁や柱脚部より小さいため余裕があるように感じられるが、それは間違い。エレベーターピットは内法だけでなく、深さにも注意する

ドを見込んでいなかったために計画変更を余儀なくされることがあります。この場合は、エレベーターの位置を変えるか、階高を変えるかして対応しなければなりませんが、どちらにしても大きな変更になります。

また、必要内法寸法に余裕がなく、シャフトを柱際に計画するケースもあります。このとき梁に水平ハンチがあると、シャフトの位置を調整しなければならないことがあります。

鉄骨造で耐火被覆が必要な場合は、被覆の厚さも考えてシャフトの位置を決めなければなりません。さらに、最下階の柱脚部は鉄骨柱よりもかなり大きくなるので、事前に確認をしておかないとエレベーターが納まらなくなるという事態を招きます［図2］。

ピットは普段見えない部分だけにウッカリしがちですが、ピット内に基礎・基礎梁などが出ていてはエレベーターが納まりません。**必要なピット深さを確認し、基礎・基礎梁を下げたり、梁せいを大きくして梁幅をつめるなどの対策が必要です。**

## ダクト(DS)、配管(PS)用シャフトの注意点

給排水管は下階にいくほど管の数が増えたり、太くなったりします。当然必要なスペースも広くなります。躯体も、柱・梁の部材サイズが下階になるほど大きくなります。したがって、最大幅の柱・梁部分で計画しないと、下階でDS、PSが通らないことになります。

また、給排気を屋上で行う場合には大きなハト小屋が必要になります。ハト小屋はそのほかにもあるので、設備設計者と打ち合わせをして、屋上の図面に位置や高さが分かるように記載しましょう。

DS、PSは床に孔を開けるものです。孔といってもまとめて箱抜きにしてしまうものと、スラブにスリーブを開けるものがあります。どちらも床の配筋を切ってしまうことがあるので注意しましょう。配管の数が多いときや箱抜きをする場合は、小梁が必要になることもあります。

**シャフトとシャフトを背中合わせにする計画では、間の壁を受ける梁が必要です。**間仕切りの厚さだけでなく、内法が足りるように梁幅も考えなければなりません[図3]。

PSの配管は最下階の床下でピット内の配管に接続されますが、たとえば断面の大きな基礎がある場合、スラブと基礎の間のスペースが潰れてしまい、接続作業ができなくなります。この場合は、基礎を下げてスペースを確保する必要があります。ピット内の作業スペースの確認も重要です。

配管やダクトによっては、中間階で止まってし

## 図３｜鉄骨造ではシャフト間の壁に受け梁がいる

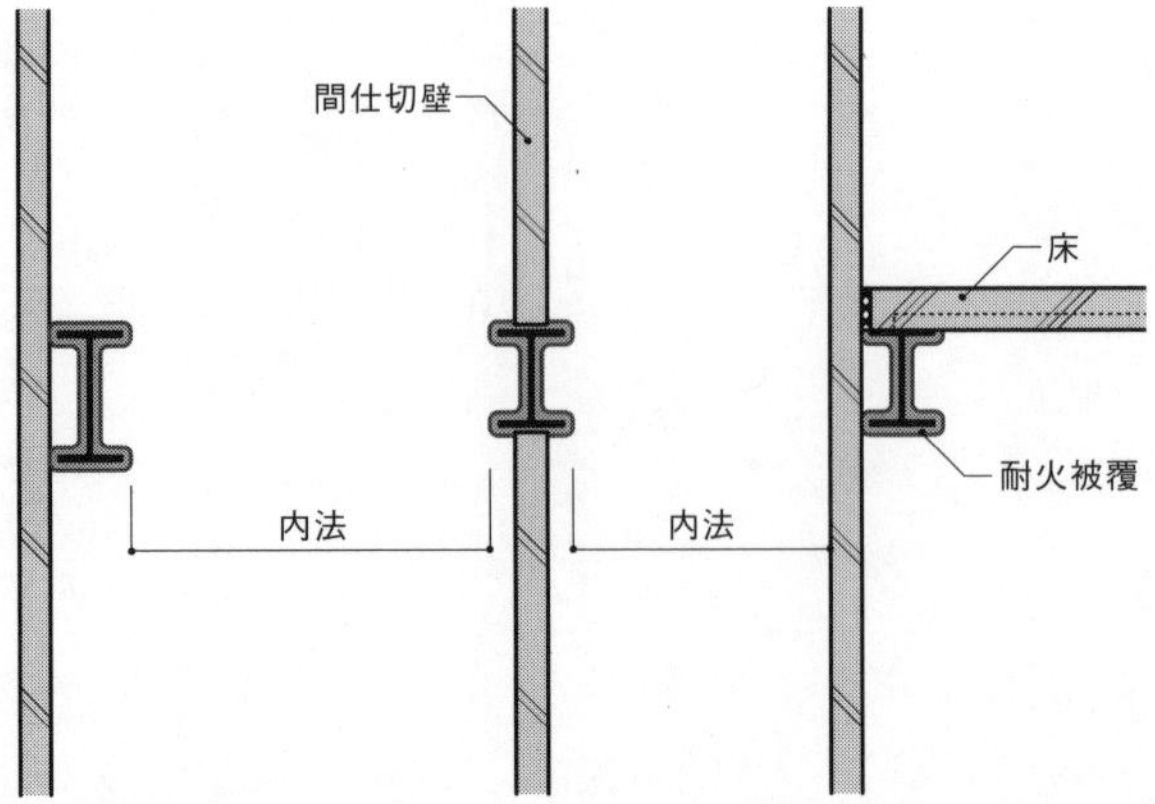


鉄骨造の場合、両側に床がないシャフトの間仕切り壁は受けの小梁が必要になる。その梁幅はALC厚より広い場合が多い。耐火被覆があれば内法はさらに狭まる

## 図４｜ピット内で配管作業ができない例

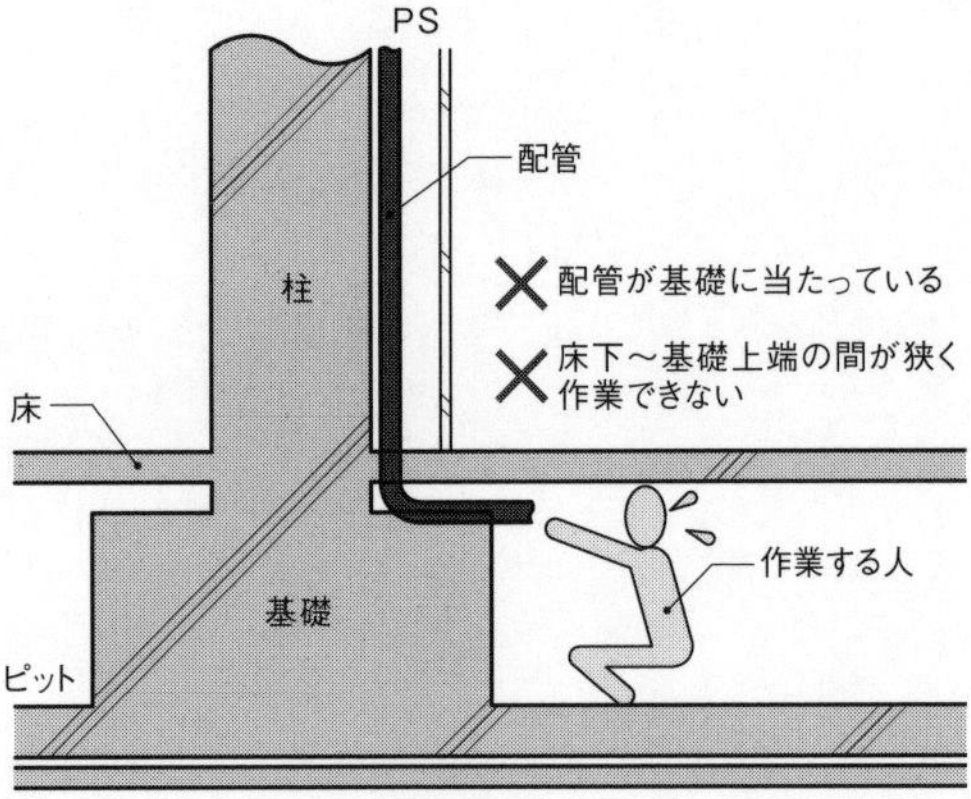


柱際のシャフトは、基礎せいが大きいと配管が基礎に当たったり、作業スペースが確保できない

まいシャフトがいらなくなる場合や、配管を横に振ってシャフトの位置を上下階で水平に移動できる場合もあります。また、ダクトは必要面積が確保できれば、形状が変えられるものもあります。プラン作成時にシャフトがうまく納まらない場合は、設備担当者に形状変更や、位置の移動が可能かどうか確認しましょう。

設備担当者・構造担当者と計画の初期段階から打ち合わせを十分行うことで、最悪の事態を未然に防ぐことができます。

（横田幸久）

Q 24

# 梁のスリーブ孔、どこまで柱際に寄せられる？

## スリーブ径は梁せい3分の1の以下に

構造種別を問わず、柱際の梁に開口を設けることは原則として避けなければなりません。設計段階から、意匠・設備とよく打ち合わせ・検討のうえ、開口の大きさや設ける場所を慎重に決める必要があります。

意匠設計者あるいは現場監理者からは、「梁のスリーブ（貫通孔）は、どこにどれくらい開けられるか？」とよく聞かれます。貫通孔を設けると、設けない場合に比べて、多少なりとも梁の剛性と耐力が低下し、とくにせん断耐力の低下が著しくなります。また、開口周辺には応力集中によるひび割れも発生しやすいことから、設けるためには何かしらの条件や適切な補強が必要となります。

RC造の場合は、補強の不要な微少な場合を除いて、大別して2通りの補強方法があります。曲げ加工した鉄筋を現場で配筋していく方法と、工場で異形鉄筋や高強度筋をリング状や格子状に加工して、それらの既製品を現場でセットする方法です［図1］。いずれも各々のケースで、その条件や仕様が多様なため標準的なものを定めるのは困難ですが、ここでは、1つの目安を示すこととします。

孔径は梁せいDの3分の1以下にし、高さ方向の位置も梁せいの中心部に設けることが望まれます。中心に設けられない場合でも、その位置はD/3の位置に納まるように配します。これは、縁に近づくほど断面応力度が大きくなるためです。また、孔の上下のせいは、施工性などを考慮して250㎜程度確保します。

つまり、孔径が150㎜の場合、梁せいは150＋250×2＝650㎜以上、250㎜の場合は250×3＝750㎜以上が必要になります。このとき気をつけたいのが、孔径は躯体の欠損寸法で、配管寸法ではないということで

**図１　ＲＣ梁の補強例**

従来の鉄筋による補強例　　　　鉄筋を用いた既製品の例

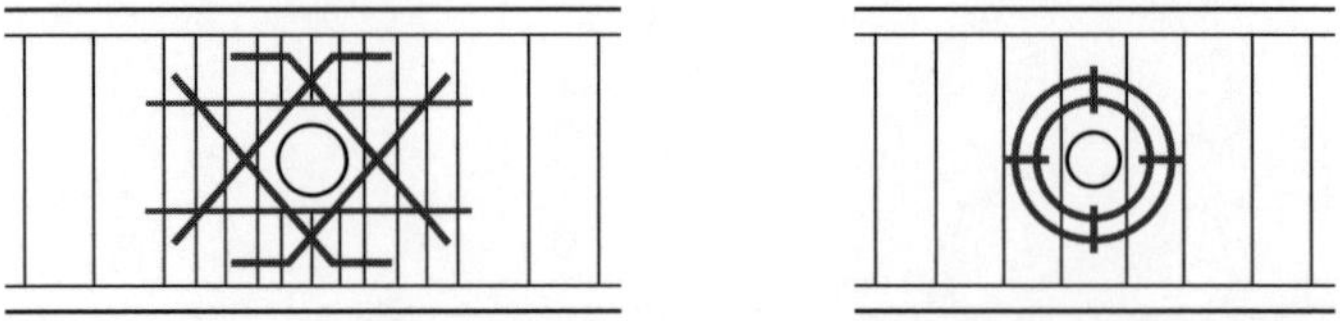

開口周りのあばら筋は一般部に比べより多く配する必要がある。補強筋量は計算により求める。軽微な貫通孔なら補強が必要ない場合もある

上図のような丸型に加工したもののほか、菱形のものや、溶接金網を用いたものもある。あばら筋の補強が必要になる場合もある

す。スリーブ管の厚さがあるので、200㎜の開口には200φの配管は通せません。ひとまわり大きな開口を設けることになります。また、開口に対しても補強筋などのかぶり厚さを確保しなければなりません。鉄筋がスリーブ管に接したまま施工すると、そこから、錆や中性化が進行してしまいます。

なお、開口を四角形とすることは、その入隅部に応力が集中し、ひび割れが発生しやすいので避けることが望ましいのですが、その大きさや位置は外接円を開口と想定します。

## スリーブ孔は梁端部を避ける

梁端部は一般に、長期応力に対してせん断力が最大となります。曲げ応力も長期荷重時・水平荷重時に最大となることが多くなります。したがって、貫通孔を設ける場合は端部を避けることが求められ

## 図2 RC梁貫通孔の位置

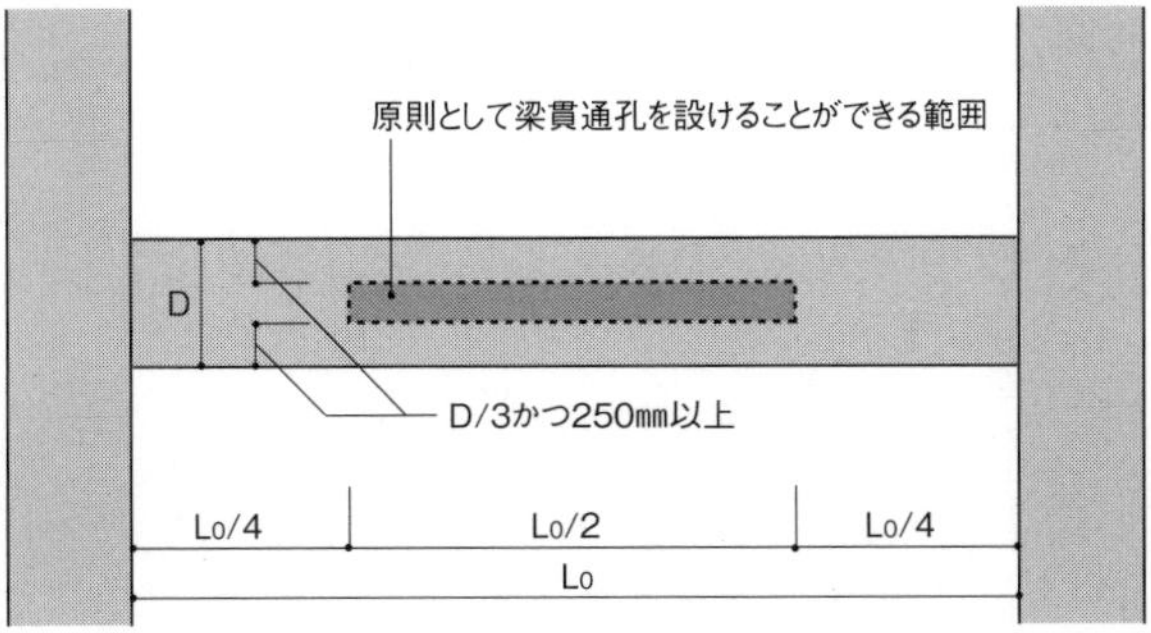


貫通孔はハッチ部の中に設ける。それ以外の場所には原則として開けられない

ます。たとえば、**在来構法で鉄筋を配する場合は、内法スパンL0の4分の1の範囲を避けることが望まれます**[図2]。パイプシャフトを柱際に配する場合が多々ありますが、シャフト内では梁に開口を設けられない場合があるので気をつけてください。開口が複数ある場合は、その中心間隔は孔径の3倍以上確保します。地中梁など十分な梁せいがある場合を除いて、同位置で上下に複数の開口を設けることはできません。

既製品を用いる場合は、メーカーごとに実験などにより公的機関の評定を取得しているものが多く、その適用範囲によることになりますが、柱面から孔中心までを梁せい以上離すことが多いようです[図3]。いずれも、せん断に対する補強が十分であったとしても、剛性低下は避けられないので、大きな開口を設けたり連続した開口を設けることは避けてください。

図３｜ＲＣ梁で既製品を用いた場合

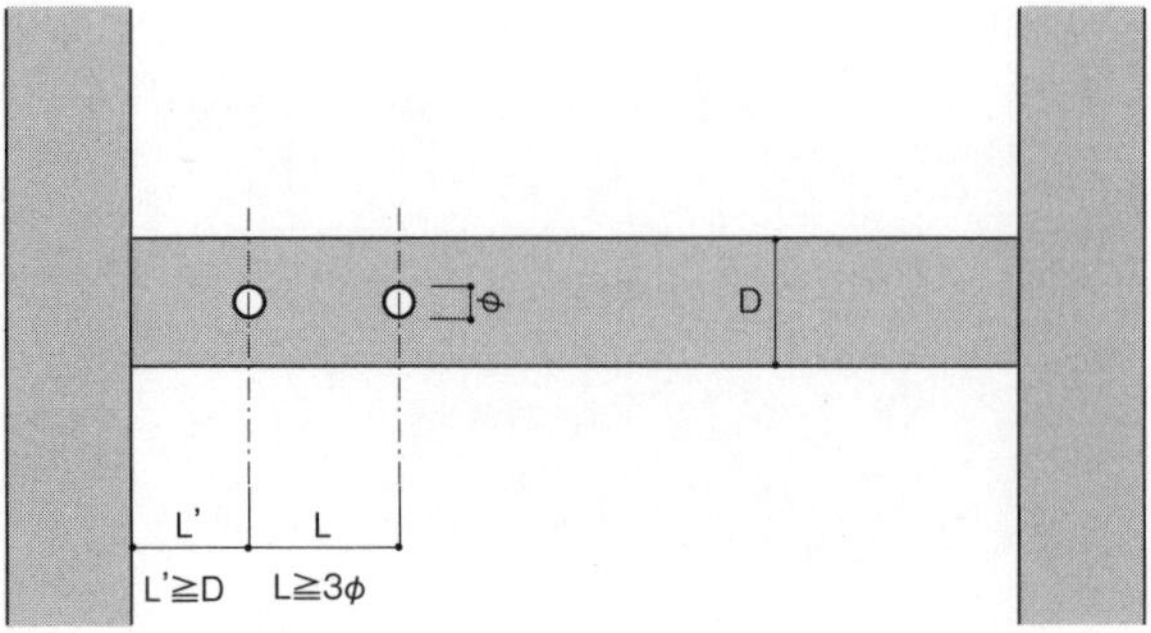


上図は一例で、メーカーや製品により多少異なる。
一般に図２の在来補強よりは範囲の選択が広い

## 孔径は小さく、スパンと梁せいの中央に

Ｓ造では、梁にＨ形鋼を用いるのが一般的です。応力状態に対してはＲＣ造の場合と同じように、梁端部は避け、高さ方向は中心部に配置することになります。

ただ、Ｈ形鋼の場合は、ウェブに開口を設けてもその曲げ剛性・耐力に与える影響は比較的小さいものです。そのため、開口が小さい場合は補強の必要がないことも少なくありません。補強が必要な場合は、開口周りのウェブに鋼板を取り付け、母材のせん断耐力以上を確保できれば梁せいの0.4倍までの径を設けることもできます［図４］。この場合、ウェブは鋼板の厚みが薄い場合が多く、補強板の溶接時に梁材にひずみを生じさせないように注意します。梁せい500㎜のＨ形鋼で、200㎜の開口が可能です。

また最近では、リング状に加工した既製品の金

## 図４｜鉄骨梁の補強例

**鋼板による補強例**

補強板の厚みは２枚合わせてウェブの板厚以上が目安。片側のみ補強する場合は、とくに変形に注意が必要

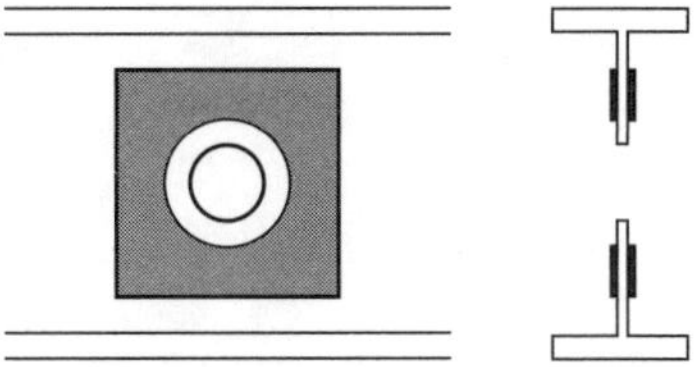

**既製品による補強例**

貫通孔の大きさに合わせて製品が標準化されている。スリーブ管を併用したものもある

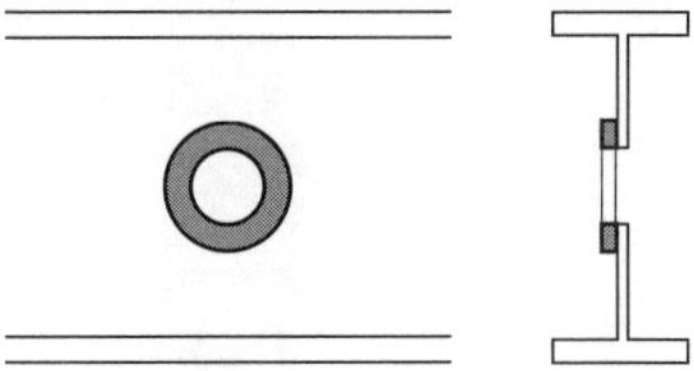

物を開口周りに取り付けて補強する方法も見られるようになりました。これも各社評定取得の適用範囲がありますが、端部は柱面から孔径を離せば設けられるものもあります。孔径も梁せいの2分の1くらいまでとれるようです。溶接量もかなり少なくなるようですので、経済性も含めて選択していくことになります。

　構造種別を問わず、貫通孔は設けないことが望ましいのですが、天井高などの関係で設けざるを得ないことも少なくありません。その場合でもなるべく孔径は小さく、スパンの中央に、梁せいの中央に配置するよう配慮してください。

（伊藤喜啓）

Q 25

# 耐震壁に孔をあけたい。許される範囲は？

## 耐震壁に影響を与えない設備開口の大きさは？

まず、耐震壁の両端につく柱の端から端まで開くようなガラリや、密なピッチで連続して設けるスリーブ孔は避けてください。**ガラリは可能な限り耐震壁の相似形に、連続するスリーブは集約することで開口の数を減らすことがポイントです。**

耐震壁の堅さ（剛性）や強さ（耐力）は開口があることによって低下します。したがって、たかがスリーブでそこまで神経質にならなくても……と安易に考えてはいけません。たとえば「2007年版・建築物の構造関係技術基準解説書」の282頁には、耐震壁に対する剛性や耐力の低下を無視できる開口の例として、適切な補強を行うことを前提に、以下のような記述があります。

「……例えば鉄筋コンクリート造の耐力壁に設けるエアコン用の貫通孔などで本号イ（1）に規定する開口周比および $\ell_0/\ell$ の値が0・05以下の数値となるものや、木造の耐力壁について、周囲の軸組から離して設ける径50cm程度の換気扇用の孔などは、剛性および耐力の低減を行なうべき開口部に該当しないものとして取り扱うことができる」

## 耐震壁の設備開口の大きさの計算例

ここでは、鉄筋コンクリート造の耐震壁を対象に、引用文中の「開口周比および $\ell_0/\ell$ の値が0・05以下の数値となるもの」について、実際のスケールで考えてみましょう。ここでは両端の柱芯間のスパンが6000mmで上下の梁芯間の階高が3500mmの耐震壁について検討します。開口周比の式は下記の式（1）のとおりです。電卓で簡単に計算できますので一度試してみてください。

**図1 ｜ 開口周比の算定に用いる各寸法の定義**

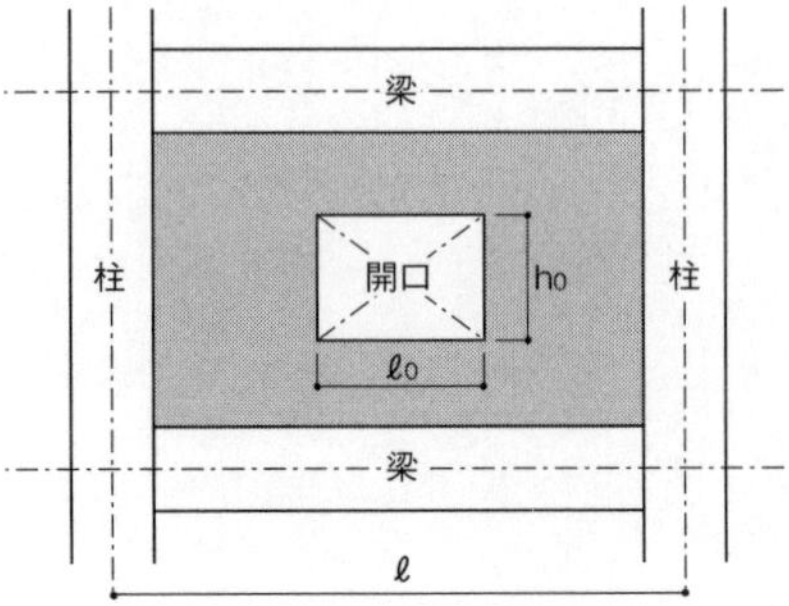


式（1）に用いる各寸法の定義は上のとおりである

$$\gamma_0 = \sqrt{\frac{h_0 \cdot \ell_0}{h \cdot \ell}} \quad \cdots\cdots 式(1)$$

$\gamma_0$：開口周比
$h_0$：開口部の高さ
$\ell_0$：開口部の長さ
$h$ ：開口部を有する耐力壁の上下の梁の中心間距離→ここでは3.5m
$\ell$ ：開口部を有する耐力壁の両端の柱の中心間距離→ここでは6.0m

この式により、$\gamma_0$が0・05以下となるためには、$h_0$・$\ell_0$が0・0525㎡以下でなければならないと分かります。これを正方形の開口として表すと、229×229㎜程度で、円形の開口であればφ258です。一方、$\ell_0/z$ の値も0・05以下との規定があることから、$\ell_0$は300㎜以下でなければなりません。

図２｜連続するスリーブ孔

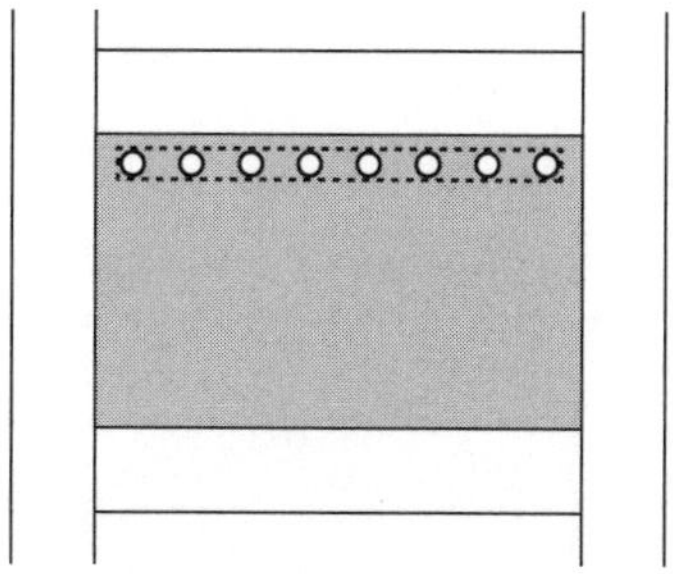

スリーブは密なピッチで連続すると、横長の開口がある場合と同じような性能低下を生じる

この程度の大きさでは納まらない設備配管はたくさんあります。また、個々の配管径が小さくても、数が多くて密集する場合には「包絡した開口」とみなす必要があります。こうしたことを構造計算にしっかり反映させておかなければならないのです。

## 耐震壁に対する設備開口をいかに納めるか

耐震壁にスリーブ孔をたくさん開けてしまい不安になったことはないでしょうか。スリーブが連続して密な間隔で並ぶ場合についても考えてみましょう[図2]。構造的には点線で示すような横長の開口として取り扱う必要があるため、スリーブが密に並んでいると、耐震壁の堅さ(剛性)や強さ(耐力)が大きく低減されるとともに、両側の柱が開口部分で短柱(柱の径に対して長さが極端に短い柱)となり、もろく壊れやすくなるという悪影響を及ぼします。

## 図3 | スリーブ孔の集約

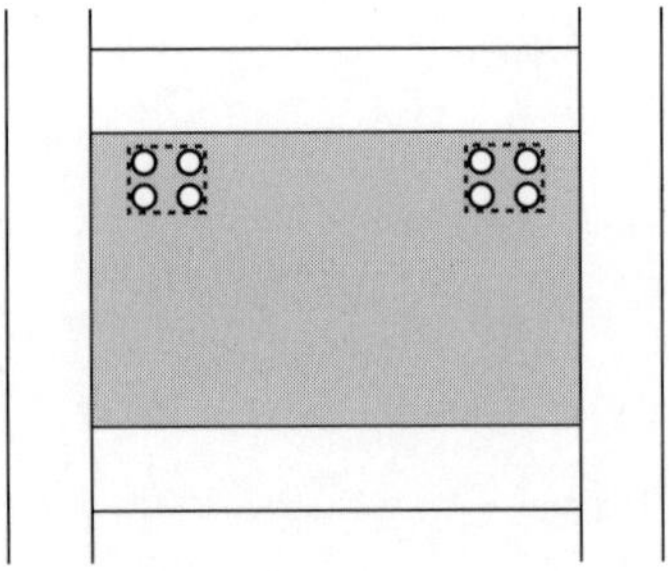

図2と同じ本数でも、集約させ、お互いを離すことで、性能低下を最小限にすることができる

このようなときは、スリーブを集約し、集約した開口の間隔を十分離すようにすると、耐震壁の性能の低下を最小限にすることができます［図3］。いずれにせよ、設計段階で十分に調整を行っておかないと施工が始まった段階で思わぬ計画変更が必要になる場合もあります。

ガラリの場合はどうでしょうか。よく見かけるのは両端の柱一杯までガラリの開口を確保した例です［図4］。これは前述の連続したスリーブ孔と同様に、耐震壁として扱えなかったり、柱に悪影響を及ぼします。ガラリは確保するスパンを分散し、1つの耐震壁に対して耐震壁と相似形になるような形状のガラリ開口（大きさについては構造設計者と耐震壁の規定を満たすように調整が必要）となるように調整を行なってください［図5］。

設備の開口は施工が始まった段階では対応できなくなることがあります。設備設計が終わらないと

**図4 ｜ ガラリ開口の例**

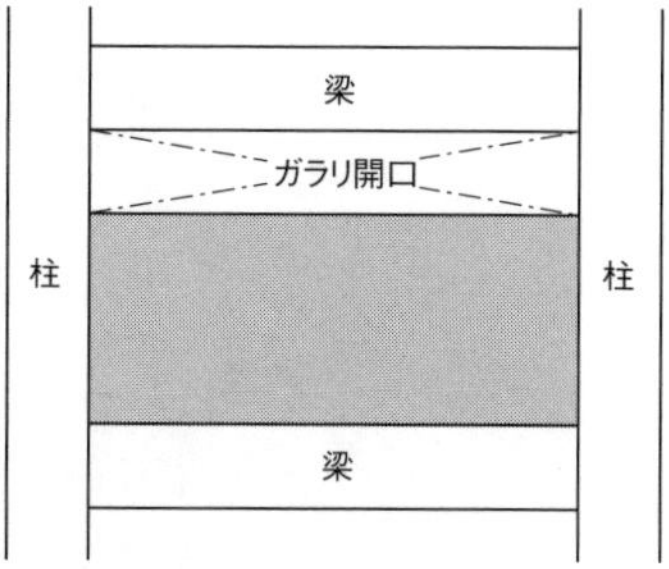


耐震壁として扱えないばかりでなく、両側の柱の性能を低下させる

**図5 ｜ ガラリ開口の例（耐震壁と相似形）**

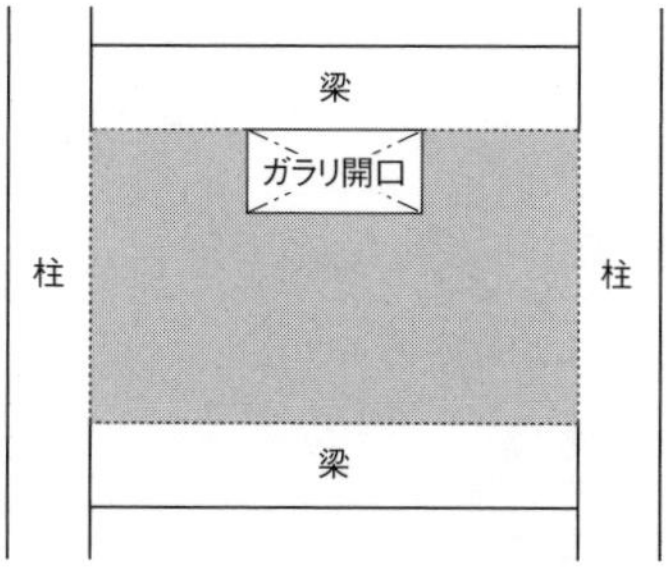


と　は相似形になる程度が構造的に理想である

ガラリの位置が決まらないが、確認申請は早く出したいなどという場合であっても、計画変更によるリスクを考えると、そこは待ったほうが賢明でしょう。

（鈴木直幹）

Q26

# RC壁式構造で注意すべき変更とは何か？

「イテーッ!!」

# RC壁式構造の構造計画と変更

RC壁式構造の構造計画では、駐車場を広くする、また、南側の開口面をより大きくするなどの変更がよくあります。当初の計画では、バランスのよい壁配置だったにもかかわらず、前者では端部の壁をなくしたり、壁長さを短くすることにより上下壁のバランスが悪くなります。後者では建物全体のバランスが悪くなります。いずれにしても構造としては、こうした変更により、耐震性が低下する場合があります。

たとえば、RC壁式構造の住宅の構造計画について考えてみます。

壁式RC造の諸規準では、まず、「耐力壁は釣合いよく配置しなければならない」と規定され、その「壁量」について定められています。この2点を考慮して建物を計画すればおおむね構造計画はできたことになります。壁量が規定を満足すれば「ルート1」、満足しなくても平13国交告1026号、但し書の追加検討事項（「層間変形角≦2000分の1」と「保有水平耐力≧必要保有水平耐力」）を満たせば「ルート3」で設計が可能です。さらに、平13国交告1026号に適合しない場合は、限界耐力計算を行うことなどが記されています。

ただし、ルート1以外は精度の高い解析により応力の流れを証明することになるので、一般的にルート1となるよう構造計画をします。意匠設計者のなかには出隅部分を開放的な、両方向に壁のないL型窓として計画したり、壁配置を雁行にして奥行に変化をもたせたデザインをする人がいますが【図1】、その場合は応力の流れについて精度の高い解析が必要になることがあります。構造的な難易度が高くなれば解析のモデル化、解析時間、納まりの検討と業務量は増大していきます。

**図1 ｜ 出隅部分の開口への変更、壁雁行への変更**

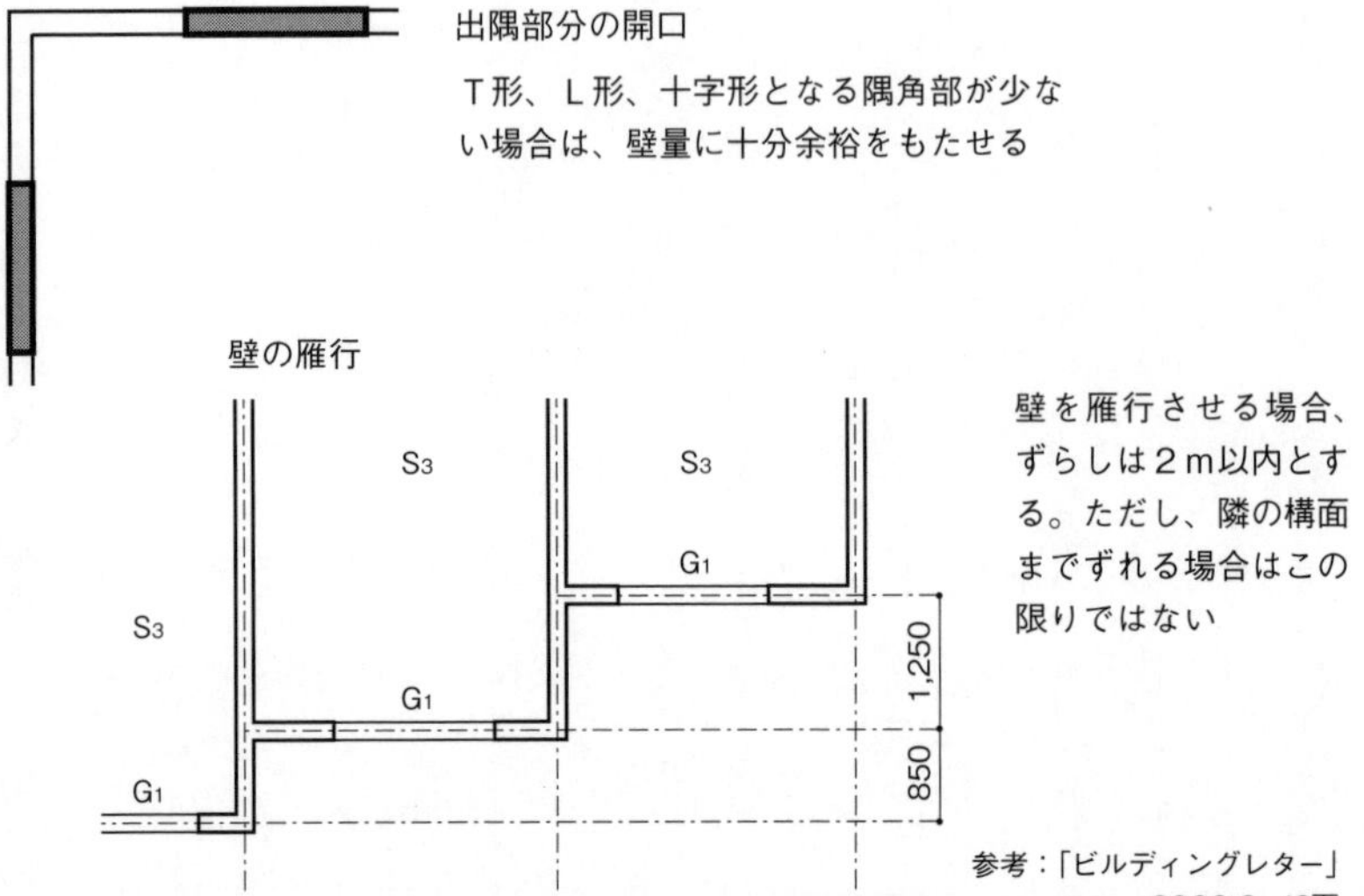
出隅部分の開口
T形、L形、十字形となる隅角部が少ない場合は、壁量に十分余裕をもたせる
壁の雁行
S3
S3
S3
G1
G1
G1
1,250
850
壁を雁行させる場合、ずらしは2m以内とする。ただし、隣の構面までずれる場合はこの限りではない

参考：「ビルディングレター」
2003.8、48頁

図2のようなPS・EPSなどの設備用開口の変更により移動することがあります。この壁（独立壁）はこのままでは水平力を負担しません。構造的に有効にするためには、梁でつなぎラーメン架構とするのがよいでしょう。

このように構造計画によってはささいな変更が大きな影響を及ぼすことは少なくありません。

## 構造要素の変更のタイミングと業務量について

**壁式構造でもっとも気をつけなければならない変更は、開口位置および開口幅です。**これは、最悪でも実施設計に入るまでに変更を完了しておかなければなりません。

そのほか、よくある変更例を紹介しましょう。

### ①PS、MBなどで壁位置を変更または追加する

図2 | PS、EPSなどの壁位置の変更

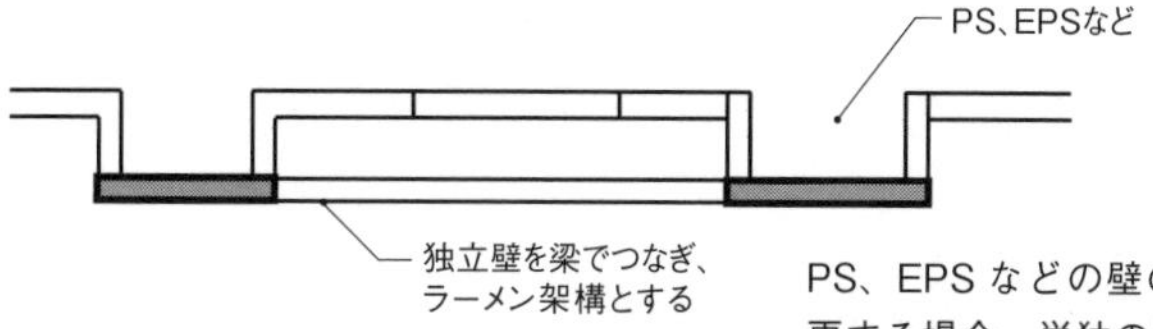
PS、EPSなど
独立壁を梁でつなぎ、
ラーメン架構とする

PS、EPSなどの壁の位置を変更する場合、単独の壁とするよりもラーメン架構とする

図3 | PS、MBなどの壁位置の変更

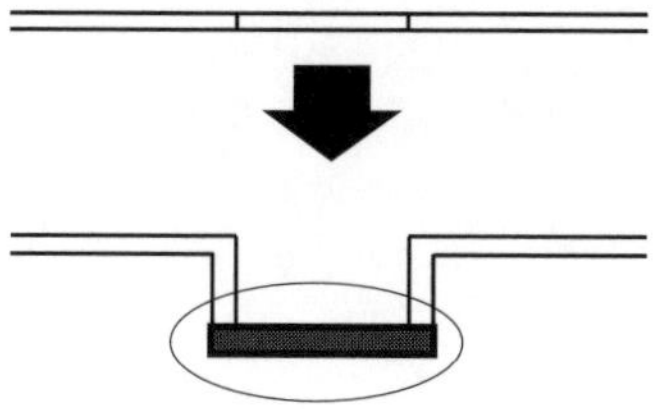

PS、MBなどの壁の位置を変更する場合、独立壁となり、構造壁として有効ではなくなる

図3のように、位置を変更した壁は独立壁となり構造壁としてはあまり有効ではなくなります。確認申請後であれば、変更申請になり、構造計算書を出し直さなければならないケースもあるでしょう。

**②上下連層の下階の壁の長さを極端に短くする変更**

図4のように、下階の壁の長さを短く変更する際は、構造計算で安全性が十分であることを確認する必要があります。確認申請後であれば、変更申請になり、確認申請を出し直さなければなりません。

**③屋上などに設備荷重が追加される**

この場合は、建物全体の安全性と設備荷重を直接受ける部材の安全性を確認しなければなりません。部材・荷重・設備機器の配置変更などについては、確認申請前に設備設計者と打合せを行っておく必要があります。とくにメーカー変更は荷重変更につながるおそれがあり、確認申請を出し直さなければならないケースもあります。

**図４｜上下連層の下階の壁の長さを短くする変更**

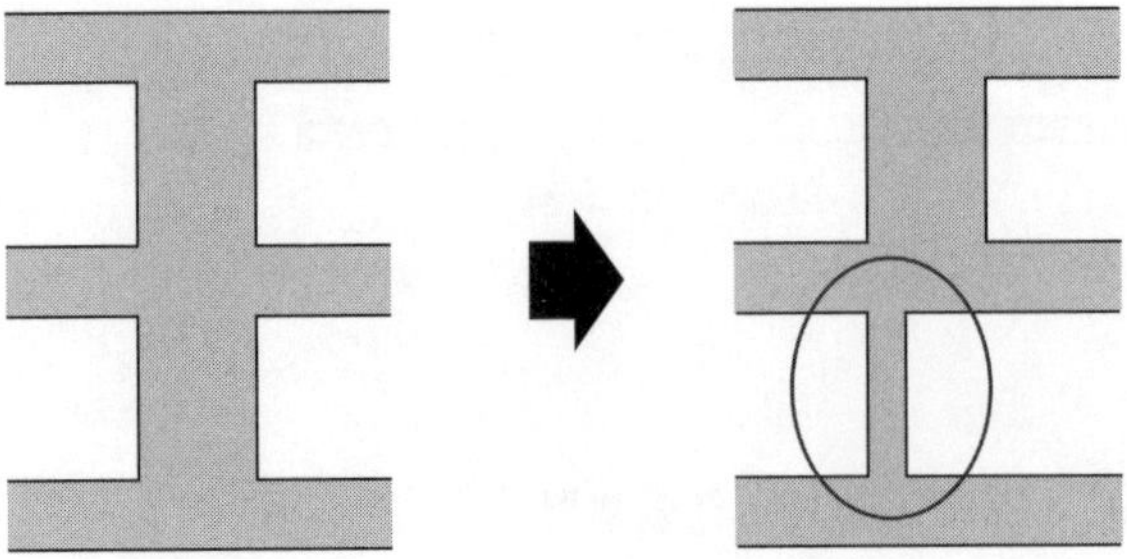

下階の壁の長さを極端に短くする場合、上階壁の地震時変動軸力による２階梁および１階壁の検討が必要になる

**④一部梁せいの変更**

この場合は、形状係数が変更になる場合があり、確認申請を出し直さなければならないケースもあります。

**⑤最上階の壁またはパラペットをセットバック（傾斜）に変更**

図５のように、最上階のパラペットをセットバックに変更すると、壁量の減少による諸係数の見直しが必要になります。パラペット部分では自重の増加となり、確認申請の出し直しになります。

## 変更に伴う業務内訳

以上のような変更が生じた場合、多かれ少なかれ「壁量－荷重計算－形状係数の検討－平均せん断応力度－応力解析－断面算定」の検討が必要になります。

**図5 ｜ 最上階壁またはパラペットがセットバック（傾斜）に変更**

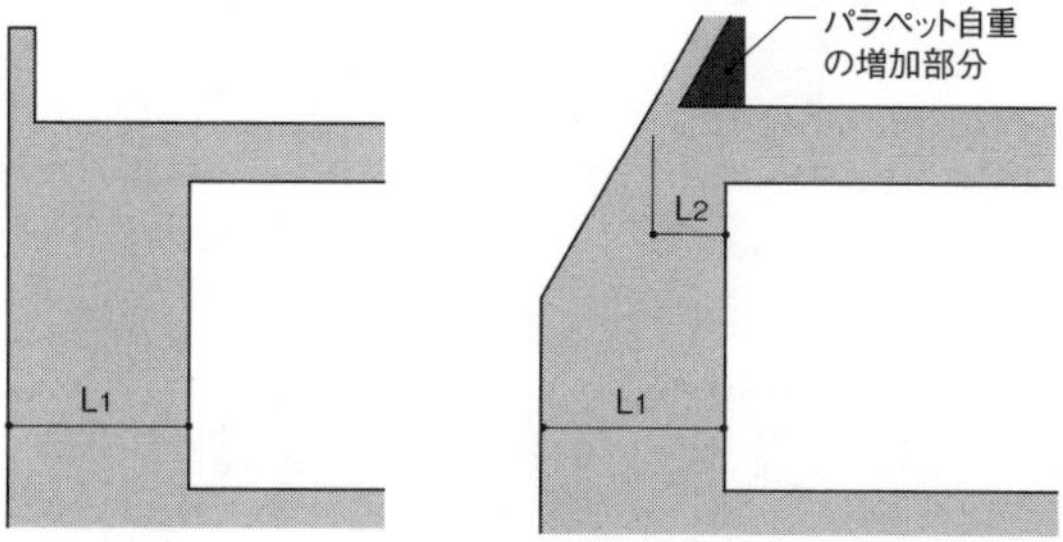


パラペットをセットバック（傾斜）に変更する場合、パラペット自重は傾斜により大きく増加する。
L1 →L2：長さが高さ方向で変化する耐力壁は実況に応じてL2を採用する。壁量の減少による諸係数の見直しが必要である

壁長さが多くなっても少なくなっても、それは建物全体に影響し、壁厚まで変更しなければならない場合があります。構造設計業務はこのサイクルをやり直すことになり、場合によってはそのための時間と費用が膨大なものになります。ＲＣ壁式構造の計画では、バランスのよい壁配置を最優先に考えることが重要になります。

（坂井田泰圭）

Q 27

# 設計途中でも耐震壁の開口の変更は可能か？

「ハイ、少しズレて〜」

## 開口の大きさと形には制限がある

耐震壁の開口を設計の途中で変更できるかどうかは、開口の変更により建物の震動性状に対してどれだけ影響を及ぼすかということにつきると思います。**剛性および耐力を大きく逸脱するような変更は、設計作業の時期にもよりますが、難しいといわざるをえません。**

RC造の耐震壁は地震時のエネルギー吸収に関して大変重要な役割を担っていますので、耐震壁に設ける開口は、当然壁の剛性および耐力に大きくかかわってきます。ただし、開口の大きさと形が制限された2007年の法改正以前は壁開口の扱いに明確な基準はなく、設計者の判断に委ねられるケースが少なくありませんでした。たとえば、1つの壁に2つ以上の開口を有する場合や複数スパンにおける開口の取り扱い、階高に対してせいの大きな開口を有する場合の取り扱いなどです。また、工学的に見れば耐震壁として評価できないような開口を有する壁でも実際には開口付き耐震壁として構造計算を行っている事例も少なからずありました。

2007年の基準法改正により、RC造の耐震壁についてはこれまで慣例的に行われていた内容が法制化され、壁開口の取り扱いがより明確に規定されました。ここでは、その内容を簡単に解説しましょう。

### ●耐震壁の基準

普段、意匠設計者から「サッシが納まらないので開口を大きくしたい」という要望をよく聞きます。しかし、RC壁を耐震壁として構造計算を行う場合の開口の大きさは、柱・梁で囲まれた面積の比率が16%以下であることが大きな前提条件となっています[図1]。これについては2007年の法改正以前から何ら変わっていない大前提です。

**図1｜開口がある場合の耐震壁の基準**

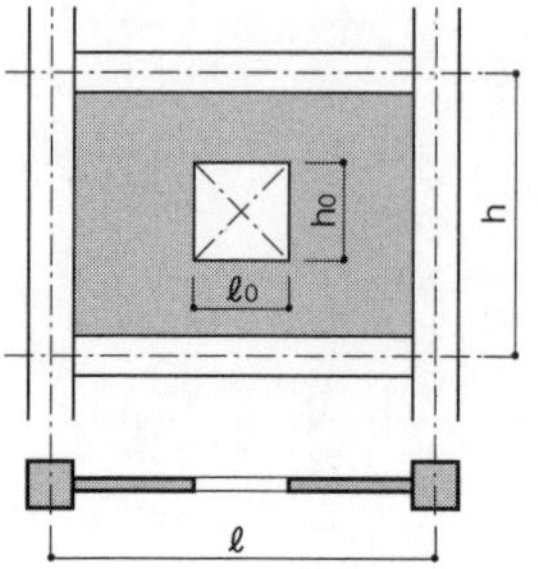


開口がある場合の耐震壁の基本条件は開口の大きさが、柱・梁で囲まれた面積比率の16%以下であることが条件となる。この面積比を開口周比と呼ぶ

$$開口周比\gamma_0=\sqrt{\frac{h_0\cdot \ell_0}{h\cdot \ell}}\leqq 0.4$$

## ●耐力の評価

耐震壁の耐力の評価といえば、これまでは「開口周比」「横長比」がありましたが、それに加えて、2007年以降は「縦長比」の考え方が設けられました［図2］。これはすでにSRC造の規準では規定されていましたが、それがRC造にも適用されるようになったものです。その背景には、梁に接するようなせいの大きな縦長の開口がある場合、当該壁を1枚の壁として取り扱うのは、境界梁への応力集中そして1枚壁としての挙動に問題があるだろうという点からと考えられます。

## ●複数の開口の扱い

2つ以上の開口を有する場合の取り扱いが明確になりました。

**包絡する開口とみなす**／複数の開口が互いに隣接し、開口間の壁がせん断力を伝えるために十分な形状と大きさがない場合は、すべての開口を「包絡す

## 図2｜耐震壁のせん断耐力の低減率

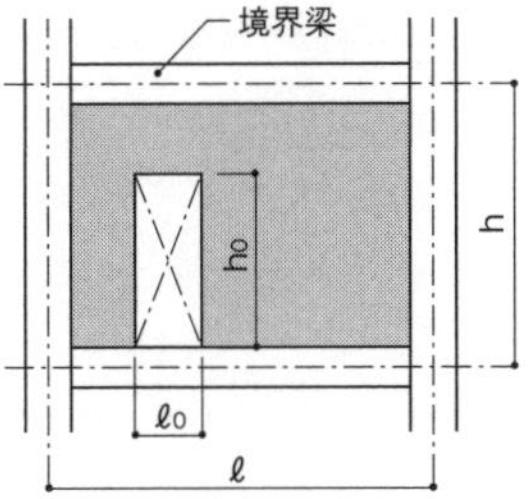


開口がある場合の耐震壁のせん断耐力は、従来の開口周比・横長比に加えて、縦長比による低減も考慮に入れて評価する考え方になった

$$r_2 = 1 - \max\left\{ r_0,\ \frac{\ell_0}{\ell},\ \boxed{\frac{h_0}{h}} \right\}$$

る開口」とみなします［図3-(1)］。

**面積等価の開口とみなす**／開口が互いに離れており、開口間の壁部分がせん断力を伝えるために十分な形状と大きさがある場合は、全開口面積と等しい面積を有し全開口の幅の和と等しい幅を有する開口とみなします［図3-(2)］。

**等価開口の判断**／では、この開口の「離れ」がどれだけあれば開口間の壁がせん断力を伝えるのに十分であるかということですが、それは斜め45°方向の圧縮力を伝えるのに十分な場がそこに形成されるかどうかということになります。具体的には、開口間の離れ寸法が包括する開口高さの1.5倍以上を有していれば圧縮場が形成されるものとして面積等価の開口とみなしてよいということになります［図4］。

**図3 | 複数開口の取り扱い**

（1）すべての開口を包絡する開口とみなす場合

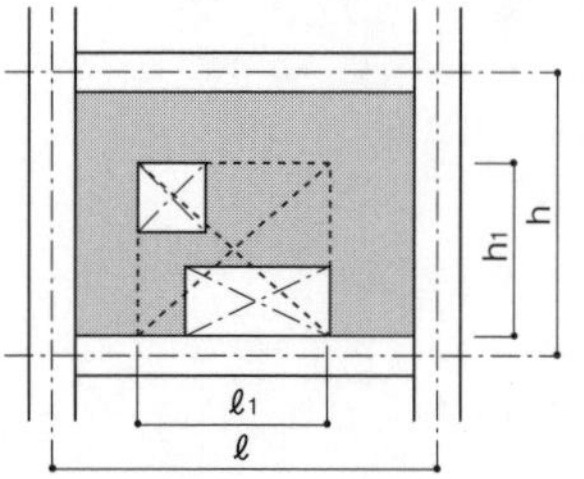


長さ$\ell_1$、高さ$h_1$の開口とする

$$\gamma_0=\sqrt{\frac{h_0\cdot \ell_0}{h\cdot \ell}}$$ において $h_0\cdot \ell_0=h_1\ell_1+h_2\ell_2$

$$\frac{\ell_0}{\ell}$$ において $\ell_0=\ell_1+\ell_2$

（2）面積等価の開口とみなす場合

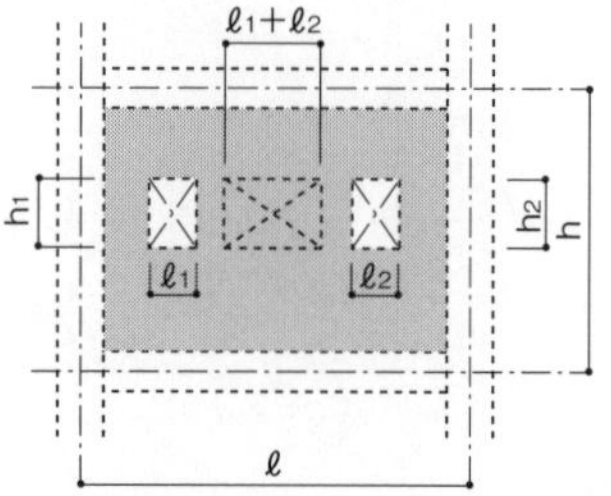


２つ以上の開口を有する場合の取り扱いは、開口間の壁がせん断力を伝えるに十分な形状と大きさを有しているか否かにより、すべての開口を包絡する開口とみなす場合と、面積等価の開口とみなす場合の考え方がある

## 開口を許される場合がある

### ●換気口などの小開口の扱い

開口周比および横長比が5％以下の場合は、剛性および耐力への影響が小さいため、その開口を無視してモデル化しても差し支えありません。ただし、このときは開口部の周囲が適切に補強されている必要があります。

### ●1枚の壁とみなせる場合

先に、梁に接するような縦長の開口を1つの壁として取り扱うのは問題あるといいましたが、縦長の開口が1層のみで、上下が剛強な無開口壁や基礎梁などで拘束されている場合は、1枚の壁の挙動と同等であるとみなして問題ありません。

冒頭にも述べたように、耐震壁は重要な構造要素となるため、計算のモデル化においてはその開口の大きさはもとより、複数の開口についても、その

## 図4 ｜ 等価開口の判断

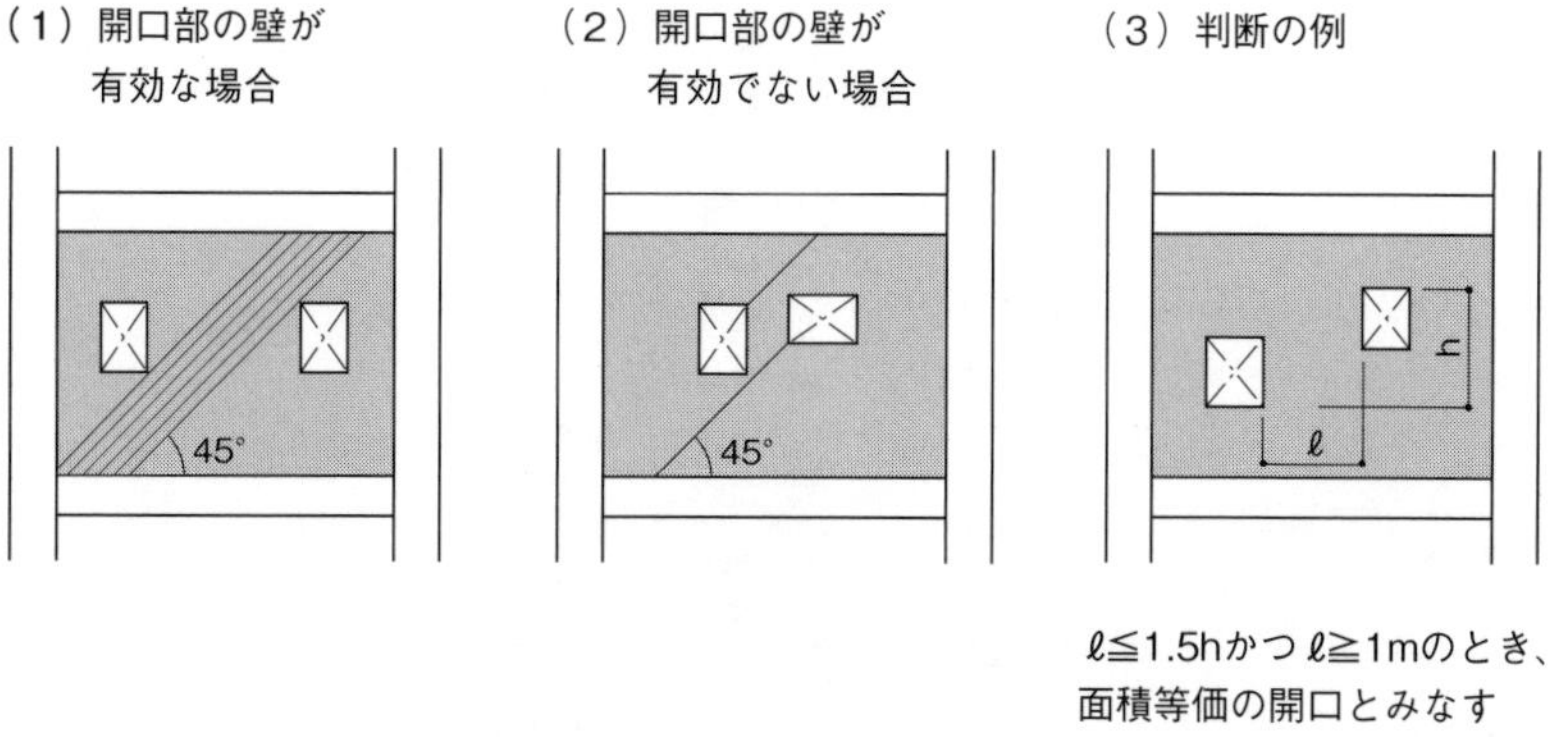

（1）開口部の壁が
有効な場合

（2）開口部の壁が
有効でない場合

（3）判断の例

ℓ≦1.5hかつ ℓ≧1mのとき、
面積等価の開口とみなす

２つ以上の開口について面積等価の開口とみなして評価してよい場合は、開口間の壁が斜め 45°方向の圧縮力を伝えるのに十分な場がそこに形成されるかどうかということになる。具体的には開口間の離れ寸法が包括する開口高さの 1.5 倍以上有している必要がある

取り扱いについて十分工学的な配慮が必要となってきます。建築現場において建具詳細を検討したところ、納まらないので開口を大きくしたいという話はよく聞かれます。そのようなことを防ぐためにも、あらかじめ、50～75㎜程度の「ぬすみ」をとって設計することを心掛けたいものです。また、開口の位置をずらしたいということもよく耳にします。しかし、２００７年法改正後、安易な開口の変更は、行政対応が難しくなってきましたので、意匠設計者は構造設計者とよく協議して、のちに変更など生じることがないよう設計を進めていく必要があるでしょう。

（井戸川隆一）

Q 28

# 腰壁、垂れ壁の寸法変更は許される？

## 腰壁、垂れ壁も構造的に無視できない

腰壁、垂れ壁は、一般に雑壁と称され、カーテンウォールなどと同様に重量は考慮するものの構造計算上は無視する部材と思われがちです。柱・耐震壁のように階をつなぐ鉛直部材が地震力に抵抗するということは認識しやすいのですが、雑壁と呼ばれる腰壁、垂れ壁が建物の地震抵抗力に影響するというのは考えづらいことです。

事実、十勝沖地震（1968年）や宮城県沖地震（1978年）で、腰壁、垂れ壁に挟まれて見付けの短くなった柱が、もろい破壊（短柱のせん断破壊）を生じる被害が多発して問題視されるまでは、重量のみ評価する計算が多く行われていました。工事現場で「腰壁、垂れ壁の寸法はちょっとくらい変えてもいいですよね」「重量はほかで多目にみてるし、いいよ」といった会話があったことは否定できません。

しかし、**現行法規下では許されないと思ったほうが、構造上も遵法性上も安全な判断となります。**

## 腰壁、垂れ壁は短柱破壊や建物剛性に影響する

宮城県沖地震のあと、1981年に施行されたいわゆる新耐震設計法では、腰壁、垂れ壁などの雑壁を構造設計に取り込み、短柱のせん断破壊や建物の剛性の偏在を評価し安全を確保することが定められました（それ以前にも、腰壁、垂れ壁を考慮した設計はあります）。

腰壁、垂れ壁については、耐力部材とは一般に考えないものの、梁の剛性割増への寄与や柱への取り付き方を評価することによって、真の姿に近い応力を算出し想定外の破壊を生じさせない設計をすることになりました。構造計算で腰壁、垂れ壁をどの

ように評価して計算モデルに反映しているかを知れば、「腰壁、垂れ壁の寸法はちょっとくらい変えても……」はNGだということがおのずと分かってくるはずです。

## 腰壁・垂れ壁・構造スリットはモデル化される

構造設計者は、柱・梁・壁部材の断面形状や長さ、剛性、重量、配置、材質などの情報を入力することによって計算モデルを構築します。腰壁、垂れ壁に関しては、腰壁部材、垂れ壁部材として直接モデル化するわけではありませんが、梁の剛性を割り増すことや柱の剛域（後述）を考慮することによって間接的にモデル化します。

その方法は、腰壁、垂れ壁の柱際に構造スリットがある場合とない場合で異なります。まず、いずれの場合でも腰壁、垂れ壁の取り付く壁付き梁は、その形状に応じて剛性（曲げに関しては、I：断面二次モーメント）を算出［図1］しなければなりません。これにはさまざまな評価方法が提案されていますが、決まったものはありません。構造設計者は、建物に適した安全側の設計となる評価式を採用することになります。

さらにスリットのない場合は剛域の範囲を拡大します［図2］。剛域とは、柱梁を線材としてモデル化する際、「部材の端部（柱と梁の接合部）にある、まったく変形しない、完全に剛と考える部分」のことです。剛域を延長することによって前述の短柱のせん断破壊の検討も可能になります。

## 雑壁の変更は構造計算モデルの変更になる

全体構造計算モデルに腰壁、垂れ壁の形状が取

**図1 ｜ 腰壁・垂れ壁付梁の曲げ剛性算出法（例）**

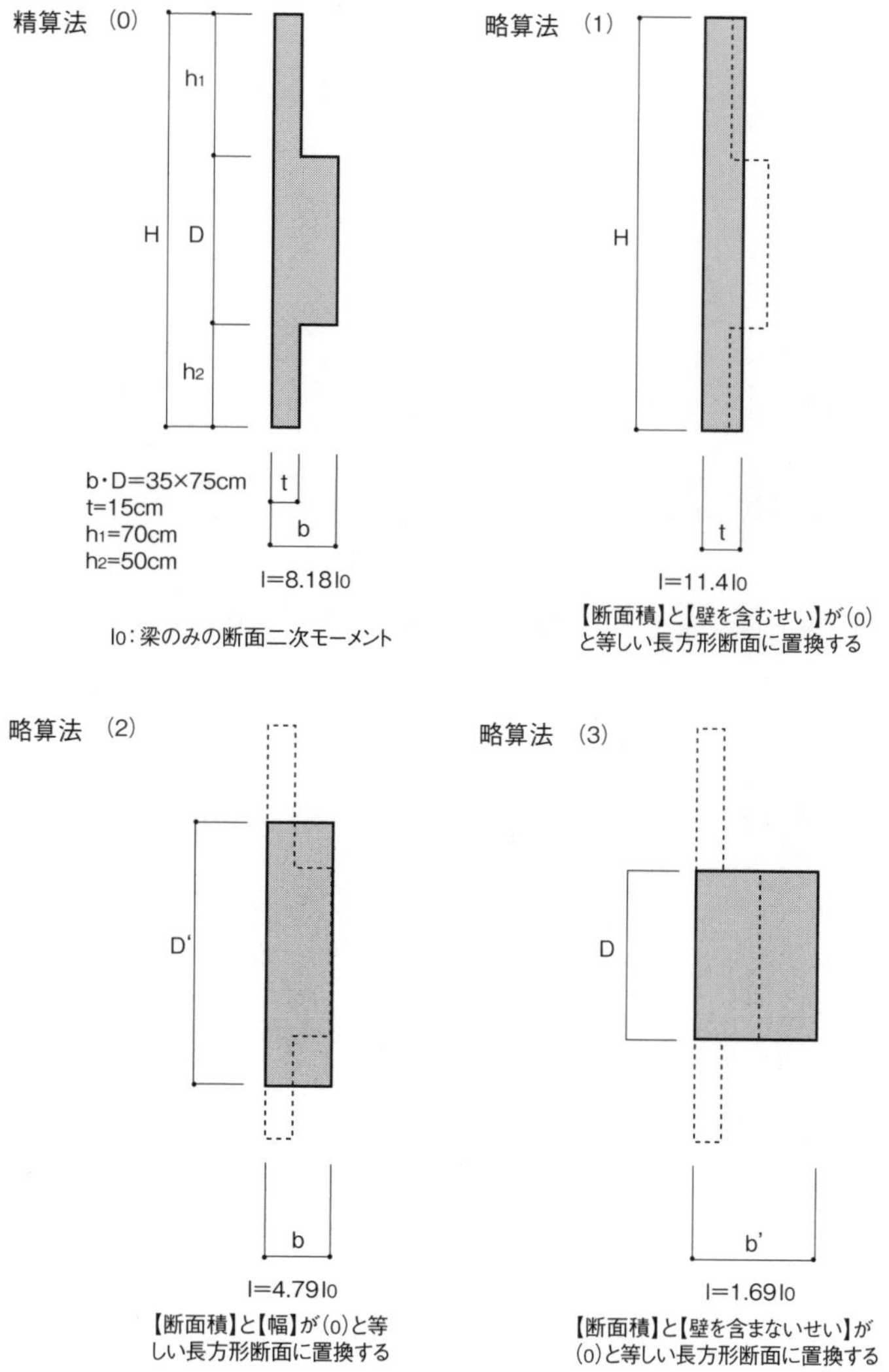


断面二次モーメントは、柱・梁の曲げに対する硬さの指標。梁のみの断面二次モーメント Io は「$Io = b \times D^3/12$」で求められる。この例の精算法では梁のみの場合の 8.18 倍の硬さを有するという評価になる。柱際にスリットがある場合は硬すぎの評価だとする解説書もある。いくつかの略算法が示されているが定説はない

## 図2 ｜ 構造計算モデルのイメージ

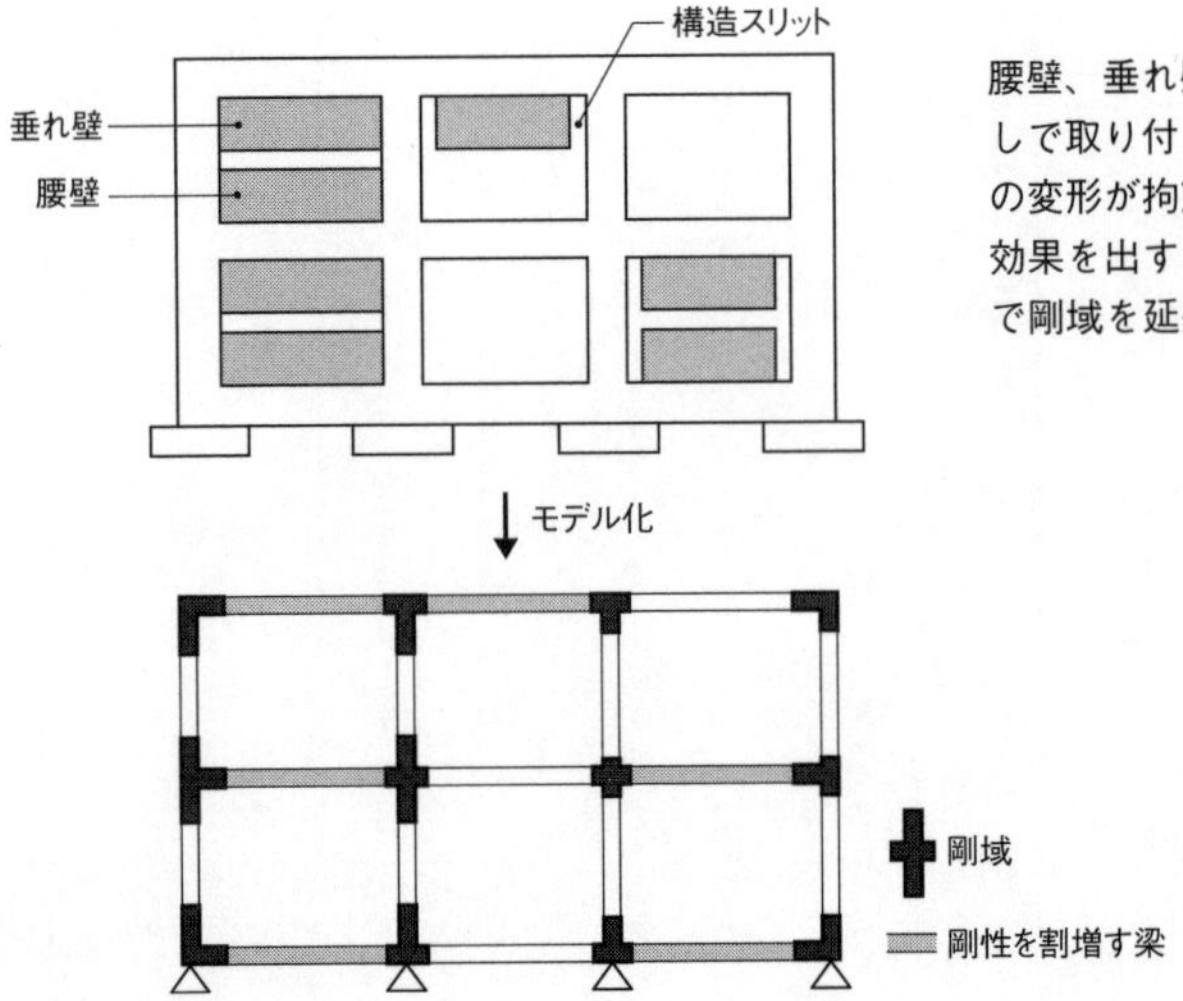


腰壁、垂れ壁が柱にスリットなしで取り付くと、その部分で柱の変形が拘束されるので、その効果を出すため壁の先端近くまで剛域を延長する

## 図3 ｜ 三方スリットを切った開口付き壁

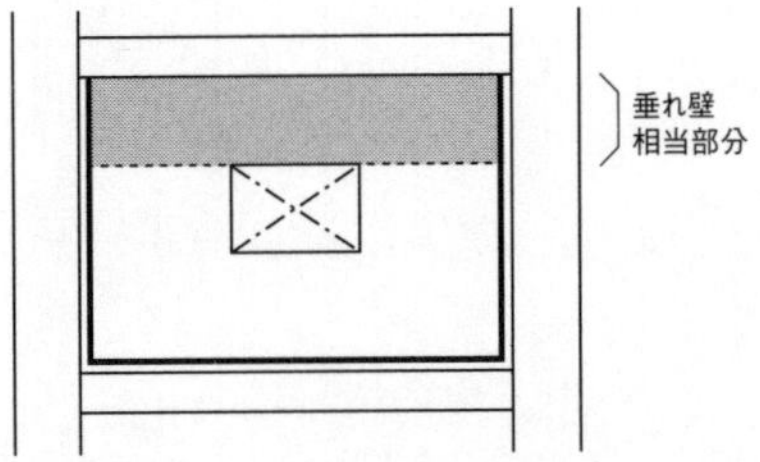


開口の上の壁が垂れ壁と判断されるので、開口を上下に移動したり開口の高さを変えることは自由にできない

※　ここで述べているのは、おおむね梁の全長にわたって腰壁、垂れ壁が取り付く場合の説明である。梁の一部にしか取り付かないケースでは剛性の割増しは行われないことが多いのだが、取り付く範囲に応じた剛性の評価手法も提案（「構造スリット設計指針」（日本建築構造技術者協会）参照）されてきているので、やはり構造設計者への確認が必要となる

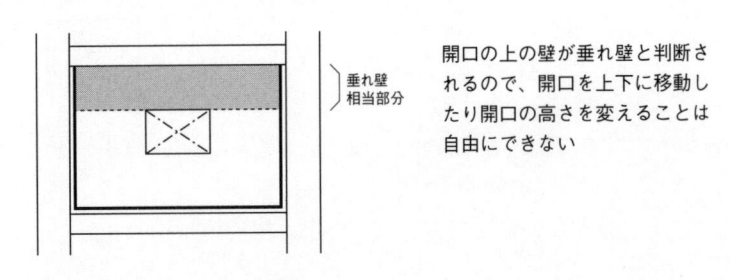

り込まれているわけですから、形状を変更することは、計算モデルの変更となります。厳密にいえば1カ所の変更でもすべての部材の応力が変化してしまいます。その変更が余裕の範囲で吸収されることはありますが、定量的に確認するにはモデルを変えて再計算する以外に方法はありません。計算モデルが変わるということで計画変更確認申請も視野に入れる必要があります。

意匠設計者あるいは現場担当者に留意してほしいのは、たとえ柱際に構造スリットがある場合であっても、腰壁、垂れ壁の形状変更は安易にはできないということです。

また、防水上の懸念から柱際の構造スリットを取り止めることは、同じ形状のままであっても許容されないのはいうまでもありません。新たにスリットを入れることも同様です。

もうひとつ見逃しがちなのが、三方スリットを切った開口付きの壁［図3］です。開口を移動したり、開口の高さを変える変更要求が生じた際は、構造設計者の判断を仰ぐ必要があると考えてください。［※］

（進藤正文）

Q 29

# 鉄骨造に使用する鉄骨をすべて同じ種類で統一してよいか？

図１｜ラーメン構造（コラム-H構造）

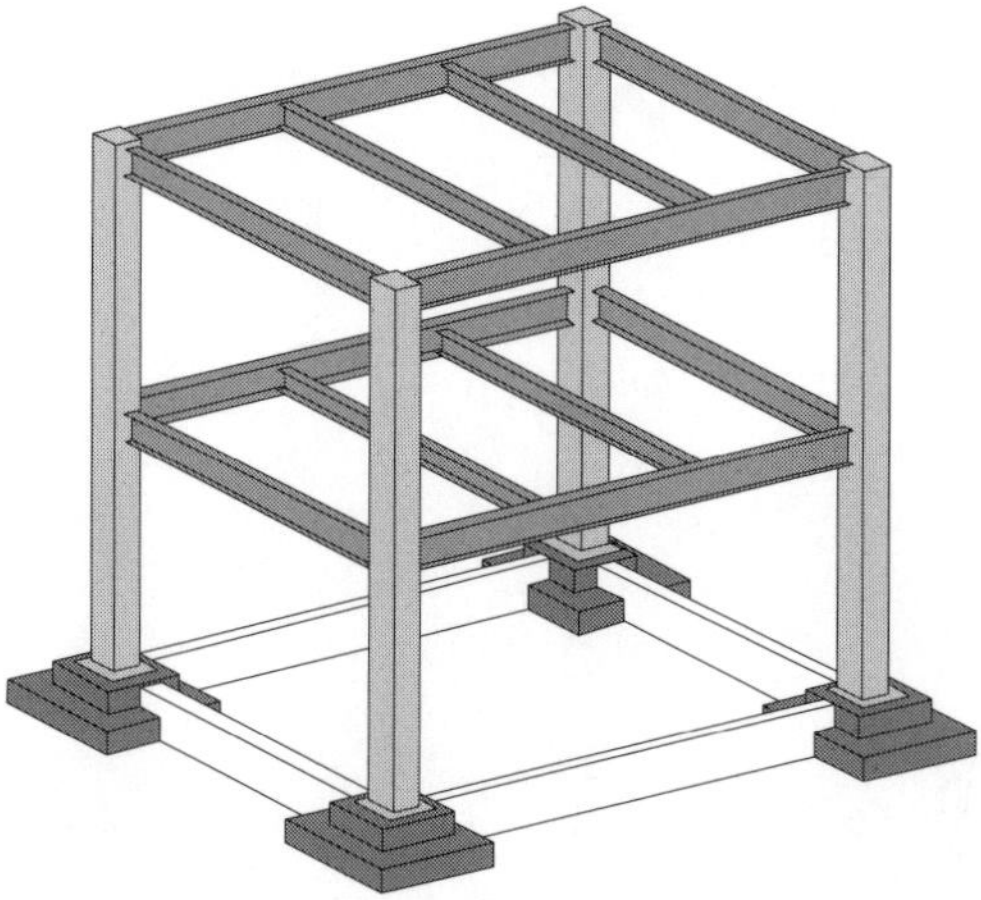

柱と大梁から構成されるラーメン構造。中低層ラーメン構造では、柱材に冷間成形角形鋼管（コラム）、梁材にＨ形鋼（Ｈ）を使用するケースが多い（コラムーＨ構造と一般的に呼称される）

## 主要構造部には「指定建築材料」を使用する

主要構造部材に使用できる材料は、告示にて定められたＪＩＳ規格品か、国土交通大臣認定材に限られます。なお、建物・部位ごとに要求される設計施工上の要求性能と与条件が異なることから、それぞれ相応しい材料を選定する必要があります。

鉄骨造による中低層程度の事務所ビルでは、フレキシビリティ（使い勝手）の高い空間構成が求められること、また１９８１年の建築基準法耐震規定の改定（新耐震設計法）以後、ブレース構造に比べ構造的に有利な扱いがなされるようになったことから、架構形式としてラーメン構造が一般的に採用されます［図１］。主要な柱材としては冷間成形角形鋼管、梁材としては主にＨ形鋼が使われます［※１］。その際、主要構造材に使用できる鋼材の種類は、告示などで細かく規定されています。また、使用する材料によっては構造設計法が異なることもあります。

以下、中低層事務所ビルを例に、一般に使用される鉄骨材料に関する概略を解説していきましょう。

## 構造用鋼材はSS材から新JIS規格のSN材へ

まず、2000年の建築基準法改正により、建築物の主要構造部に使用する材料は「指定建築材料」と位置づけられました。そして、鉄骨造に用いられる「指定建築材料」となる「構造用鋼材及び鋳鋼」は、関連告示で定められるJIS規格品、または国土交通大臣の認定する鋼材（大臣認定材）に限られるようになりました。

鉄骨造に使用できるJIS規格品の代表的なものを**表1**に示します。以前は主要構造用鋼材としてSS400（SS材：一般構造用圧延鋼材）や溶接性に配慮がなされたSM490A（SM材：溶接構造用圧延鋼材）が一般に使用されてきましたが、これらは本来、土木・造船・機械なども含めての鋼構造物全体を対象とした汎用的な鋼材でした。しかし、1981年に施行された「新耐震設計法」以降、一般鉄骨造建築物の耐震設計では、大地震時の耐震安全性を確保するうえで、SS材やSM材鋼材は、塑性変形能力によるエネルギー吸収という要求性能に必ずしも応えられるものではありませんでした。そこで、新耐震設計法の思想の具現化と、建築鉄骨固有の使用状況を考慮して、1994年、建築構造用鋼材としての新JIS規格であるSN材（建築構造用圧延鋼材）が制定され、現在は徐々にSN材の使用量が増えてきています。建築基準法上は、SN材の使用を強制する規定はないため、SS材やSM材も従前と同じく使用できますが、溶接を必要とする主要構造部材

## 表1 | 構造用鋼材の材料規格

| 記 号 | 名 称 |
|---|---|
| JIS G 3136 | 建築構造用圧延鋼材 SN400A, B, C, SN490B, C |
| JIS G 3101 | 一般構造用圧延鋼材 SS400, SS490, SS540 |
| JIS G 3106 | 溶接構造用圧延鋼材 SM400A, B, C, SM490A, B, C |
| JIS G 3114 | 溶接構造用耐候性熱間圧延鋼材 SMA400A, B, C, SMA490A, B, C |
| JIS G 3475 | 建築構造用炭素鋼管 STKN400W, B, STKN490B |
| JIS G 3444 | 一般構造用炭素鋼管 STK400, STK490 |
| JIS G 3466 | 一般構造用角形鋼管 STKR400, STKR490 |
| JIS G 3138 | 建築構造用圧延棒鋼 SNR400A, B, SNR490B |
| JIS G 3350 | 一般構造用軽量形鋼 SSC400 |
| JIS G 3353 | 一般構造用溶接軽量H形鋼 SWH400 |

「わかりやすい鉄骨の構造設計（第4版）」（技報堂出版）

## 表2 | SN材の材料の概要

<table>
<tr><th colspan="2">鋼材の強度レベル</th></tr>
<tr><td colspan="2">建築分野における使用の現状を考慮し、引張強さ400N/$mm^2$（SN400材）と490N/$mm^2$（SN490材）の２種類</td></tr>
<tr><th colspan="2">鋼材の特性区分</th></tr>
<tr><td colspan="2">建築分野での鋼材の使用部位を考慮してSN400材では種類をA、B、C種に、SN490材では種類をB、C種に区分。性能としては、A種＜B種＜C種となる。材料価格も同様である</td></tr>
<tr><th>種類</th><th>特徴</th></tr>
<tr><td>A種</td><td>溶接性については考慮されてなく、小梁、間柱または二次部材のように弾性範囲内で設計され、かつ主要な溶接を施さない部材に用いられる鋼種。なお、小梁、間柱や二次部材にて、溶接性が要求されないところでは、現状、SN400Aの使用量はまだ少なくSS400が従前と同じく使用されている状況</td></tr>
<tr><td>B種</td><td>塑性変形能力と溶接性を確保する鋼材で、耐震上主要な構造部材に使用される鋼種。SN材のなかで使用されるのは、ほとんどがB種</td></tr>
<tr><td>C種</td><td>B種をベースに厚さ方向の特性を確保した鋼種。溶接組立箱形断面柱の主材（スキンプレート）、角形鋼管の通しダイアフラムなど、板厚方向の大きな応力を受ける部位に使用されている</td></tr>
</table>

については、建築構造物の耐震安全性と信頼性確保のため、SN材の使用が望ましいといえます。SN材の概要は表2のとおりです。

## 大臣認定材は多様で特性も異なる

国土交通大臣認定材には、中低層ラーメン構造の柱材に多用される建築構造用冷間成形角形鋼管のほか、超高層建築物や大空間建築物などに使用される溶接性に配慮された建築構造用TMCP鋼、通常鋼材より高強度が期待できる建築構造用高性能590N/mm²鋼、制震ダンパー材として使用される建築構造用低降伏点鋼（LY100、LY225）や、高温特性の向上を図った建築構造用耐火鋼（FR鋼）などがあります。

## 冷間成形角形鋼管は3つに分類される

冷間成形角形鋼管は製法により、ロール成形角形鋼管とプレス成形角形鋼管に分けられます［図2］。冷間成形角形鋼管はその製法上の理由から角部の力学特性に多少の問題点を有していますが、その点を改良したBCR（建築構造用冷間ロール成形角形鋼管）、BCP（建築構造用冷間プレス成形角形鋼管）材が1995年から製造されるようになり、現在ではJIS規格品であるSTKR材に替わって、国土交通大臣の認定品として広く使用されるようになりました。BCPおよびBCR材がSTKR材と異なる点は、原板の材質がSN材のB種またはC種に準拠しており、かつ冷間加工性に配慮した成分規定（N含有量）があることです。構造設計上、性能としては「STKR材＜BCR材＜BCP材」とな

図２｜冷間成形角形鋼管の製造法

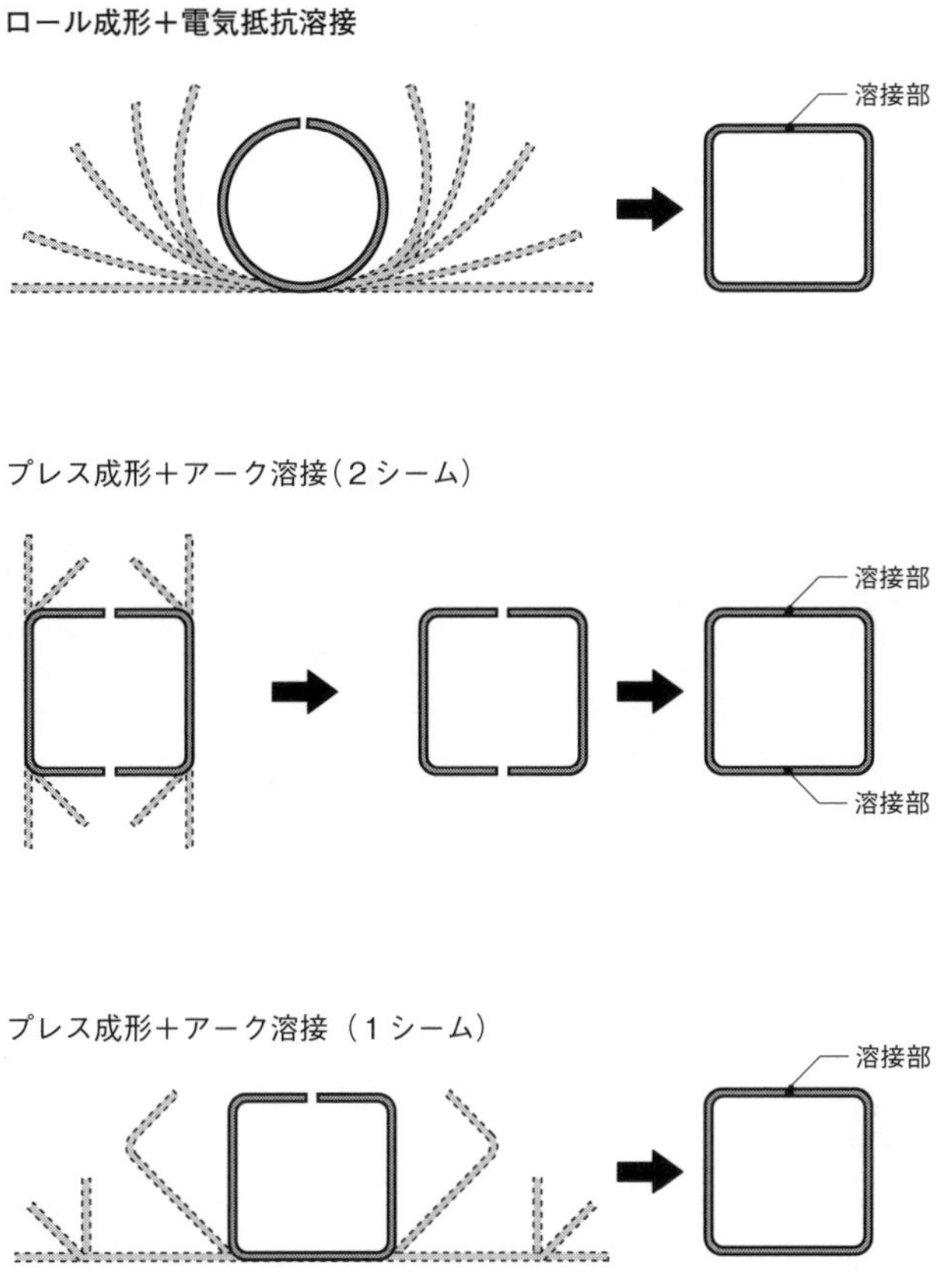


ロール成形角形鋼管は熱延コイルから円形の鋼管としたあとに、角形鋼管に成形する。したがって、製造過程で角部を含め全断面において冷間加工の影響を受ける。一方、プレス成形角形鋼管は、厚鋼板をプレスにより曲げ加工し、シーム部（あわせ目）をアーク溶接し製造される。したがって、平板部は冷間加工を受けておらず、原材の厚鋼板と同じ性質を保持している

「わかりやすい鉄骨の構造設計（第４版）」（技報堂出版）

**表3｜告示による、利用できる冷間成形角形鋼管**

| | |
|---|---|
| **(一) JIS規格** | |
| JIS G 3466「一般構造用鋼管」<br>STKR材 | 製品記号：STKR400, STKR490 |
| **(二) 日本鉄鋼連盟の登録商標(大臣認定品)** | |
| 「建築構造用冷間ロール成形角形鋼管」<br>BCR材 | 製品記号：BCR295 |
| **(三) 日本鉄鋼連盟の登録商標(大臣認定品)** | |
| 「建築構造用冷間プレス成形角形鋼管」<br>BCP材 | 製品記号：BCP235, BCP325, BCP325T |

ります。告示では、利用できる冷間成形角形鋼管を**表3**のように(一)～(三)に分類しています。

なお、2005年の耐震強度偽装事件を契機に、工学的な観点から不適切な構造計算の方法を排除するための判断基準が明確化され、冷間成形角形鋼管を柱に使う場合に備えて、「2008年版 冷間成形角形鋼管設計・施工マニュアル」[※2]に準拠した設計法が告示化されました(このマニュアルは、2018年に改訂版が発行されています)。この告示では、その構造規定により、**表3**の(一)から(三)に示す冷間成形角形鋼管(コラム)の種類と、柱梁接合部の形式に応じて、耐震計算方式を規定しています。具体的には、設計ルートごとに設計用応力の割り増し係数や、柱耐力評価の低減係数が異なることとなります。コラムの種類や接合部形式の選定方法には注意が必要となります。

コラム-H構造の柱梁接合部形式【図3】には、

## 図 3 ｜ ダイアフラムの形式の例

**通しダイアフラム形式**

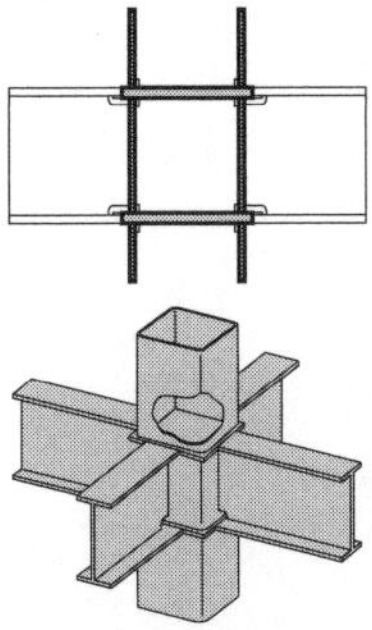

通しダイアフラム形式では、柱からの引っ張り応力がダイアフラムの板厚方向に作用することから、ダイアフラムに使用する材料は、梁材および柱材の強度と同等かそれ以上の強度を有するものとし、材質は原則として SN 材の C 種を用いることとしている

**外ダイアフラム形式**

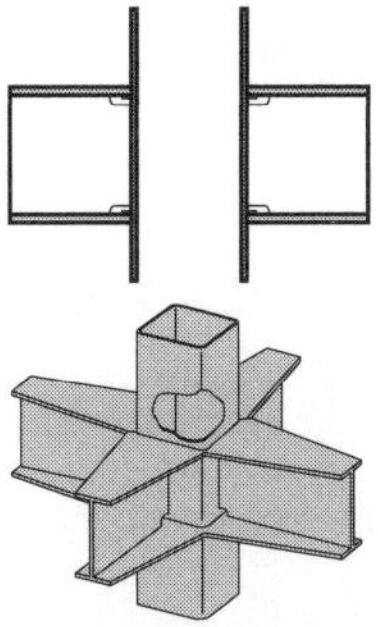

外ダイアフラムについては、変形性能確保の観点から SN 材の使用が望ましいとされ、一般的に B 種が用いられる

**内ダイアフラム形式**
**（内蔵形式）**

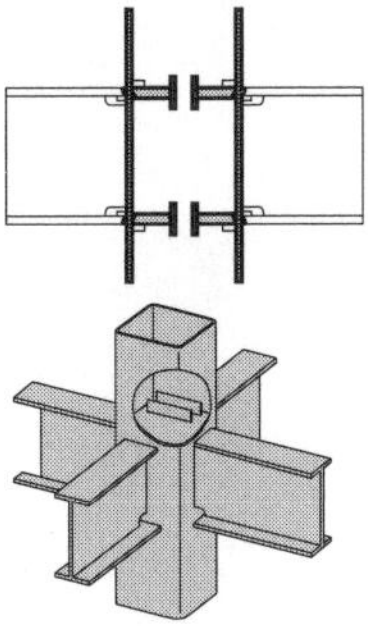

内ダイアフラム形式の場合は、溶接性の確保、変形性能の確保の観点から、内ダイヤフラムには SN 材の B 種以上の材料が使用されている。また、内ダイヤフラム形式での柱材については板厚方向に引張力が作用することから、原則として SN 材の C 種を用いることになっている

**内ダイアフラム形式**
**（落とし込み形式）**

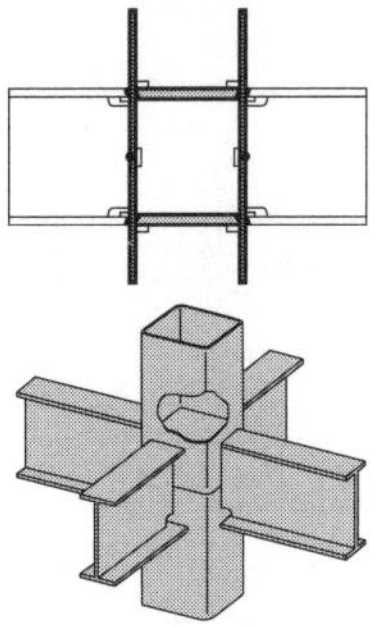

柱梁接合部パネルで鋼管柱を切断し、ダイアフラムを内ダイヤフラムとして落とし込み溶接するタイプだが、その溶接条件が悪く、品質が確保しにくいことが考えられることから、内蔵形式と構造設計上の扱いが異なることに注意が必要

「2018年版 冷間成形角形鋼管設計・施工マニュアル」（日本建築センター）

図4 ｜ H形鋼断面

H形鋼を含む形鋼製品は、連続鋳造により製造される鋼素材を、主に孔型ロールで圧延され成形されることからロール（圧延）材と呼ばれている。一方、溶接組立H形鋼は、所要寸法に切断された圧延鋼板を溶接で組み立てることで、H形断面を形成するものである

柱貫通タイプとして外ダイアフラム形式（柱は切断せず、柱の外周にダイアフラムを直接取り付け）、内ダイアフラム形式（ダイアフラムを柱内部に取り付け）があります。また、梁貫通タイプとして通しダイアフラム形式（柱を切断しダイアフラムと梁フランジを直接溶接）があります。中低層建物のコラム－H構造では、接合部形式として通しダイアフラム形式が一般的といえます。ダイアフラムの形式の違いにより部位に期待される性能が異なることから、使用する鋼材種の違いが出てきます。

## 2種類のH形鋼の特性を知る

建築構造の梁材には一般にH形鋼が使用されます。そのH形断面としては、既成の圧延H形鋼をそのまま用いる場合（ロールH形鋼）と、圧延された鋼板（平鋼）を溶接でH形断面に製作する場合（溶接組

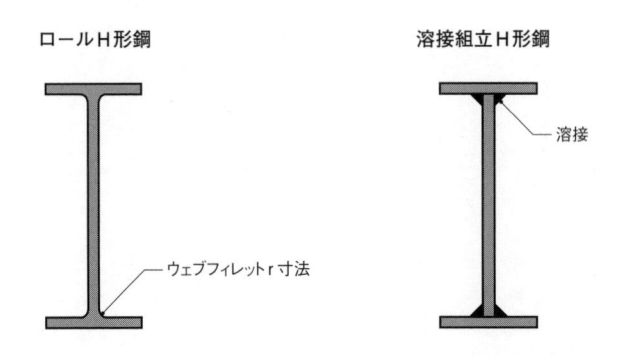

立H形鋼：ビルトH形鋼）の２種類があります［図4］。設計・施工上の要求性能や与条件を考慮して、いずれのH形鋼を使用するかは構造設計者が決定します。圧延H形鋼には、H形鋼（JIS標準H形鋼：従来からのH形鋼でウェブ高さの内法寸法が一定）、外法一定H形鋼（同一断面シリーズのなかで、フランジ板厚が変化しても、梁の外法寸法が一定）、超高層建物の柱材としての極厚H形鋼などがありますが、中低層建物では通常はH形鋼か外法一定H形鋼が用いられます［図5］。

なお、建築構造用鋼材（SN材）の規格化に際して、H形鋼ウェブフィレットr部の寸法の低減と、寸法サイズの種類の集約が図られ、従来からのJIS標準H形鋼のフィレットr寸法も同様に改定されました［※1］。そのため、圧延H形鋼を使用する場合は、SS材やSM材の場合と、SN材とでフィレットr寸法が同一となり、断面性能の差はないことになります。

## 鋼材の変更に関する「軽微な変更」

２００８年５月27日に建築基準法施行規則第３条の２が改正され、「建築確認手続き」に関連して、構造関係規定に関する計画変更手続きを要しない「軽微な変更」が新たに規定されました。主要構造部材の材料の変更については性能が同等になる場合であり、強度または耐力が減少するような変更は「軽微な変更」として認められていません［※3］。なお、２０１０年１月22日、「建築確認手続き等の運用改善の方針について」が発表され、「軽微な変更」の対象が拡大されました（関連告示は同年６月１日から施行）。

鉄骨材料に関する変更で多く発生しているものとして、「鋼材種別の変更」や「ロールH形鋼から溶

## 図5 | 従来の（内法一定）H形鋼と外法一定H形鋼

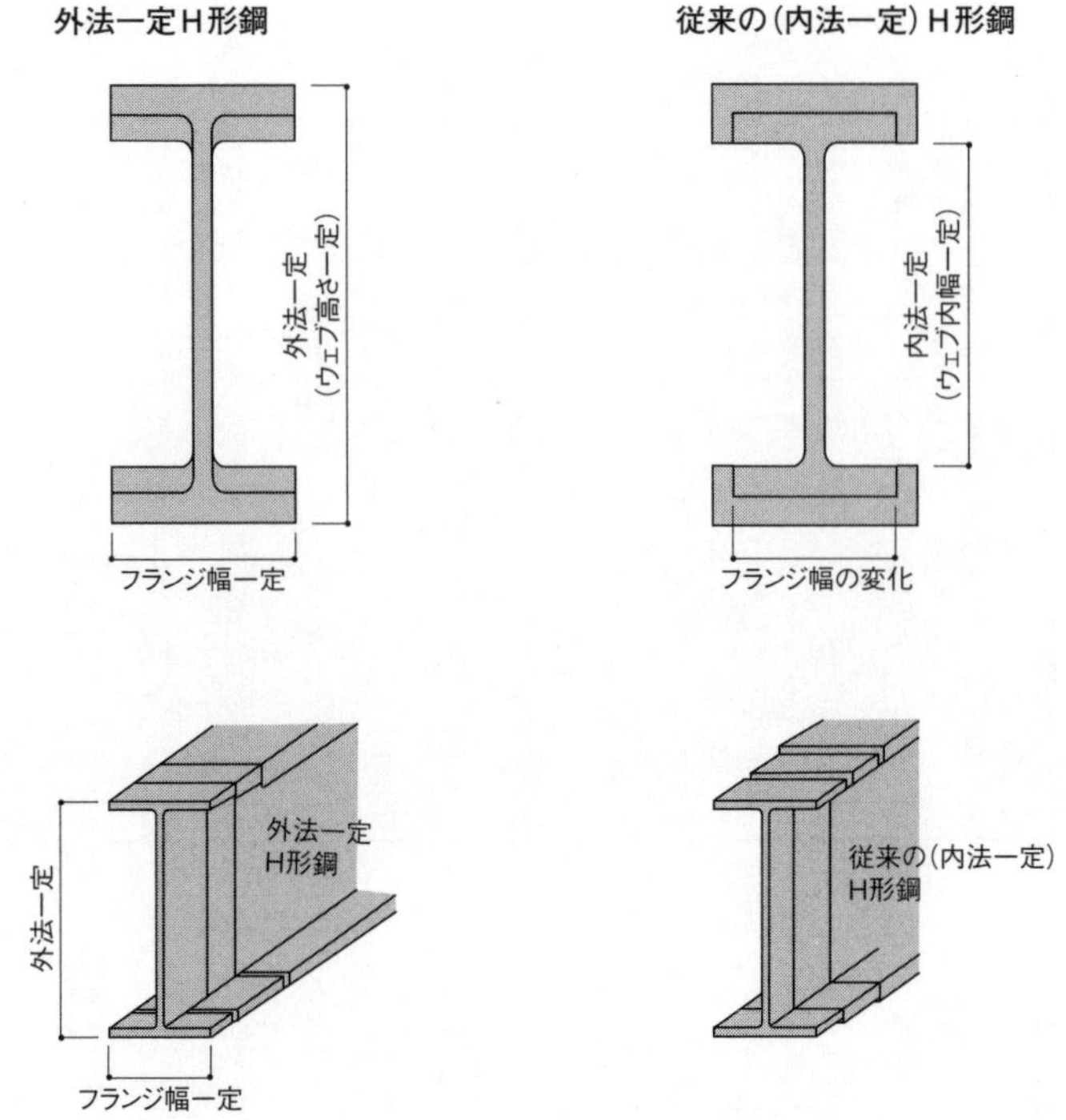


外法一定H形鋼は従来のH形鋼と異なり、同一断面シリーズの製品では、ウェブ高さ(H)、フランジ幅(B)が一定となる。このため、フランジ厚が異なるH形鋼を接合しても外側に段差がつかない

接組立H形鋼、もしくはその反対のケース」があります。「鋼材種別の変更」のなかで、同強度であるSS400からSN400やSM490からSN490などへの変更は、同等以上の性能への変更であり、「軽微な変更」として認められます。しかし、その逆の変更は、SN材においては幅厚比規定が緩和されていることもあり（建設省告示1791号）、緩和値を用いて設計されている場合は注意が必要です。また、「ロールH形鋼から溶接組立H形鋼、もしくはその逆ケース」への変更などについては、強度または耐力が減少しないような断面変更（微小な変動含む）の場合は『軽微な変更』として認められます。

変更が事前に想定される場合には、「あらかじめ検討」の実施や、関係機関との事前協議を行い、設計図書に盛り込んでおくことが重要になるでしょう。

（伊藤栄俊）

※１「新しい建築構造用鋼材（第２版）」（日本鉄鋼連盟）
※２「2008 年版 冷間成形角形鋼管設計・施工マニュアル」（日本建築センター）
※３「法改正による変更点：改正規則による軽微な変更」（春原匡利／建築技術）

Q30

# 板厚1.0mm程度の形鋼を構造材として利用できるか？

## 薄板軽量形鋼造とは？

施行令で規定される一般的な鉄骨造［※1］においては、板厚2・3㎜以上の構造用鋼材が用いられます。一方で、平成13年に制定された薄板軽量形鋼造告示［※2］においては、板厚2・3㎜未満の形鋼をドリルねじ等の接合を利用して用いることが可能です。当初は3階建て以下の建物への適用に限られていましたが、2012年の告示改正により、現在では4階建ての建築物への適用や、鉄骨造、鉄筋コンクリート造、木造などの他構造に薄板軽量形鋼造による耐震部材を組み込むことも可能となりました。

この薄板軽量形鋼造の一種で、通称「スチールハウス」とよばれる工法は、枠組壁工法（ツーバイフォー）の枠組み材を形鋼に置き換えたものです。図1に示すように、合板やせっこうボードなどの面材を、板厚1・0㎜程度の形鋼にドリルねじで留め付けて構成する壁パネル及び屋根・床パネルを工場で製作します。建築現場では、このパネルを基礎の上に組み立てることによって構造躯体が完成します。国外では、冷間成形による薄板形鋼を用いた建築物は、「Ｃｏｌｄ Ｆｏｒｍｅｄ Ｓｔｅｅｌ ｃｏｎｓｔｒｕｃｔｉｏｎ」（ＣＦＳ建築）と呼ばれています。1990年代より北米やオセアニアを中心に普及が進み、近年では中国、インド、中東、南米、アフリカ等においても建設数が急増しています。米国におけるＣＦＳの板厚の範囲は0・0147インチ（0・373㎜）～約1／4インチ（6・35㎜）とされており、日本でみられる壁工法によるものだけでなく、トラス式の壁や床・屋根フレームを用いて大スパンの空間にも対応した構造形式や、8階建て程度までの中層建築物の構造体への適用も進んでいます。

図１｜スチールハウス耐力壁の構成

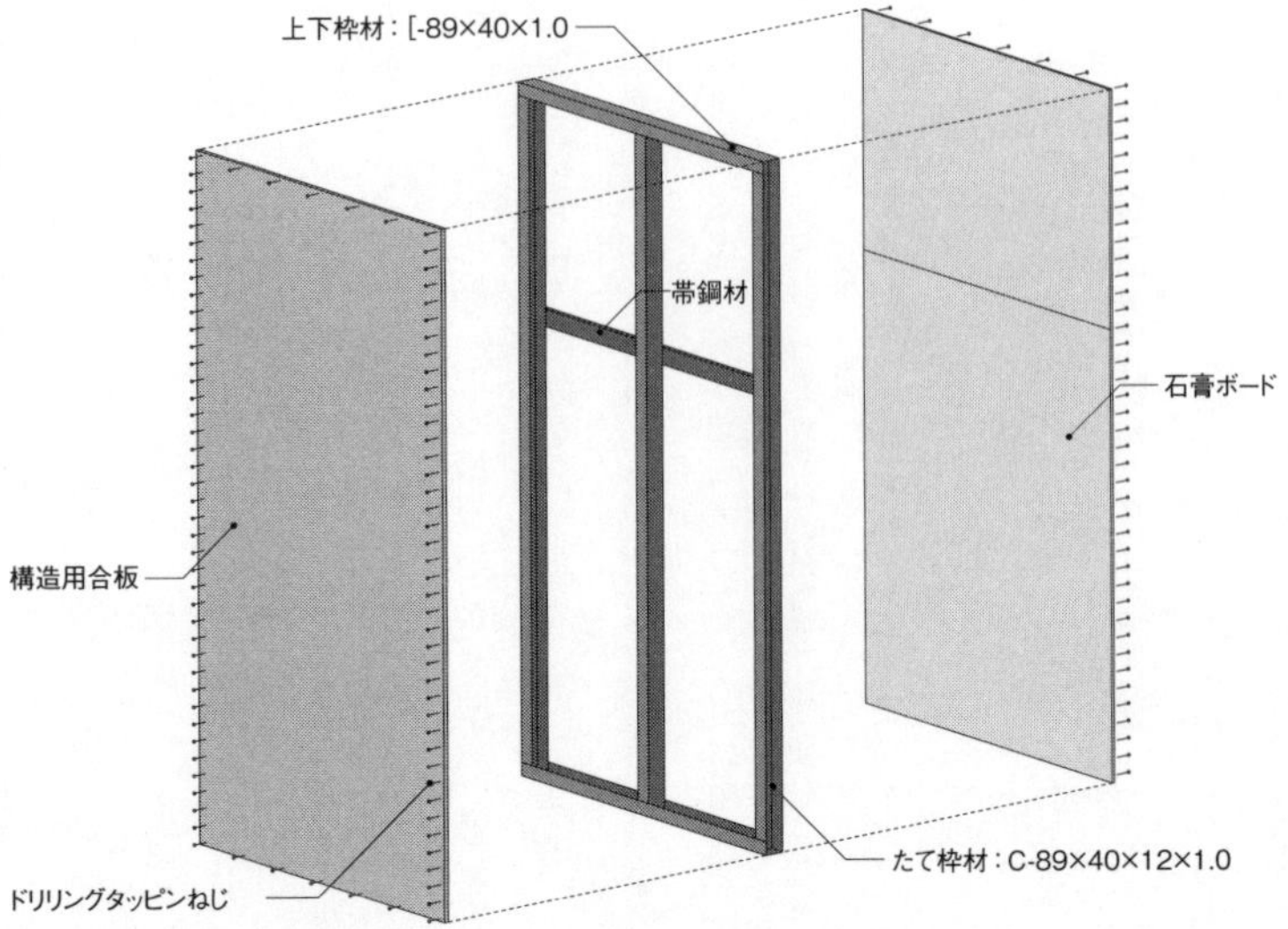


## 軽くて強いＣＦＳ

木材は、スチールやコンクリートに比べて比強度（密度当たりの引っ張り強さ）が高いため、軽いわりに強い材料であることが知られています。しかし、密実な整形断面で用いられる木材と、形鋼として成形されるＣＦＳを比較するとこの関係は逆転します。木造とＣＦＳ建築の柱材の圧縮に対する座屈耐力を比較すると、座屈耐力の値はほぼ同じですが、ＣＦＳの単位重量は６割程度となっています［図２］。つまり、部材単位で考えた場合には、**木と比べてもＣＦＳの方が軽いわりに強い材料であること**が分かります。

## 耐久性

ＣＦＳは非常に薄い鋼材であるため、錆による

**図2 | 木材とCFSの座屈耐力の比較**

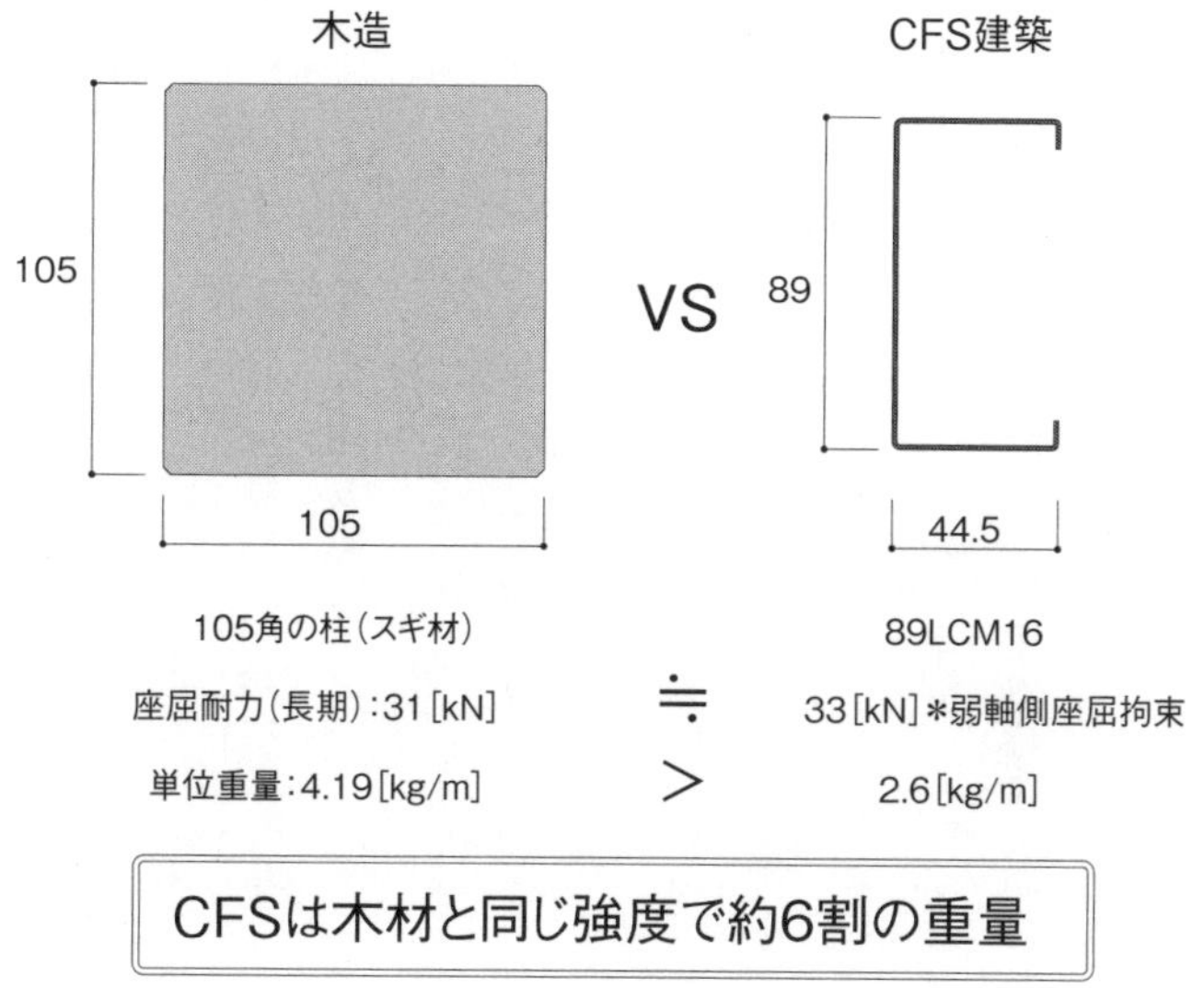


劣化が心配になるかもしれません。CFS建築で使用される形鋼は、国内外問わず溶融亜鉛めっき鋼が標準的に使用されます。亜鉛めっきの耐用年数は、塗装による錆止めと比較して非常に長いため、表1に示すように、**重量鉄骨造の建物と同等以上の耐久年数を確保**することができます。

また、塗装による錆止めと違い、表面に傷がついた場合でも、亜鉛は鉄よりも先に溶けて保護する性質（犠牲防食）を有しています。このため、切断面や穴あけ部についても、塗膜防錆処理の場合のようなタッチアップをする必要がありません。

## CFS建築とアフターメンテナンス

国外において、CFS建築の普及が進む大きな理由のひとつは、住宅におけるアフターメンテナンスに係る手間とコストの圧縮です。特に、温暖な地域における近年のシロアリ被害の増大は深刻です。米国のニューオリンズでは1989年から1998年までの9年間で、シロアリ罠での捕獲数が2，000％以上増加。ニューオリンズの都市部だけで、1年あたり3億ドルの被害が発生しているとされています［**参考文献2**］。

シロアリ被害は建物の耐震性、耐風性、耐火性等の安全性に深刻な低下を及ぼします。CFS建築の構造体はスチールですのでシロアリ被害の恐れがないだけではなく、床鳴りやクロスのひび割れ等の原因となる木材のクリープ変形や、壁内結露を原因とする木材の腐朽やカビの発生とこれによる室内環境の汚染の心配が少ないため、米国においては特に高価格帯の住宅建設を中心に採用される傾向にあります。

**表1 ｜ 推定耐用年数の比較**

| 構造種別 | 部材サイズ | 防錆仕様 | 推定耐用年数（年） | | |
|---|---|---|---|---|---|
| | | | 鋼材 | 塗膜or めっき | 合計 |
| 重量鉄骨造 | □−200×200×9 | 一般用さび止めペイント | 63 | 14 | 77 |
| CFS建築 | C−89×40×12×1.6 | 溶融亜鉛めっき鋼板（Z27） | 11.2 | 78.75 | 89.95 |

＊建設省「建築物の耐久性向上技術の開発（1980～1984）」で示された予測式[1)]

$$Y=(Y_{0S}+Y_{0Z}+Y_{0P})\times BK\times BX\times C\times M$$

$Y_{0S}$：鋼材の標準耐用年数　$Y_{0Z}$：めっきの標準耐用年数　$Y_{0P}$：塗膜の標準耐用年数

BK：部位係数　BX：露出度係数（非露出環境）　C：施工係数　M：保全係数

※1　建築基準法施行令第3章第5節 鉄骨造

※2　国土交通省告示第1641号「薄板軽量形鋼造の建築物又は建築物の構造部分の構造方法に関する安全上必要な技術的基準を定める等の件」

※3　「薄板軽量形鋼造建築物設計の手引き（第2版）」（一般社団法人 日本鉄鋼連盟）

参考文献1：「住宅の腐食・防食Q&A」（丸善出版）
参考文献2：「TERMITE THE TERMITES, vol.1」ISSUE 1, Steel Framing Alliance

# 日本におけるＣＦＳ建築の現状と課題

　国外において普及が進むＣＦＳ建築ですが、日本においては新設着工数におけるシェアはわずか０・２％程度であり、一般の施主だけでなく建設事業者の間でもその知名度は極めて低いのが現状です。戸建て住宅の建設において普及が進まない大きな原因は、新築時の建設コストによるものだと考えられます。２階建て住宅の場合、一般的にＣＦＳ建築は木造と比較して１～２割程度のコストアップとなる場合が多いようです。ただし、このコストはその後のアフターメンテナンスに係る費用の低減によって十分に回収が可能であると考えられています。また、３階建ての共同住宅や福祉施設といった建物への適用においては、コスト的にも他構造と比較してメリットが出る場合が多く、その採用が進みつつあります。

　今後、国内においても大きな普及が期待されるところではありますが、現状においては意匠・構造設計や生産、施工に関するマニュアルや技術者教育体制の不足、耐火や構造に関わる認定等の仕様が充実していないこと、構造計算プログラム等の設計支援システムの整備が不十分といった問題があります。設計にあたっては日本鉄鋼連盟発刊の設計の手引き［※３］がその参考となります。また、スチールハウス協会及び日本ＣＦＳ建築協会では講習会の実施等によりその認知度拡大と設計支援等を行っていますので、採用を検討される際には、協会に相談されることもお勧めします。

（脇田健裕）

Q 31

# 鉄骨の接合部を美しく設計するには？

図１｜地震時のエネルギー吸収

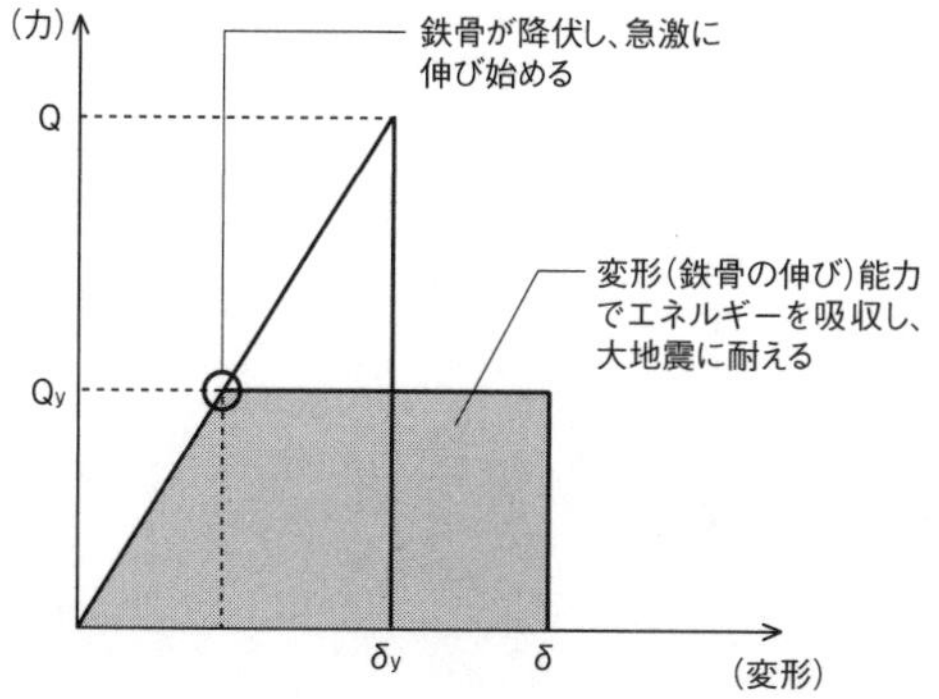
（力）
鉄骨が降伏し、急激に
伸び始める
Q
変形（鉄骨の伸び）能力
でエネルギーを吸収し、
大地震に耐える
Qy
δy
δ
（変形）

地震が発生したとき、その地震エネルギーは、柱、梁などの構造体の内部エネルギーに代わり、建物を激しく揺れ動かす。鉄骨は、ある強度（降伏点：Ｑｙ）で伸び能力を発揮し始め、エネルギーの吸収量が増大する。耐震設計は、この伸び能力（粘り強さ）を利用している

## ジョイント部は構造性能を決める重要な部位

木造、RC造、S造、いずれの構造体でも必ず柱、梁などの構造部材をつなげる継手部（ジョイント部）が存在します。製作、運搬など建設事情を考えると、現場で構造部材を組み立てることは仕方がないことです。ジョイント部は構造体としては不連続な部分であり、耐震設計上、構造性能が決まる重要な部位でもあります。

日本における耐震設計は、大地震時には構造体の一部に損傷を許容しながら地震エネルギーを吸収する「構造体の粘り強さ」に期待した設計体系となっています［図１］。S造であれば、お餅のように伸びる鉄骨の伸び能力で地震エネルギーを吸収し、建物の倒壊を防ぎます。近年、建築物に使用されている鋼材の性能は向上しており、強度や粘り強さ（靱

性）という観点では、設計で求める性能値を十分満たしている状況にあります。しかし、ジョイント部については、残念ながら、お餅のように伸びる継手材料はありません。そこで、エネルギー吸収は高性能の鋼材に期待し、ジョイント部はその性能を発揮できるよう継手位置の決定、強度を決めなければなりません。

1995年の兵庫県南部地震以降、大地震でも柱、梁などの主要構造体の損傷を最小限に抑える「免震構造」や「制振構造」の建物が増えていますが、装置コストが増えるなど工事費も増大するため、すべての建物への導入は難しいところです。

## 鉄骨柱と梁接続部のバリエーション

S造の柱と梁の接続部は、「柱通しタイプ」と「梁通しタイプ」の2タイプに大きく分類されます。いずれも梁に生じる力（応力）をスムーズに柱材に伝達できるように梁の取り付き部に鋼板（ダイアフラム）が設置されます。

柱と梁の接合部に設置する複数のダイアフラムは、一般的に施工性、超音波探傷試験など品質確保の点から、段差150㎜以上を目安に梁段差量を決めています。梁段差の数が多ければ、挿入するダイアフラム枚数も増え、接合部は複雑な納まりとなり溶接量も多くなります。そのため近年では、柱と梁の接合部の鋼管厚を増やすことで応力伝達を可能とする、ダイアフラムのない「ノンダイアフラム工法」が提案され、現在、複数メーカーから既製品として出されています［図2］。梁が取り付く接合部鋼管の変形や耐力については十分な配慮が必要ですが、水平方向のダイアフラムがないことから、その接合部は極めてシンプルで、梁段差の対応も容易にできます。

図２｜ノンダイアフラム工法

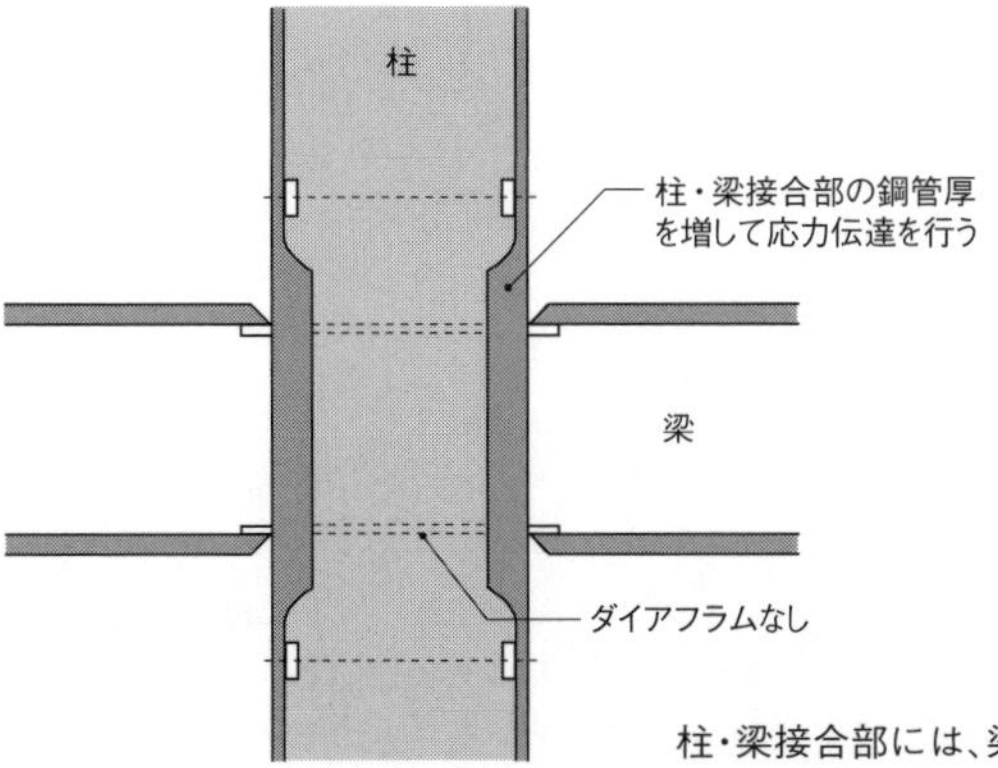
柱
柱・梁接合部の鋼管厚
を増して応力伝達を行う
梁
ダイアフラムなし

柱・梁接合部には、梁に生じた力を柱へスムーズに伝えるためにダイアフラムを入れるが、ノンダイアフラム工法は、接合部の管厚を厚くし力を伝達する。納まりはシンプルだが、管厚の設定には慎重な検討が必要である

## 接続部タイプで納まりが異なる

梁通しタイプのダイアフラムの出寸法は25～30㎜としているケースが一般的です［図３］。さらに、柱通しの外ダイアフラムの場合にはその出寸法は100～200㎜程度と大きくなるので、天井内の納まり、ＥＬＶ、階段、ＰＳシャフトなど、高さ方向の動線計画には十分気をつける必要があります［図４］。

## 二次部材の安易な取り付けは構造性能を落とす

鉄骨は、内外装材、設備機器受け材を取り付けるための下地として便利ですが、受け材となる二次部材を不用意に柱、梁材に溶接することは、鋼材のもつ粘り強さ、強度を低下させることにつながりかねません。溶接前に瞬間的にアーク（火花）を飛ば

**図3 ｜ 通しダイアフラムの出寸法**

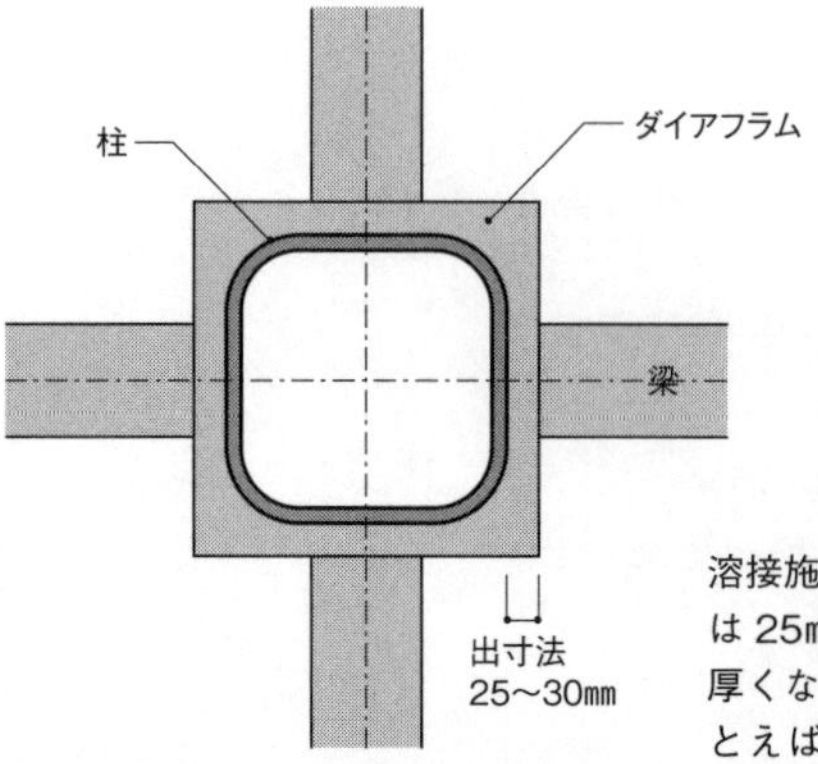


溶接施工上、ダイアフラムの出寸法は25㎜程度となる。柱材の板厚が厚くなると出寸法も大きくなり、たとえば、柱材の板厚が28㎜以上の場合、出寸法を30㎜にするなどの対応が必要である。出寸法をダイアフラム板厚以上とするケースもある

したり、溶接長の短いショートビードなどは鋼材性能を著しく低下させるので、溶接位置、溶接従事者の技量には十分な注意が必要です。また、角形鋼管柱のコーナー部（R部）や梁継手の添え板や高力ボルトには、二次部材を直接溶接しないよう十分注意する必要があります［図5］。

## 鉄骨フレームを露しできれいに見せる

「鉄骨フレームを露しできれいに見せたい」という要望が多くあります。このとき、見えがかり上、とくに嫌われるのが柱・梁接合部に取り付くダイアフラムと梁継手の高力ボルトです。ダイアフラムについては、柱通しタイプの内ダイアフラム形式とするか、または、厚肉鋼管を使用したノンダイアフラム形式としてダイアフラムを表に見せないようにする方法があります。梁継手の高力ボルトの代わりに

## 図4 ｜ 外ダイアフラム

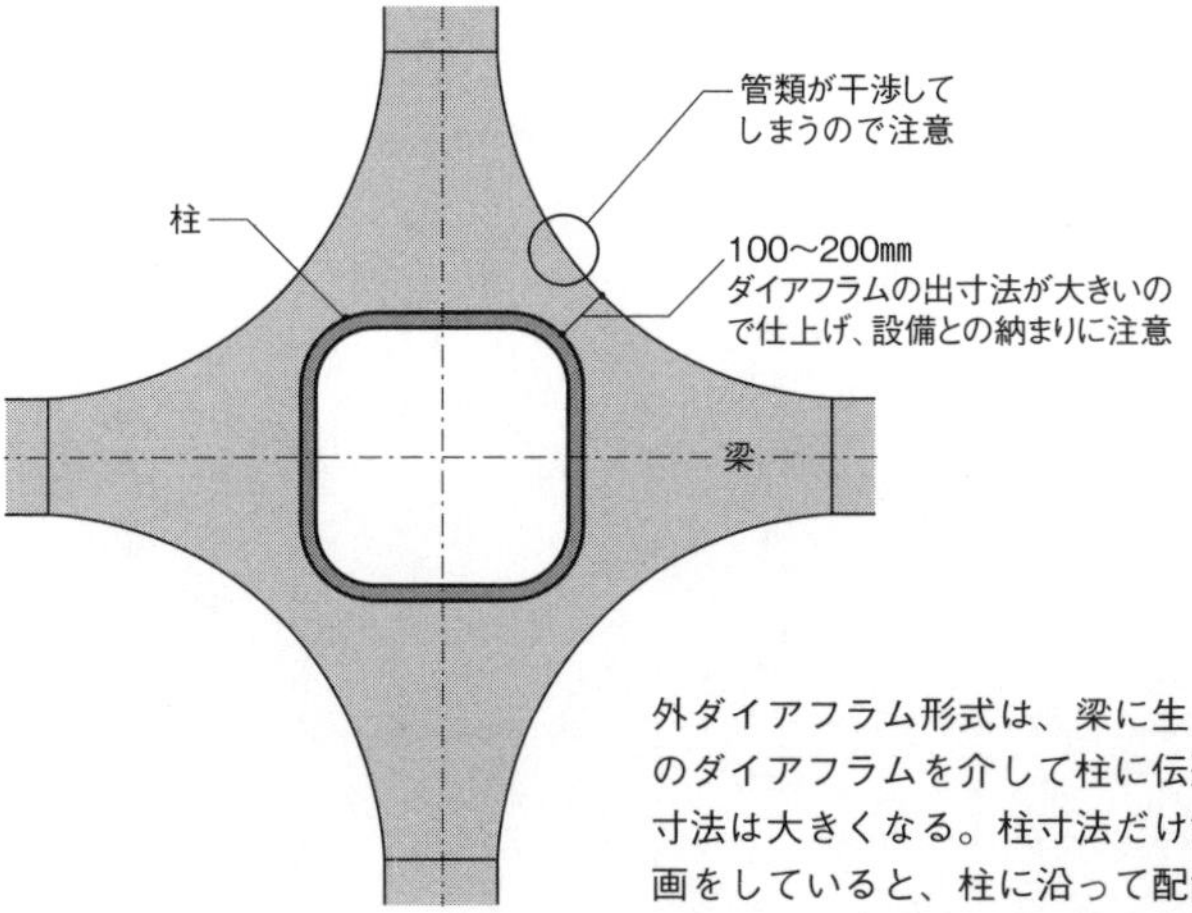


外ダイアフラム形式は、梁に生じる力を柱外面のダイアフラムを介して柱に伝達するため、出寸法は大きくなる。柱寸法だけ気にして平面計画をしていると、柱に沿って配置したドレン管がダイアフラムと干渉するなどのトラブルが発生しやすいので注意が必要である

## 図5 ｜ 二次部材の溶接

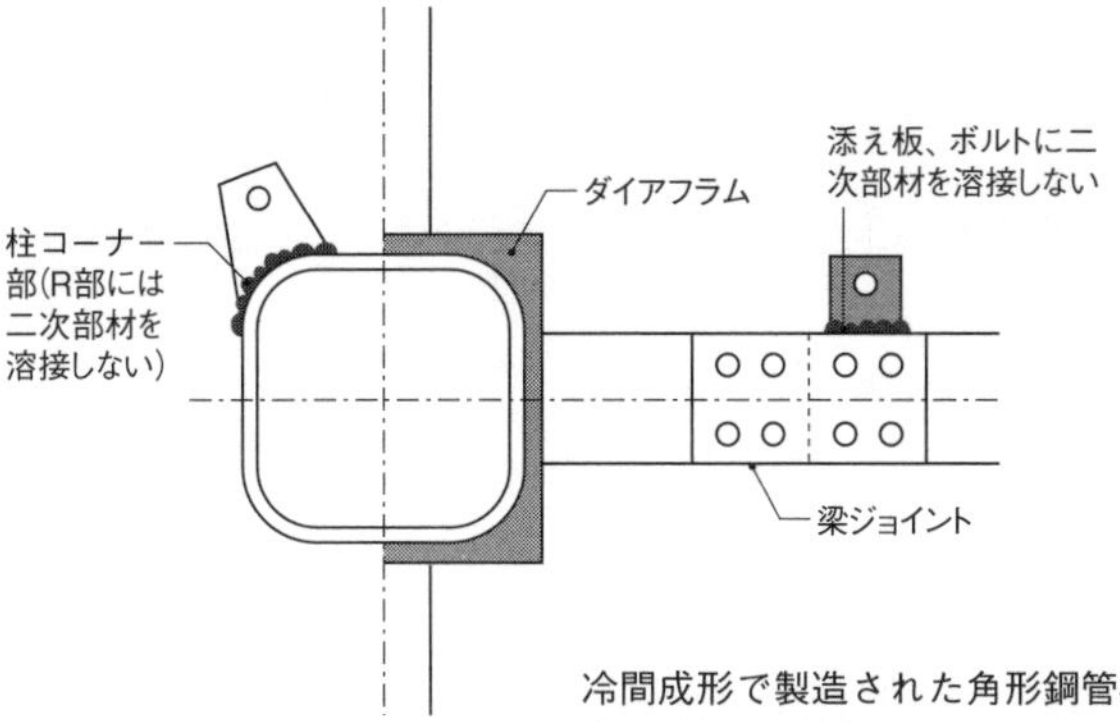


冷間成形で製造された角形鋼管柱のコーナー部（R部）は、鋼管加工時に応力が発生しているため、ここに二次部材を溶接で取り付けることは避ける。また、ボルト接合部の高力ボルト、添え板への二次部材の溶接も行わない

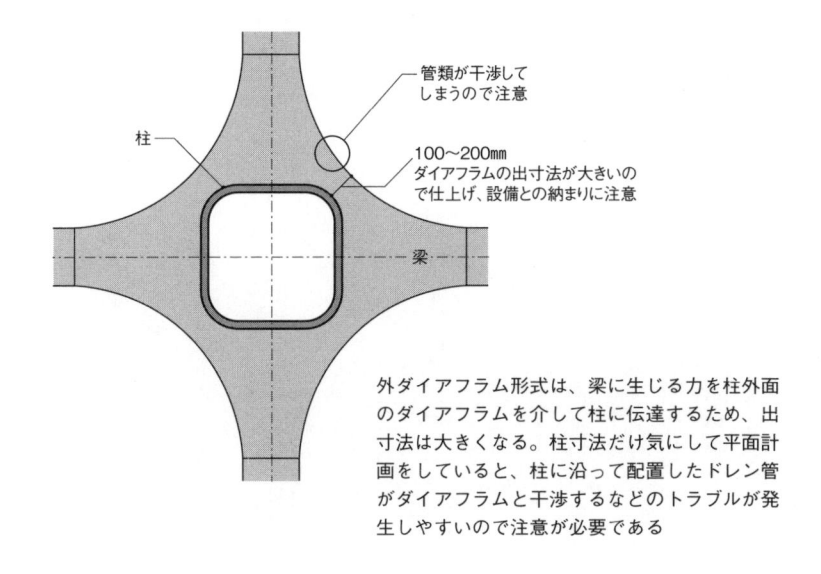

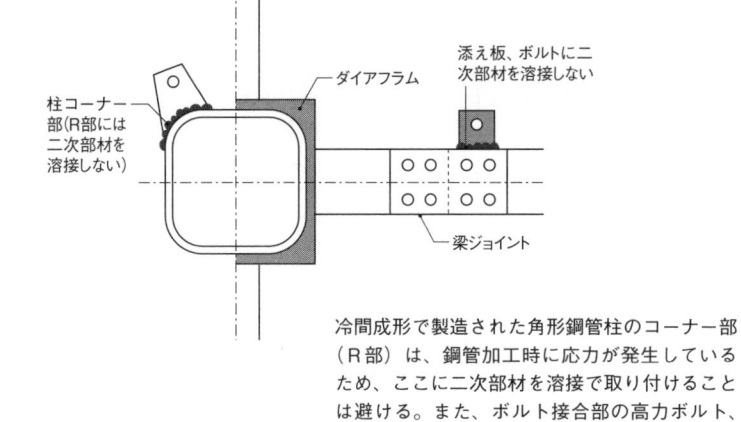

現場溶接とするケースもありますが、溶接品質を確保するためには、梁材であれば下向き溶接となることから、スカラップや裏当て金が不可欠となります［図6］。それ自体も嫌われることがありますが、主要な構造体においては、溶接部の品質を確保するためには仕方ないことです。せめて、スカラップ径を小さくし、溶接端に固形タブを使用するなどの対策を行うとよいでしょう。

## 鉄骨のジョイントをなくせないか

工場に比べて作業環境が悪く、溶接部の品質確保が難しい現場においては、高力ボルト接合による乾式接合が望ましいです。一般には、閉鎖型の角形鋼管や円形鋼管の柱ジョイント部は現場溶接、梁ジョイントはボルト接合とします。厚い鋼板を使用している場合などは、ジョイント部の添え板、ボルト本数が多くなるのを避けるために現場溶接とする場合もありますが、溶接部の品質確保には十分な配慮が必要です。

高力ボルト接合においては、超高力ボルト（F14T相当、通常はF10T）の採用によってボルト本数、添え板の寸法を小さくし、ジョイント部をコンパクトにする工法もあります。

梁ジョイント部においては、スリーブ補強板とボルトとの干渉が問題になる場合もありますが、比較的コンパクトなリング形状のスリーブ補強材などの既製品があるので、性能を確認し選択するとよいでしょう［図7］。

## 梁中間に継手のないノンブラケット工法

梁継手を現場溶接とする場合、柱面で直接溶接するノンブラケット工法を採用することがありま

## 図6 ｜ ダイアフラム、高力ボルトを見せない方法

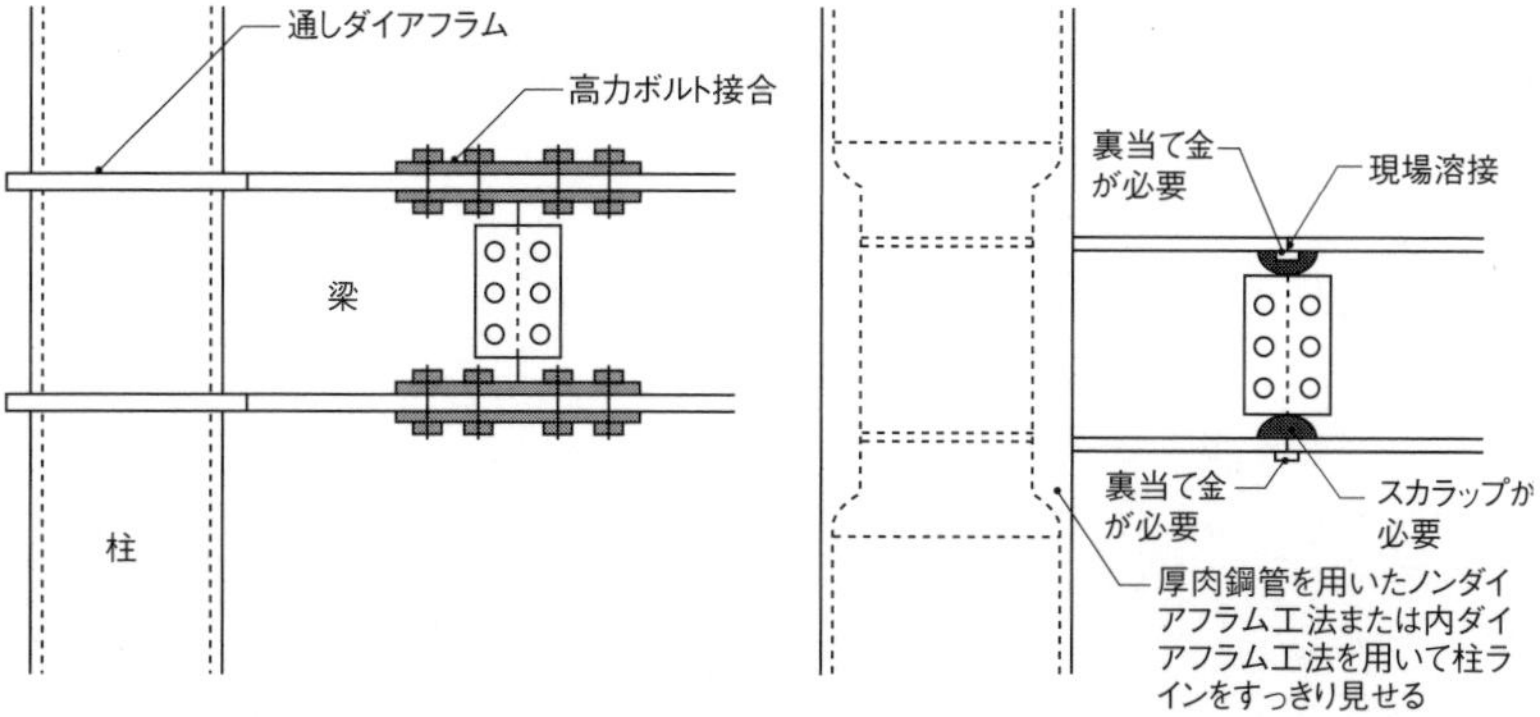


柱のラインをすっきり見せるために「内ダイアフラム形式」とするか、「ノンダイアフラム工法」を用いて、ダイアフラムの出っ張りをなくすことは可能である。梁継手部は、梁フランジを現場溶接することで、継手の高力ボルト、添え板をなくすことが可能となるが、溶接施工上のスカラップ（半円形状）は省略できない。使用部材寸法によっては、スカラップ径を少し小さくすることも可能であるが、溶接の品質管理上、必要最小限のスカラップ径を溶接従事者と協議し決定することになる。また裏当て金を削り落とす場合は図面に指示が必要

## 図7 ｜ スリーブ補強

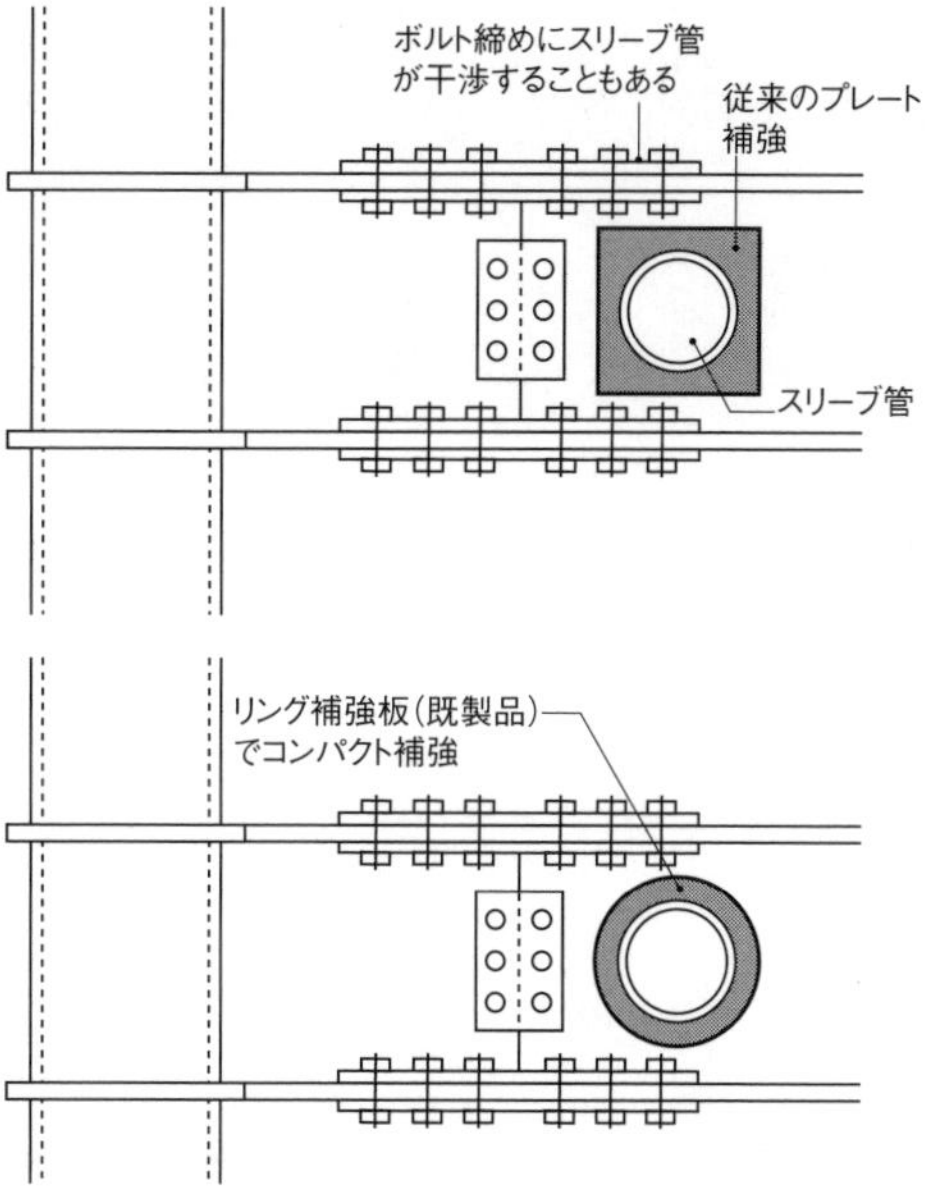


貫通孔部分は、断面欠損分を補強板材、スリーブ管で補強することになる。梁継手部付近では、高力ボルトや添え板と干渉する場合があり、ボルト挿入などの施工性について検討しておく必要がある。最近では、性能評価機関で審査を受けたリング形状のコンパクトな梁貫通補強材もあるので、参考にするとよい

す。もっとも力のかかる（応力の大きい）部位での現場溶接となるため、溶接部ではなく梁材の伸び能力を十分発揮できるよう、梁端部の形状を拡幅タイプやヒューズタイプ（ドックボーンタイプ）のように工夫します［図8］。最近では、梁端部での現場溶接は避け、ボルト接合する継手形式も研究、開発されています。

## 地震時破断防止に効果的なノンスカラップ工法

米国でのノースリッジ地震や日本で起きた兵庫県南部地震で観察された梁端部下端の破断は、梁下フランジのスカラップ部溶接に応力が集中し、そこを起点としたものでした［図9］。そのため、近年ではスカラップを設けない「ノンスカラップ工法」やスカラップ端部にもアールを設けた「改良型スカラップ工法」が用いられています［図10］。

## 角形鋼管柱のR部の形状

角形鋼管柱には、4枚の鋼板を組み合わせてつくる4面ボックスのほか、冷間、熱間でプレス成形してつくられるコラム材があります［図11］。なかでも冷間成形角形鋼管は中小建物に多く使用されています。

このコラム材はピン角ではなく、コーナー部に半径3.5ｔ（ｔ：鋼管板厚、熱間成形の場合は2.5ｔ）のアール加工が施されています。そのため、コーナー部は加工硬化による内部応力が存在し、冷間成形角形鋼管設計・施工マニュアルではコーナー部に附属金物類などの二次部材の溶接を禁止しています。また、このアールはコラムの板厚で決まるので、上下階で板厚を変えた場合には、接合部で目違いを生じ

## 図8｜ノンブラケットタイプの梁端部形状

拡幅型の場合

ヒューズ型の例

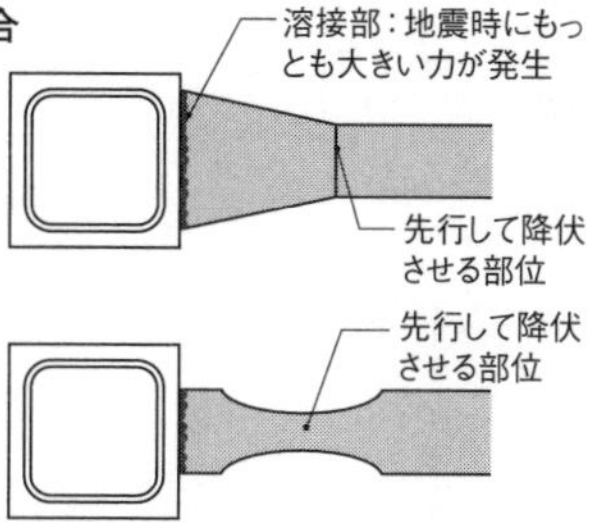


柱に取り付く梁端溶接部は、地震時にもっとも大きな力が発生する部位となる。溶接部は鋼材に比べて強度は高いが伸び能力は劣る。鋼材の伸び能力を十分発揮できるように、溶接部が耐力に達する前に一般鋼材部分を伸びるように梁端部形状を工夫し、地震エネルギーを吸収する計画事例も多くなってきている

## 図9｜ノースリッジ地震、兵庫県南部地震での破断例

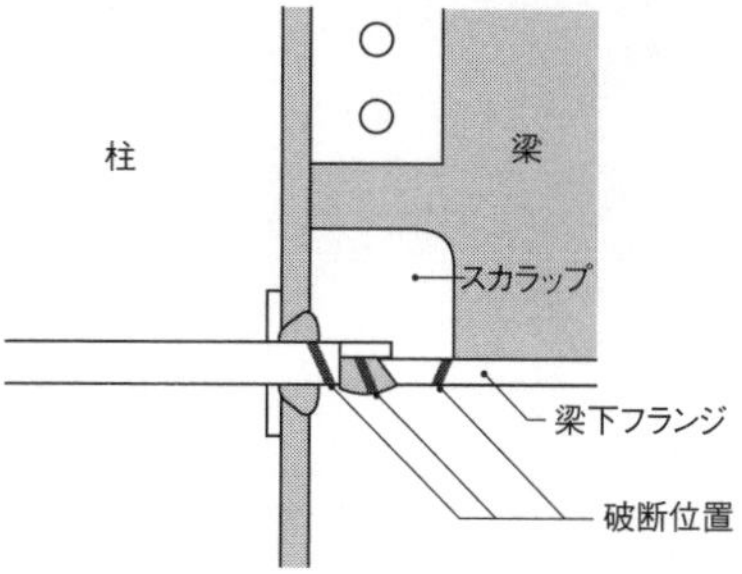


地震時には、梁端部に大きな力が作用する。ここには溶接が施され、スカラップが存在する。大きな力が作用すると、断面欠損となるスカラップ部や欠陥が存在しやすく、伸び能力に劣る溶接部を起点とした破断が生じやすくなる。とくに床スラブの取り付かない鉄骨梁下端の破断が地震被害として報告されている

## 図10｜ノンスカラップ工法

従来型ノンスカラップ

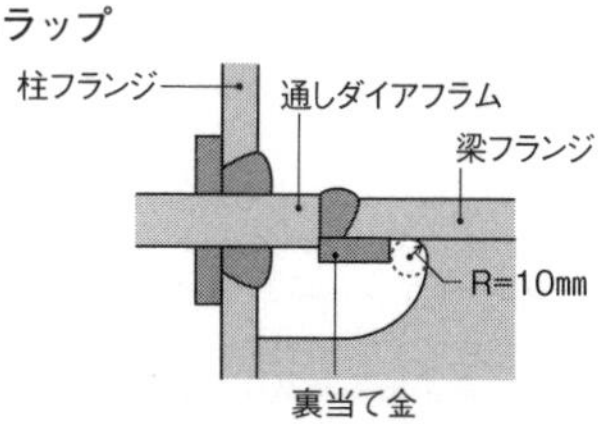


ノンスカラップ

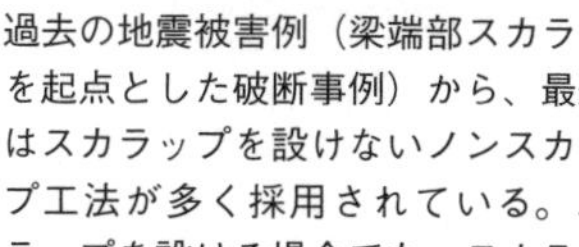


改良型スカラップ




過去の地震被害例（梁端部スカラップを起点とした破断事例）から、最近ではスカラップを設けないノンスカラップ工法が多く採用されている。スカラップを設ける場合でも、スカラップ形状を改良したスカラップ工法が採用されるようになってきている

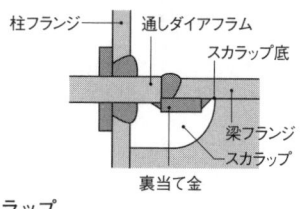

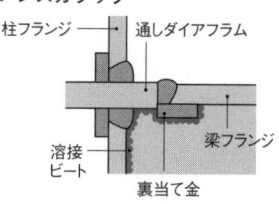

## 図 11 ｜ 角形鋼管柱

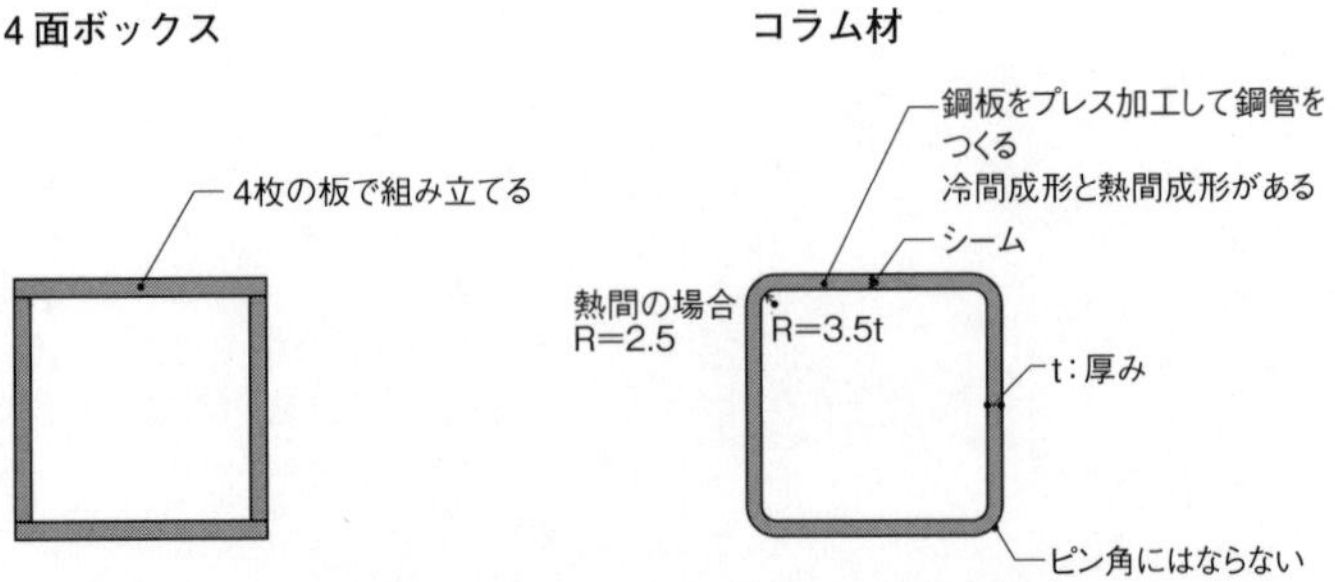


4面ボックスは、比較的厚い鋼材を使用する高層建物の柱材に多く使用され、中小建物の柱材には、成形加工したコラム材が使用されている。コラム材は板材を折り曲げ成形してつくるため、柱コーナー部はピン角ではなく、板厚に応じたアール（R）加工が施されている

## 図 12 ｜ 梁の寄り限界

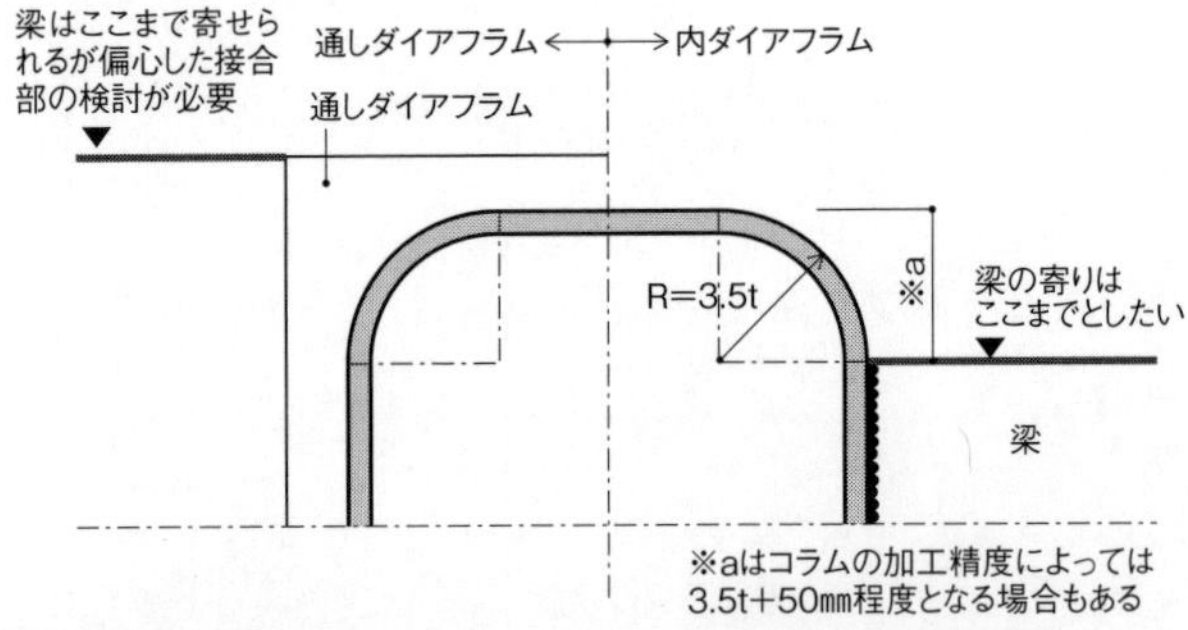


建物外周部や階段廻りでは、梁を柱心からずらして配置する場合があるが、構造上、望ましい形ではない。柱の角部R形状と力の伝達を考慮して梁の寄りを決定しなければならない

参考文献：①「2008年版冷間成形角形鋼管設計・施工マニュアル」（監修：独立行政法人建築研究所）②「2007年版建築物の構造関係技術基準解説書」（監修：国土交通省住宅局指導課ほか）③「鉄骨工事技術指針・工場製作編」（日本建築学会　2007年版）④「鋼構造接合部設計指針」（日本建築学会 2006年版）⑤「鉄骨梁端溶接部の脆性的破断防止ガイドライン 同解説」（日本建築センター 平成15年版）

てしまうため、柱材間に挟むダイアフラム厚などの決定に配慮が必要です。

## 梁はどこまで寄せられるか

建物外周部やＰＳ、階段室廻りなど縦動線部分では、二次部材の軽減とスペース確保のため、構造計画上望ましいことではありませんが、梁を柱面近くにずらすことがあります。このとき、内ダイアフラム形式の柱通しタイプでは、コラムのアール部手前までとしたいところです。たとえばコラム板厚25㎜の場合、移動できるのは柱コーナーから25×3.5＝87・5㎜の位置までですが、コラムの精度による調整が必要です。さらに移動したい場合は、通しダイアフラム形式を採用します。物理的にはダイアフラムエンドまで梁材を移動することも可能ですが、柱心と梁心が大きくずれてしまいます［図12］。そのため、柱梁接合部に生じる応力は1方向に偏るため、柱梁接合部については慎重な検討が必要であることを覚えておいてください。

（依田博基）

Q
32

# 鉄骨造の柱脚形式、その選択基準は？

「ここはこう、ここはこう、ここは…」

## 3種類の柱脚形式

柱脚の形式は、「露出型柱脚」「根巻型柱脚」「埋込み型柱脚」に大きく分類できます。構造設計者は、建物用途との関係、架構との関係、外壁・床との関係などを考慮し、3種類のうちどの形式が適しているかを考えます。しかし形式は構造設計者だけで決められません。意匠設計者と十分打ち合わせをしてどの方式にするかを決める必要があります。

たとえば、倉庫や駐車場などの用途に対しては柱の防護を目的とし、根巻型柱脚を用いることがあります。また、商業施設や事務所など一般の建物の場合には、露出型柱脚（実際はベースプレート、アンカーボルトが意匠的に納まらないので少し埋込む）や埋込み型柱脚とすることで、柱脚部が意匠的にすっきり納まるようにします。

## 各種柱脚形式の納まりの特徴

各種柱脚形式の納まりの特徴は次のとおりです。

### ●露出型柱脚

露出型柱脚は、在来工法のほかに評定を取ったさまざまな既製品があります。アンカーボルトが隠れるように少し埋込むことで、外壁、床仕上げは大変きれいに納まります。ベースプレートの大きさや、その下部の柱型の大きさは鉄骨柱の大きさから決まってきます。地中梁の幅は主筋の本数から決まりますが、アンカーボルトの位置が決まっているため、主筋の位置が限定されます。また、地中梁の寄りも制約を受ける場合があります。GLとの関係では、壁面から脚部が露出しないようベースプレートの下部と上部の増打ちで段差をつけて納める方法があります［図1］。

## 図1 ｜ 露出型柱脚

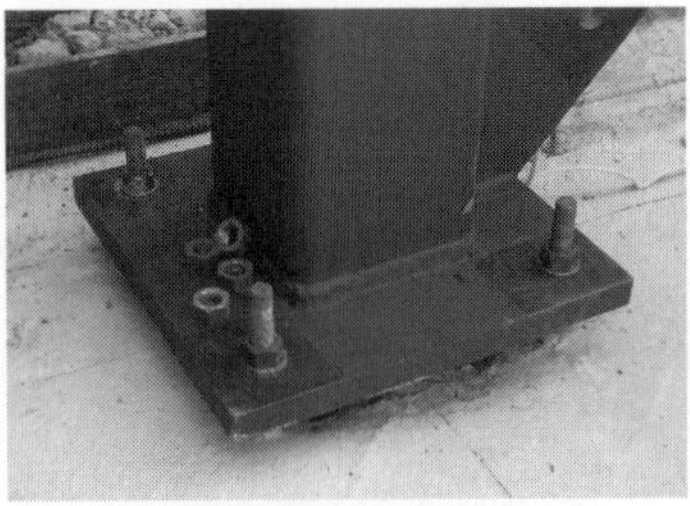

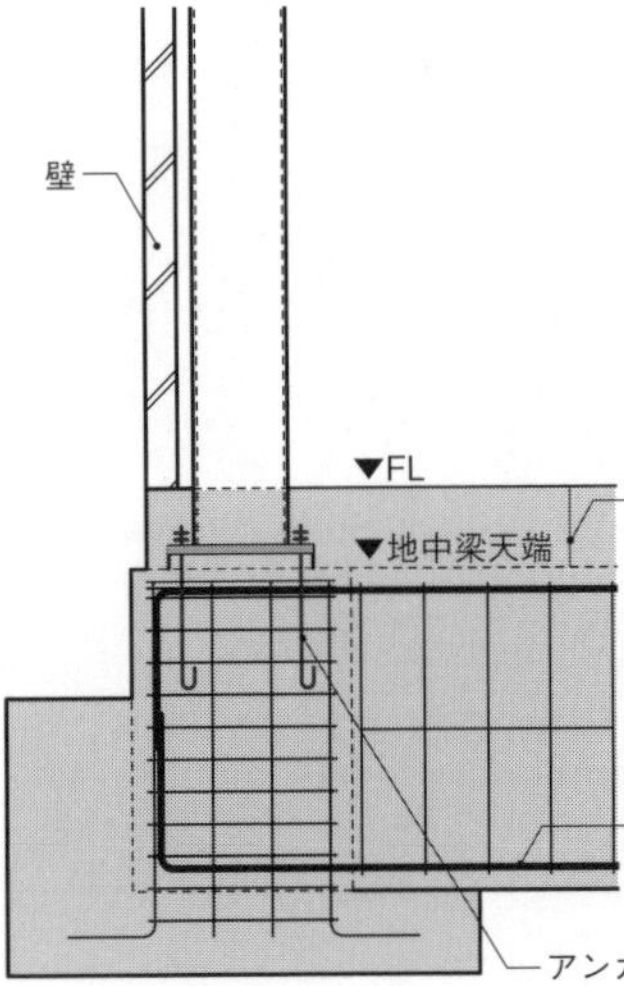


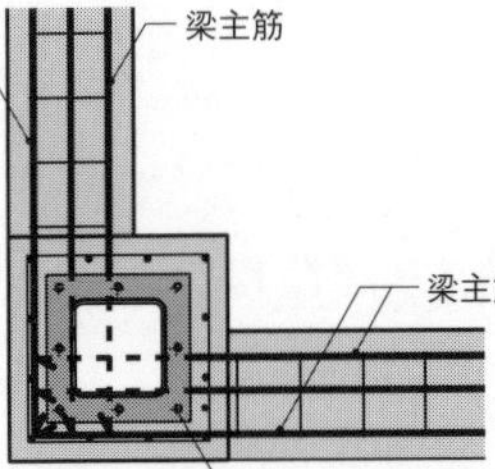


アンカーボルトをよけて地中梁の主筋を配筋する。主筋本数によって梁幅が決まる

ベースプレートのレベルを下げる場合、地中梁も下がるため増打ちコンクリートが必要になる

## 図２ ｜ 根巻型柱脚

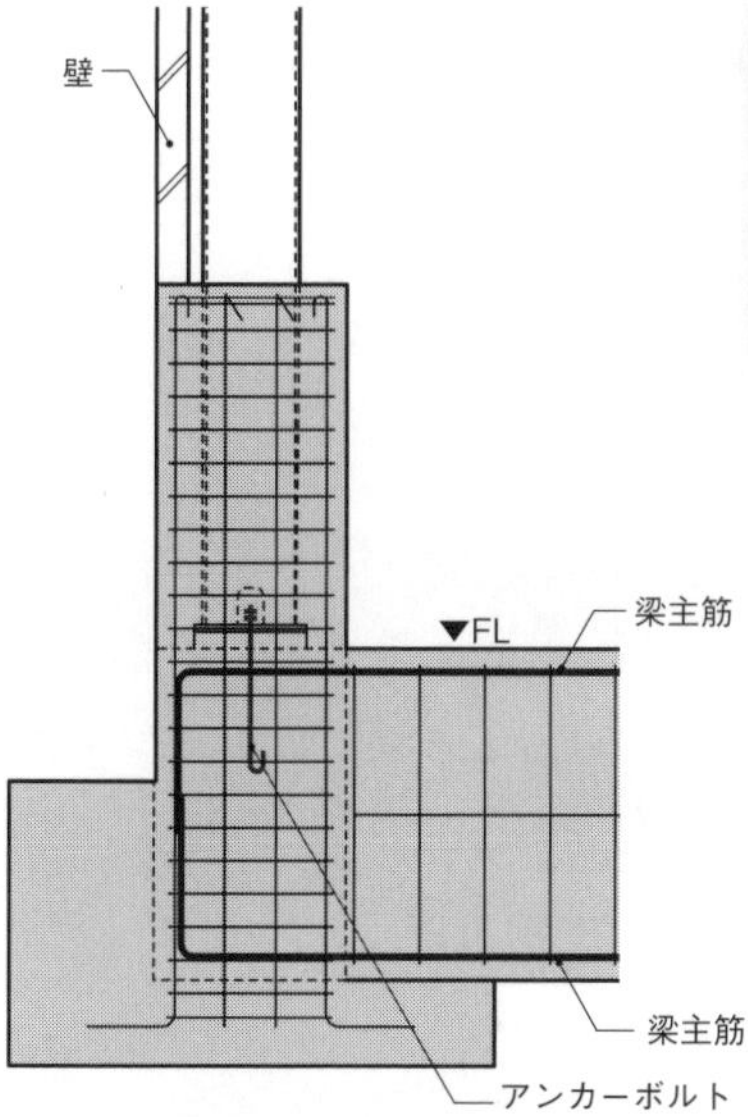

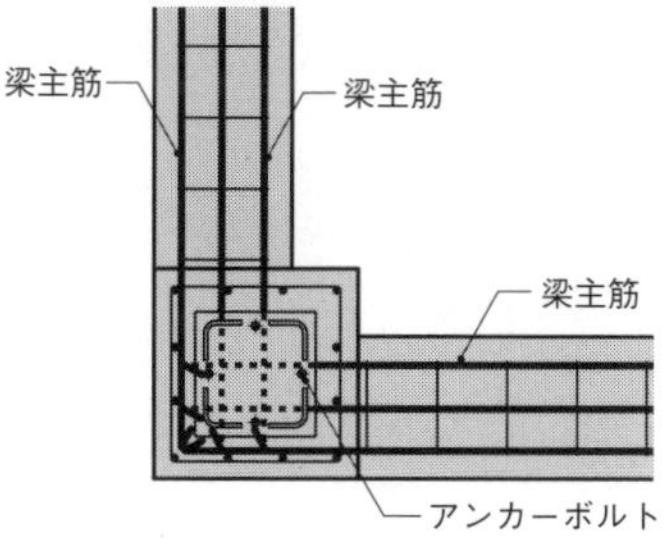


アンカーボルトをよけて地中梁の主筋を配筋するが、アンカーボルトの本数は露出型柱脚より少ないので余裕がでてくる

## 図3 | 埋込み型柱脚

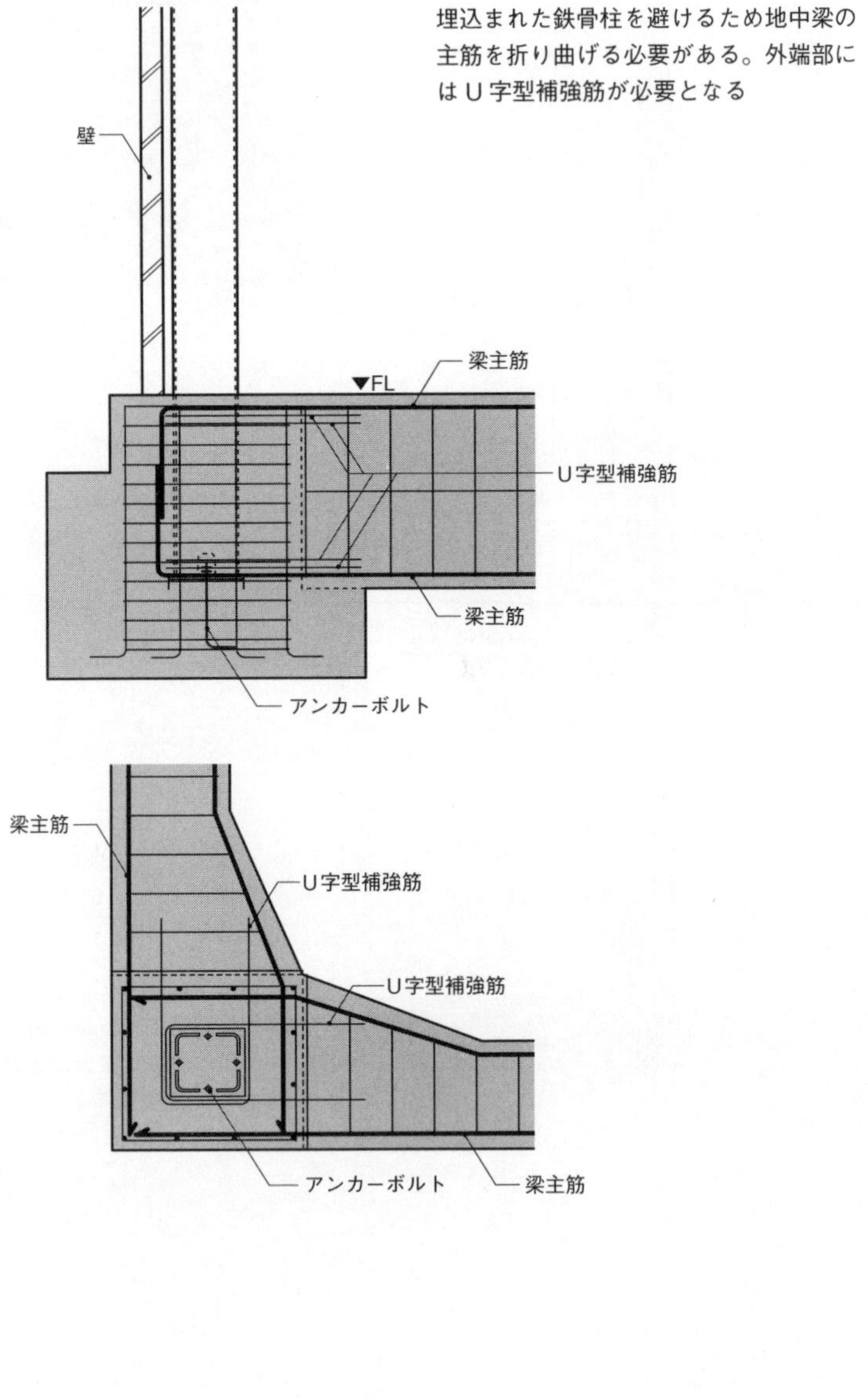
埋込まれた鉄骨柱を避けるため地中梁の主筋を折り曲げる必要がある。外端部にはU字型補強筋が必要となる
壁
▼FL
梁主筋
U字型補強筋
梁主筋
アンカーボルト
梁主筋
U字型補強筋
U字型補強筋
アンカーボルト
梁主筋

## ●根巻型柱脚

根巻型柱脚は、露出型柱脚に比べて高い固定度を有することや、鉄骨柱に対する車輌などの衝突を防護するというメリットがあります。しかし、柱脚部から鉄骨柱せいの2.5倍以上の高さまでコンクリートを巻く必要があります。また鉄筋コンクリートの主筋の納まりや、必要な耐力を確保するため、根巻部分の柱せいが大きくなって、外壁との納まりの悪さが問題となるデメリットがあります［図2］。

## ●埋込み型柱脚

埋込み型柱脚は、ほかの形式に比べて高い固定度を有することや、柱脚部に露出するものがないというメリットがあります。鉄骨柱の埋込みの深さは柱せいの2倍以上とし、埋込み部分の鉄骨に対するコンクリートのかぶり厚さは、鉄骨柱の幅以上必要となります。鉄骨柱を埋込むことで地中梁の主筋を鉄骨柱の外側に配筋する必要があり、地中梁幅が大きくなることと、主筋の本数に納まり上の限界があるため、杭曲げなどが大きい場合、梁せいを大きくしなければならないというデメリットがあります。また、GLとの関係では、埋込み部分の大きさが外壁面よりかなり出るため、犬走りなどを設ける場合もあります［図3］。

## ●施工上の問題点

各種柱脚形式は施工上の問題点もそれぞれ違います。根巻型柱脚と埋込み型柱脚の場合は、アンカーボルトの締付け時に柱の配筋が邪魔します。工程的には、鉄骨の製作の時期、またコンクリートの打設順序等が関わってきますので、このあたりの考慮も必要です。各柱脚形式は建設省告示１４５６号によって、それぞれ適合すべき基準が示されています。

（高原茂樹）

Q33

# 鉄骨造で100㎜程度の段差は可能か？

「き、聞いてないぞ！」

## 小さな段差は増し打ちコンクリートで

実施設計の詳細図をよく見ると、こっそり段差が描かれていることがあります。「いつの間にぃ〜!!」。意匠設計者や設備設計者はたいしたことではないと思っているようですが、構造的には大問題です。

最近は、床の仕上げに変化をつけるために、その仕上げ材の厚さに応じて下地となるコンクリート天端に数cm程度の段差をつける設計が多くなっています。とくに、玄関廻りやEVホール、浴室などでは、石張りと塩ビシート仕上げの違いでコンクリート天端に数cm程度の段差が必要となります。この程度であれば、鉄骨造の場合でもRC造と同様に、デッキの山上のコンクリート部の厚さ調整だけで対応が可能です［図1］。

## 大梁の段差は溶接性能の確保が優先

ところが、段差が100mm程度になるとそうはいきません。対応の1つとしては、段差をやめてもらえればいいのですが、そうはいかない場合も多々あります。RC造では、スラブ鉄筋のアンカーだけの対応で可能ですから、大梁に段差を設けることもできます。しかし、鉄骨造の大梁に段差を設けることは非常に困難であるために、逆に段差を100mmではなく150mm以上に変更してもらう要求をすることになります。つまり**鉄骨造の場合には、原則として大梁の天端レベルは同一にすべきで、床の段差は床・小梁の範囲にとどめるべき**なのです。

その理由は、柱・大梁仕口部の溶接に関係があります。図2のように、隣り合う梁、直交する梁の天端が100mm程度以下の場合には溶接施工が難しくなり、健全な溶接性能が確保されません。また、スカ

## 図1 ｜ 仕上げ材の違いによるコンクリート天端の段差

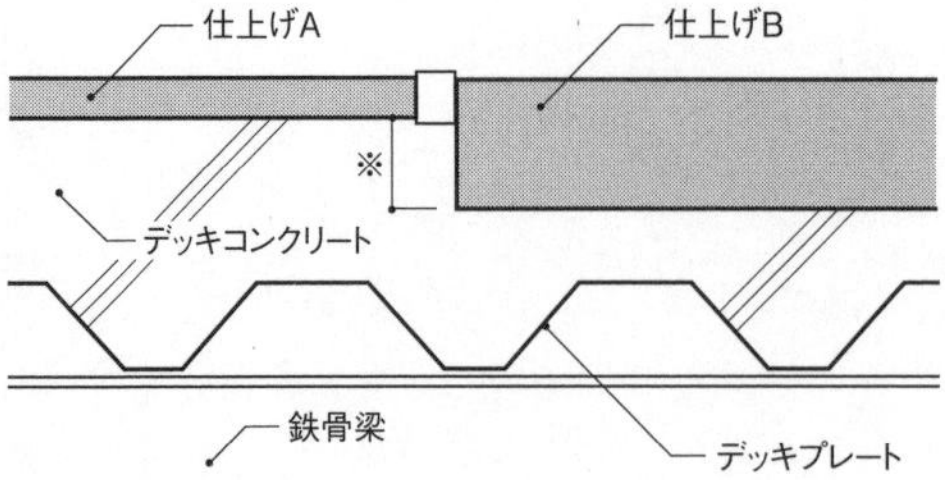


※仕上げAとBの厚さの違いが数cm程度であれば、デッキの山上コンクリート部の厚さ調整だけで対応が可能

## 図2 ｜ 梁段差（H形鋼柱の場合）

**不具合例**

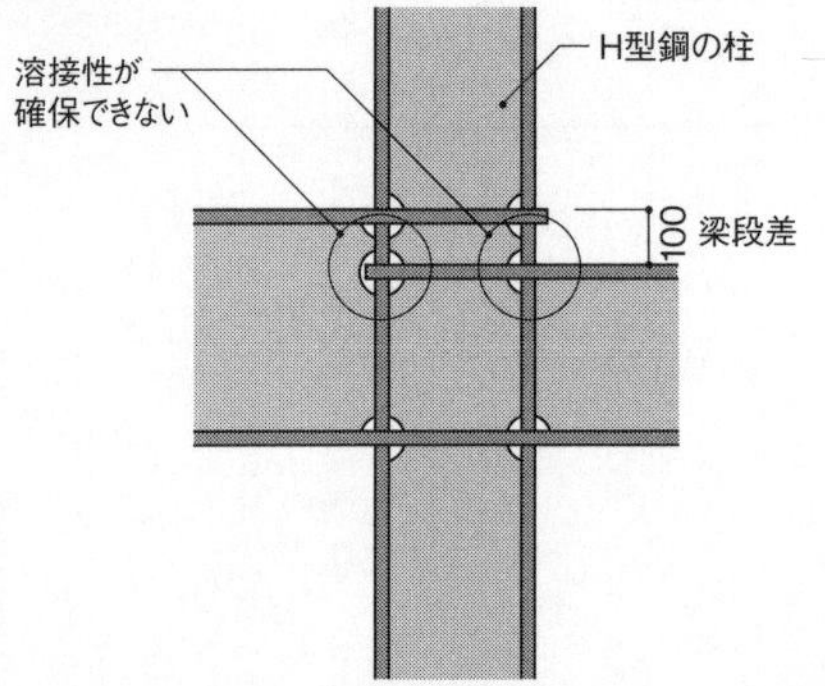


スカラップによるウェブの断面欠損により、溶接長の確保ができないため、耐力に影響する

**改善例**

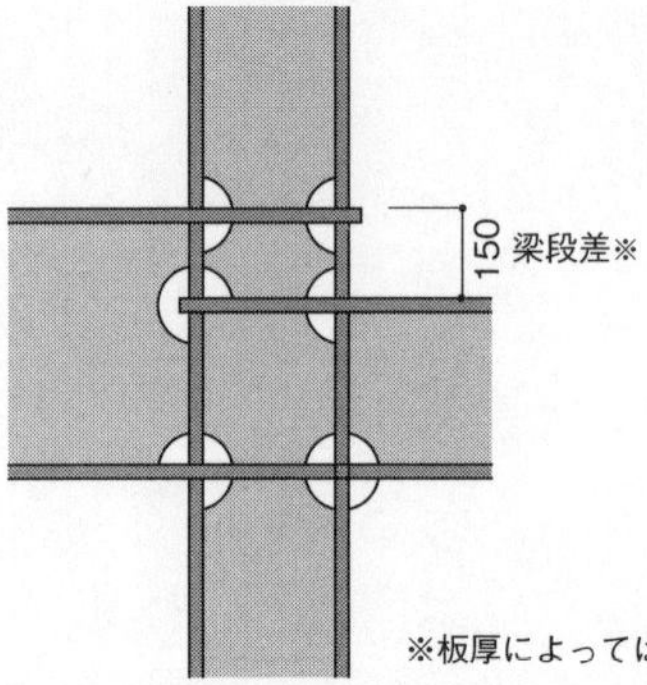


段差内での溶接施工を健全にするために、梁断面を変更して、150㎜以上の梁せいの差を確保する

※板厚によっては超音波深傷のために200㎜以上必要

図3｜梁段差(ボックスコラムの場合、内ダイアフラムでの対応)

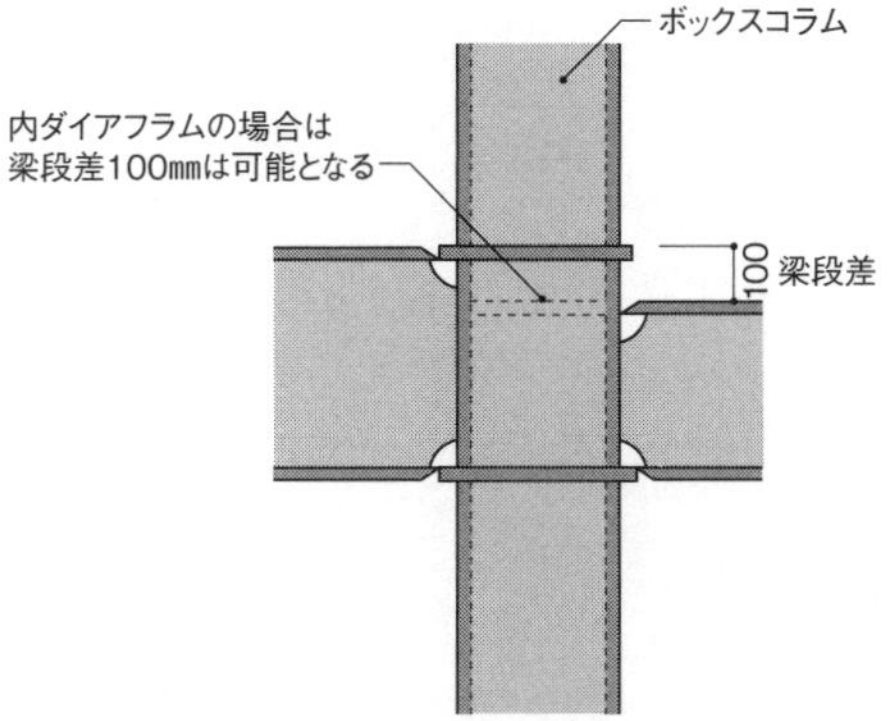


ボックスコラムの場合は、100㎜程度の梁せいでも、
内ダイアフラムにすることで対応可能となる

ラップによるウェブの断面欠損が大きくなり、溶接長の確保ができない場合もあります。

## 鉄骨造の段差対策

対策をまとめると、次のとおりです。

①段差をなくす。
②段差が100㎜程度以下の場合は、梁天端は同レベルとしたうえで、増し打ちコンクリートで対応する。
③段差が100㎜程度の場合は、溶接性のほか、超音波深傷検査スペースを考慮し、あえて150㎜以上にして仕口部の溶接性を確保する。板厚によっては超音波深傷を行うために200㎜以上必要な場合もある。
④梁上に嵩上げ用の小梁を設けて、そこに床を設ける。

**図４｜梁段差（ボックスコラムの場合、外ダイアフラムでの対応）**

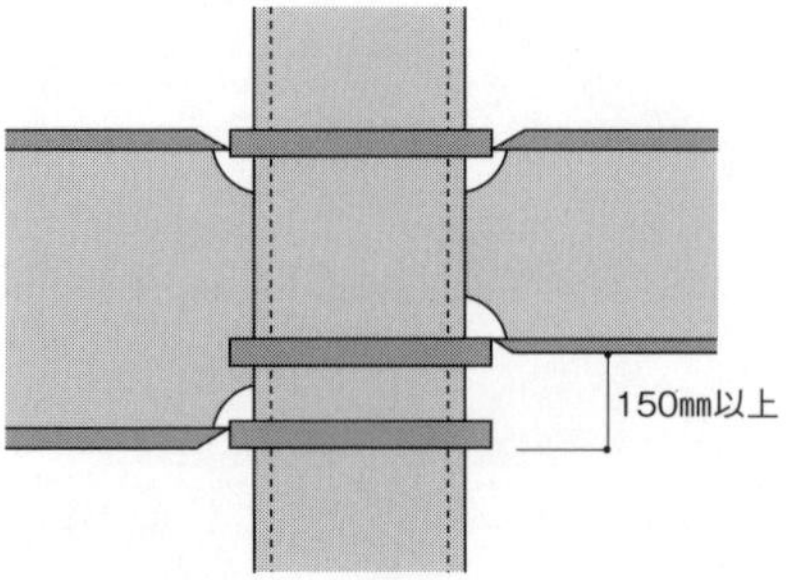


仕口部で150㎜以上の場合は外ダイアフラムでの対応が可能であるが、柱が２分割となるので加工工数が増えて、精度上の問題が生じる

## 梁せいの違いを下端で解消する方法

通常の場合は床のレベルが同一であるので、隣接する梁または直交する梁の梁せいが異なる場合は、梁の下端で処理します。そうなると、仕口部での梁せいの差が150㎜以下の場合には処理が困難となります。理由は前述の上端の場合と同様に、段差内での加工において健全な溶接が確保できないからです。

そこで、このような場合の対処方法の1つとしてボックスコラムでは、内ダイアフラムの採用があります。仕口部のボックスコラムを2分割しなくても済むので、加工手間の減少により溶接部も少なくなり、施工精度も向上して経済性にもつながります［図3、図4］。

また、H形断面の柱の場合には、図5のように梁ハンチによる方法があります。しかし、ハンチが

**図5｜梁の下フランジ側が段差となる場合（内ハンチでの対応）**

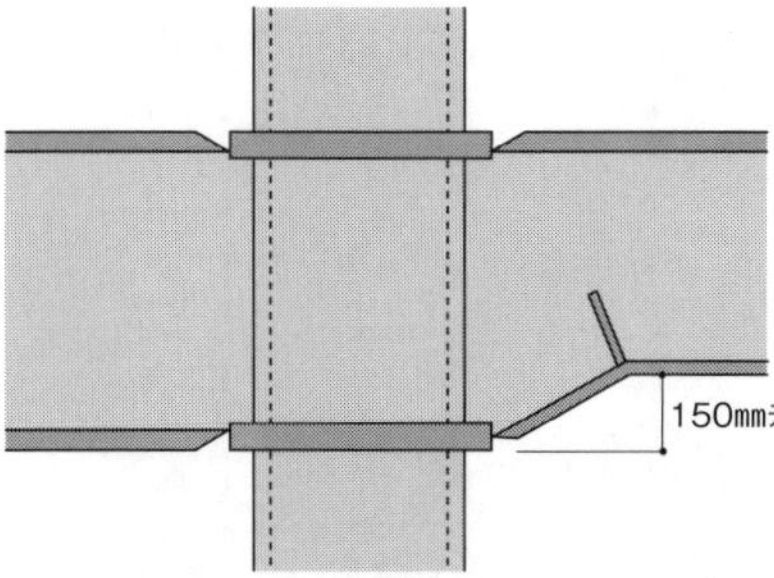


段差が150㎜以上であれば、上フランジ部と同じ対応となる。しかし、150㎜未満の場合は、図のように梁せいの小さいほうのフランジにハンチを設け、仕口内での段差をなくす

※ハンチにする場合は、意匠上・設備上の納まり、加工手間の検討などが必要となる

1対4以下となる急勾配は、好ましくないことになります。しかも、梁の加工工数が増加するので、意匠・設備も含めた納まり上の十分な検討が必要となります。

（宇山　徹）

Q 34

# 現場溶接せずに鋼材を片側から接合するには？

## 現場溶接できない施工条件がある

建築現場で鋼材を接合する場合は、現場溶接かボルト接合を検討しますが、どうしても現場溶接ができない状況があります。一つは現場の作業環境が悪く、溶接部の品質が確保できない場合です。また、施工現場の条件が溶接に適していない場合もあります。例えば、ホテルや店舗などの営業中に耐震補強工事を行うような場合には、溶接による煙や臭いを発生させるわけにはいきません。施工箇所の周辺に危険物がある場合や火気厳禁の現場でも同様です。

また、溶接は鋼材の塗装やめっきを傷めてしまいます。このような場合、ボルト接合が検討されますが、ボルトでも接合が難しい状況があります。例えば、部材の向こう側に手が入らないような施工箇所や、角形鋼管に部材を取り付ける構造など、物理的にボルトをセットすることができず、片側からしか作業ができないようなケースです。溶接もできない、ボルト接合もできないとなると、設計者はお手上げです。

## 主要構造部の接合に使う指定建築材料は限定される

**表1**は溶接以外の機械的な接合材料をまとめたものです。建築基準法では、構造耐力上主要な部分の接合材料は指定建築材料を使うように規定されています。建築基準法第37条第一号に定められるＪＩＳ規格に適合した指定建築材料のうち、片側からの作業で鋼材を機械的に接合することが可能な材料は、**写真1**のドリルねじとタッピンねじ、打込み鋲です。

ドリルねじはタッピンねじと違って、ねじの先端がドリル形状になっており、ねじ自身で下孔開け

**写真1｜ドリルねじとタッピンねじ**

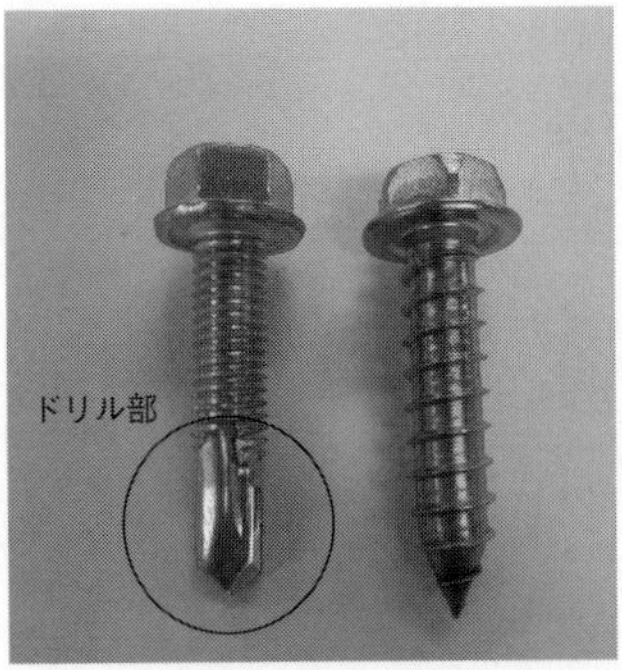


タッピンねじ（右）はあらかじめ下孔が必要だが、ドリルねじ（左）はねじ先端のドリルが鋼板に下孔を開ける。締めすぎによる頭飛びやねじ破断に注意が必要

**表1｜機械式接合の分類**

| 構造種別 | 接合材料 | |
|---|---|---|
| 構造部材（建築基準法第３７条） | 第一号 JIS規格品 | 高力ボルト |
| | | ボルト |
| | | ドリルねじ |
| | | タッピンねじ |
| | | 打込み鋲 |
| | 第二号 大臣認定品 | 高力ワンサイドボルト |
| | | 片側施工用ボルト |
| | | 建築構造用ドリルねじ |
| | | 発射式打込み鋲 |
| 非構造部材 | スレッドローリングねじ | |
| | 鋼板釘 | |
| | タップ＋ボルト | |
| | 高強度ブラインドリベット | |
| | ルーフボルト | |
| | 構造用接着剤 | |

から締め付けまで行うため、片側から接合する材料としては優れています。ねじ径は4㎜程度が多く使われ、鋼材の板厚が2・3㎜未満の薄板軽量形鋼造［※1］の接合部などに使われています。

打込み鋲は、1・6㎜以下の床版や屋根材のデッキプレートを鉄骨梁に接合する場合に使われていますが、主に建築基準法第37条第二号の大臣認定品が使われています。

このように建築基準法第37条第一号の指定建築材料では、溶接せずに鋼材を片側から接合できる材料は限られています。

## 国土交通大臣認定品を使うことで解決する

指定建築材料のうち建築基準法第37条第二号の国土交通大臣認定品の中には、片側から施工が可能な優れた接合材料や接合方法があります。以下にその一例と施工事例について紹介したいと思います。

**●高力ワンサイドボルト**

構造設計上、接合部を高力ボルト接合とする場合には、片側から締め付けが可能な**写真2**の高力ワンサイドボルト［※2］を使うことができます。

**図1**は高力ワンサイドボルトの部品構成です。ねじ部材のコアピン、部材の裏側でボルト頭を形成するバルブスリーブなど6個の部品から構成されます。高力ワンサイドボルトの外径は20、24、27㎜の3種類で、締め付ける板厚は最大100㎜まで可能です。

**図2**に示すように、締め付けは高力ワンサイドボルトを部材に開けた孔に挿入して、専用のシャーレンチで行います。コアピンを固定してナットを回転させると、バルブスリーブが圧縮力で変形して、ボルトの頭に相当するバルブ頭が部材の向こう側で形成されます。締付け軸力はトルシア形高力ボルトと同じように、ピンテールの破断で管理します。摩擦接合用高力ボルトのF8T相当の強度で設計することができます。

**●施工例① 角形鋼管柱継手**

**写真3**はアミューズメント施設内に建屋を新設した施工例です。当初、角形鋼管の柱継手を現場溶接で計画していましたが、施設の営業中に施工を行うことになり、溶接による煙や臭いが出ない高力ワンサイドボルトが採用されました。柱の内側にも添接板があり、二面摩擦接合になっています。昼間に施工を行うことで工期を短縮しています。同様の工法が重要文化財の耐震補強でも採用されています。

**●施工例② RC柱鋼板巻耐震補強**

**写真4**は宿泊施設の耐震補強例です。施設の営

### 図１｜高力ワンサイドボルトの部品構成

ピンテールの付いたコアピン、ボルト頭を形成するバルブスリーブ、バルブスリーブを支持するグリップスリーブとシャーワッシャー、板厚レンジを確保するベアリングワッシャー、六角ナットの６部品で構成される

### 写真２｜高力ワンサイドボルト

高力ワンサイドの締付け前（上）と締付け後（下）の状態。圧縮力でバルブスリーブを座屈変形させてボルト頭を形成する

### 図２｜高力ワンサイドボルトの締付け手順

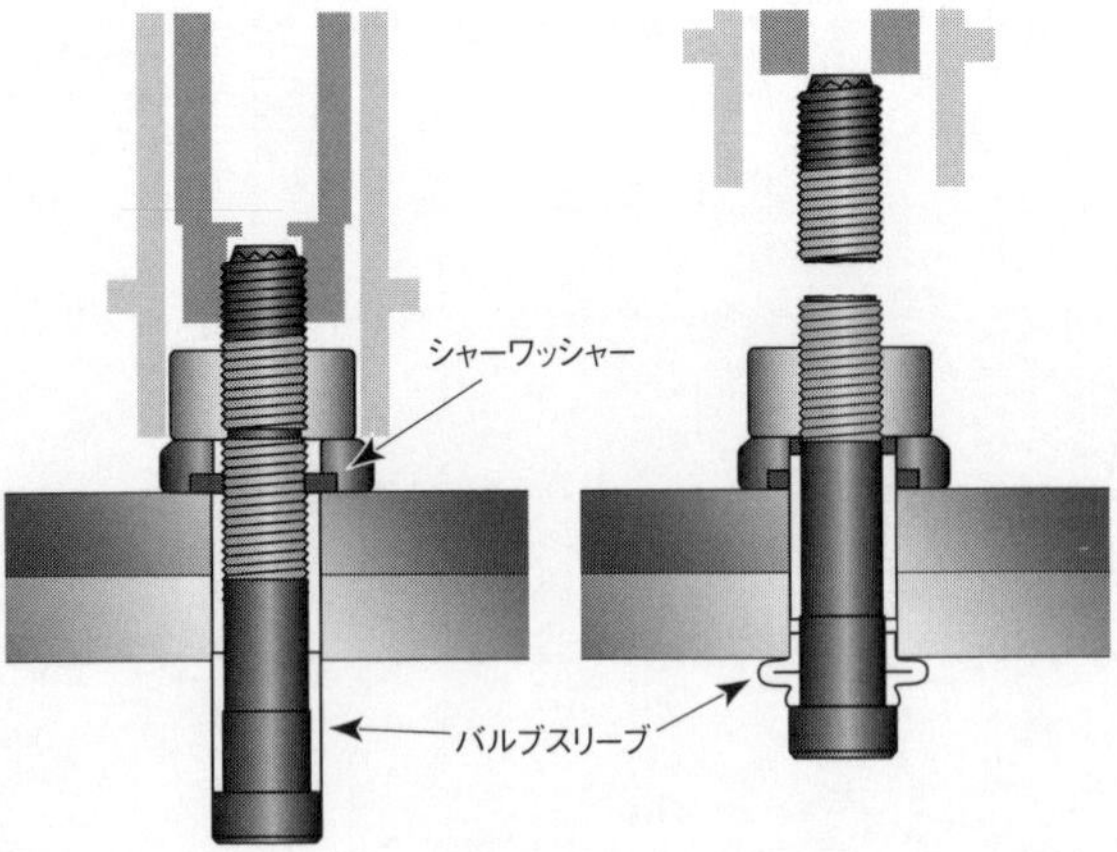


専用レンチでナットを回転させると、シャーワッシャーとコアピンが支点となってバルブスリーブに圧縮力が発生し座屈変形する。バルブ頭が形成されるとシャーワッシャーがせん断破断し、圧縮力が一旦解放される。さらに、ナットを回転させると軸力が導入され、所定の軸力に達するとピンテールが破断し締め付けが完了する

**写真３｜角型鋼管柱継手**

角形鋼管 400 × 400 × 22（BCP325）を高力ワンサイドボルト φ 27mm で摩擦接合した事例

**写真４｜RC 柱鋼板巻耐震補強**

既存の RC 柱と鋼板の間には、高力ワンサイドボルトを挿入するだけの空間が必要

業中に工事を行う施工条件でしたので、高力ワンサイドボルトで施工しています。既設のエレベーターを使って部材を搬入するため、部材を分割して現場に運搬しています。

**●施工例③　耐震ブレース**

**写真５**は体育館の天井耐震ブレース補強の施工例です。ブレース材の設置位置が天井に近いため、天井側から高力ボルトを挿入することができません。天井や壁に近接した位置に部材を設置する場合には片側から作業ができる高力ワンサイドボルトが有効です。

**●片側施工用ボルト**

中ボルトタイプの大臣認定品には、**写真６**のような片側施工用のボルトがあります。高力ワンサイドボルトのように、スリーブ状の部品を裏側で変形

**写真 5 ｜ 天井耐震ブレース**

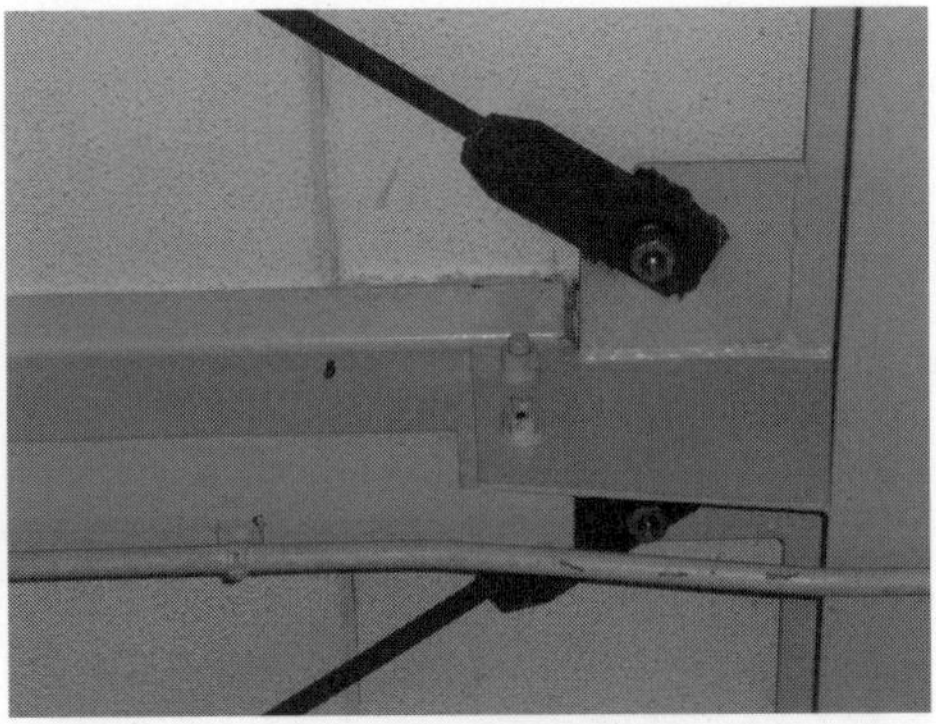

既存のガセットプレートと屋根材の間に高力ボルトを挿入出来ないため、片側から高力ワンサイドボルトで接合した事例

**写真 6 ｜ 片側施工用ボルト**

専用工具で六角のフランジ部分を固定してボルトを回転させると、筒状のスリーブが座屈変形してボルト頭を形成する。ボルト外径は φ 10mm で総板厚 18mm まで接合が可能

写真8｜スレッドローリングねじ

ねじ径より小さい孔をあけた鋼板に、ねじ自身がめねじを成形しながら鋼材を接合する。鋼材を押し広げてめねじを成形するため、タッピンねじやドリルねじとは異なり、切粉は出ない

写真7｜屋根パネル

専用工具が必要だが、ボルトナットの締付けと比較して、施工スピードが圧倒的に速い

させてボルトの頭部分を形成します。写真7のように屋根パネルを上側から作業員1人で締め付けることができます。

●建築構造用ドリルねじ

ＪＩＳ規格のドリルねじは、ねじ径が最大6・3㎜で薄板の接合に用いられていますが、鋼板の板厚が2・3㎜以上の接合も可能なドリルねじ［※3］があります。ねじ径は最大8㎜で、板厚は最大6㎜までの接合が可能です。主にスチールハウスに用いられています。

●発射式打込み鋲

合成スラブ用のデッキプレートを鉄骨梁に接合する発射式打込み鋲があります。火薬式とガス式の鋲打機があり、作業スピードが速いのが特長です。火薬式の場合、銃砲刀や火薬取締法などの所持許可

写真9｜胴縁接合部

通常、胴縁のネコピースは鋼材に溶接されるが、高耐食めっき鋼板を用いた胴縁には、ねじによる乾式接合が有効

写真10｜高強度ブラインドリベット

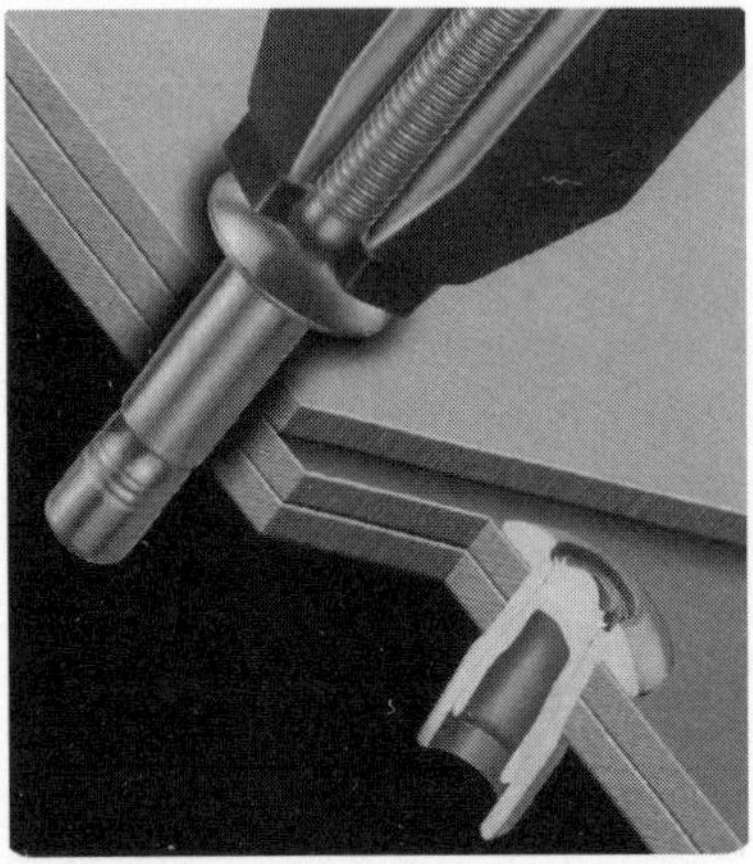

総厚15.9mmまで接合可能な、直径φ6.4mmのブラインドリベット。下孔を充填する接合のため、強度が高く振動にも強い

が必要で、メーカーの講習を受けた作業者が施工します。

## 非構造部材であれば「ねじ」で接合できる

### ●スレッドローリングねじ

構造耐力上主要な部分に当たらない胴縁など、非構造部材の接合部であれば、指定建築材料を使わなくても良いので、ドリルねじやタッピンねじ以外の「ねじ」による接合も可能になります。JIS規格の材料には「スレッドローリングねじ：JIS B 1060」というタッピンねじに似たねじの規格があります。これは、自動車をはじめとする一般産業では古くから用いられているねじですが、タッピンねじやドリルねじとは違って、ねじ込んだ時に鋼材の切り粉が出ないことと、鋼材の下孔にめねじを塑性変形で成形するのが特長です。最近では厚板の接合も可能なスレッドローリングねじも使われています。**写真8**はねじ径が最大16㎜まである特殊なスレッドローリングねじです。**写真9**は胴縁のネコピースを角形鋼管に接合した例です。この他にも、防音壁のパネル連結やチェッカープレートの固定、屋根材の接合にも用いられています。

## ●その他の接合方法

ねじ以外にも取付け部材が薄板であれば、片側から接合する様々な方法があります。鋼材用の鋼板釘を打ち込む方法、鋼材にタップを立てためねじにボルト接合する方法、**写真10**のような比較的太径の高強度ブラインドリベット［※4］で接合する方法です。また、屋根材の固定には、片側から施工する専用のボルトもありますし、最近では鋼板の接着が可能な構造用接着剤も使われています。

現場溶接せずに鋼材を片側から機械的に接合するには、建築基準法の対象となる構造部材なのか非構造部材なのか、鋼材が薄板なのか厚板なのかを良く検討し、その状況に応じて様々な接合材料と解決方法があることを知っておくことが大切です。

（中島一浩）

※1 「薄板軽量形鋼造建築物設計の手引き（第2版）」（一般社団法人日本鉄鋼連盟）
※2 「鋼構造物接合部設計指針」（日本建築学会）
※3 「建築構造用ドリルねじ」（一般社団法人日本鉄鋼連盟、一般社団法人日本ねじ工業協会）
※4 （株）ロブテックスファスニングシステム https://www.lobfs.com/

Q
35

# 胴縁や母屋の耐久性は、鉄骨骨組と同じ仕様にしなくてよいのか？

# 板厚が薄い胴縁、母屋は十分な防錆処理が必要

胴縁や母屋は、外壁や屋根を受ける下地材のため、鉄骨骨組に比べて板厚が薄く、その多くは2.3～3.2㎜の軽量形鋼や鋼管が用いられます。一方、胴縁や母屋の錆に対する対策、つまり防錆処理は、鉄骨骨組と同じか、あるいはそれより低い仕様となっています。

注意しなければならないのは、胴縁や母屋は板厚が薄いため鉄骨骨組と同じ防錆処理にした場合、耐久性は鉄骨骨組に比べて胴縁や母屋のほうが低く、耐久性のアンマッチが発生するという点です。これについては『建築工事監理指針』［**参考文献1**］にも述べられており「軽量形鋼構造は板厚が薄いので腐食に対する安全性が一般の鋼構造より低く、十分な防錆処理が必要」とされています。一例として、さび止め塗装を施した築35年の胴縁を示します［**写真1**］。この建物では、鉄骨骨組は健全ですが、胴縁は経年により穴あきまで至っています。胴縁、母屋といった非構造部材の耐久性は見落とされがちですが、板厚が薄いからこそ防錆処理はとても重要です。

鋼構造の耐久性について、推定耐用年数の予測式［**参考文献2**］を用いて鉄骨骨組と胴縁の耐用年数を比較した結果が**図1**です。胴縁と鉄骨骨組の防錆処理を「一般用さび止めペイント（JIS K 5621）2回塗り」とした場合、鉄骨骨組が50年以上の耐久性があるのに対し、胴縁は16年程度の耐久性しかないことが分かります。この場合、胴縁の機能保持のためには再塗装などのメンテナンスが必要になり、結果的にはライフサイクルコストが増す恐れがあります。

一方、胴縁の耐久性を上げるために「溶融亜鉛

**写真１｜さび止め塗装を施した胴縁の腐食状況（築 35 年）**

一般用さび止めペイント＋合成樹脂調合ペイント塗布。海岸から 50 ～ 100 mの場所

**図１｜部位別・防錆仕様別の推定耐用年数の比較**

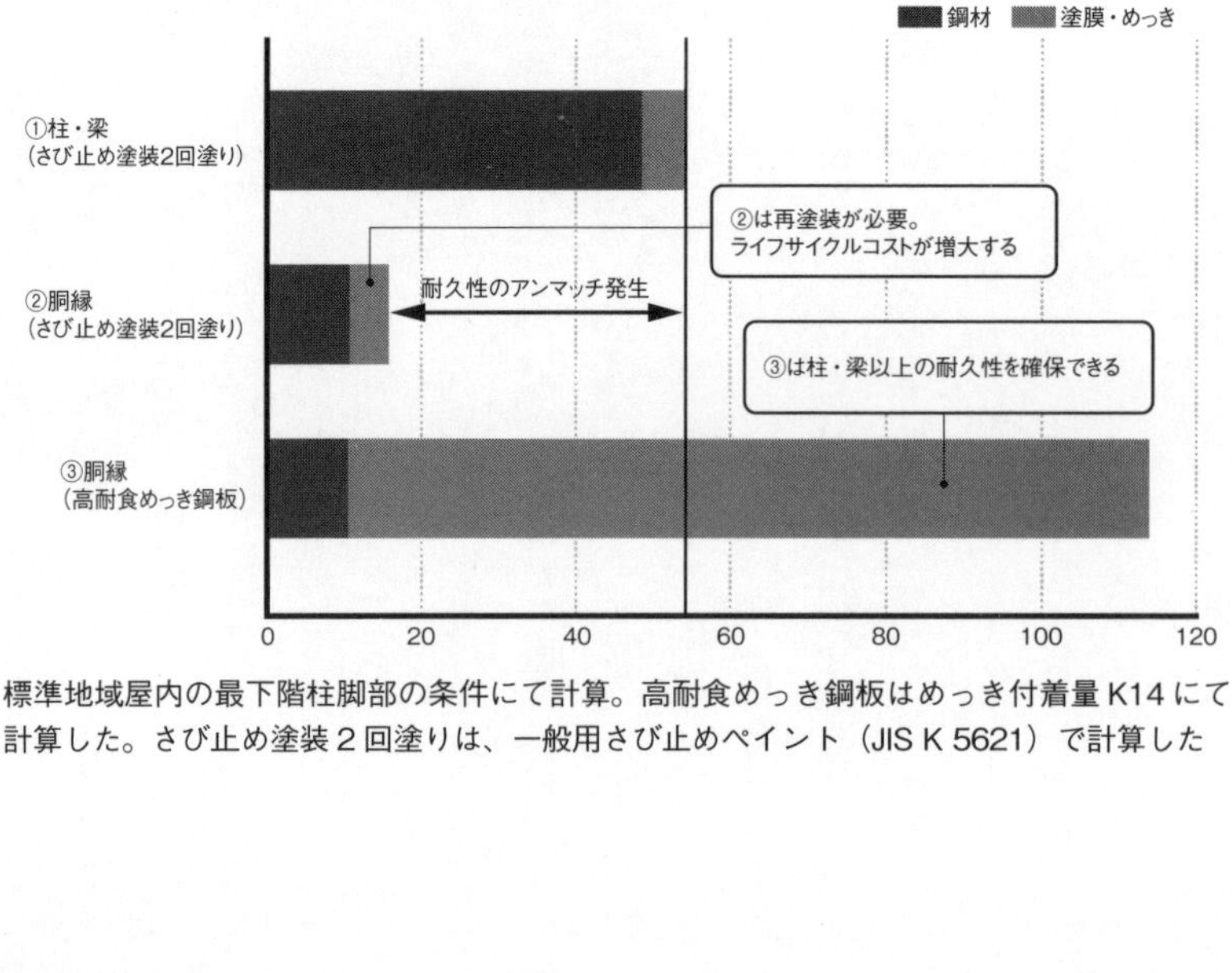


標準地域屋内の最下階柱脚部の条件にて計算。高耐食めっき鋼板はめっき付着量 K14 にて計算した。さび止め塗装２回塗りは、一般用さび止めペイント（JIS K 5621）で計算した

めっき（後めっき）」を施すことも一策ですが、熱歪が生じたり、板厚が薄いと製造できないなどの板厚制限があるうえ、製造コストが高くなってしまうといった課題があります。

## 鉄骨骨組と同等レベルの耐久性を持たせるための手段

胴縁や母屋の耐久性を上げるためには、その素材に「高耐食めっき鋼板」と呼ばれるプレめっき鋼板を選定することで、コストを抑えながら耐久性を大幅に向上することが可能となります。

たとえば、「溶融亜鉛-アルミニウム-マグネシウム合金めっき鋼板及び帯鋼（JIS G 3323）」や「溶融亜鉛-5%アルミニウム合金めっき鋼板及び帯鋼（JIS G 3317）」などを素材にした一般構造用軽量形鋼（JIS G 3350/SSC400）や一般構造用角形鋼管（JIS G 3466/STKR400）を用いれば、耐久性は鉄骨骨組と同等以上となり、さび止め塗装で問題になっていた耐久性のアンマッチを解消することができます。前述の**図1**には、「高耐食めっき鋼板」の推定耐用年数の計算結果を示しています。その年数は100年以上となり、鉄骨骨組と同等またはそれ以上の耐久性を有することができます。

**表1**に「各種防錆仕様の促進耐食性試験結果」を示します。この試験は、中性塩水噴霧サイクル試験と呼ばれるJISに規定された評価試験方法です。②～④の各試験体には50サイクルから赤錆が発生しているのに対して、「①高耐食めっき鋼板」には赤錆の発生はなく、優れた耐食性を有しています。

気になるコストですが、「②さび止め塗装2回塗り」や「③溶融亜鉛めっき」より「①高耐食めっき

### 表1 ｜ 各種防錆仕様の促進耐食性試験結果

| 防錆仕様 | 試験前 | 50サイクル | 100サイクル | 150サイクル |
|---|---|---|---|---|
| ①高耐食めっき鋼板<br>JIS G 3323 /K14<br>（両面3点平均最小付着量：140g/㎡） |  |  | 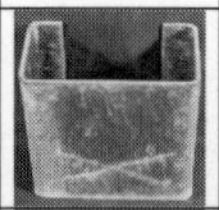 |  |
| ②さび止め塗装<br>2回塗り<br>JIS K 5674<br>（60μm程度） |  |  | 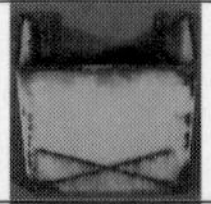 |  |
| ③溶融亜鉛めっき<br>JIS H 8641 / HDZ40<br>（片面めっき付着量：400g/㎡以上） | 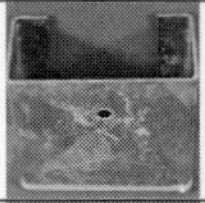 |  |  |  |
| ④さび止め塗装<br>JIS K 5674<br>（15μm程度） |  |  | 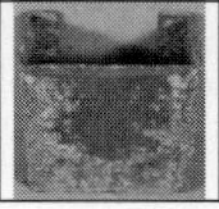 |  |

＊試験方法：中性塩水噴霧サイクル試験（JIS　H　8502）
1サイクル（8h）＝塩水噴霧（35±1℃ 5%NaCl）2h＋乾燥（60±1℃ 20 ～ 30%RH）4h＋湿潤（50±1℃ 95%RH以上）2h
出典：「エコザック®」HP　https://ecozack.jp/about.php

鋼板」を用いたほうが安価になるケースが多く、コストの面からも優れています。図2に各種防錆仕様でのコスト構成の一例を示します。「②さび止め塗装2回塗り」は、塗装作業に長時間を要するため塗装作業費が高くなってしまいます。また「③溶融亜鉛めっき」の場合は、めっき業者に持ち込んでめっきを行なうため、輸送費が余分にかかり、「②さび止め塗装2回塗り」よりさらにコストが高くなります。一方、「①高耐食めっき鋼板」を用いた場合は、材料費は若干高くなりますが、塗装やめっき作業費が不要となるため、コスト的には優位になります。なお、「④さび止め塗装」（膜厚15μm程度）は、コストは安価なのですが耐久性のグレードとしては大幅に下がり、長期的な視点でみた場合、ライフサイクルコストの増加や腐食状況によっては安全性確保が困難になるケースもあり、選択に当っては注意が必要です。

**図2 ｜ 各種防錆仕様でのコスト構成の一例（指数比較）**

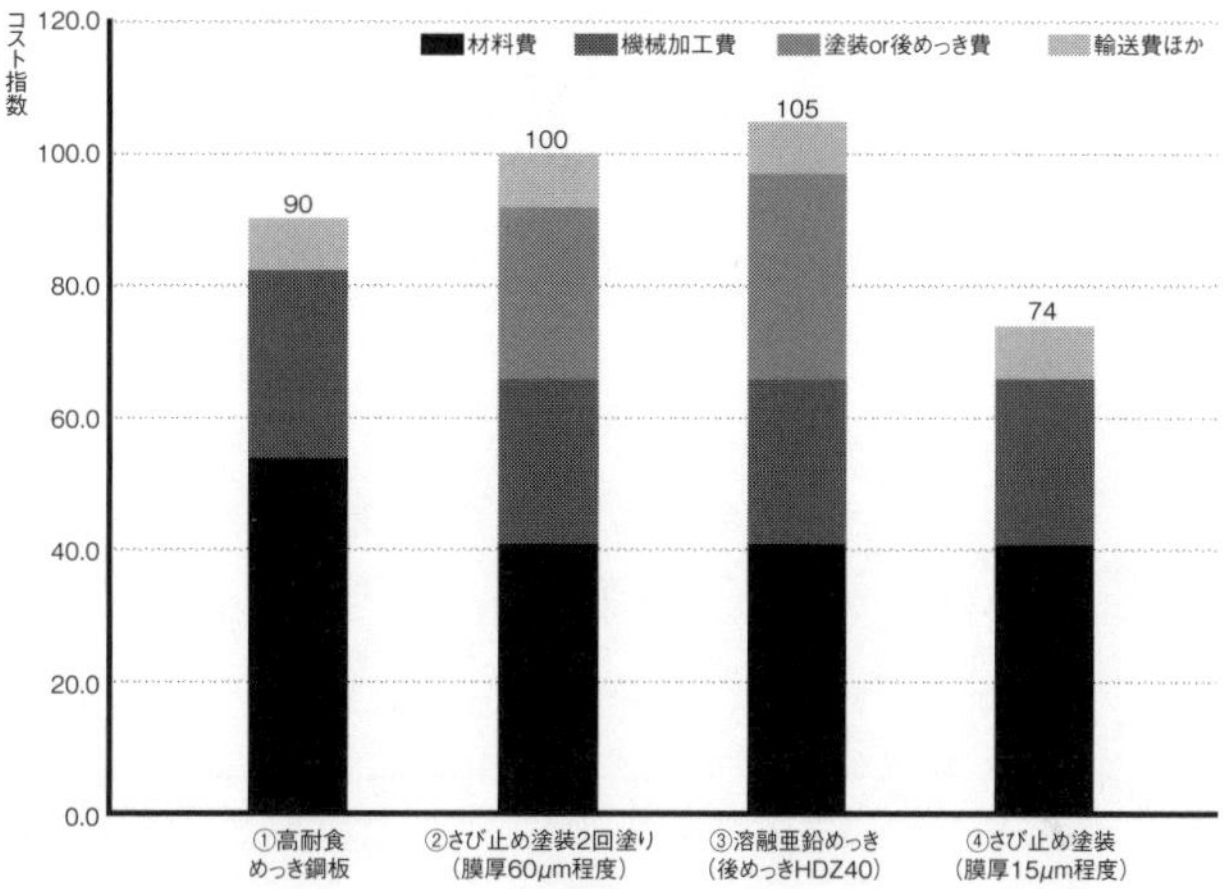


・縦胴縁（□100×100×2.3主体）で重量約100トンの物件を想定
・「②さび止め塗装2回塗り（膜厚60μm程度）」のコスト指数を100として比較
・施工現場搬入までのコストとし、施工現場での補修塗装費などは含まず計算
・②④は鋼管内の防錆として小口蓋を溶接で取り付けた仕様で算出

図3に各防錆仕様の胴縁の位置づけを表した概要図を示します。「①高耐食めっき鋼板」を用いた胴縁は、優れた耐食性を有しながら、コスト優位性も合わせ持つことができ、従来の防錆仕様の胴縁の課題を解決する胴縁といえます。

## 高耐食めっき鋼板を用いた場合のその他のメリット

「鉛・クロムフリーさび止めペイント（JIS K 5674）」などのさび止め塗装は、疵が付き易いため輸送疵や施工疵が発生し、引渡し前に補修塗装が必要になるなど、潜在的なコストアップ要因を抱えています。一方、「高耐食めっき鋼板」はめっき鋼板のため疵がつきにくく、施工後の補修塗装や、仕上げ塗装が不要になるといったメリットがあります。**写真2**は、同一の施工現場で「高耐食めっき鋼

図3｜各防錆仕様の胴縁の位置づけ

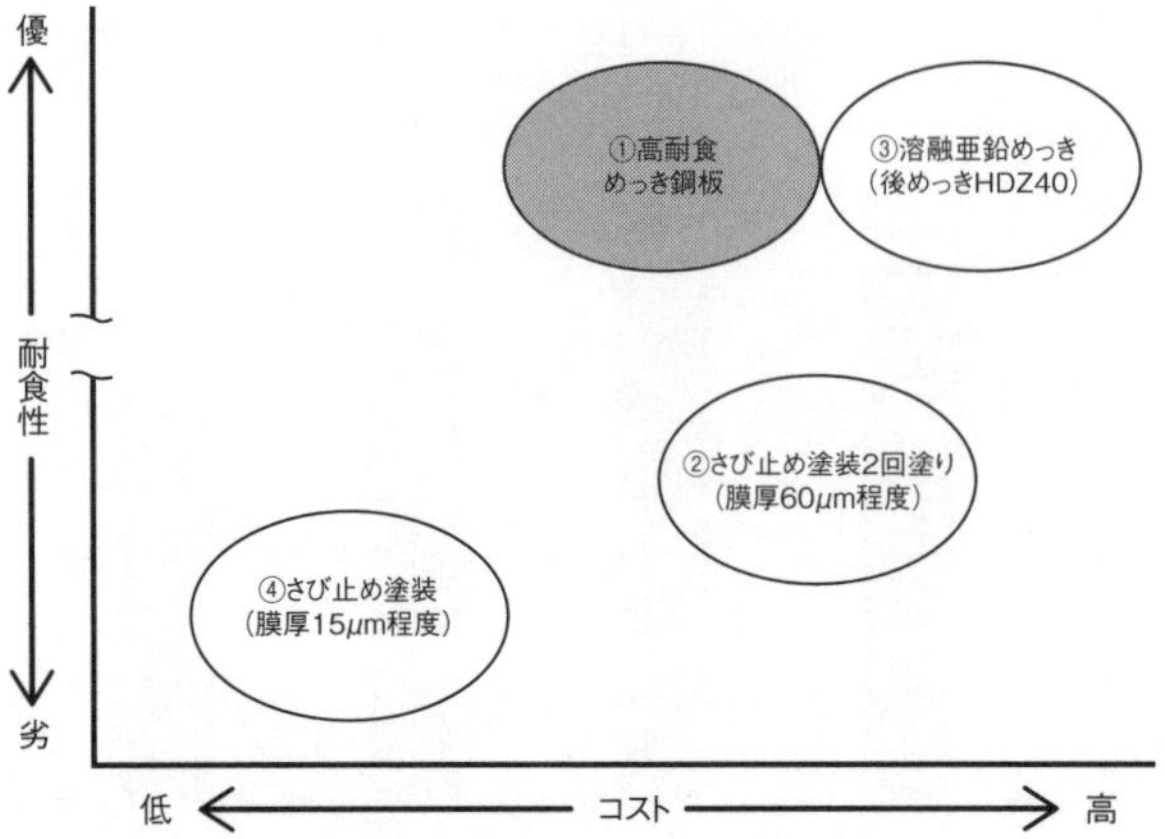


板」と、「さび止め塗装2回塗り」の部材を施工した現場の写真です。「さび止め塗装2回塗り」は疵部から赤錆が発生しており、このあと補修塗装が必要となりました。一方、「高耐食めっき鋼板」を用いた胴縁は疵がほとんどなく補修塗装が不要で、現場からも「手離れが良い」と好評でした。

## 高耐食めっき鋼板と乾式接合工法の組合せの事例

胴縁の鋼管や軽量形鋼に接合金具（ネコピース）を固定する方法として、溶接を用いることが多いですが、溶接により熱歪が発生したり、溶接金属部の補修塗装による補修手間や見栄えといった面で課題があります。これを解決する方法として、片側施工の締結ボルトを用いた乾式接合胴縁が開発され、徐々に採用される事例が多くなっています。たとえ

### 写真2｜施工後の外観写真（同一施工現場で撮影）

さび止め塗装２回塗り（補修塗装必要）

高耐食めっき鋼板（補修塗装不要）

### 写真3｜高耐食乾式接合胴縁システム「エコザック®」の概要

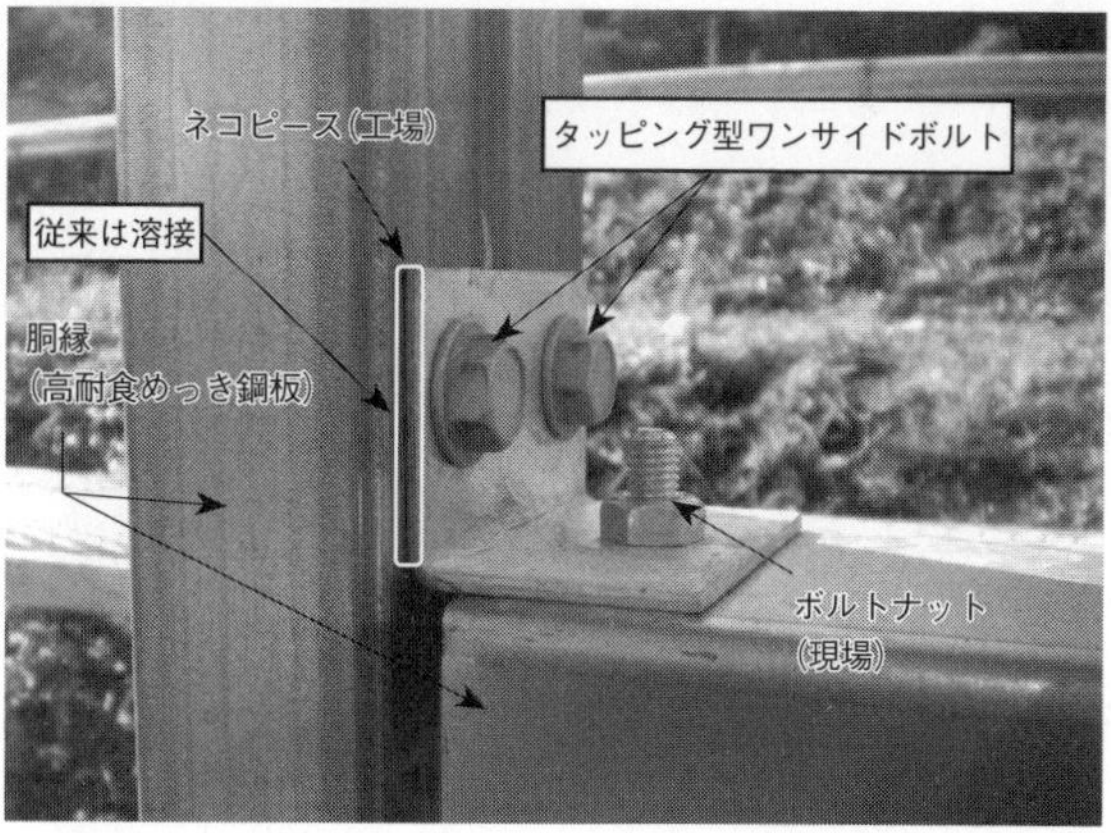

**図4 |「エコザック®」のネコピースの取付け方法**

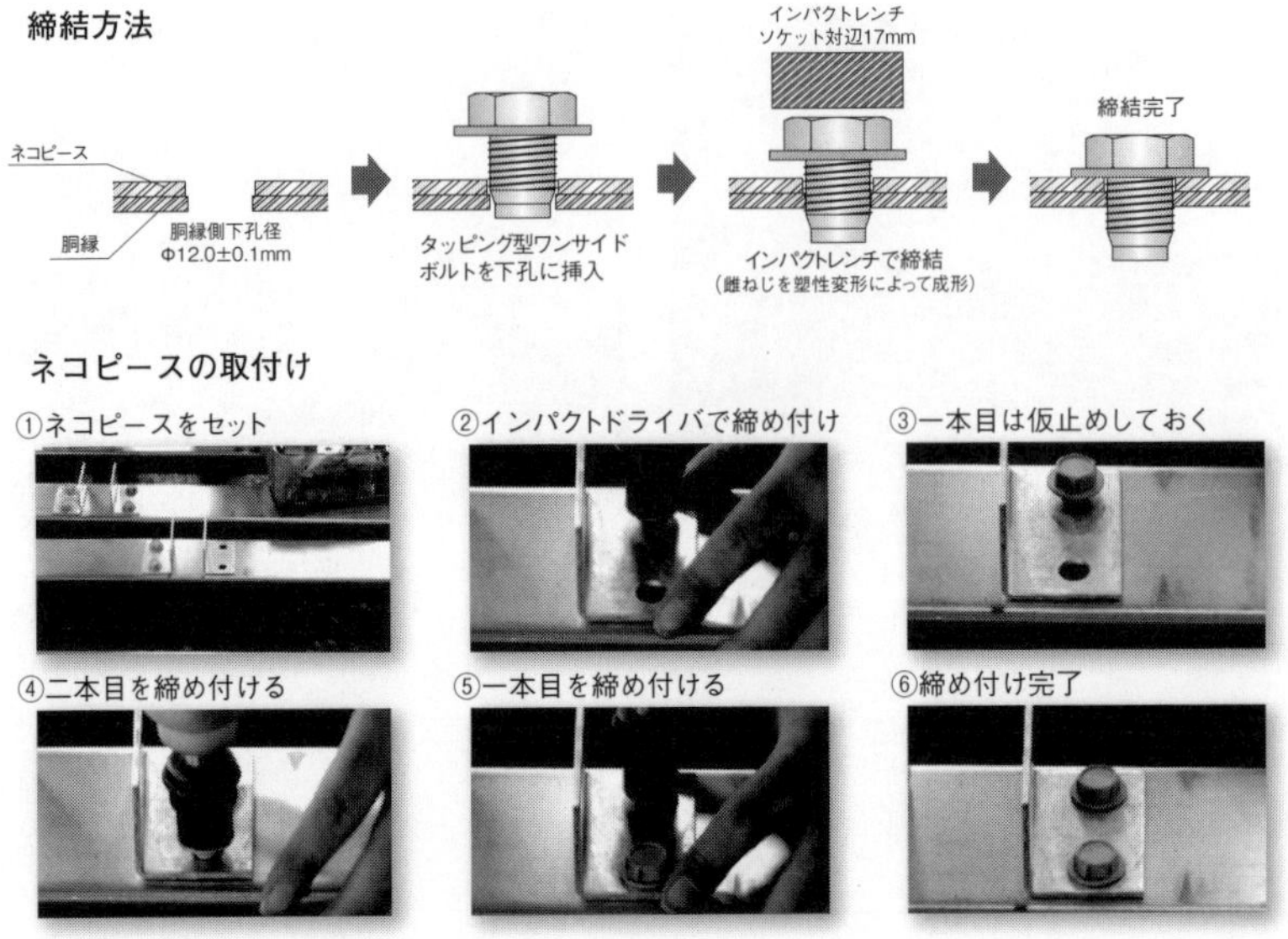

①ネコピースをセット
②インパクトドライバで締め付け
③一本目は仮止めしておく
④二本目を締め付ける
⑤一本目を締め付ける
⑥締め付け完了

ばエコザック普及協議会（https://ecozack.jp/）が開発した「エコザック®」は、写真3、図4のように高耐食めっき鋼板の胴縁を防錆処理されたタッピング型の片側施工ボルトで接合することで、施工性及び耐食性の面でも考慮された工法です。また、トレーサビリティが確保され製造の履歴が追跡できるなど品質管理も徹底されており、次世代の胴縁として注目されています。

（星山 守）

参考文献1：「建築工事監理指針 平成28年度版（上巻）」652～653頁（一般社団法人公共建築協会）
参考文献2：腐食防食協会編「住宅の腐食・防食Q&A」229頁、261～273頁（丸善出版）

# 現場

Q 36

# コンクリートのスランプ値は小さいほどよい？

「一概にそうともいえないわよ」

## 小さいスランプがよいとは言いきれない

一般的には、スランプは小さいほうが構造的にはよいといわれています。ただし、それは**コンクリートの打設作業で密実に充填することができるという前提条件が満足されていなければなりません。**

コンクリートは、調合直後（正確にはセメントと水が出合ったとき）から化学反応が始まり、時間とともに硬化していきます。硬化前のフレッシュなコンクリートは、主として水量が多いか少ないかにより、コンクリートの軟らかさや流動性が異なります。この軟らかさや流動性の程度を示す1つの試験方法がスランプ試験です。フレッシュコンクリートのスランプとは、上の内径が10cm、下の内径が20cm、高さが30cmの鋼製中空のコーン（円すい台形の型）に詰めたコンクリートが、コーンを引き抜いたあとに最初の高さからどのくらい下がるかを示すものです［図1］。したがって、スランプが小さい、落差の小さいコンクリートは、比較的固めで（軟らかくなく）、流動性が小さいコンクリートということになります。

コンクリートのスランプは、骨材の大きさや粒径、単位セメント量、単位水量などによって決まりますが、このうち最大のものは単位水量による影響です。したがって、スランプが小さいということは、コンクリート中の水分が少なく硬めであることを示しています。単位水量が少ないコンクリートであれば、ブリーディング（骨材やセメント粒子の沈降にともない、練混ぜた水の一部［自由水］が遊離上昇する現象）による沈み亀裂や乾燥収縮によるひび割れが少なく、耐久性も高くなります。

しかしながら、コンクリートは密実に充填されることが大前提としてあります。建築や土木の仕様書や日本建築学会の指針においても、打設充填作業

**図1 ｜ スランプ値の計測方法**

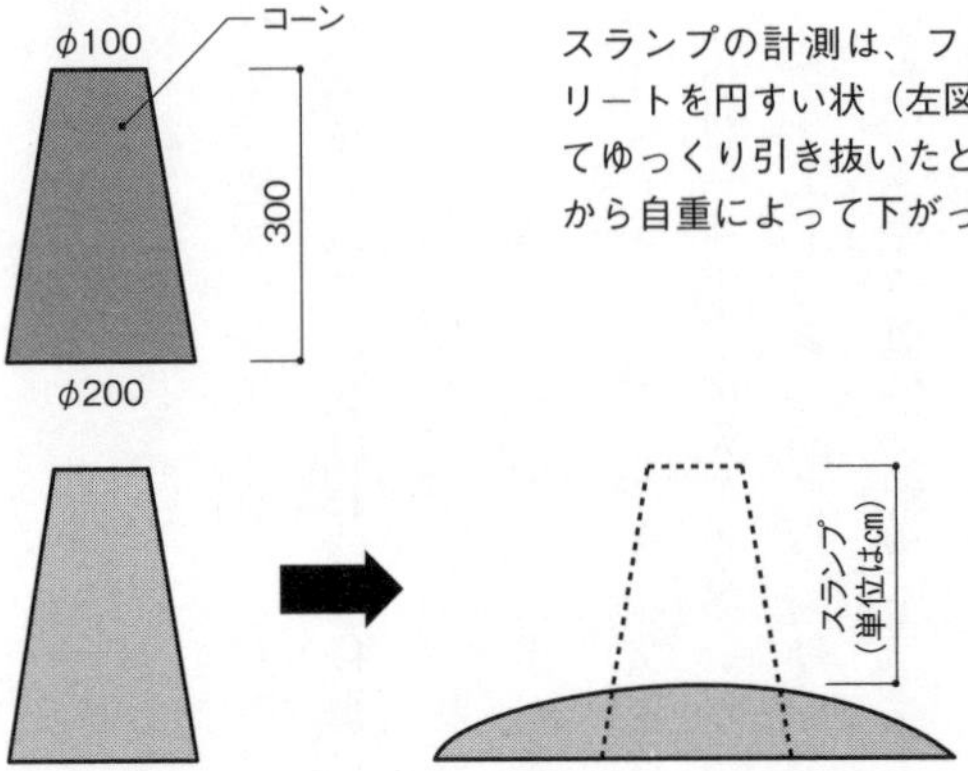


スランプの計測は、フレッシュなコンクリートを円すい状（左図）のコーンに詰めてゆっくり引き抜いたときに、最初の高さから自重によって下がった距離を計測する

の難易などにより、打設個所に応じてスランプ値を使い分けるようになっています。

## 水セメント比と性能の関係

コンクリートポンプ車による打設という特性を考慮すると、スランプは大きいほうが、明らかに作業効率は高くなります。しかし、そのために水量を増やすと砂利が低い位置に溜まってしまったり、コンクリート強度や水密性などが低下したりするので、作業性と仕上がり品質のバランスをとらなければなりません。

スランプに影響を与える大きな要因に、「水セメント比」があります［※］。水セメント比は、水とセメントの重量比で表すもので、スランプだけではなく、コンクリートの品質全般に影響を及ぼすものです。

**表1｜水セメント比の大小とコンクリートの品質の関係**

| 水セメント比 | 小さい⇔大きい |
|---|---|
| 水量 | 少ない⇔多　い |
| スランプ | 小さい⇔大きい |
| コンクリート強度 | 高　い⇔低　い |
| 作業性 | 悪　い⇔良　い |
| 耐久性 | 高　い⇔低　い |
| 水密性 | 高　い⇔低　い |
| ひび割れ発現の可能性の程度 | 少ない⇔多　い |

一般的なコンクリートに関する性質を示し、CFT コンクリートなどの高強度コンクリートでは、この表と異なる部分もある

では、コンクリートに求められる要求性能には、どのようなものがあるか、簡単にまとめておきましょう。

**①設計強度（構造物として必要な強度）**

コンクリートの各種強度のうち、とくに重要視されるのが圧縮強度です。

**②作業性（ワーカビリティー）**

コンクリートのなかの砂利がノロ（モルタル分）と分離しない（分離するとジャンカや豆板の原因となる）で、鉄筋の混み入った部分にもしっかりと充填させることができるなどの作業性の難易度も重要です。

**③水密性・耐久性（耐水性、対中性化など）**

密実なコンクリートは空気や水を通しにくいものです。水密性の高いコンクリートは、セメントの特性であるアルカリ性を長期にわたり保持できます。しかし、コンクリートは空気中の二酸化炭素の

## 図２｜水セメント比と圧縮強度・水密性・中性化の関係

**水セメント比と圧縮強度の傾向**

水セメント比が大きくなると、圧縮強度は小さくなる

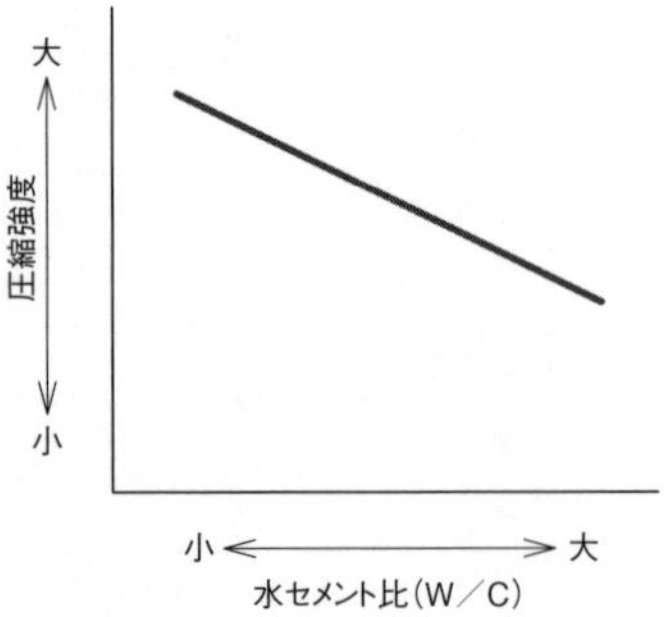


**水セメント比と水密性の傾向**

水セメント比が大きくなると、水密度は小さくなる

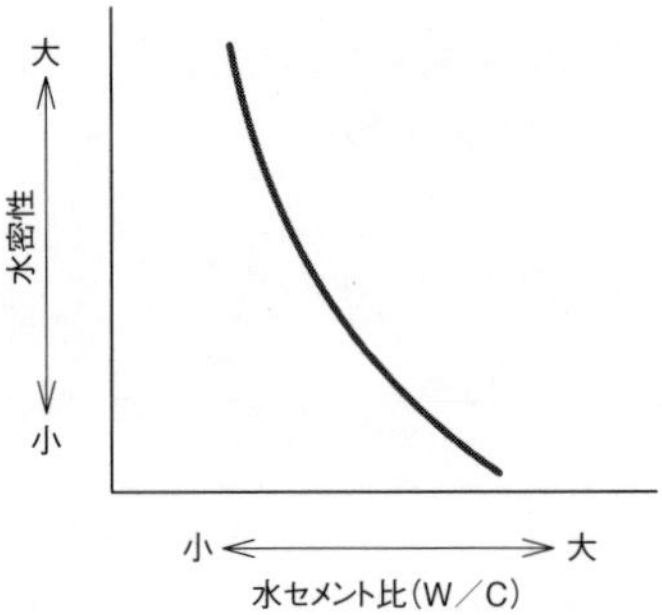


**水セメント比と中性化の傾向**

ある年数を経過すると、水セメント比が大きかったものほど、中性化深さは大きくなる

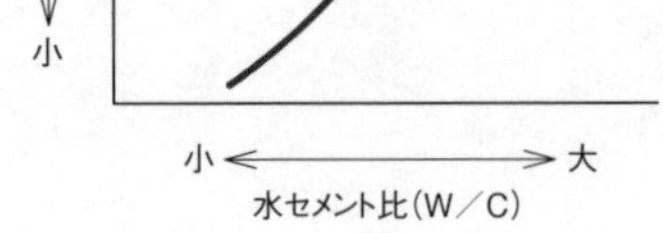


---

※　日本国内においても1932年に標準調合表が作られ、また1949年に生コン工場によるレディーミクストコンクリート生産が開始されるなど、長年月の実績から、適度な調合方法やスランプが提唱されている

参考文献：「コンクリートなんでも小事典」（土木学会関西支部編　井上晋・他著）「よくわかるコンクリート建物のひびわれ」（建築技術　岡田哲著）「鉄筋コンクリート造のひびわれ対策（設計・施工）指針 同解説」（日本建築学会）「新建築学大系46 構造材料と施工」（彰国社　岸谷孝一・他著）「建築構造Ｑ＆Ａ　３ＲＣ造（１）」（建築知識　池田博俊著）

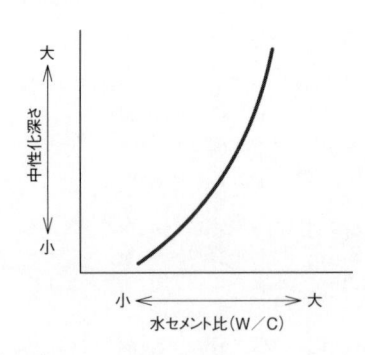

影響により、アルカリ性は徐々に低下し、中性化していきます。中性化深さが鉄筋まで達すると、錆の発生が始まる可能性が高くなるので、水密性は耐久性を判断する指標となります。

**④経済性**

　コンクリートを構成する材料のうち、もっとも高価なのはセメントであるため、少ないセメントでコンクリートをつくれば、経済性は向上します。そして、水セメント比（水／セメントの質量比）の大小と品質との関係においても、**表1**、**図2**のような一般的、相対的な傾向があります。

　スランプに関しては、水セメント比のみだけでなく、混和剤（材）などの利用によっても、大きな影響があります。混和剤とは、流動性を大きくしたり、硬化を早めたり、逆に遅くしたりする目的で用いられるものです。ＡＥ減水剤や流動化剤を用いて、単位水量をできるだけ小さくして、所要スランプを得るようにしています。

（越田英一）

Q37

# 構造上許されないスイッチボックスの付け方とは？

「彼、どこに付けたらいい？」

## 柱に設置するときは欠損とならないように

建物には、スイッチボックスや配電盤などの設備機器が設置されます［図1］。これらを躯体に埋め込む際には注意が必要です。ここでは主にRC造の柱や壁に設けられるものについて考えてみます。

### ①スイッチボックスは躯体の断面欠損

まず、スイッチやコンセントのボックスなどが柱に設置される場合について考えてみます。構造的に考える柱は図2のような構成になっています。この柱に、よく考えずにスイッチボックスを設置すると図3のような状態になります。図3の場合、その問題点は何でしょうか。まず、**柱の設計寸法に対してスイッチボックス分が断面欠損になっています**。また、正規のフープ間隔の間にスイッチボックスが入らないため、フープを移動したことにより、フープの間隔が設計寸法より大きくなってしまいました。さらに、**スイッチボックスと主筋、フープ筋の間に適切なかぶり寸法が確保されていません**。

図3の問題点を改善するために図4のような納まりを考えてみましたが、これにも問題点があります。広がってしまったフープ間隔を改善するためにフープ筋を追加しましたが、フープ筋がロの字になっておらずコンクリートに対する拘束効果が期待できません。フープ筋はロの字状の形状としてコンクリートにタガを嵌め、主筋内部のコンクリートを拘束するようなものでないと、構造的な意味はありません。また主筋を移動していますが、移動量によっては鉄筋相互の間隔が不足してしまう可能性もあります。

最悪の例を図5に示します。スイッチボックスが納まらないため、柱の主筋を切断してしまいました。補強用の鉄筋を追加すればいいではないかとい

**図1 | 躯体に設けられるボックスなど**

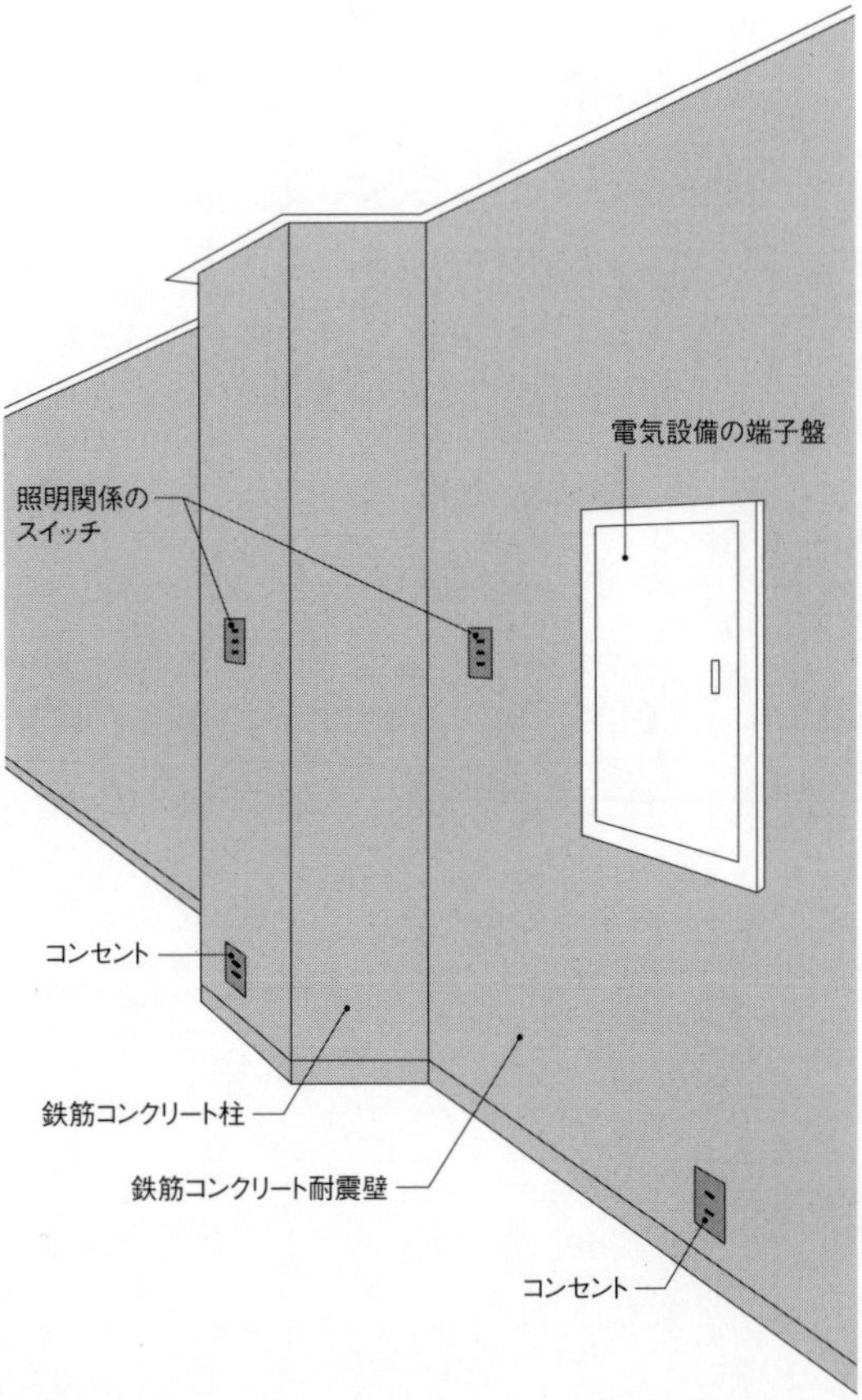


柱や壁には、照明のスイッチボックス、コンセントのボックス、少し大きなものでは壁に配電盤などが設けられるが、それらによる躯体の断面欠損が構造体に影響を与える場合がある

## 図２｜設置する柱の構造

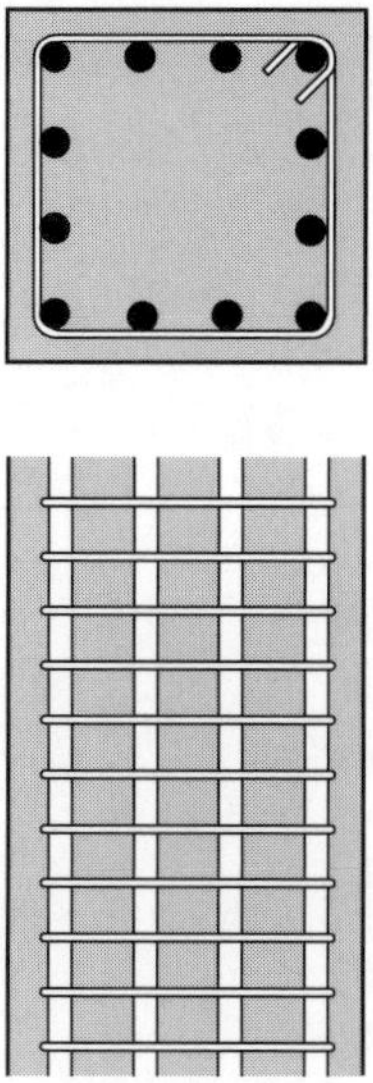

構造設計で考えている柱断面の納まり。上の図は柱の断面図。主筋が柱の四辺に配置され、すべての主筋をフープ（帯筋）でタガを嵌めるようにして拘束する。このとき柱を一回りする間でフープが途切れてはいけない。下の図は正面から見た図。フープは等間隔で配置されるのが原則である

## 図３｜避けたい設置例-１（断面欠損）

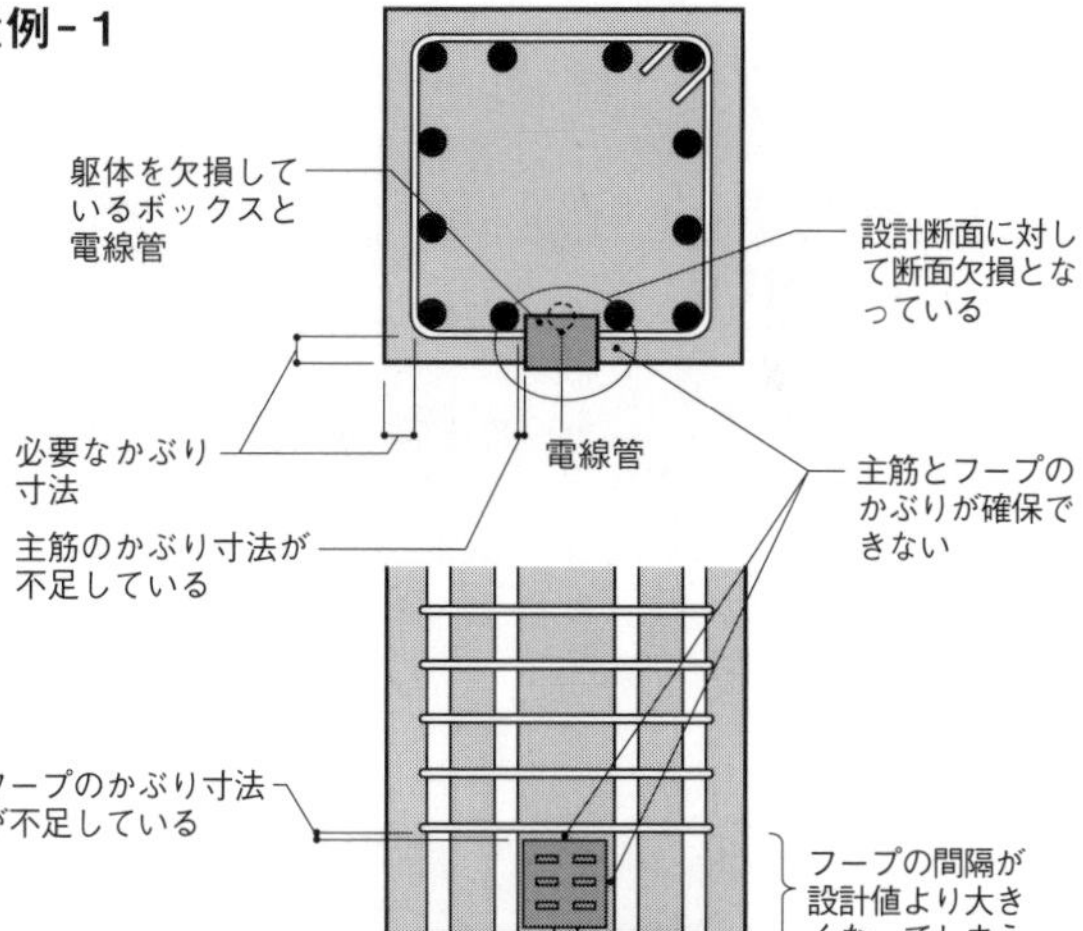


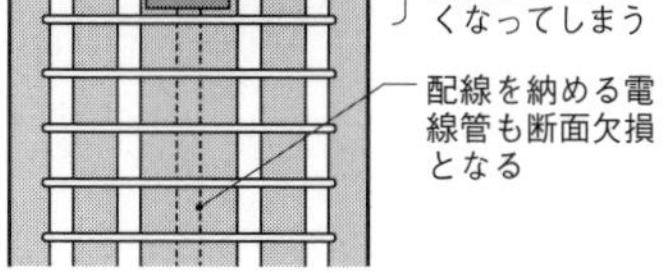


躯体を欠損しているボックスと電線管
設計断面に対して断面欠損となっている

配線を納める電線管も断面欠損となる

現場監理が不十分な場合にありがちな例。問題点としては、①何も考えずに柱に断面欠損を設けている、②フープ間隔を勝手に設計より大きくしている、③主筋、フープのかぶり寸法が不足している。このような柱では構造設計で考えた強度を確保できない

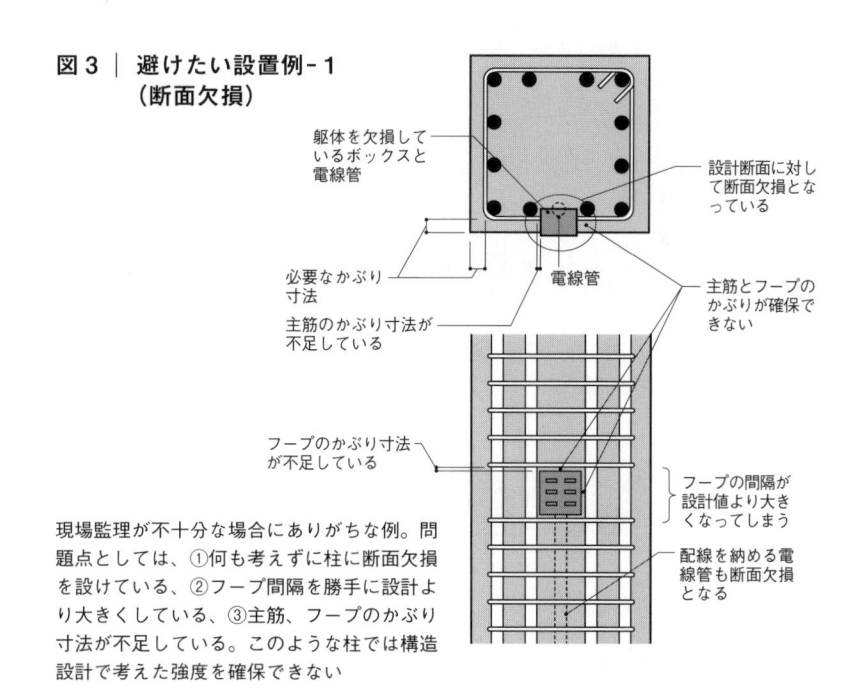

## 図4 ｜ 避けたい設置例-2（主筋移動）

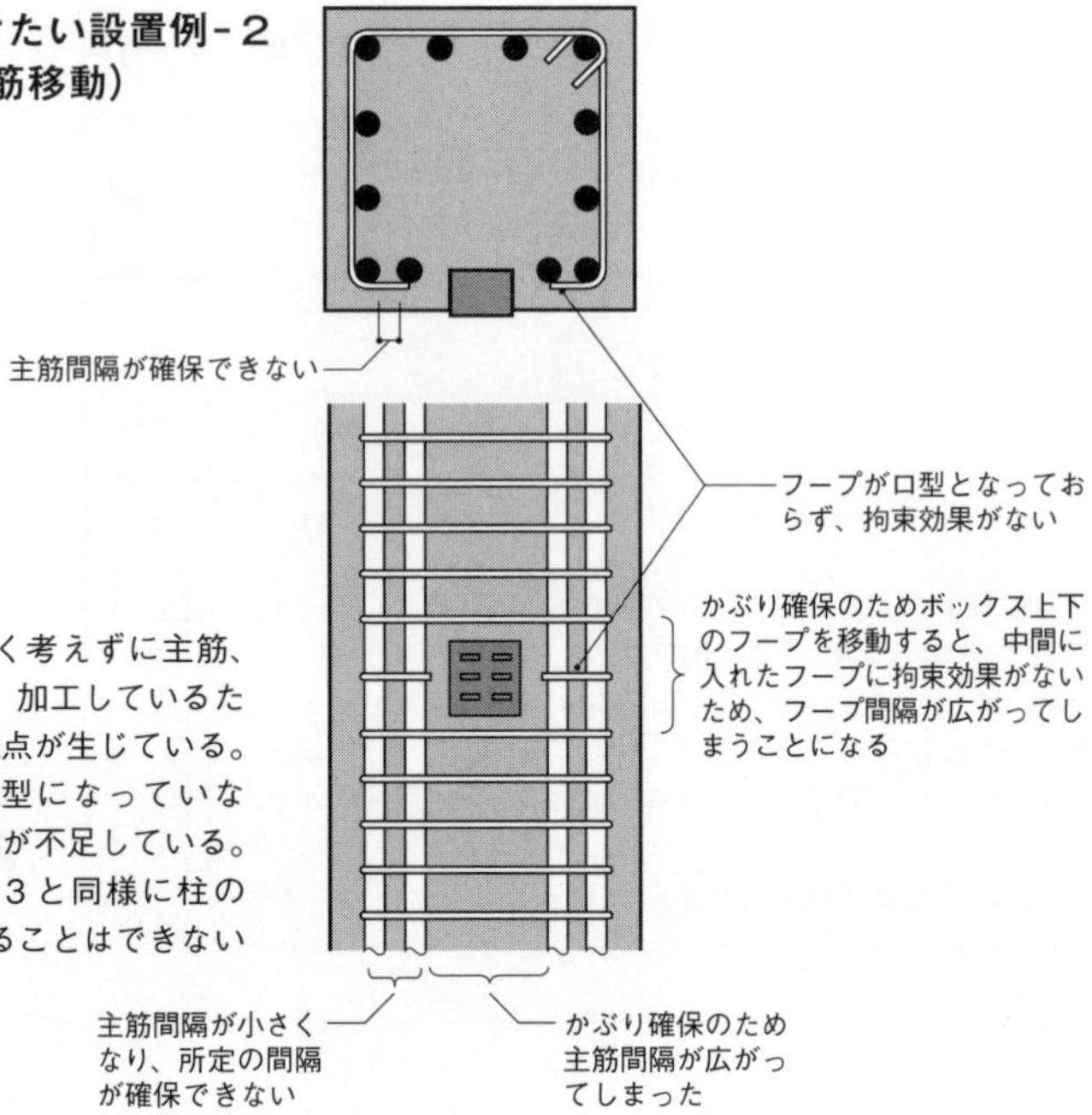
主筋間隔が確保できない
フープが口型となっておらず、拘束効果がない
かぶり確保のためボックス上下のフープを移動すると、中間に入れたフープに拘束効果がないため、フープ間隔が広がってしまうことになる
主筋間隔が小さくなり、所定の間隔が確保できない
かぶり確保のため主筋間隔が広がってしまった

ここでも、よく考えずに主筋、フープを移動、加工しているため、以下の問題点が生じている。①フープが口型になっていない、②主筋間隔が不足している。これでは、図3と同様に柱の強度を確保することはできない

## 図5 ｜ 避けたい設置例-3（主筋移動）

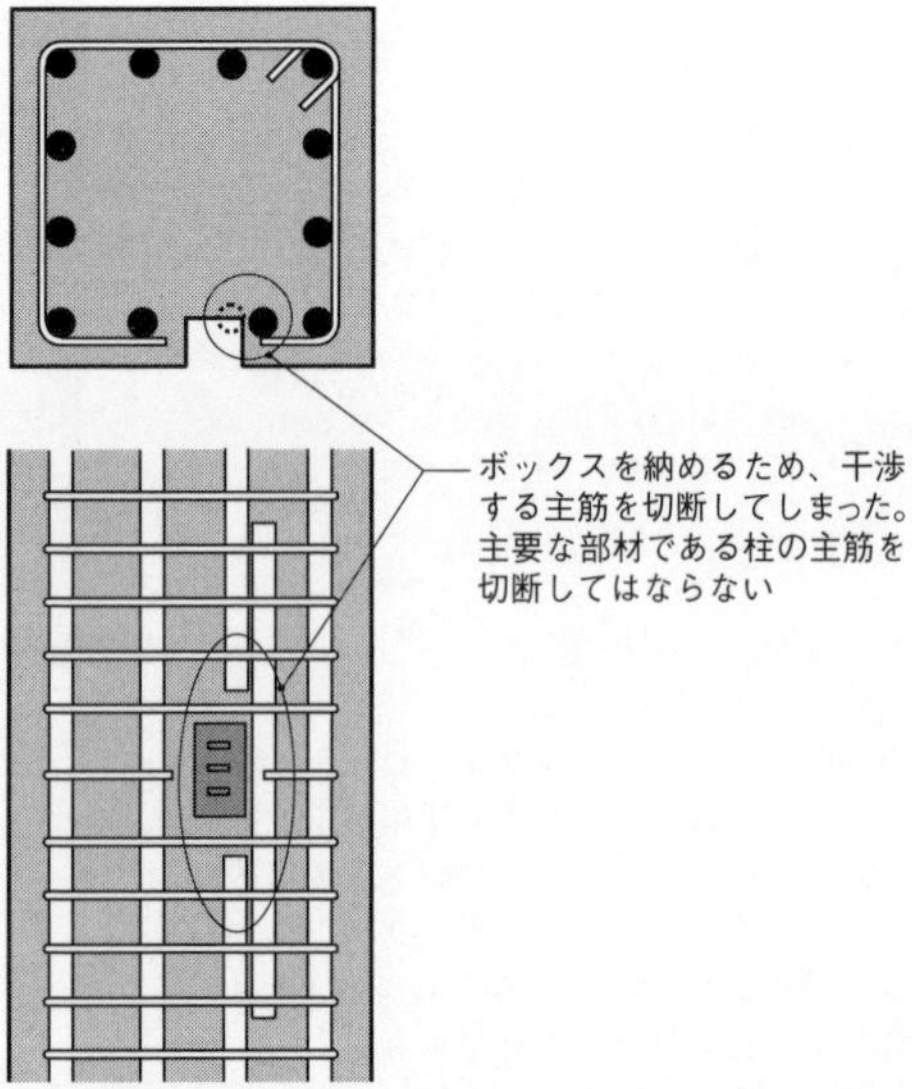
ボックスを納めるため、干渉する主筋を切断してしまった。主要な部材である柱の主筋を切断してはならない

建物を支えるために重要な部材である柱の主筋を、スイッチボックスを納めるために、十分な検討がないまま切断するのは、たとえ補強筋を追加するにしても本末転倒である

う設計者、施工者がいるかもしれませんが、最重要部材である柱部材の鉄筋をよく考えずに切断すること自体、言語道断です。

**②柱設計断面内にはスイッチボックスを設置しない**

図6に解決例の1つを示します。これはスイッチボックスが埋め込まれる寸法分を増し打ちして柱の設計寸法を確保する方法です。柱の設計断面に欠損はなく、主筋、フープ筋は設計どおりに配置されています。増打ち部分は縦筋、フープ筋とも柱本体の配筋より間隔を広げても、通常は問題ないためスイッチボックスを設置することができます。なお、この場合は確認申請の際、増打ちによる剛性増大の影響を考慮するよう指摘を受ける可能性がありますので注意が必要です。

図7はスイッチボックス埋め込み部分を増打ちではなく乾式壁で納めた例です。コンクリートの増打ちがないため剛性増大の影響がなく、増打ちコンクリートの欠き込み部からのひび割れも回避できるため、こちらのほうが構造的には問題がないといえます。ただし乾式壁のコストが余計にかかります。

なお、図6、図7の場合には、図8−1に示すように柱の見付け寸法が一般柱と異なってしまいます。見付け寸法を揃えるためには、図8−2に示すようにスイッチボックスを設置しない柱も同じように増打ちをする必要があります。しかし現場でこのような調整をするのは大変なので、設計段階で意匠と構造の設計者が十分打ち合わせをしておくことが大切です。

## 壁厚を確保すれば設備機器を埋め込める

**①壁に設けるスイッチボックス**

柱に設けるスイッチボックスにはいろいろ問題がありますが、長期軸力を負担しない前提で壁の構

## 図6｜理想的な設置例-1（増打ちして納める）

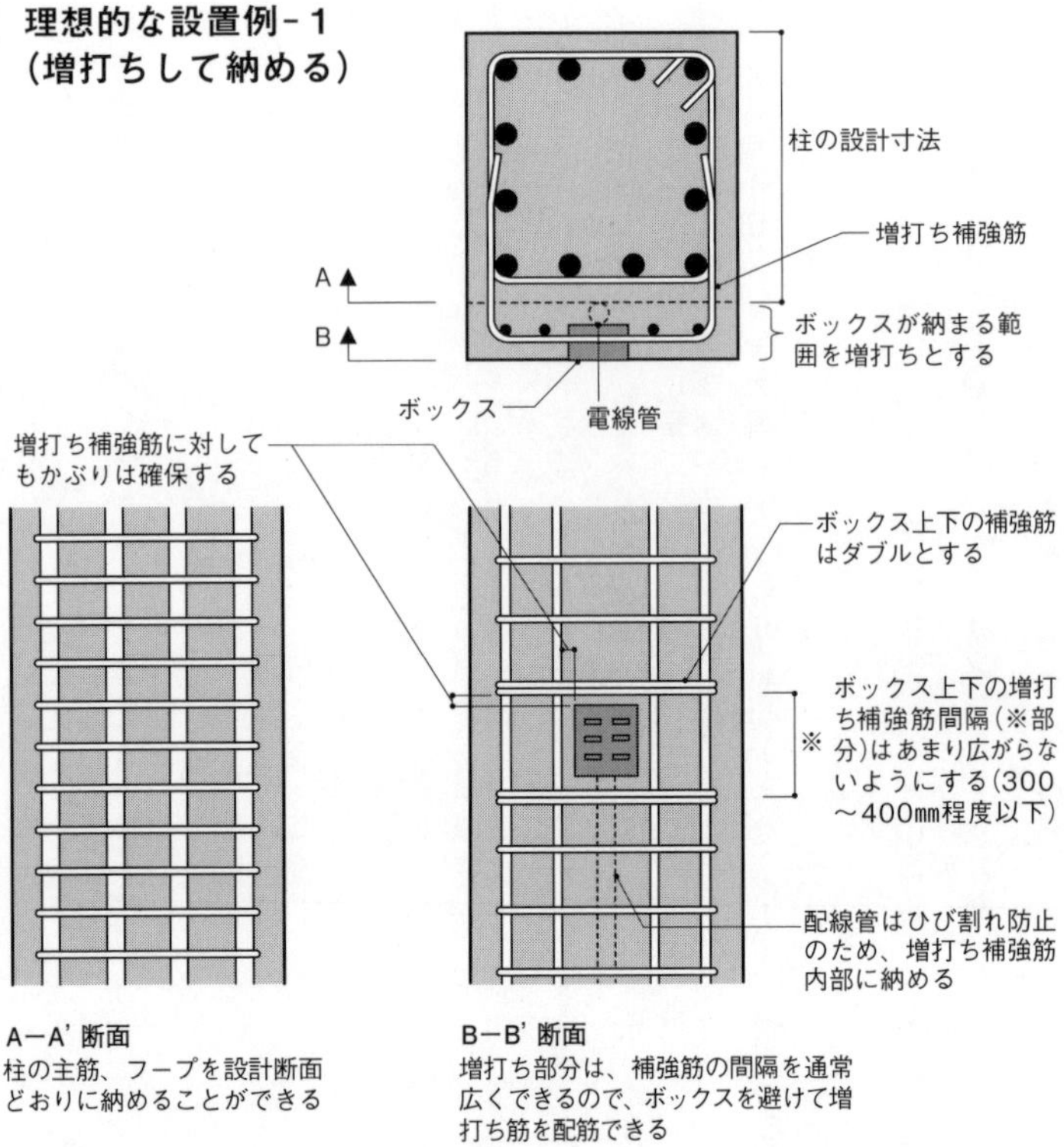

ボックスが納まる範囲を増打ちとする

増打ち補強筋に対してもかぶりは確保する
ボックス上下の補強筋はダブルとする
ボックス上下の増打ち補強筋間隔（※部分）はあまり広がらないようにする（300～400㎜程度以下）
配線管はひび割れ防止のため、増打ち補強筋内部に納める
A－A' 断面
柱の主筋、フープを設計断面どおりに納めることができる
B－B' 断面
増打ち部分は、補強筋の間隔を通常広くできるので、ボックスを避けて増打ち筋を配筋できる

スイッチボックスを設けても柱の断面欠損とならないよう増打ちを行った例。増打ち部分の配筋の制限は少なくなるが、少なくとも縦横300㎜～400㎜間隔で増打ち補強筋を配置する

## 図7｜理想的な設置例-2（乾式壁にして納める）

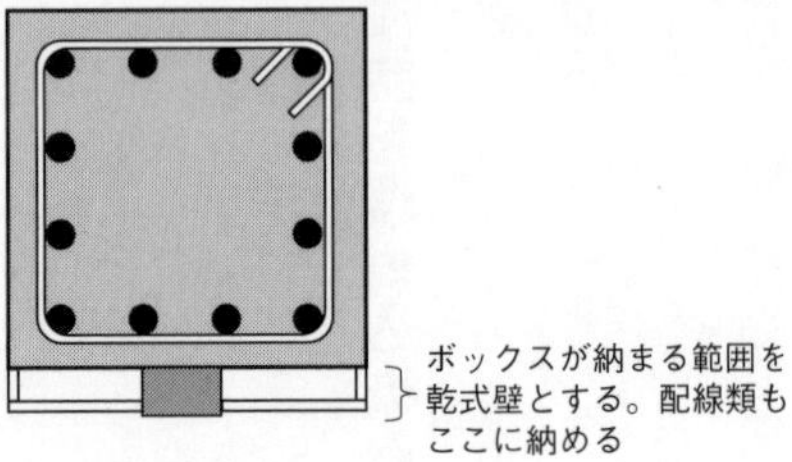


ボックスが納まる範囲を乾式壁とする。配線類もここに納める

スイッチボックスを設ける部分に乾式の壁を設ける例である。構造的な影響がもっとも少ない

**図8 | 柱、壁の平面図**

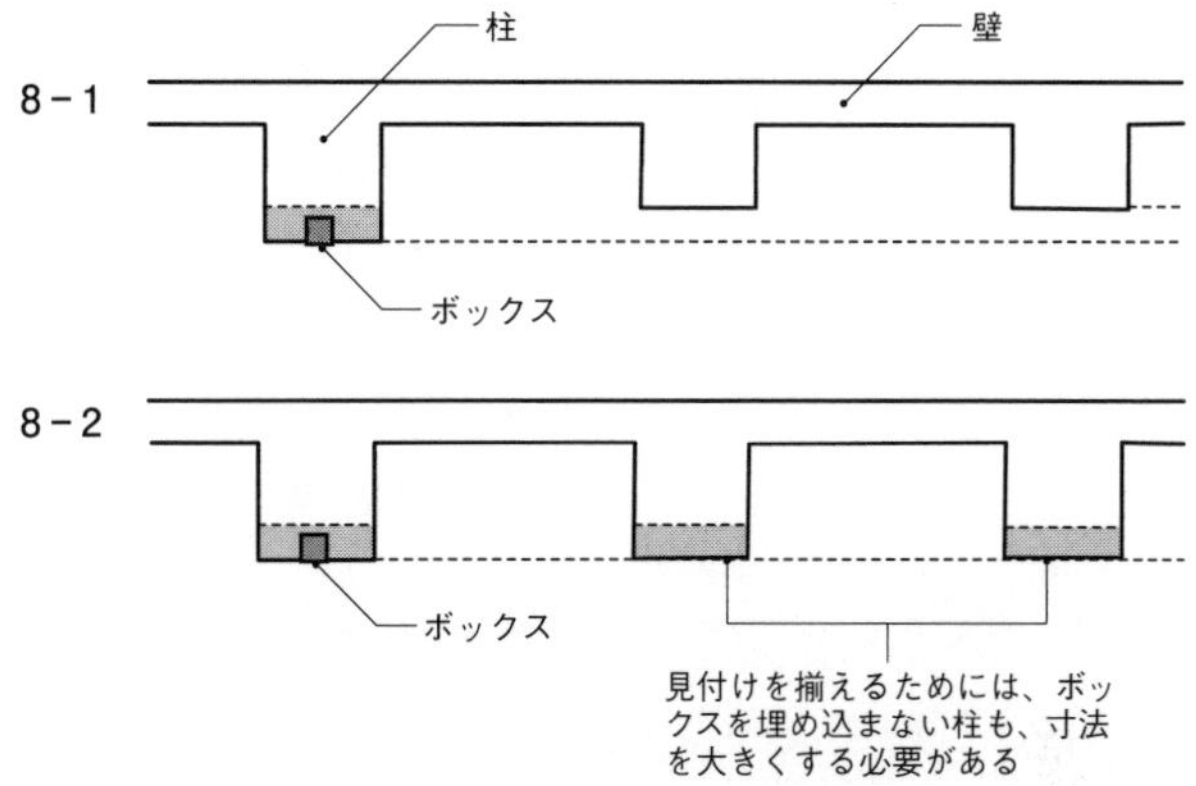
柱
壁
8−1
ボックス
8−2
ボックス
見付けを揃えるためには、ボックスを埋め込まない柱も、寸法を大きくする必要がある

ボックスを設ける部分を増打ちや乾式壁で納める場合、見付け寸法が揃わなくなる（図8-1）。建築的な見栄えに影響する場合もあるので、設計時に意匠担当者と十分な打ち合わせが必要である

造設計を行う場合は、こうした問題が生じることは少ないようです。ただし、最近の耐震壁の鉄筋は縦横とも100㎜ピッチ程度で配筋する場合が多いので、そのときは鉄筋を緩やかに曲げたり、やむをえず切断する場合は同量の補強筋を配置するなどの配慮が必要です［図9］。また、外壁に設ける場合はスイッチボックス背面のコンクリート厚が薄くなり、図9のようにひび割れからの漏水など耐久性上の弱点となる可能性があるので注意しましょう。

### ② 壁に取り付く「盤」に要注意

配電盤などの「盤」を壁につける場合は、図10のような状態になってしまいます。ここでまず問題になるのは、盤背面の壁の主筋のかぶり厚が不足してしまうことです。また、盤が取り付く範囲は壁厚が小さくなるので、耐震壁の場合は耐力が小さくなってしまいます。

このような場合の対応を図11に示します。図11―1

## 図9 ｜ 壁水平断面図（ボックスの場合）

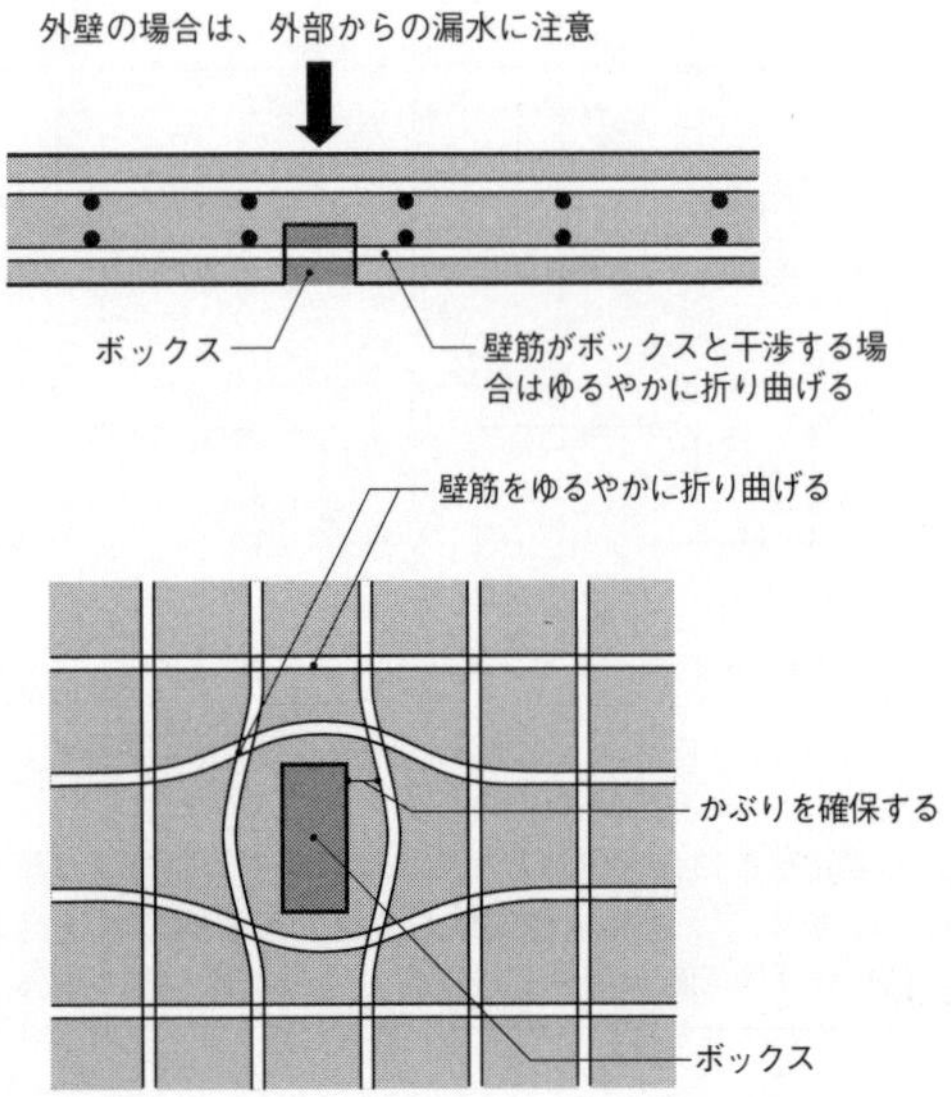

外壁の場合は、外部からの漏水に注意
ボックス
壁筋がボックスと干渉する場合はゆるやかに折り曲げる
壁筋をゆるやかに折り曲げる
かぶりを確保する
ボックス

壁の場合は、ボックスと鉄筋が干渉する場合はゆるやかに折り曲げて納めることが可能である。ボックス背面が外壁の場合は、防水上の弱点となりやすいので注意が必要である

## 図10 ｜ 壁水平断面図（配電盤などの場合）

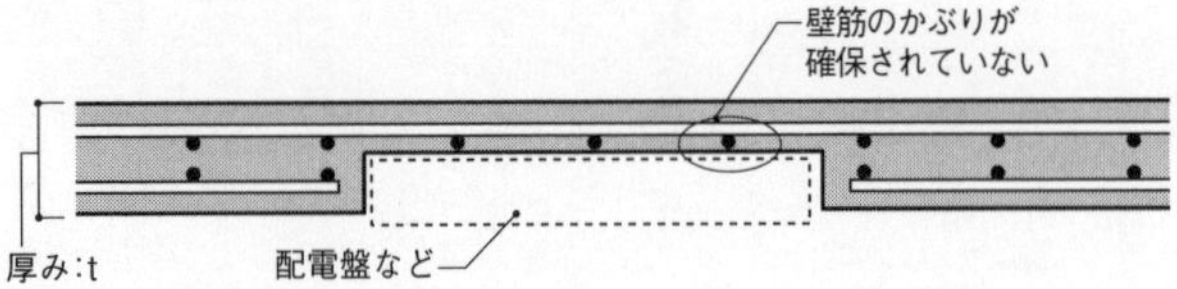

壁筋のかぶりが確保されていない
厚み:t
配電盤など

配電盤背面の鉄筋のかぶり厚が不足している例。また、盤の部分は壁厚が小さいので、耐力壁の場合は強度が設計で考えたものより小さくなってしまう

## 図 11 - 1 ｜ 壁水平断面図（壁厚増大の場合）

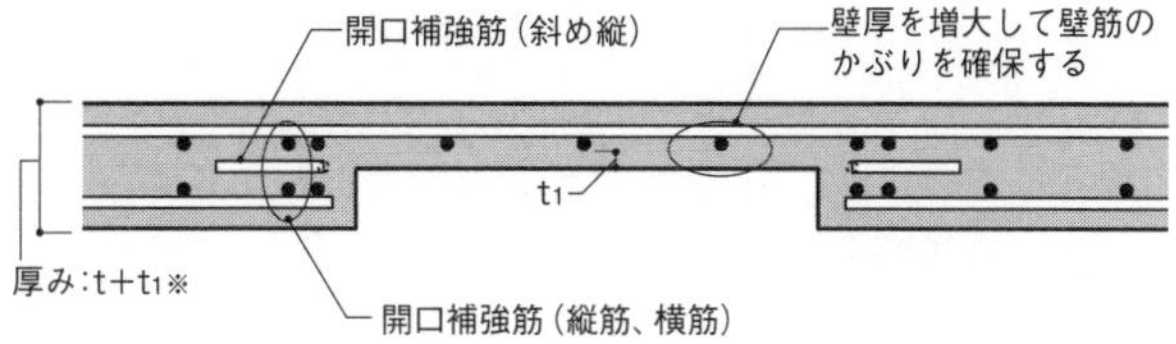


壁厚を増大して、盤背面の鉄筋のかぶり厚を確保している。盤周囲の補強筋は図 11-2 による

※計算上はt+t1で開口を考慮した剛性、耐力の評価が必要

## 図 11 - 2 ｜ 壁立面図（開口補強筋を配置する）

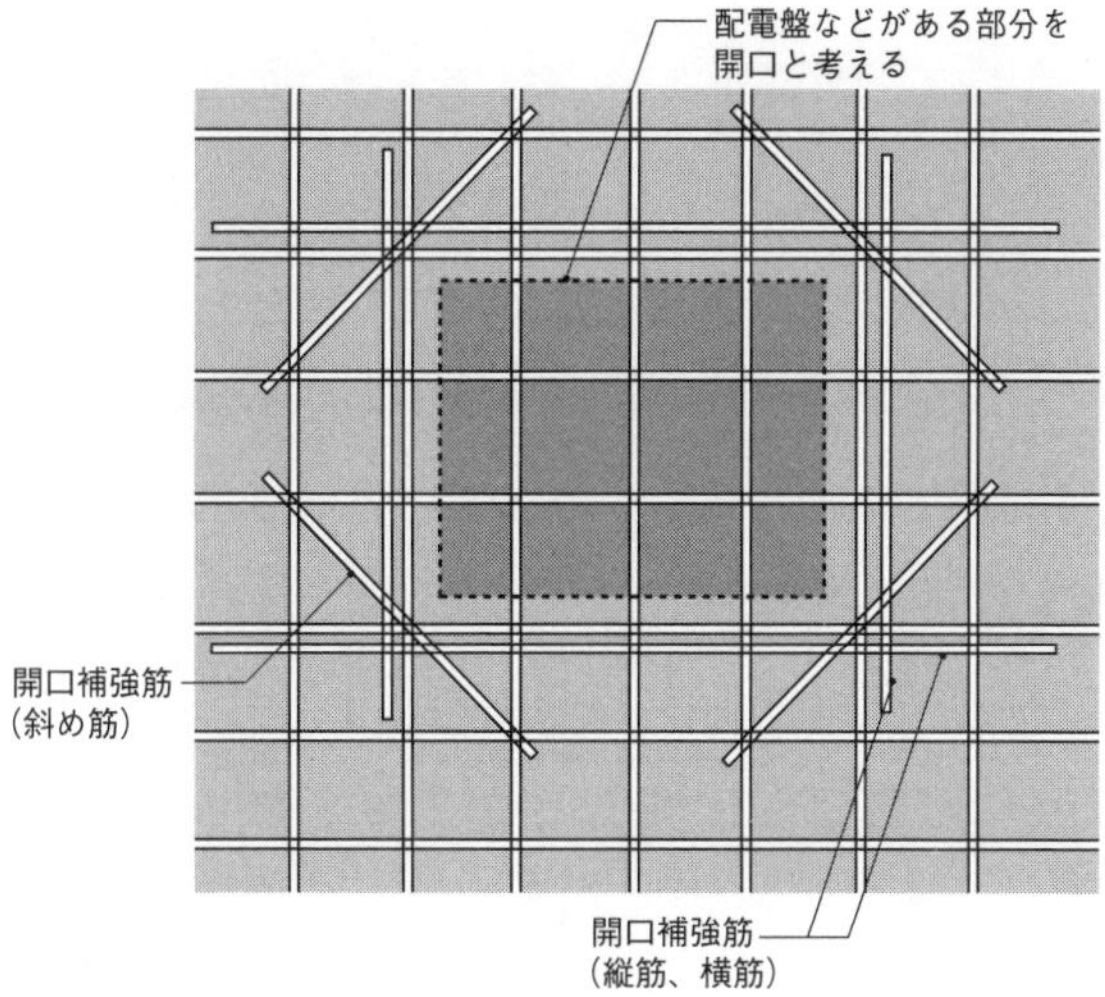


配電盤などの範囲が開口だと考えて、補強筋を設けて開口付きの壁として耐力を確保した例

**図 12 ｜ 壁水平断面図**

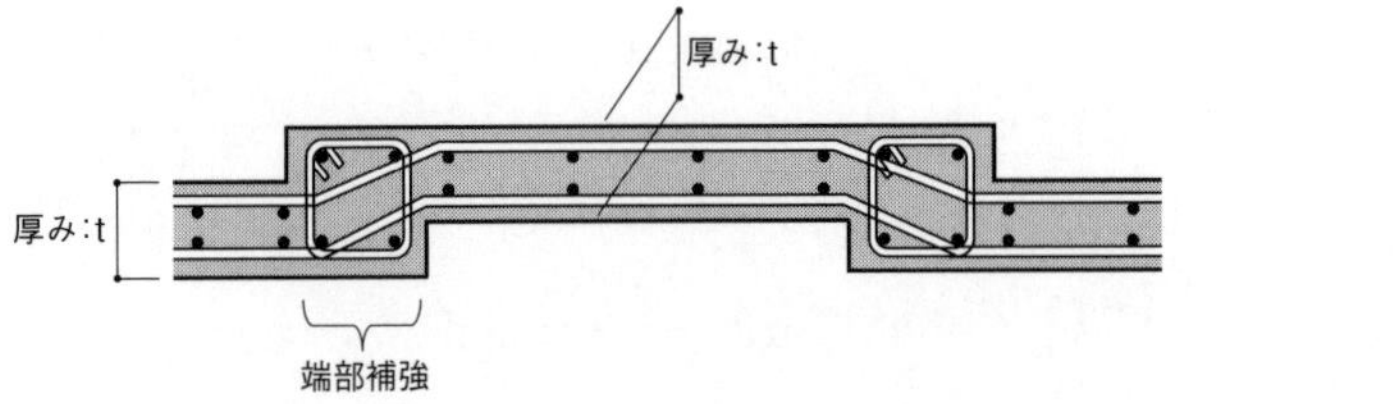


盤の背面の壁を一般部と同じ壁厚で雁行させた例

では鉄筋のかぶり厚を確保するために、当初の壁厚を増大させています。また「盤」が取り付くことにより欠き込まれる部分を開口として、図11－2のように開口補強筋を配置しています。このように考えておけば、確認申請時の問題もないと思われます。

図12は壁厚一定のまま雁行させたもので、「盤」の背面も壁厚は同じなので開口なしと考えます。ただし確認申請時は「耐震壁が雁行することが耐力に与える影響について」というかなり高度な命題を指摘されることがあるので注意が必要です。

## ③レンコン柱の出現

写真がなくて残念なのですが、図13は筆者が以前にある現場で発見した柱の断面です。スイッチボックスのほかに電線管が配置され、柱がさながら「レンコン」のように空洞だらけの状態になっています。このような例は極端かもしれませんが、現場での監理には十分な注意を払っておく必要がありま

図13 ｜「レンコン」柱

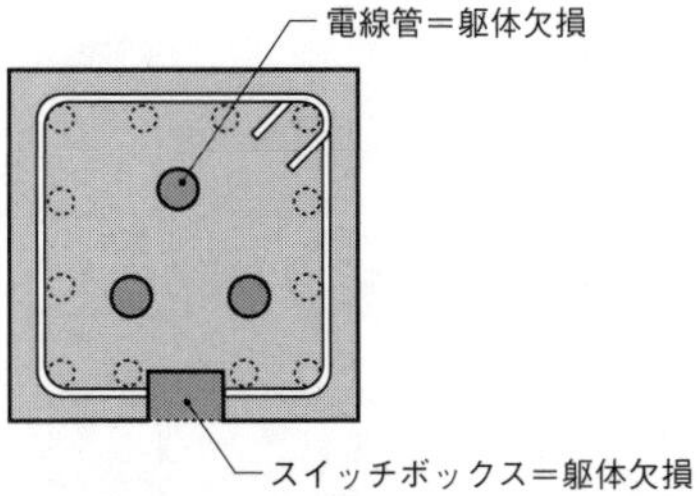


事前の検討や現場監理が不十分な場合は、この図のように空洞だらけの柱になってしまう

す。

### ④ディテールの検討は共同で行う

スイッチボックスや「盤」の配置などディテールに関する検討は、構造設計者だけでは不可能です。また現場で発見しても簡単には補強できない場合もあります。したがって、意匠、設備の設計者、現場の監理者と共同でこれらの事項に注意を払い設計、監理を進めていく必要があります。ここに紹介した配筋例などはあくまで参考例ですので、それぞれの物件の設計条件により工夫をしてください。

また、構造を含めた設計者や施工者（建築、設備）のなかには、ここで述べたような対応をしたことはない、あるいはこんなことをする必要があるのか、という考えをお持ちの人も多いと思いますが、野放図にボックスなどが配置された場合、躯体の性能がどのようになるかを設計者としてはいま一度考えるべきでしょう。

（内山晴夫）

Q 38

# CD管はまとめて配置しても大丈夫か？

**表1 ｜ CD管とPFS管の比較表（使用の多い3サイズで比較）**

| | | CD管 | PFS管 |
|---|---|---|---|
| 外径（mm） | 呼称サイズ（16） | 21.0 | 23.0 |
| | 呼称サイズ（22） | 27.5 | 30.5 |
| | 呼称サイズ（28） | 34.0 | 36.5 |
| 色 | | オレンジ色 | 主にクリーム系<br>グレー系 |
| 使用場所 | コンクリート埋設 | ○ | ○ |
| | その他の隠蔽部、露出部 | × | ○ |
| 耐熱性（自己消火性）※ | | なし | あり |

※バーナーなどで燃焼させ、その炎を取り去ったとき、一定時間内に自然に消える性質

PFS管はCD管に比べて材料費が高いが、CD管がコンクリート埋設専用管であるため隠蔽部（軽量間仕切り壁への立ち上がり部、天井への落とし込み部など）に展開する前に、PFS管または金属管に接続替えする必要があり、施工手間がかかることになる。このため、コンクリート埋設部にもPFS管が採用されることが多い

## CD管とは

RC造の躯体に、あらかじめ電気配線類を打ち込んでおきたいときに使用するのが、**コンクリート埋設専用合成樹脂可とう電線管**（CD管；Combined Duct）です。管呼称サイズには、JIS規格品として（14）（16）（22）（28）（36）（42）の6種類があり、CD管以外にもコンクリート埋設できる合成樹脂可とう電線管としてPFS管（Plastic Flexible conduit-Single）が使用されることも多くあります。CD管はコンクリート埋設での使用が前提となっているため、耐燃性がなく、屋内（露出部、隠蔽部）や外部での使用が禁止されています。また、色はすべてオレンジで統一されています。これは、ほかの配管との区別を明確にして、不適切な使用などを容易に確認できるように、という意図によります［表1］。

**図1 | EPS廻りの床埋設配管のイメージ**

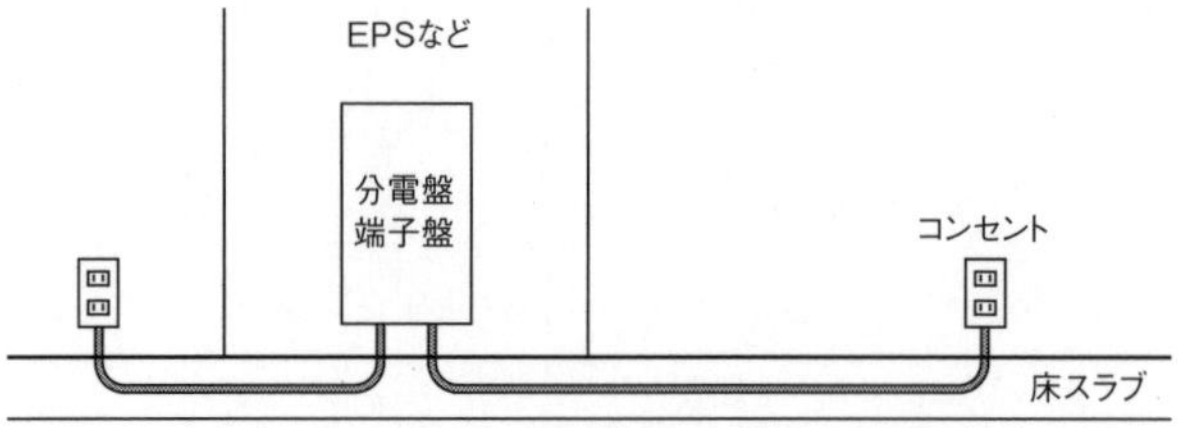


分電盤（コンセント用配管を制御）、端子盤（LAN、電話線用配管を制御）が設けられるEPS廻りには、ＣＤ管などの埋設配管が集中する

## ＣＤ管が集中して埋設される場所

最近の建物は電気の使用量が多いため、とくに事務所ビルでは電気用幹線スペース（ＥＰＳ）を設け、将来の容量増設などに対応できるように計画されています。ＥＰＳは分電盤、端子盤など床からＣＤ管が集中して立ち上がる（ＥＰＳがＯＡフロア部に直接面する場合を除く）ことが多く【図1】、また、建物最下部に湧水ピットなどがある場合は、最下階の機械室などに設置した動力盤にもＣＤ管が集中して立ち上がることが多くなります。

## ＣＤ管の施工と鉄筋の納まりについて

構造設計者は躯体にＣＤ管などの設備配管を打ち込むことは、設計段階では部材剛性低下などの原因となるため、極力避けたいと考えています。しか

図２｜スラブ埋設配管の結束間隔

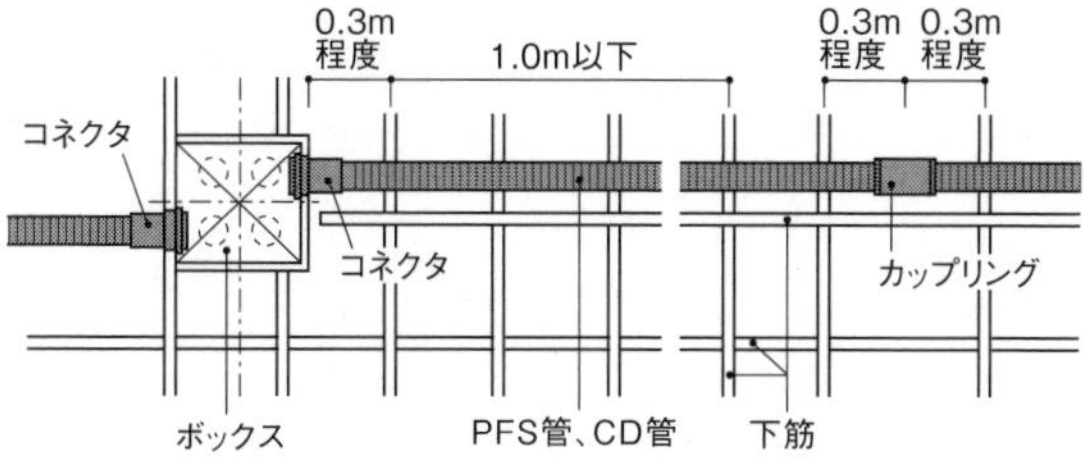


ダブル配筋の場合、埋設配管は上下筋に重ならないように、配管と平行になる鉄筋とのあきにも注意する。壁面の横走り配管はコンクリートの障害となるため、原則行わない

し、実際の施工現場ではやむをえずCD管など設備配管を躯体に打ち込むことがあるため、次の点に注意すべきと考えます。

なお、CD管に関する法規・仕様書は、『電気設備技術基準の解釈』（経済産業省）、『電気設備工事監理指針』（国土交通省大臣官房官庁営繕部監修）などが参考になります。

**●設計段階**

埋設配管が集中しそうな部分は、設計段階でスラブ厚さを増して（EPSは水損事故防止のために一般部よりも100㎜程度躯体レベルを嵩上げ［床打ち増し］することも同様の対応）、スラブ鉄筋ピッチは200㎜程度にしておきます。また、柱・壁にボックスが打ち込まれる部分も鉄筋のかぶりを考慮して打ち増し寸法を決めるなど、いくつかの検討・配慮が必要です。

**●施工段階**

①屋上スラブ（屋内の防水層下部スラブも含む）・外

## 図3｜埋設配管の立ち上がり

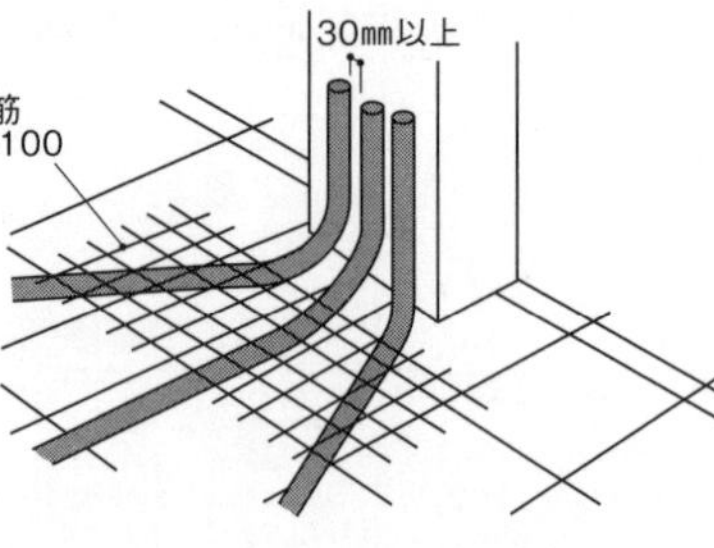


EPSなど配管が集中して立ち上がる部分は、コンクリートの表面ひび割れに配慮して配管上面側にメッシュ筋を設けることも必要となる

## 図4｜梁の材軸に平行な配管の禁止

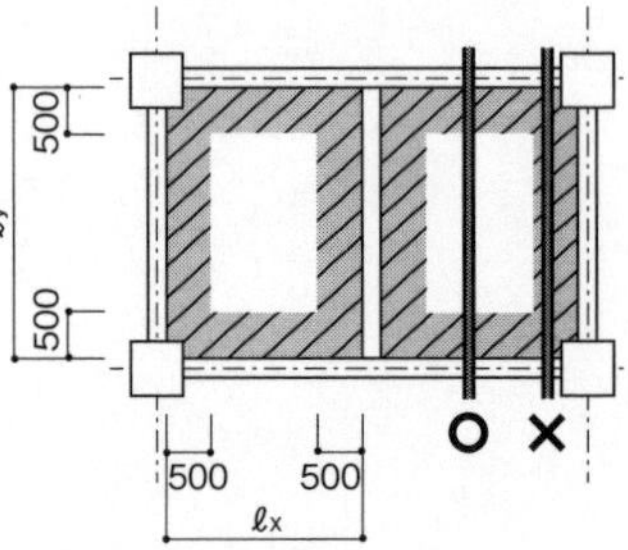


$\ell x \leqq \ell y$
ハッチ部は梁の材軸に平行な埋設配管の禁止区域。ただし、$\ell x \leqq 2$mの場合には適用しない

壁・地下外壁への埋設配管は原則禁止とすべきです。これは躯体にひび割れが発生するとCD管（特に接続部分）から水が浸入し、CD管内を経由、CD管口より水が噴出するということになりかねないからです。また、外部に近接していることから、CD管内に結露水が発生し事故を誘発した事例もあります。

②スラブ・壁は一般的に部材厚さが薄いため、躯体厚さの4分の1を超える外径の配管の埋込みは避けます。配管ボックス周辺を除き、通常はダブル配筋の間に配管を入れるようにします。

③鉄筋とCD管のあきを確保するため、CD管は鉄筋の上下筋に重ならないように、平行する鉄筋とCD管とのあきは30㎜以上確保して（原則は鉄筋間の中央に1本）配置します。あきが確保されないと、鉄筋の付着性能を低下させます。CD管相互の間隔は、管径の3倍程度を目安に確保し、最大でも1m幅に5本以内とします［図2］。

図5 | 埋設配管の梁横断

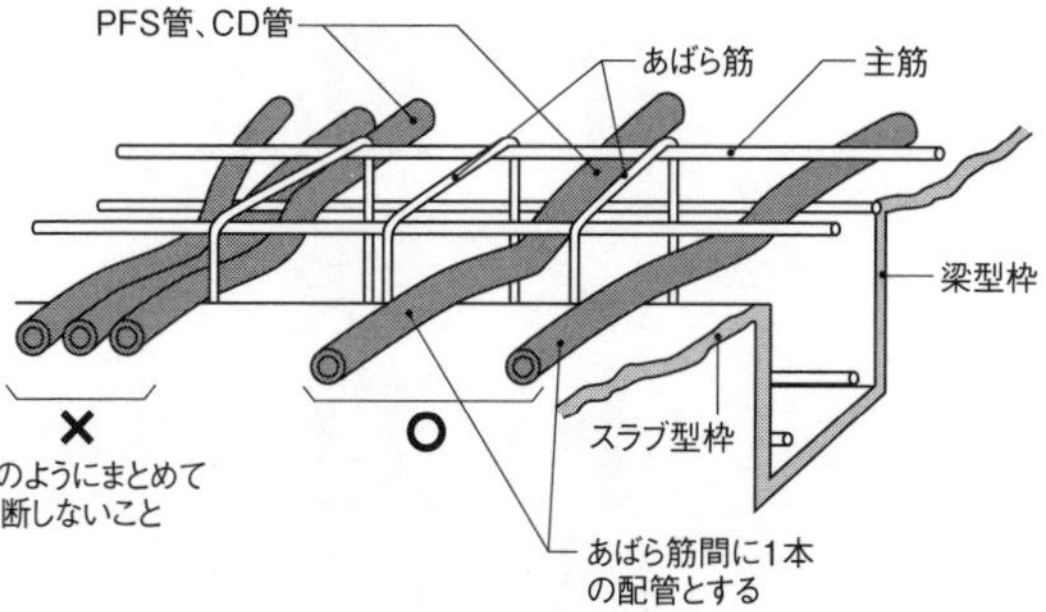


④スラブから上下部の空間に配管を立ち上げる（立ち下げる）場合も、配管が集中しないように配慮します。集中する場合も埋設配管相互の間隔を30㎜以上確保するとともに、配管上部にメッシュ筋を設けてコンクリートの亀裂防止を図ることが望ましいところです［図3］。

⑤埋設配管が交差するような個所では、同一個所で配管が3本以上交差せず、交差させる場合も呼称サイズ（22）までとし、鉄筋の交差位置とはずらすことが重要です。

⑥梁に平行な配管は、梁面から500㎜以上の間隔をあけて敷設します。梁材内部に軸方向への配管設置は断面欠損になるため避けるべきです［図4］。

⑦梁を横断する場合は、多数の配管をまとめて横断させないこと、梁端部（柱面から梁せい程度の範囲）には横断させないことに注意してください［図5］。

（小野潤一郎）

Q 39

# 配筋検査のポイントは？

## 鉄筋工事は標準化できない

コンクリート打設前の確認は、鉄筋コンクリートの品質を確保するための必須条件です。もし配筋検査をおこたると、設計図で意図された鉄筋コンクリートの構造性能を確認したことにはならず、性能保証されない構造物を建築主に提供することになってしまいます。

**鉄筋工事は、建築工事のなかでもっとも工業化が遅れている工種**でしょう。スパンが違う、梁せいが違う、床レベルが違う、なにより応力の状態が設計条件によって異なるなど、いわゆる一品生産の建築においては、鉄筋量などは、なかなか標準化できない条件の1つです。ゆえに工業化（標準化）が進まず、現場で鉄筋を組み上げることになります。そのため、それを検査する「配筋検査」も相変わらず必要ということになります。

最近でも、鉄筋の鋼種間違いや単純な鉄筋の本数間違い、X・Y方向で本数が異なる配筋の場合に、その方向を間違えて配筋しコンクリート打設してしまい、打設したコンクリート部分を解体して是正工事を行ったというような事例が発生しています。コンクリート打設前には、配筋間違いがないかを確認する配筋検査を、施工者と監理者は必ず実施する必要があるといえるでしょう。

### ●かぶり厚さの確認

建築基準法では、部位ごとに鉄筋に対するかぶり厚さの最小値が規定されています。かぶり厚さには、鉄筋とコンクリートの付着力により応力伝達を確保するという役割と、長期間にわたり鉄筋が腐食しないように鉄筋を被覆するという2つの役割があります。かぶり厚さを確保するためには、型枠と鉄筋の間にスペーサーを配置します。配筋検査ではこのかぶり厚さが確保できているか、スペーサーの大きさの選択、設置数、設置個所についても検査を行います。かぶり厚さには最小値が定められていますが、これは大きければよいとも限りません。大きくなりすぎると必要な応力中心間距離が確保できなくなり、断面性能が不足することになります。

### ●スペーサーの形状と材質

かぶり厚さを確保するために型枠と鉄筋の間に配置するスペーサーですが、横方向のかぶりに対してはドーナツ形をしたスペーサー、下方向のかぶりには鋼製スペーサーやコンクリートブロック（サイコロ）などを使用します。配筋検査の際、かぶりが確保できていなかった例としては、下端にスペーサーの設置数が少なく、スペーサーを設置している部分では確保できていても、スペーサーとスペーサーの間では鉄筋がたわみ、必要なかぶり厚さが確保できなかったというものがあります。また横方向のかぶりでもスペーサーの設置数が少なかったり、結束がゆるかったりすると、コンクリートの圧力で鉄筋かごや壁筋の差し筋が移動してしまい、かぶり厚さ不足になる場合があります。

床スラブの配筋では、鋼製スペーサーを使う場合があります。鋼製スペーサーは強度・剛性では優れていますが、金属の足がコンクリート表面に露出してしまうので、防錆対策がされているか確認する必要があります。

### ●配筋検査のタイミング

柱や壁、せいの大きな梁などは型枠を起こした後では下部の配筋状態が見えません。したがって、配筋検査は型枠を建てる前に行い、合格したあとに型枠を起こします。床スラブの配筋などは組み上がってからの検査でも是正が可能ですが、組み上げてしまうと是正が困難なような場合は、工程ごとに検査を行ったほうがよいでしょう。

### ●鉄筋の継手と検査法

**図1｜基礎について**

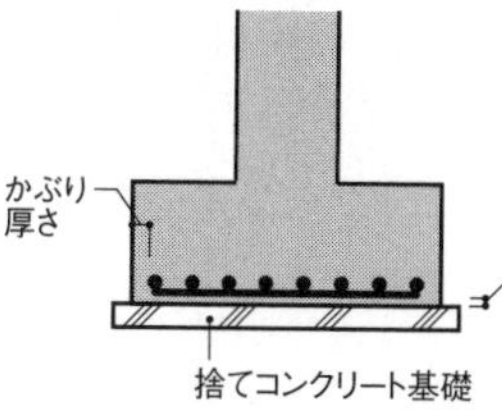


方向ごとの鉄筋径、本数の確認が大切。X方向とY方向で配筋が同じとは限らない

**図2｜基礎梁について**

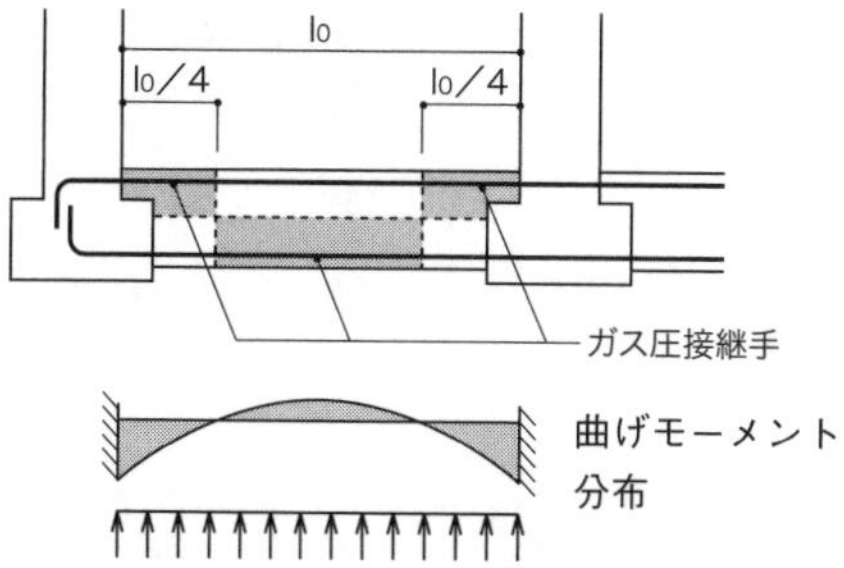


基礎梁の配筋は、主筋本数を確認するほか、継手位置が設計図に指定されている範囲に適合しているか確認することが大切

柱・大梁などで大きな引張力を想定する、主にD19以上の鉄筋の継手は、重ね継手ではなく鉄筋を直接的に接ぐ方法をとります。その工法としては、ガス圧接が一般的です。2本の鉄筋を互いに引き寄せたうえでガスで加熱し、鉄筋を接続する工法です。鉄筋の圧接部の試験方法は圧接部分を切断してテストピースを取り出し、引張試験を実施して母材破断を調べる「引張検査」と、鉄骨と同様に現位置での超音波探傷検査で確認する方法です。引張試験は確認が直接的ですが、抜き取ったあとの復旧では2カ所圧接する必要があります。引張試験の検査個所数は1ロット（1組の作業班が1日で行った圧接個所）に対して3本として実施します。また超音波深傷試験は1ロットに対して30カ所を実施しています。現在では、引張試験よりも超音波深傷試験が増えているようです。

**●部位ごとの検査ポイント**

基礎、柱、大梁、床スラブ、壁などの部位ごとにポイントを絞った検査が効率的です。

**●基礎**／ベース筋の方向別の本数［図1］、基礎梁では杭定着筋やアンカーフレームとの干渉に伴う鉄筋の定着部の納まり、また継手位置の確認がポイントになります［図2］。

**●柱**／X方向、Y方向で鉄筋本数が異なる配筋があるので、方向を間違えていないか確認することが重

**図3｜柱について**

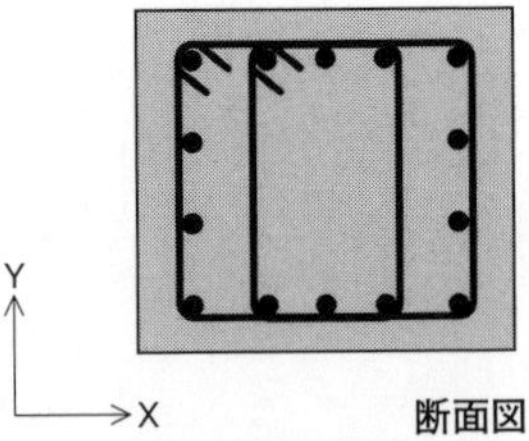


柱断面方面と建物配置方向が合っているか確認する。また、フープ筋の本数も同様に確認する

主筋　14－D25
フープ筋　X：2－D13@100
Y：4－D13@100

**図4｜床スラブについて**

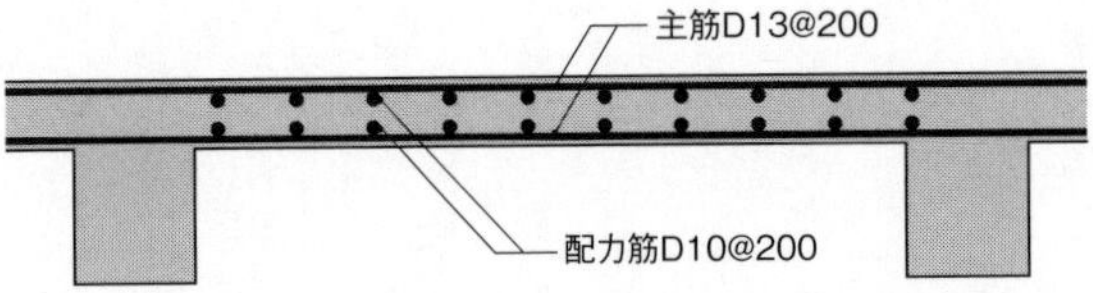


床スラブには主筋と配力筋が配筋される。配力筋方向は応力が主筋方向に比べ小さいので、鉄筋間隔が大きくなるか鉄筋径を小さくする。D10を使用した配筋の場合は、施工時の踏み荒らしで変形しやすいので注意が必要

要です［図3］。

●**大梁**／比較的長いスパンで常時応力がメインの場合と、短スパンで地震時応力がメインとなる場合で継手位置が下端主筋で異なりますので間違えていないかを確認します。

●**床スラブ**／主筋方向の間違いがないかの確認です［図4］。プレファブ型枠付きトラス鉄筋を使用している場合は、端部定着筋（連結筋）において配筋忘れがないか確認することが重要です。片持ちスラブでは端部上端定着筋の所定の高さに配筋されているか確認する必要があります。片持ちスラブで上端定着筋が不完全ですと、大きな品質事故になる可能性があります。

●**壁筋**／土圧壁では定着位置が高い位置になりますので気をつけたいところです［図5］。

このように、部位ごとに検査ポイントは異なりますので注意してください。

（高橋新一）

**図5｜壁筋について**

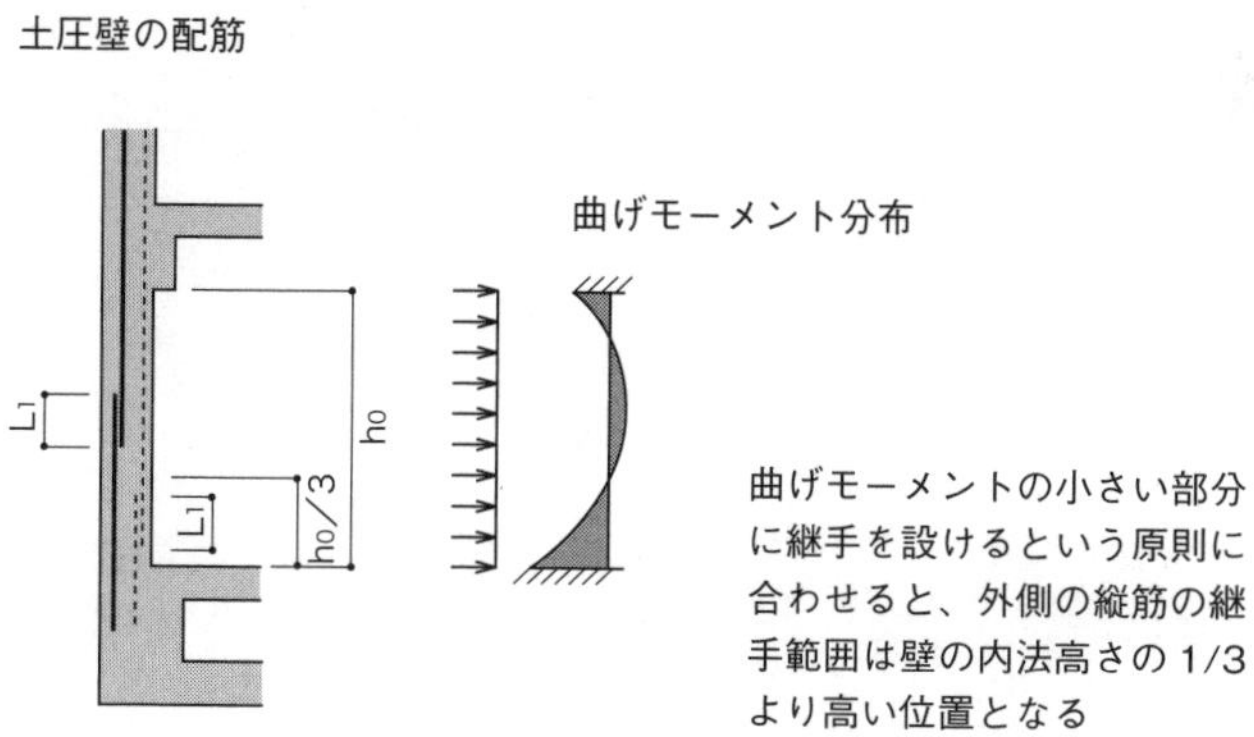

曲げモーメントの小さい部分に継手を設けるという原則に合わせると、外側の縦筋の継手範囲は壁の内法高さの 1/3 より高い位置となる

Q40

# 行政の検査はどのようなプロセスで進められるか？

## まず内容を知り手続きのタイミングをつかむ

建築物は、建築前にまず計画が法に適合したものであるかどうか確認を受ける確認申請が必要です。建築が始まったら必要に応じて中間検査を受けます。工事が完了したら完了検査を受けて合格しなければ建築は完了しません。

建築物（付属する設備を含む）を建築するためにはさまざまな手続きが必要ですが、ここでは行政による検査のうち、とくに確認申請、中間検査、完了検査について解説します。

**●確認申請**

建築物（法2条）を建築したり、大規模な修繕もしくは大規模な模様替え、または工作物（令138条）を築造するには、工事に着手する前に建築基準関係規定（法6条1項、令9条）に適合しているものであることについて、建築の確認を申請して建築主事の確認を受け、確認済証の交付を受けなければ工事に着手できません（法6条）。

**●民間検査機関による確認**

確認とは、公の機関が特定の事項に関して法に適合しているか否かを判断する行為とされていますが、1999年5月1日施行の改正基準法により、民間の指定機関（法6条の2）でも建築確認ができることになり、申請者は検査機関を選べるようになりました。建築の確認は羈束《きそく》行為といわれ、原則的にはどこに申請しても同じです。しかし、実際には法に明確に規定されていない部分の判断には、検査機関による若干の違いがあり、審査の密度や審査期間などもさまざまなのが現状です。

**●確認申請をするには**

確認の申請をするのは建築主ですが、建築主の委託を受けた代理人が行うこともできます。一般的には設計を請け負った設計事務所の建築士が代理人となって申請することが多く、この場合は登録された建築士事務所に所属する建築士でなければなりません（士法21条、同23条）。代理人となったら、委任された業務範囲を文書で明確にする必要があります。

●**確認申請書の様式**

確認申請書の様式については、建築基準法施行規則1条の3に、必要な図面や計算内容が細かく定められています。

確認審査もこの規則にもとづいて行われます。正本と副本と適判用（規模・構造計算種別によっては不要）はまったく同じものでなければなりません。違っていれば申請が受け付けられませんので提出前に十分照合してください。設計者としては一度は規則1条の3に目を通しておくべきでしょう。

●**安全証明書**

建築士（一級・二級・木造）は構造計算によって建物の安全を確かめた場合、すなわち設計の委託を受けて構造計算を行った場合は、委託者（建築主または元請け事務所）に対して安全証明書を交付しなければならない（士法20条第2項）と定められています。安全証明書は設計計算書の表紙に割印をして、原本を委託者に交付します。したがって、確認申請書の正本には委託者に対して交付した安全証明書の写しを添付して割り印をすることになります。時折散見するのは、構造設計一級建築士の関与を必要としない建築物に構造設計一級建築士の表記をし、安全証明書が添付されていない事例です。このような建築物は構造設計一級建築士の表示は不要ですが、安全証明書は必須です。

●**設計図書の確認**

設計図書の不整合をなくすのは大事なことです。申請書と意匠図、意匠図と構造図、構造設計書と構造図など相互に矛盾がないように、設計者による整

## 表1 | 建築確認と完了検査済証交付までの流れ

| | |
|---|---|
| 確認申請 | 建築主または代理人 |
| 確認審査 | 検査機関による意匠、構造および設備の審査 |
| 消防同意 | 建設地所管の消防署による消防設備に関する審査 |
| 構造適判 | 構造計算適合性判定(構造や計算種別による) |
| 検査機関による確認 | |
| 確認済証の交付 | |
| 着工 | 確認済証がなければ着工できない |
| 中間検査 | 検査を必要とする建物 |
| 完了検査 | |
| 完了検査済証の交付 | |
| 建物の使用 | 検査済証がなければ原則使用できない。<br>使用する必要がある場合は仮使用の申請が必要 |

## 表2 | 建築確認に必要な書類

| | |
|---|---|
| 確認申請書 | 正・副 各1通(適判物件は適判用に正・副各1通) |
| 建築工事届・除却届(除却部分があるとき) | 1通 |
| 建築計画概要書 | 1通 |
| 委任状(代理人によるとき) | 正·副·(適判用)各1通 |
| 設計図書(意匠図・構造図・設備図・構造計算書など) | 正·副·(適判用)各1通 |
| 安全証明書の写し(必ずしも必要ではない) | 正·副·(適判用)各1通 |
| 建築材料などの認定書の写し(審査機関で確認できる場合は原則不要なので提出先に要問い合わせ) | 審査機関の求めがあれば要提出 |
| 建築士免許証の写し(関与した建築士すべて) | 審査機関の求めがあれば要提出 |
| 構造設計一級建築士登録証の写し<br>(構造設計一級建築士関与物件のみ) | 審査機関の求めがあれば要提出 |
| 各種許可申請書(都市計画などの許可が必要なときに添付するが、何が必要かは必ず行政に確認すること) | 正·副·(適判用)各1通 |

図１｜建築物の高さの取り方（令２条１項６号）

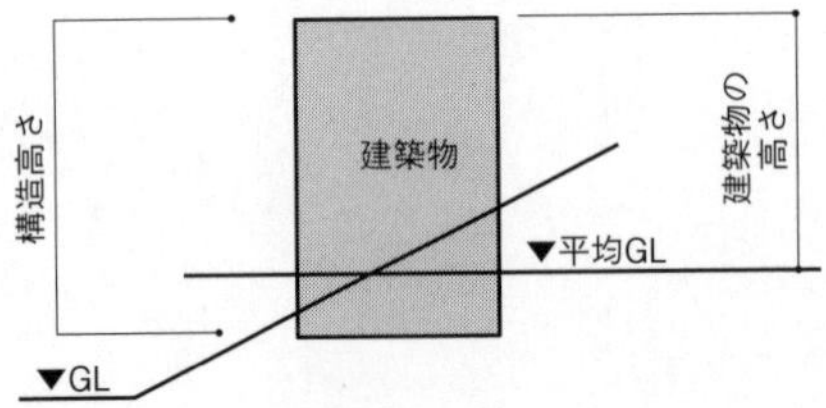


建築物の高さは平均地盤面からの高さによる。構造高と申請書の高さは異なることがあるので表記上注意が必要である

合性の確認は確実に行いたいものです。

●構造計算適合性判定（構造適判）

２００７年６月の建築基準法の大改正で、確認検査機関は構造計算の種別や建物の規模などによって、申請地の県知事に対して構造計算適合性判定を求めることが定められましたが、その後２０１５年６月の改正基準法により、構造計算適合性判定が確認申請とは別の独立した手続きとなり、建築主が直接判定機関に対して構造計算適合性判定を申請することが出来るようになりました（法第６条の３）。

このことにより、建築主は確認申請と構造計算適合性判定機関を自ら選び、同時に申請することも可能になりました。ただし、確認申請と構造適判を同一の機関に対して申請することはできません（法第77条の35の4第6号）。

●構造設計一級建築士と法適合確認

２００７年６月の法改正で新たに構造設計一級

## 図2 ｜ 階数の数え方（令2条1項8号）

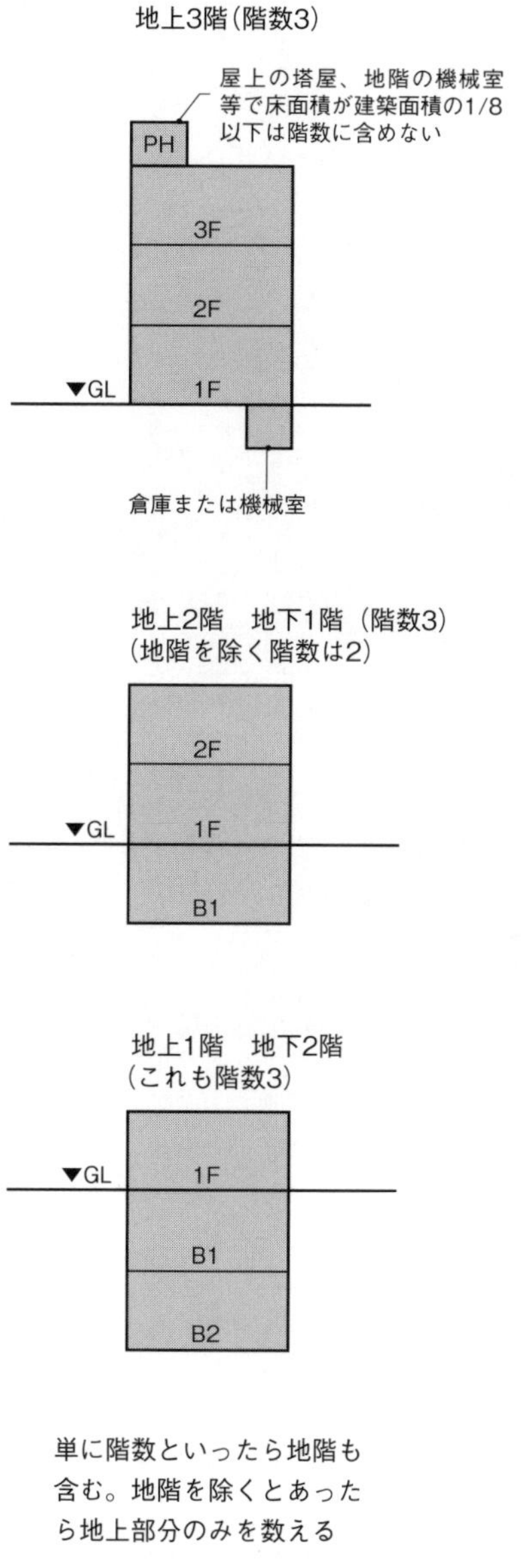

単に階数といったら地階も
含む。地階を除くとあった
ら地上部分のみを数える

建築士制度が定められました。それにより一定規模以上の建築物には構造設計一級建築士の関与が義務付けられました。関与とは、構造設計一級建築士が自ら設計を行うか、ほかの一級建築士の設計が建築基準関係規定に適合しているものであるかどうかの確認をすることです。

法適合確認が必要とされるのは、士法3条1項に規定する建築物のうち、法20条1号または2号に該当する建築物であって、一級建築士でなければ設計できない建築物と定められています。構造設計一級建築士が自ら設計した設計図書には、構造設計一級建築士であることと同時に一級建築士であることの両方を表記する必要があります（忘れやすいので注意）。同時に定められた設備設計一級建築士制度では、5000㎡を超え、かつ階数3以上の建築物の設備に対して設備設計一級建築士の関与が義務付けられました。

●**図書の補正と追加説明書**

申請書に不明確な箇所があり、法の適合性が判定出来ない場合は、不明確な箇所に対する追加の説明が求められます。構造図等の補正を行う場合は補正箇所を雲形や朱枠などで囲った資料を添付し、補正箇所が一目で分る様にしてください。構造計算は手計算程度で説明出来る程度とし、改めて建物全体の構造計算をやり直さなければならないものは不適合となるケースがあります。例として計算ルートを誤った場合などは不適合となります。構造計算をやり直す必要が生じたら、審査機関と十分に打合せをした上で進めてください。どこをどの様に修正して再計算をしたのかが明確に分かるようにしなければなりません。

●**中間検査（法7条3項）**

建物の用途や規模によっては、工事途中に検査を受ける必要があります。中間検査の目的は、建物

## 図3 ｜ 軒の高さの取り方（令２条１項７号）

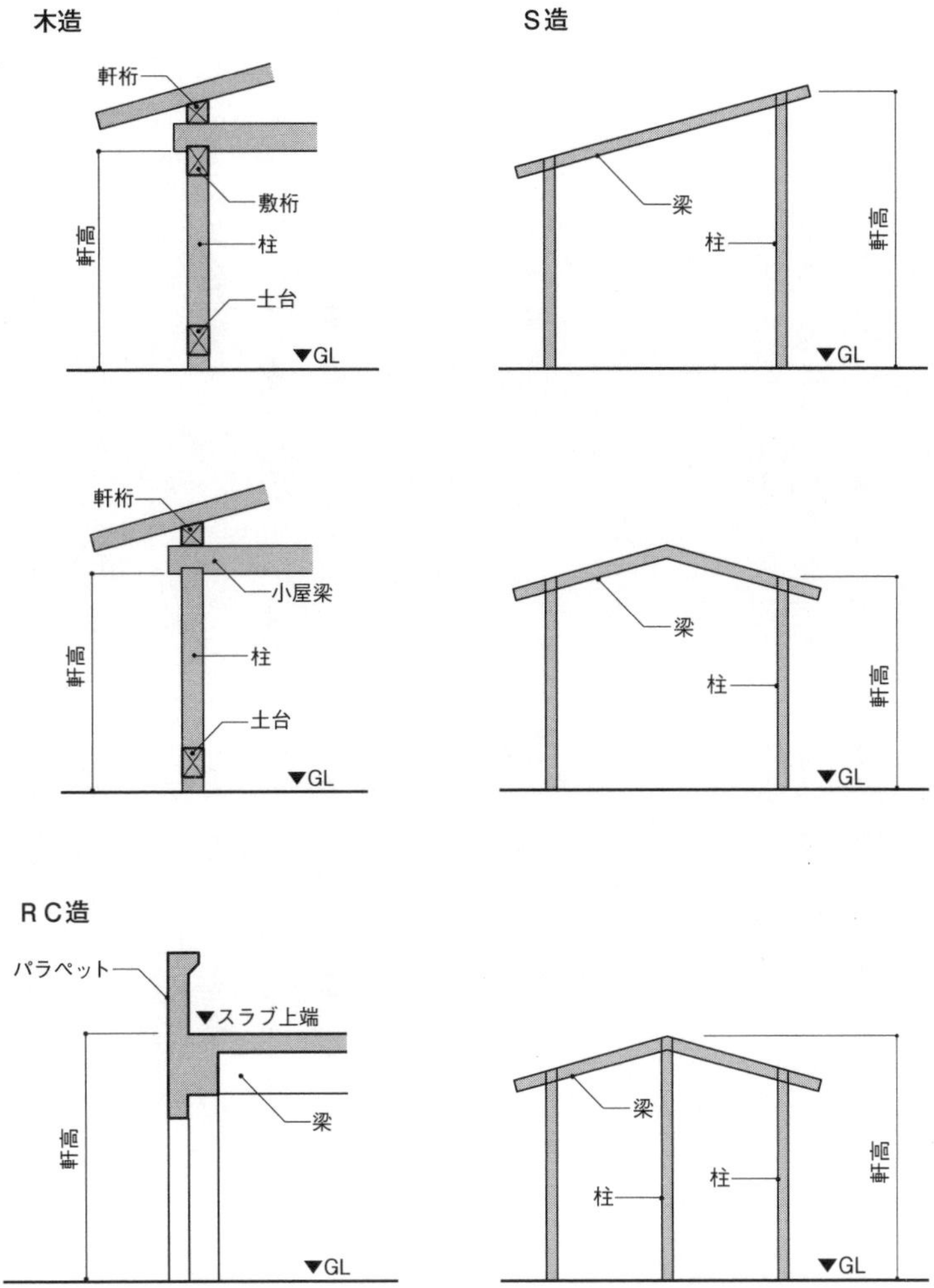


木造の場合は地盤面から小屋組、あるいはこれに代わる横架材を支持する壁か敷桁、または柱の上端までの高さ。ＲＣ造の場合はスラブ上端までの高さ

Ｓ造の場合は地盤面から高いほうの柱の頂部までの高さ

が完成した後では目視することができない部分を検査することにあります。中間検査の必要な建物は中間検査済証の交付を受けなければ次の工程の工事に掛かることができません。

**●中間検査を必要とする建築物**

中間検査を必要とする建築物は、法7条の3第1項第1号による階数が3以上の共同住宅のほか、各特定行政庁が独自に定めていますので、それぞれの建設地の特定行政庁や指定確認検査機関に問い合わせてください。

**●中間検査のタイミング**

中間検査は、特定工程が終了した時点で行います。法7条の3による特定工程とは、階数が3以上の共同住宅の床および梁に鉄筋を配置する工程のうち政令（令11条）で2階の床およびこれを支持する梁に鉄筋を配置する工程と定められています。特定工程に関する工事の終了後、4日以内に検査を受けなければなりません。

**●完了検査（法7条）**

建設工事が完了したら、完了の日から4日以内に工事完了検査申請をして完了検査を受けなければなりません。完了検査申請を受理した検査機関は受理の日から7日以内に検査をしなければならないと定められています。完了検査では、建物が適法に建てられたものであるかどうか、外観を目視で検査します。

**●設計図書の保管**

設計事務所では、工事に関わる書類や設計図書に対して建築士法24条の4で15年の保存が義務付けられています。また、後日増改築をする場合などに必要となりますので、確認済証と検査済証の写しも合わせて保管しておくとよいでしょう。

**●計画変更確認申請**

確認申請後、施行規則第3条の2による軽微な

### 表３｜構造適判を必要とする建築物

- 大臣認定プログラムを使用して設計された建築物
  （設計ルートに関わらないのでルート１でも必要）
- ルート１以外の計算を行ったもの
- 保有水平耐力計算を行ったもの
- 限界耐力計算を行ったもの
- エネルギー法で計算を行ったもの
- 告示（平12建告2009号）免震建築物
- 木造で高さ13m、または軒高９ｍを超えるもの
- Ｓ造で高さ13m、または軒高９ｍを超えるもの、または地上４階建て以上
- ＲＣ造またはＳＲＣ造で高さ20mを超えるもの
- 組積造または補強ＣＢ造で４階建て以上のもの
- 混構造（２種以上の構造を併用するもの）で高さ13m、または軒高９ｍを超えるもの、地階を除く４階建て以上のもの、延べ面積500㎡を超えるもの
- その他特殊な構造のもの

### 表４｜法適合確認の必要な建築物

- RC造で高さが20mを超えるもの
- S造で地階を除く階数が4以上のもの
- 木造で高さが13m、または軒高が9mを超えるもの
- その他ルート１以外の計算をしたもの　など

### 表５｜検査済証の交付まで

| | |
|---|---|
| 工事着工 | |
| 中間検査 | |
| 工事完了 | |
| 完了届け | 検査申請完了の日から４日以内 |
| 完了検査 | 受理の日から７日以内 |
| 検査済証交付 | |

変更に該当しない設計変更については、現在の申請を取り下げて再度確認申請となる事があるので注意が必要です。確認後の計画変更の場合は関連個所の工事を一旦止めて、計画変更確認が下りてからの再開になります。

**●軽微な変更**

設計変更に関わる部分が極めて軽微である場合は、計画変更調書を提出することにより、計画変更確認申請を要しません。軽微な変更とは、施行規則3条の2に規定されており、構造に関係する項目としては、建物高さが低くなる場合、階数の減少、床面積の減少などで、原則は変更によって当該建築物が安全側になる場合に限られます。計画変更が持ち上がったら早めに検査機関と協議をしておくのがよいでしょう。

**●あらかじめの検討**

施工上の都合で、やむをえず発生する可能性の高い事項については、確認時の設計図書において検討しておけば、中間または完了検査時までに軽微な変更として変更届を提出することにより工事を中断することなく続けることができます。たとえば、杭基礎の偏心、杭長さの変更などで、このほか通常に発生し得る変更として、小梁の配置の変更、設備配管の開口位置などが軽微な計画変更として扱われます（施行通知1332号）。

**●平成26年4月1日までに変わったこと**

○運用改善に関わる事項（第1段H22/6/20施行第2段H23/5/1施行）

- 主事等の判断により設計図書の差替えが可能になりました
- 確認審査と適判の並行審査が可能になりました
- 構造計算概要書の添付が廃止されました
- 大臣認定書（データーベース等で確認できるもの）の添付が不要になりました

## 図4 ｜ 層間変形角計算階高

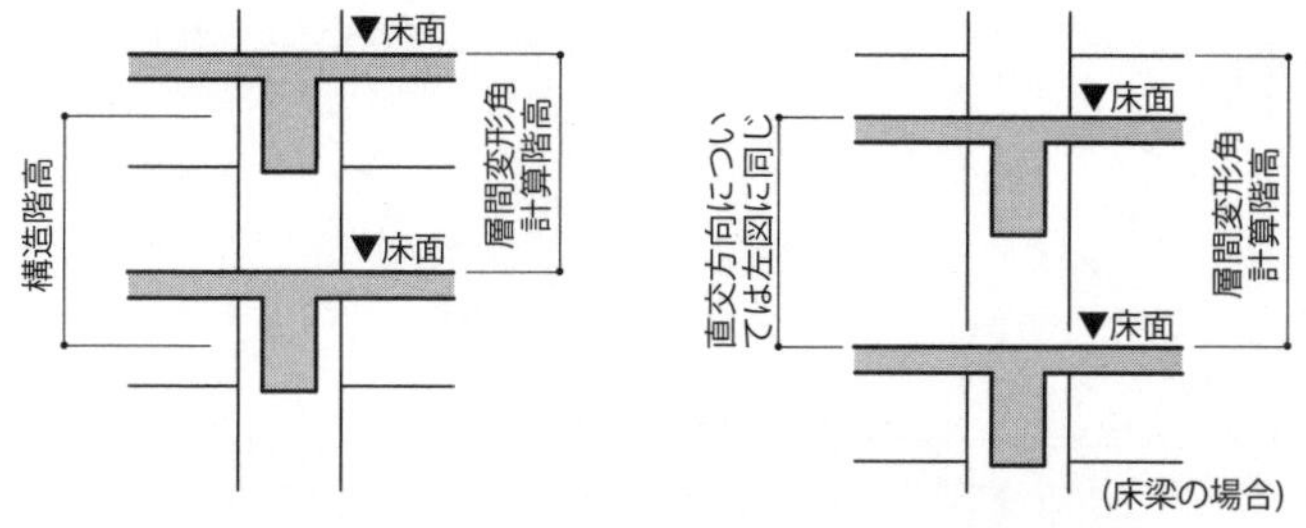


層間変形角の計算階高が明確に規定された。原則は床面から床面であるが、鉄骨造では床の構造による

「技術基準解説書2015年版(P.331)」

## 図5 ｜ 建築確認のフロー

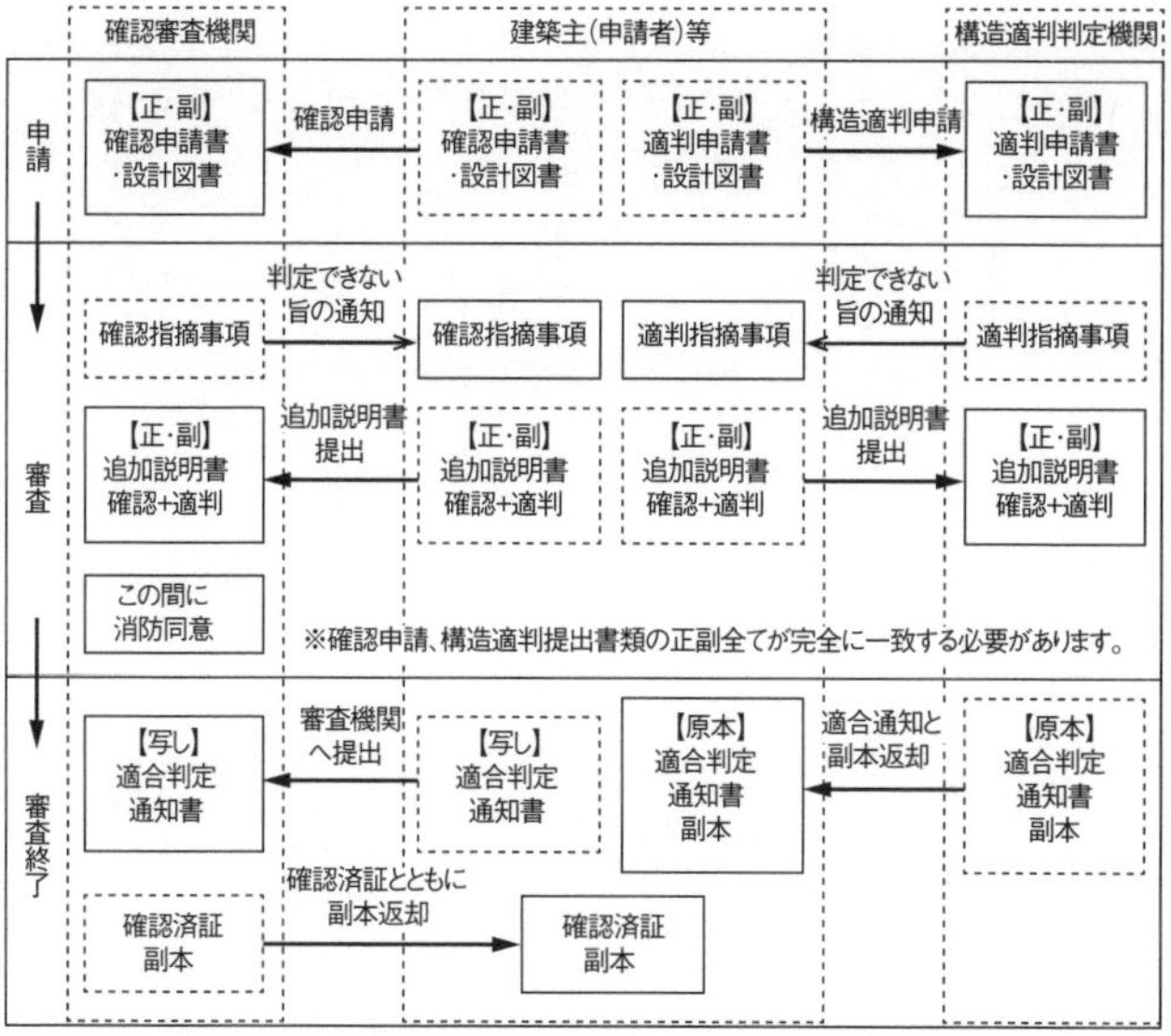

### ■建築用語豆知識

建築基準法では、第１章第２条に、同施行令には第１章第１条にこの法律で使われている用語について定義されています。また、施行令第２条には面積、高さの算定方法が規定されています。

■「建築」とは、建築物を新築し、増築し、改築し、または移転することをいい、移転とは同一敷地内で建物を移動することで、他の敷地に移す場合は新築になります。

■「設計」とは建築士法第２条第５項に規定する設計をいうとあり、士法ではその者の責任において設計図書を作成することをいうとあります。図書の一部分であってもその者の責任で作成されたものであれば設計者として記名押印が必要です。たとえば、構造計算書だけを作成しても、そのほかの設計者として申請書の第２面にその旨を記載する必要があります。

■「主要構造部」とは、躯体を構成している防火上重要な部分を示し、壁、柱、床（最下階の床を除く）、梁、屋根、または階段をいいます。階段は避難上重要な部分ですから、主要構造部として構造図などが求められます。

■「構造耐力上主要な部分」とは建築物の荷重を支え、地盤に伝える構造材で基礎、基礎ぐい、壁、柱、小屋組、土台、斜材、床版、屋根版、または横架材をいいますので、似たような言葉ですが、主要構造部とは少し異なっているので注意が必要です。

■「建築物の高さ」は、地盤面からの高さのことで、「地盤面」とは建築物が周囲の地面と接する位置の平均高さにおける水平面をいい、３m以上の高低差がある場合３mごとの平均高さと定められています。設計GLと地盤面が異なる場合がよくありますので、注意が必要です。構造図には GL、SGL、1FL の関係を明示する必要があります。

---

資料：建築基準関係規定（法６条１項、令９条）1. 消防法　第９条９条の２第 15 条第 17 条、2. 屋外広告物法　第３条～５条、3. 港湾法　第 40 条第１項、4. 高圧ガス保安法　第 24 条、5. ガス事業法　第 40 条の４、6. 駐車場法　第 20 条、7. 水道法　第 16 条、8. 下水道法　第 10 条第１項３項第 30 条１項、9. 宅地造成等規制法　第８条第１項第 12 条第１項、10. 流通業務市街地の整備に関する法律　第５条第１項、11. 液化石油ガスの保安の確保及び取引の適正化に関する法律　第 38 条の２、12. 都市計画法　第 29 条第１項第２項第 35 の２第１項第 41 条第２項 第 42 条第２項第 43 条第１項第 53 条第１項、13. 特定空港周辺航空機騒音対策特別処置法　第５条第１項～３項、14. 自転車の安全利用の促進及び自転車等の駐車対策の総合的推進に関する法律　第５条第４項、15. 浄化槽法　第３条の２第１項、16. 特定都市河川浸水被害対策法　第８条

●建築士免許(データーベース等で確認できるもの)の添付が不要になりました
●軽微な変更の適用範囲の拡大(規則3条の2)
○既存不適格建築物の増改築に対する制限緩和(H24／9／20)(令137条の2)
●既存建築物の2分の1を超える面積の増改築も一定の条件下で可能となりました
○新たな規制
●給湯器等の転倒防止(H25／4／1施行)(告1388号)
●特定天井の落下防止(H26／4／1施行)(令39条)
●エレベーターの落下防止(H26／4／1施行)(令129条の4)
●エスカレーターの脱落防止(H26／4／1施行)(令129条の4)
●特定緩勾配屋根の荷重計算(H30／1／15施行)(平成30年告示第80号)7告示第五九四号の改正

平成三十一年一月十五日、建築基準法の一部が改正、施行されました。平成十九年国土交通省告示第五九四号「保有水平耐力及び許容応力度計算等の方法を定める件」の第二に(ホ)項が追加され、特定勾配屋根の積雪荷重の計算方法が定められました。

特定勾配屋根とは、多雪区域以外の区域で垂直積雪量15㎝以上の区域にある建築物で、大スパン(棟から軒までの長さが10m以上)、緩勾配(15度以下)、屋根重量が軽い(屋根版が鉄筋コンクリート造又は鉄骨鉄筋コンクリート造でない)ものをいいます。

この特定勾配屋根に、積雪後の降雨の影響を考慮した荷重の割増し係数$\alpha$が定められました。$\alpha$の値が1・0未満の場合は1・0とし、特定緩勾配屋根部分及び特定緩勾配屋根が接続される構造耐力上主要な部分に生じる力を計算して令第82条第一号から第三号までに規定する構造計算をして安全であることを確かめる必要があります。
なお、特定畜舎建築物、膜構造及びテント倉庫についてはそれぞれの計算方法が告示で規定されているため、当該構造計算について令第82条第一号の規定を直接参照していないので、本告示第二が適用されません。

## ●平成27年から始まった新たな制度

### ●特定建築基準適合判定資格者制度

平成26年の建築基準法の改正に基づき構造計算適合性判定の見直しが行われ、比較的簡単な許容応力度等計算(いわゆるルート2)については、資格を有する建築主事、又は資格を有する確認検査員が審査を行う場合には構造計算適合判定を行う必要がなくなりました。

それに伴い、「特定建築基準適合判定資格者(一般にルート2主事と言われています。)」の制度が創設されました。建築基準適合判定資格者を対象に構造計算に関する高度の専門知識及び技術を有する「特定建築基準適合判定資格者」を養成する講習会が行われています。

この講習会は、原則3年に1度開催され、全ての講義を受講し、修了考査に合格した者に修了証明書が交付されます。

### ●構造計算適合判定資格者検定制度の創設(法第5条の4)

構造計算適合判定資格者検定試験は3年以内に行うことが定められており、初年が平成27年、二度目が平成30年に行われていますので、次回は平成33年(令和3年)に行われるものと思われます。国土交通大臣の指定を受けて検定を実施する機関は(財)日本建築防災協会です。判定員を目指す方は時々日本建築防災協会のホームページをチェックしておくと良いでしょう。

## ●今後の動向

●新たな災害や社会情勢変化により関係法令も変わります

平成は自然災害の多発した時代でした。大きな災害が起きる度に建築基準法も見直され、新たな規制や関係法令の改正が行われてきました。令和が穏やかな時代になることを祈らずにはいられません。

また、社会情勢は常に変化します。国土交通省やＪＣＢＡ（日本建築行政会議）のホームページなどで常に最新の情報を得るようにしてください。

（小野はやを）

Q
41

# 既存不適格建築物は危険か？

「失礼ですが、おいくつ？」

# 既存不適格建築物と不適合建築物がある

世の中にある建築物は多種多様で、戦前から建っている古いものも、現在の建築基準法に適合している新築のものもあります。古い建物は建築当時の基準には適合していますが、月日が経つと、法律や条例などの改正により新しい法律には適合しません。その場合に建物の取り扱いはどうなるのでしょうか。

建物の寿命は長く、寿命をまっとうするまでに建築技術のレベルは向上します。最新技術が駆使された建物でも、50年後の社会では古い技術で建てられた建物となります。技術だけでなく、法律や条例なども「古く」なります。このような建築物を法律用語で「既存不適格建築物」といいます。ただし建築基準法では、原則として着工時の法律に適合することを要求しているため、建物を建てたときの状態で継続使用する限りは、法令の規定で不適合のまま存在することが許容されています（建築基準法3条2項）。耐震性能や防火・避難に対する決まりごとに適合しない場合も既存不適格建築物となります。

一方、建築当時は法律や条例などに適合したが、改築や増築を行い、法律や条例などに適合しなくなった建物を一般的に「既存不適合建築物」といいます。たとえば、周辺の地盤高さを変更する工事によっても法律に適合しなくなることがあります。一部には、建物完成後に増改築したことによって、既存不適合となる場合もあります［図1］。

## 既存不適格建築物が一概に危険とは限らない

建物の耐震性能が十分でないと、大地震時に被害が生じる恐れがあります。安全性はすべての建物に確保されることが望ましいのですが、すべての建

図１｜建物竣工時から既存不適格建物、不適合建築物への変遷

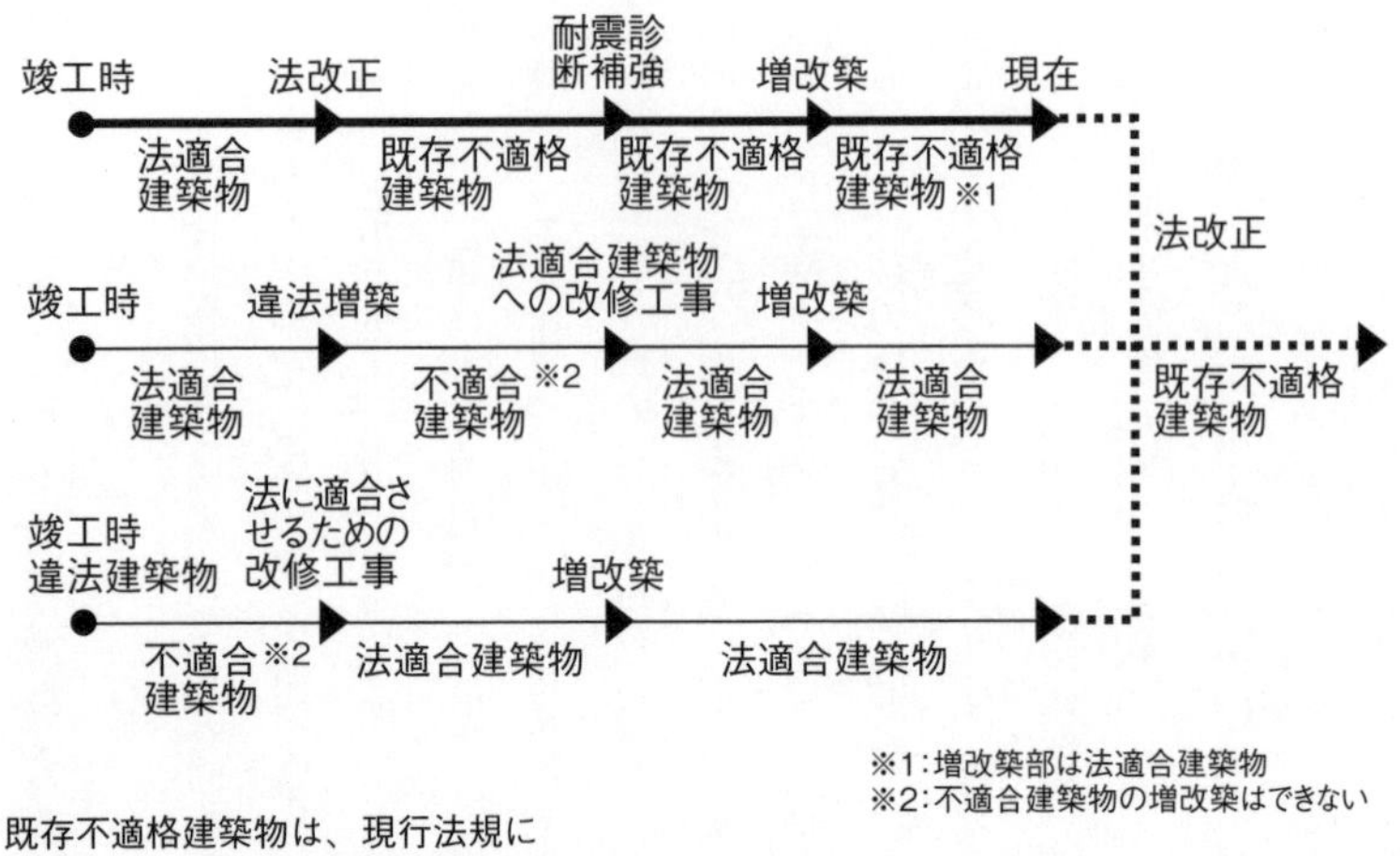

※1：増改築部は法適合建築物
※2：不適合建築物の増改築はできない

既存不適格建築物は、現行法規に適合するように改修工事を行わない限り、既存不適格建築物のまま

物に耐震性能の確保を義務化すると、経済的な理由などから混乱が生じます。そのため当面の対応として、大人数が利用する公共的な施設である学校、体育館、病院、劇場、観覧場、集会場、展示場、百貨店、事務所、老人ホームなどの所有者に対しては、地震による安全性を確認する耐震診断を行うよう努めることを法律で定めています。この法律を「耐震改修の促進に関する法律」(耐震改修促進法)といいます。

建築基準法における耐震性能に適合しない既存不適格建築物に対しては耐震診断を行うことで安全性を確認します。鉄筋コンクリート造、鉄骨造、木造によって評価方法が異なりますが、入手資料や調査結果より建物の強度、粘り強さ、月日における劣化、建物のかたちなどから**構造耐震指標$I_s$値**［表1］を算出することで大地震時の構造体の耐震性能を評価します。**既存不適格建築物であっても、耐震性能が高く評価されることもあり、既存不適格建築物だ**

**からといって危険な建物とは限りません。**

耐震診断を行って耐震性能が不足することが分かった場合や耐震性能を向上させたい場合には、ブレースや耐震壁を新設したり、耐震壁を増し打ちしたりする「耐震補強」を行います［図2］。建物前面のブレースは視線の妨げになったりしますが、最近ではデザインと融合した耐震補強の事例も出てきています。

多数の人が利用する施設以外にも、一定の規模以上の建築物や危険物を貯蔵する建築物などでは、耐震診断を行う努力をすることが法律で決められています。

## 既存不適格建物でも条件付きでの増築ができる

既存不適格建築物を、現在の建築基準法に適合させることが難しいケースがよくあります。防火性能と耐震性能が十分ではない場合に、両方満足させる増改築ができればいちばんよいのですが、コストがかかるため工事を断念しなければならず、火事にも地震にも危険な状態のままになっています。火事は人が注意することである程度防げますが、地震が起こるのを防ぐのは現代の技術でも不可能です。このため、増改築部分の面積を既存不適格建築物の延床面積の半分以下とすること、既存不適格建築物と増改築部分の間にエキスパンションジョイントを設け別構造体とするなどの条件付きで、既存不適格建築物の一部を残したまま増改築を行うことができます［図3］。ただし、確認機関により異なる判断がされる場合があるので、事前に確認機関と相談することが重要です。

既存不適格の部分については、耐震診断を行い安全性を確認します。耐震性能が不足する場合は、

## 表１｜構造耐震指標の目安（２次診断以上の場合）

| Is値 | 地震動に対して倒壊崩壊する危険性 |
|---|---|
| 0.3未満 | 高い |
| 0.3以上0.6未満 | ある |
| 0.6以上 | 低い |

建物の耐震性はIs値で示される。実際の判定では、地域指標や地盤指標によるが左記の値が目安となる

## 図２｜耐震補強の例

耐震壁を増設

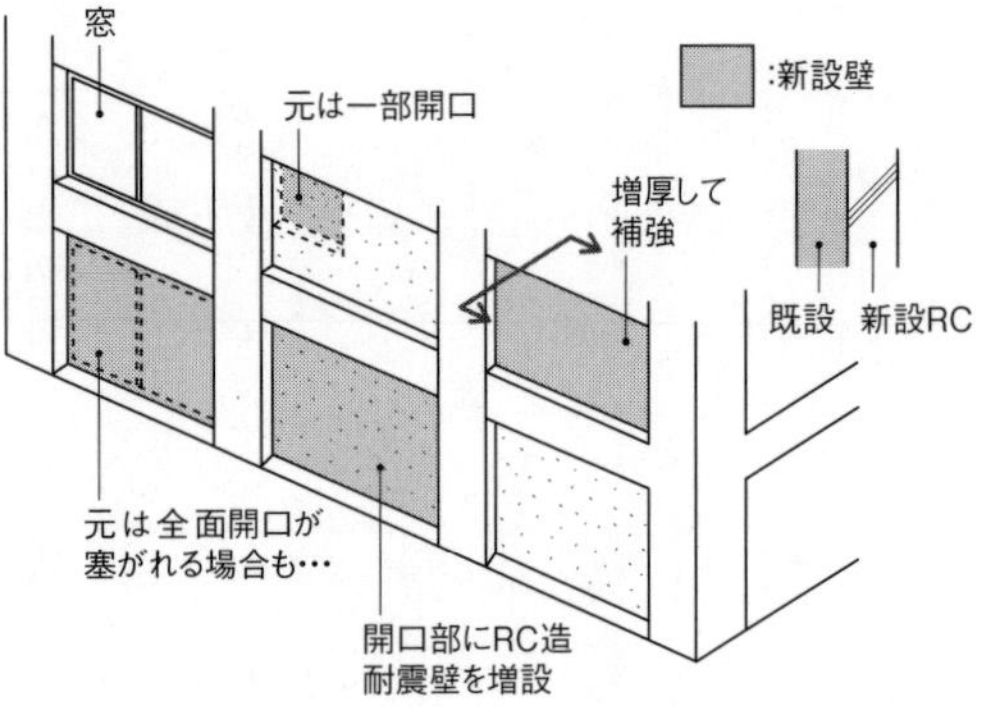


ブレースを増設

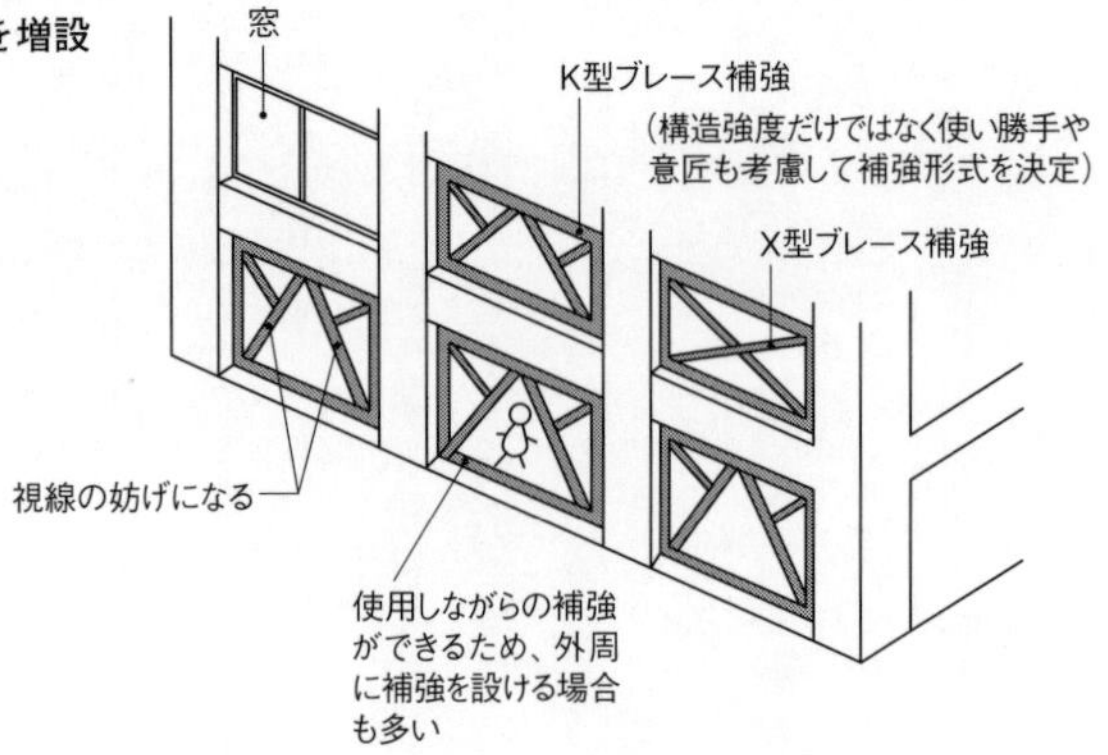

**図３｜既存不適格建築物の増築の例**

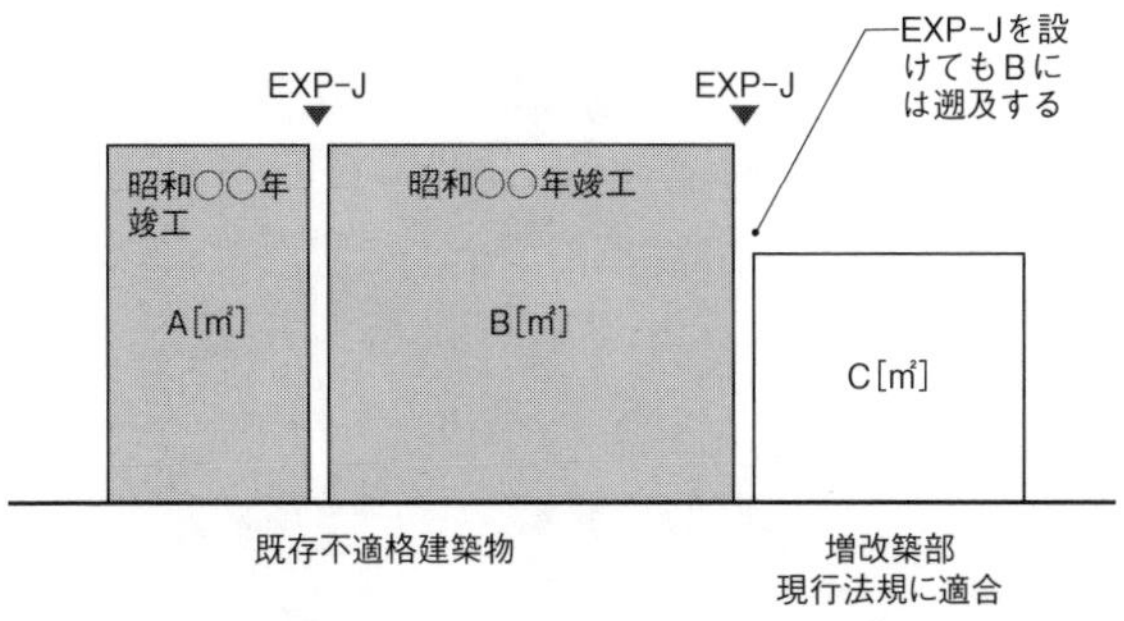


既存不適格建築物ＡＢに増築（C）する場合（例）

（A＋B）/2≧C
A：遡及しない
B：耐震診断基準または現行法規に適合

（A＋B）/2＜C
A：遡及しない
B：現行法規に適合

耐震補強を実施するか、補強工事の全体計画を特定行政庁に認定してもらい、計画的に既存部分の遡及工事を行うこともできます。事業予算や用途上の制約などから工事を実施できない場合にも、工事計画を提出することで長期的に工事を行えるように配慮されています。

既存不適格と聞くと、建て替えなければいけない危険な建築物をイメージしますが、現況の調査書、新築・増築の時期、既存建築物の平面図・配置図、設計されたときの法律への適合性を確認できれば、既存不適格建築物であっても合法的に耐震補強などの工事を実施することができます。まずは関連図書を集め、現状を把握することが重要です。

（江尻憲泰）

Q
42

# 「過半の改修」とは、具体的にどういう意味か？

「1F部分 総取り換えね」「ま、待ったーッ！」

## 「半分を超えた」大規模な改修は申請を

「過半の改修」の「過半」とは、文字どおり「半分を超えた」という意味です。改修の範囲が「過半」の場合は法律上「大規模」と見なされ、確認申請が義務づけられています。ただし、対象となる部位や過半の考え方については注意が必要です。

仮にあなたが建築主に呼ばれ、既存の建物の改修設計を依頼されたとしましょう。このとき改修設計を行うためには、どのような手続きが必要になるでしょうか。実は、法律上には「改修」という言葉はありません。これに相当する言葉は「修繕」と「模様替」です。

建築基準法2条（用語の定義）の14で「大規模の修繕」とは「主要構造部の一種以上について行う過半の修繕をいう」とあり、また15で「大規模の模様替」とは「建築物の主要構造部の一種以上について行う過半の模様替をいう」とあります。ここでいう「過半」とは、言葉どおり「半分を超えた」という意味ですが、それにより「大規模」とみなされた場合は、法6条により確認申請が求められます（ただし、4号建築物は除く）。

また、ここでいう「主要構造部」とは、同じく法2条で定義されていて、「壁、柱、床、はり、屋根又は階段をいい、建築物の構造上重要でない間仕切壁、間柱、附け柱、揚げ床、最下階の床、廻り舞台の床、小ばり、ひさし、局部的な小階段、屋外階段その他これらに類する建築物の部分を除くものとする」とされています。このように「主要構造部」と、いわゆる「主要な構造部材」とは異なりますので、注意が必要です。

要するに、法律上は大規模でなければ手続きは不要で、とくに4号建築物（一般の戸建住宅）ではまったく手続き不要です（ただし、消防法上の確認

**図1 | 過半に該当する例と、しない例**

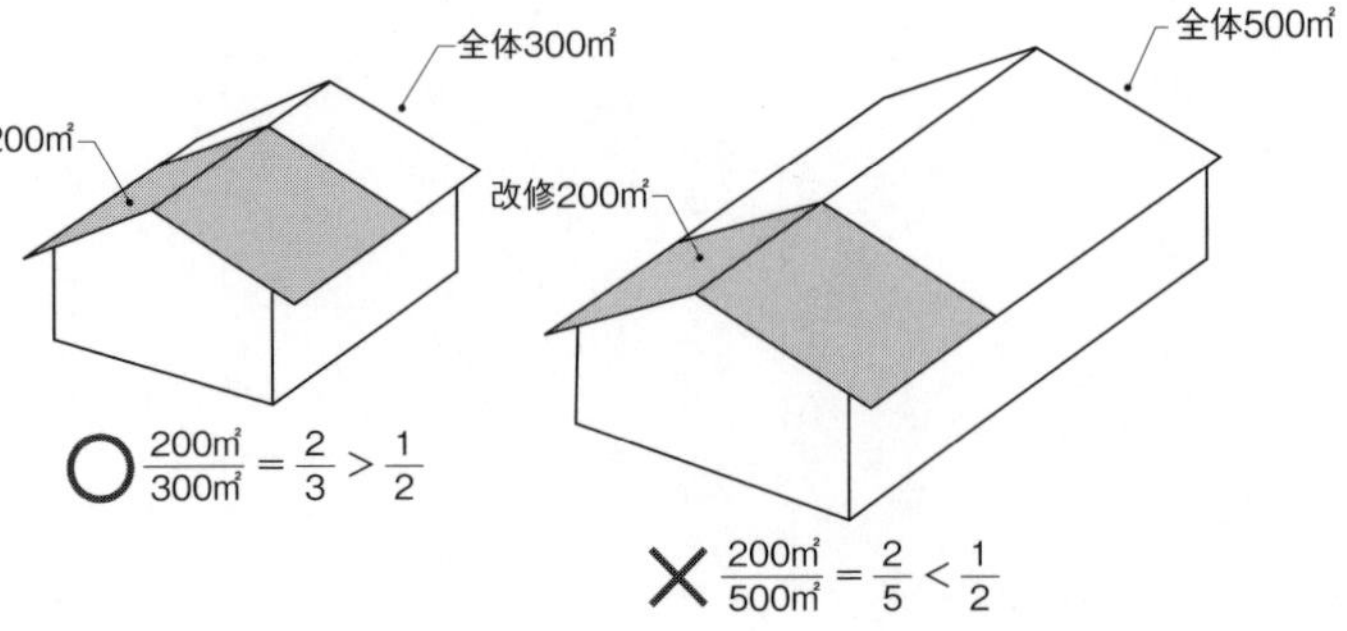


屋根は主要構造部なので、確認申請が必要である
(構造耐力だけでなく、防火上の確認が必要)

や各自治体による指導もありますので、事前協議はすべきでしょう)。新築のときは確認申請で、安全性を含め法律に合っていることを厳しくチェックされるのに、その後の改修でノーチェックというのは不思議な気がします。

## 改修設計者の責任を自覚する

誰にもチェックされないのであれば、設計者は何をしてもよいのでしょうか。もちろん、それが許されるはずはありません。建物の安全性を担保し、その建物を使用する人の生命と財産を守るのは設計者の責任です。しかし建築主から「この柱は邪魔だから取ってほしい」、「この壁を撤去してほしい」など要望され、安易に応えてはいないでしょうか。確かに3階建ての建物であれば、1階の柱を全部撤去しても「過半」にはなりませんし、耐力壁が10枚

図２｜過半に該当しないが注意したい例

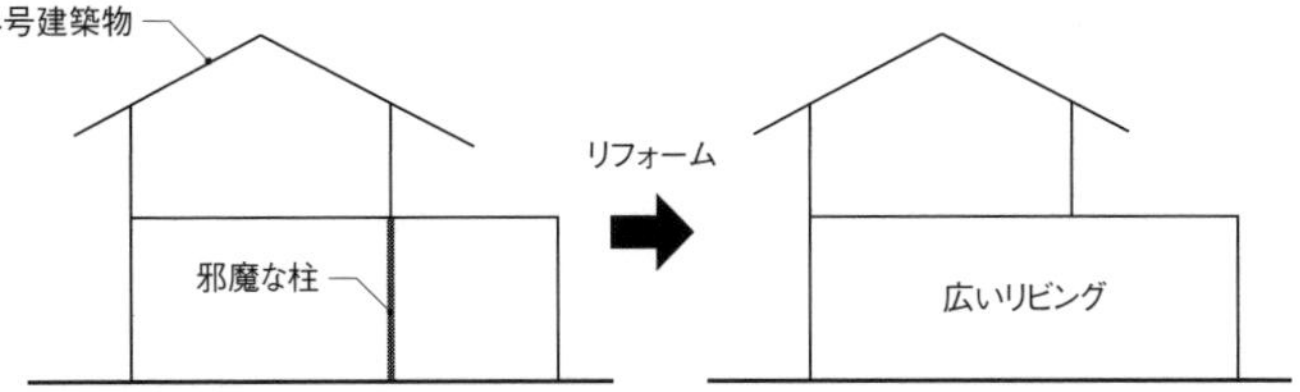


４号建築物（２階以下の一般の木造戸建住宅）は新築や増改築以外、確認申請は不要である。どんな大規模なリフォームもノーチェックで施工できる（実際は危険な場合も多い）

ある建物であれば、そのうち４枚までは撤去しても「過半」にはなりません（壁の枚数ではなく、面積比で判断される場合もある）。これは極端な例ですが、実際に壁にドアを設けるために耐力壁に穴をあけたり、プラン上邪魔になる雑壁を撤去したりといったことが、改修設計を進めるうえで意匠設計者の判断で安易に行われている事例もあるようです。

## 改修設計では、まず躯体に配慮

改修設計においては、躯体に手を加えない範囲で行うことを原則とし、必ず構造設計者に事前に相談することが重要です。

まず**柱や大梁に手を加えるのは避けるべき**です。建物の架構全体に影響がおよび、その周囲やその階だけではなく、すべての部材の安全性を確認することが必要になるからです。

**図３｜雑壁の追加とせん断破壊**

雑壁の追加で、地震時の柱の変形が上部のみに集中して、かえって破壊しやすくなる

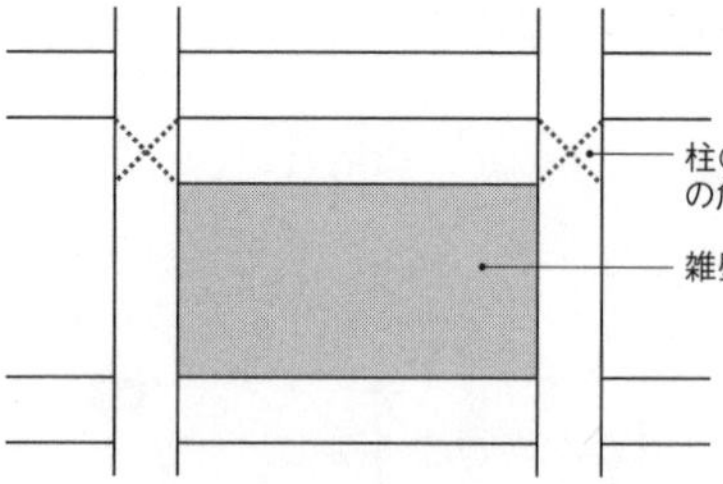


**図４｜「過半」の改修に該当しない例**

３階建てでは、１階のすべての柱に手を加えても、過半の改修にはならない。免震レトロフィットは、ある層のすべての柱を切断して免震ゴムなどを挿入するが、確認申請は不要である

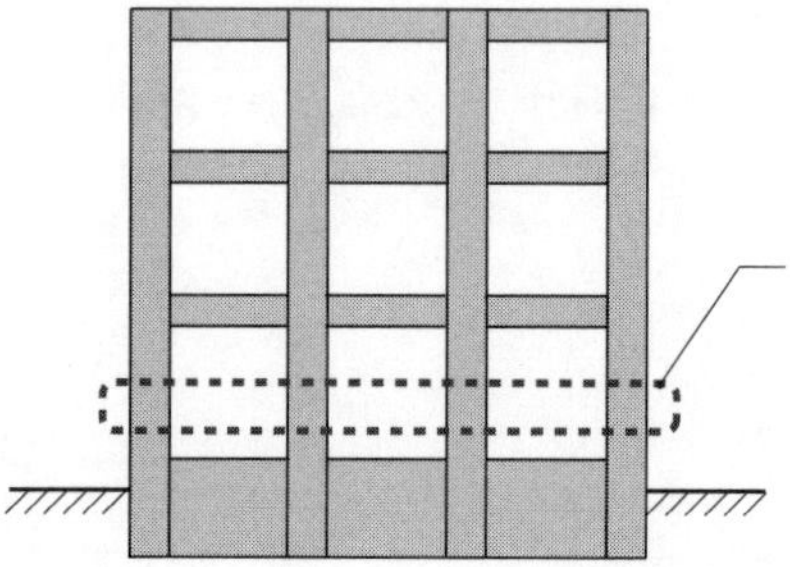


次に壁ですが、耐力壁はもちろんのこと、いわゆる**雑壁にも安易に手を加えることは危険**です。雑壁自体は力を負担しない設計になっていますが、それにより架構の剛性が変化し、取りつく柱や大梁の応力が変わってしまいます。このことは撤去だけでなく、追加した場合にもいえることです。それまで何もついていなかった柱に雑壁を取り付けたために、柱がせん断破壊しやすくなる場合もあるのです。

以上はRC造をイメージしていますが、S造でも同様です。安易に部材に手を加えるべきではないのに、改修で邪魔になる部分をガス切断し、新たに必要となる部材を現場溶接で取り付けている例などを、ときどき見かけることがあります。とくに現場溶接は高度な技量を必要とする難しい施工ですから、溶接工の技量を確かめ、有資格者を選任するなど、監理の上でも注意が必要です。ちなみに、新築の場合でも現場溶接はＵＴ（超音波試験）を100％行

うことが一般的で、いかに慎重な施工が求められているかが分かります。

このように改修設計においては躯体に対する配慮が重要で、構造設計者の協力が不可欠です。

## 「荷重」と「納まり」に注意する

躯体以外にも注意すべき点はあります。たとえば建築主から「外装を改修して全面を石張りにしたい」といわれた場合、石は仕上材で主要構造部ではないので、過半でも「大規模」にはなりません。躯体にも手を加えないとしたら何の問題もなさそうです。しかし、ここで注意が必要なのは、「荷重」と「納まり」です。

石は重い材料ですから、設計上外壁の重量としてどの程度の固定荷重が見込まれているかをチェックし、それ以下であることを確認しなければなりません。また地震時の層間変形に追従できる納まりの検討も必要で、ロッキングやスウェイの可能な下地工法の選択が求められる場合もあります。

いずれにせよ、改修は新築以上に慎重さが求められる工事であることをよく認識し、構造設計者との協議を十分に行って、慎重に設計を進めることが大切です。

（関　洋之）

Q43

# Is/Iso と Qu/Qun は同じものと考えてよいか？

## Is/Isoと Qu/Qunは比較できない

耐震診断で目標とする耐震性能を満たす建物（Is/Iso≧1.0）と、新耐震で設計された建物（Qu/Qun≧1.0）は、耐震性能の目標としては、ほぼ同程度と考えられますが、計算（評価）の方法が違うため、同一の答えとはなりません。

耐震診断においては、1968年の十勝沖地震、1978年の宮城県沖地震および1978年の伊豆大島近海地震など過去の建物被害とIsとの関係から、概ね0.6以上のIsが必要となっています。

一方、建物の保有している水平方向の耐力（保有水平耐力Qu）は、粘り強さを表す構造特性（Ds）などを考慮した、建物がもっていなければならない水平方向の耐力（必要保有水平耐力Qun）以上を確保することが必要となっています。**この2つは一見同じようなことをいっているように見えますが、実際には、計算（評価）の方法が違うため、同一の答えとはならないのです。**

## Isには強さと粘りの要素がプラス

耐震診断は、旧基準（昭和56年以前）の建築物の耐震安全性能の大きさをIsとし、新耐震レベルの耐震性能のIsoと比較して検討しています。耐震改修の「促進法」で認定されている日本建築防災協会の「耐震診断基準」によると、診断の中身はその精度により第1次診断から第3次診断まであります［表1］。Isは診断建物の性状を力（C）と変形（F）の関係を示した面積で表します［図1］。また、どのような建物についても診断次数により目標値は一定としています。

Isを算出するなかで、もっとも基本となっているのが、保有性能基本指標（Eo）です。Eoは、建物

**表1 ｜ 耐震診断基準**

| | | |
|---|---|---|
| 第１次診断 | 柱・壁のコンクリート断面積から診断 | Is≧0.8 |
| 第２次診断 | 柱・壁のコンクリート断面積と配筋量から診断 | Is≧0.6 |
| 第３次診断 | 架構の終局耐力と破壊モードから診断 | Is≧0.6 |

壁の多い建物は第１次診断で性能の確認が可能。
壁が少なく柱で耐力が決まる建物は第２次診断、
壁が少なく梁で耐力が決まる建物は第３次診断

がもっている耐力を重量で割った強さ（C）と、粘り強さ（F）とにもとづいて計算します。そのため、Isには強さと粘り（靭性）の要素が入っていることになります［図2］。

## 保有水平耐力（Qu）と必要保有水平耐力（Qun）

保有水平耐力（Qu）は、増分解析法などにもとづいて建物の崩壊メカニズム（建物がどのように崩壊していくか）を求め、全体崩壊になっているのか、部分崩壊をしているのかを確認しながら、建物の保有水平耐力がどの程度あるかを計算するものです。そこで求めた結果が、必要保有水平耐力（Qun）以上であることを確認することになります［図3］。新築の建物を設計する場合、構造設計者は建物の特性を考慮し、強度に頼る建物にするか、強度を有しな

**図1 ｜ 地震時のエネルギー吸収**

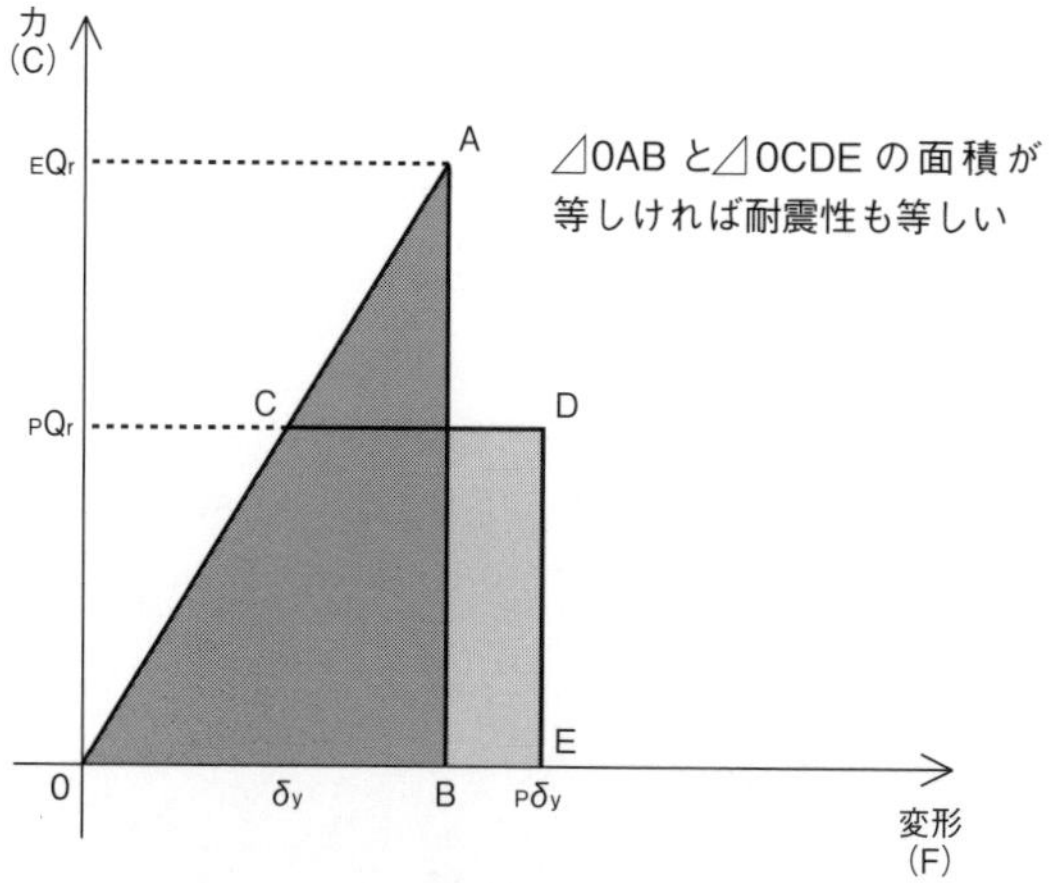


地震力と建物の変形との関係を単純化した図
0 から A までは線形（弾性）範囲：無傷
C から D までは非線形（塑性）範囲：損傷が進む

がら粘りのある建物にするか、設計をしながらいろいろ検討し変えていくことができます。したがって新築の建物は構造設計者の技量に負うところが大きくなるのです。

## 新築と既存で耐震診断評価の方法が異なる

新築の建物に、耐震診断による計算を採用することはできません。新築する建物の構造計算を行う場合は、法律（令82条〜99条まで）により具体的な構造計算に関する規定が定められています。構造計算の方法や、構造計算を行うに当たって採用する荷重および外力の種類と大きさ、構造計算を行うに当たって採用する材料の強さなどについてです。

耐震改修の「促進法」によると、既存の建築物を現行の耐震関係規定に適合させることが困難な場合は、「建築物の耐震診断及び耐震改修の実施につ

## 図 2 ｜ 耐震診断の計算式

$$I_S = E_0 \times S_D \times T$$

$I_S$ ：各階の構造耐震指標
$E_0$ ：各階の保有性能基本指針（建物の終局強度、破壊形式および靱性に基づいて算定する）
$S_D$ ：各階の形状指標
$T$ ：経年指標

$$I_{S0} = E_S \times Z \times G \times U$$

$E_S$ ：耐震判定基本指針（第2次診断および第3次診断は$E_S = 0.6$）
$Z$ ：地域指標
$G$ ：地盤指標
$U$ ：用途指標

$$C_{TU} S_D \geqq 0.3 \times Z \times G \times U$$

$C_{TU}$：構造物の終局限界における累積強度指標
$S_D$ ：各階の形状指標

注1：耐震診断基準（日本建築防災協会による）による場合、$I_S$は$I_{S0}$以上、$C_{TU}S_D$は$0.3 \times Z \times G \times U$以上
注2：$I_S$を大きくすれば建物の損傷は少ない。$C_{TU}S_D$は建物が最低限必要とする強度の目標値を定めている。$I_{S0}$の目標設定は建物を倒壊させないことにある

## 図 3 ｜ 保有水平耐力と必要保有水平耐力

$$Qu \geqq Qun$$
$$Qun = Ds \times Fes \times Qud$$

Ds ：各階の構造特性を表すもので、建築物の減衰性および各階の靱性を考慮して国土交通大臣が定める数値
Qud：地震力によって各階に生ずる水平力（$C_0 = 1.0$）

注1：保有水平耐力（Qu）は必要保有水平耐力（Qun）以上でなければならない
注2：新築の建物をルート３で設計する場合に用いる手法で、建物の保有している水平耐力が地震によって生じる水平力以上となるように設計する

参考資料：「2007 年版建築物の構造関係技術基準解説書」「2001 年改訂版既存鉄筋コンクリート造建築物の耐震診断基準　同解説」（日本建築防災協会）

いて技術上の指針となるべき事項」にもとづいて耐震診断を行い、その結果にもとづいて必要な耐震改修を行うこととなっています。

したがって、新築建築物の安全性の評価と既存建築物の耐震診断の評価には、すみ分けがあり、評価の方法は違っています。しかし、お互い建物の耐震性に対する考え方は、新築建物も既存建物も一緒ですので、お互いの計算内容は参考になるでしょう。

## 古いＲＣ建物では第２次診断が有効

古い建物の構造設計では、構造部材と非構造部材が明確に分けられていないため、腰壁および垂れ壁を有する梁により、柱の有効長さが極端に短く（極短柱）なっていたり、長い袖壁を有する柱により、梁の有効長さが短くなっていたりと、さまざまな構造要素が建物に含まれています。そのような建物の真の保有水平耐力を算定することは非常に難しく、診断者によって保有水平耐力の計算結果にバラツキが生じてくることが多いと考えられます。そのため評価の比較的明確な第2次診断が3階、4階建ての学校校舎などで採用されるケースが多いでしょう。

昭和56年は、新耐震設計法が施行された年であり、その後、保有水平耐力計算と耐震診断計算（昭和56年以前の既存不適格建築物の評価）が同居し始めた年でもあります。今後、昭和56年以降の建築物（保有水平耐力と必要保有水平耐力から求めた建物）と耐震診断基準などにより計算された建築物の耐震性能が比較され、問題点（たとえば、靭性を表すF値の下限値に開きがあるが？）などがあるかどうか、分かりやすく示されることを期待したいと思います。

（梶井照仁）

Q 44

# あと施工アンカーの利用に問題はないか?

**表１｜金属系アンカーと接着系アンカー**

| | | | | |
|---|---|---|---|---|
| 金属系アンカー | 金属拡張アンカー | 打込み方式 | 拡張子打込み型 | 芯棒打込み式、内部コーン打込み式 |
| | | | 拡張部打込み型 | 本体打込み式、スリーブ打込み式 |
| | | 締付け方式 | 一端拡張型 | コーンナット式、テーパーボルト式 |
| | | | 平行拡張型 | ダブルコーン式、ウエッジ式 |
| | その他の金属アンカー | アンダーカット式 | | |

金属拡張アンカーとその他の金属アンカーに分かれる。金属拡張アンカーは、母材にあらかじめ穿孔した孔のなかで、その拡張部が開き、孔壁に機械的に固着するものをいう

| | | |
|---|---|---|
| 接着系アンカー | カプセル方式 | 回転・打撃型<br>打込み型 |
| | 注入方式 | カートリッジ型<br>現場調合型 |

母材にあらかじめ穿孔した孔に充填した接着剤（カプセル方式または注入方式）が化学反応により硬化し、定着部を物理的に固着するものをいう

「日本建築あと施工アンカー協会ホームページ」

## あと施工アンカーは不可思議な存在

建築工事において、あと施工アンカーは大変便利な存在です。しかしながら、あと施工アンカーは建築基準法では、特殊な構造材料として、補強工事に用いる場合のみ定められており（平13国交告1024号の平成18年改定において）、その使用に際しては注意が必要です。とくに新築工事においては、**あと施工アンカーの使用は、主要構造部の構造部材としては、原則として認められていません。**一方で、耐震補強工事においては、あと施工アンカーは多用され、なくてはならない存在となっており、不可思議な存在でもあります。

あと施工アンカーの種類はたくさんあります。大きくは、金属系アンカーと接着系アンカーに分類されます［**表1**］。軽微な用途では金属系アンカーが使用され、大きな応力が働く個所では、接着系ア

**図1 ｜ 先付けアンカーとあと施工アンカー**

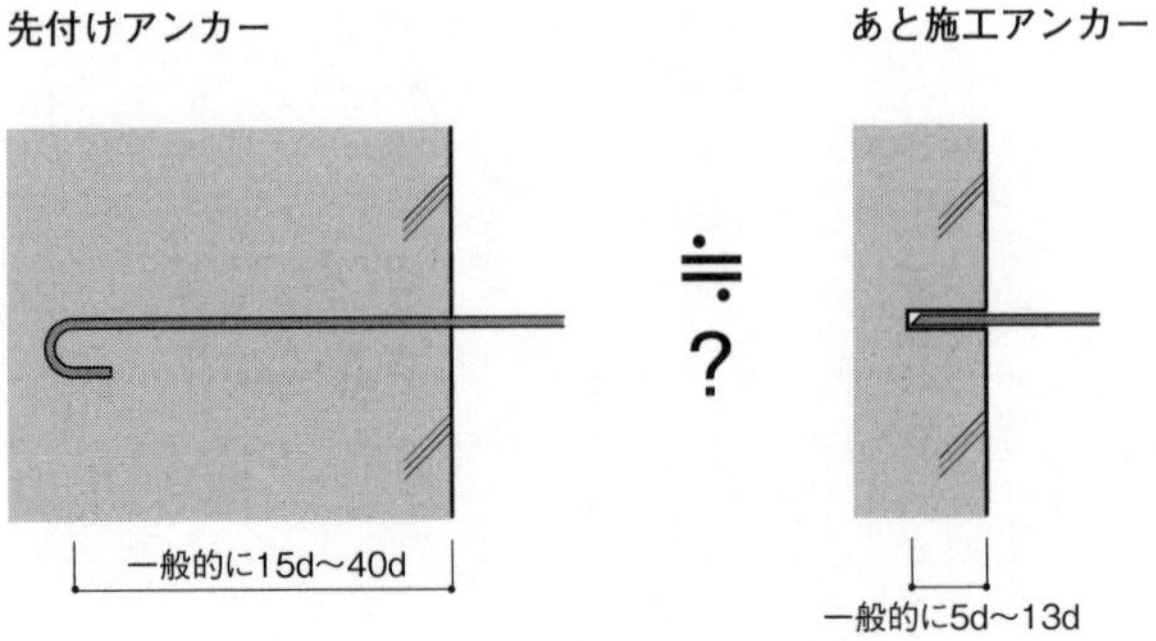


先付けアンカーは、一般に「定着」や「差筋」と呼ばれており、文字通り、コンクリート打設前に配筋する必要がある。あと施工アンカーは、コンクリート打設後に施工する、文字通り、“後（あと）施工”アンカー。あと施工アンカーのイメージとして、なんらかの理由で、先付けアンカーができなかった場合に、あと施工アンカーで代替するものだと考える設計者が多いと思われる

ンカーが用いられます。もちろんそうではないケースもあります。接着系アンカーのことを現場用語で「ケミカルアンカー」または「ケミカル」と呼ぶことがあります［※1］。

あと施工アンカー製品が多種多様にあるのは、建築基準法に定められていなかったため、メーカーの開発の工夫が反映された結果といえます。構造設計者は、そのなかで適切なものを選ぶ必要がありますす［※2］。選択の1つの基準として、告示の別添の「あと施工アンカー・連続繊維補強設計・施工指針」（国土交通省のサイトよりダウンロード可）や、法令ではありませんが、日本建築防災協会の「既存鉄筋コンクリート造建築物の耐震改修設計指針同解説」が挙げられます。それらに記載されている一部の耐力値などは、メーカー側のスペックより厳しい評価となっています。注意が必要なのは、分類上は接着系となる注入タイプの製品です。施工性が非常

**図２｜鉄筋への干渉**

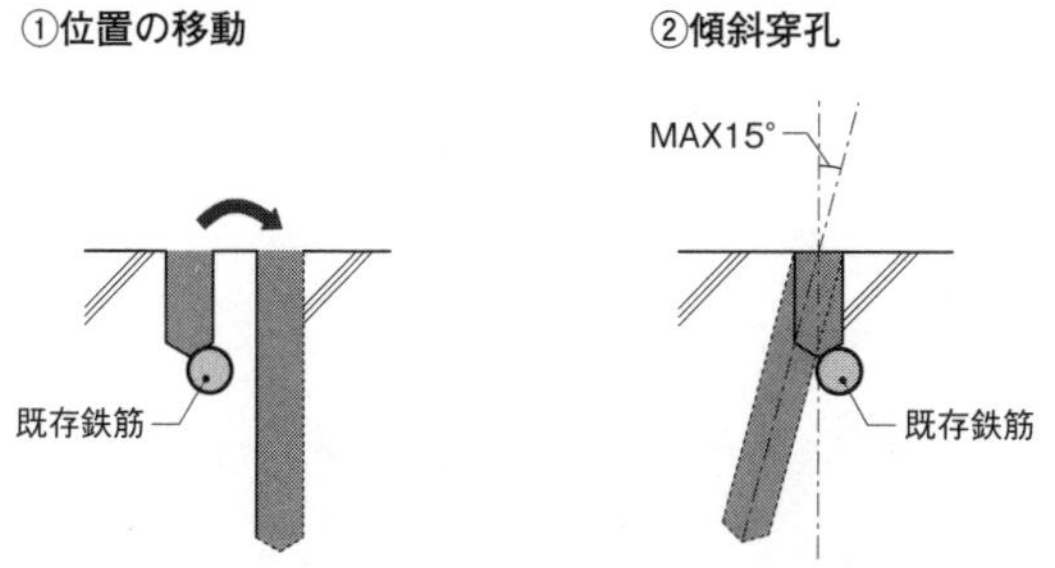


方法①「位置の移動」：別位置に再穿孔する。方法②「傾斜穿孔」：鉄筋との干渉を避けられるだけ、ドリルを傾けて、孔入口そのまま再穿孔する。そのときの傾斜角度は15°以内を目安とする（メーカー推奨値）。この場合、規定以上の樹脂が必要となるので、孔口より樹脂混合物があふれるまでカプセルを追加し重ね打ちを繰り返す
正しく施工するための方法は、ケースバイケースで、ほかにもさまざまな工夫が考えられる。ただし、ダイヤモンドコアドリルの使用は、鉄筋を切断する可能性があるので、注意が必要

に優れていますが、耐力の発現はやや劣っているものもあるので、軽微な個所以外には使用を控えたほうがよいと思われます。

## あと施工アンカーは施工管理が重要

あと施工アンカーは、その性能を正しく発揮させるためには、施工管理が非常に重要です。しかしながら施工管理には難しい面があります。あと施工アンカーが必要になるのは、何らかの緊急対策や、既存建物の耐震補強に使う場合が多く、そもそもの建物があと施工アンカーを想定した設計になっていないため、教科書どおりに施工できないという状況に遭遇するのです。

あと施工アンカー設置のための穿孔工事で、ドリリング中に既存鉄筋に当たるということが頻繁に起こります。その回避には、穿孔位置を変える、穿

図３｜へりあき寸法とアンカーの間隔

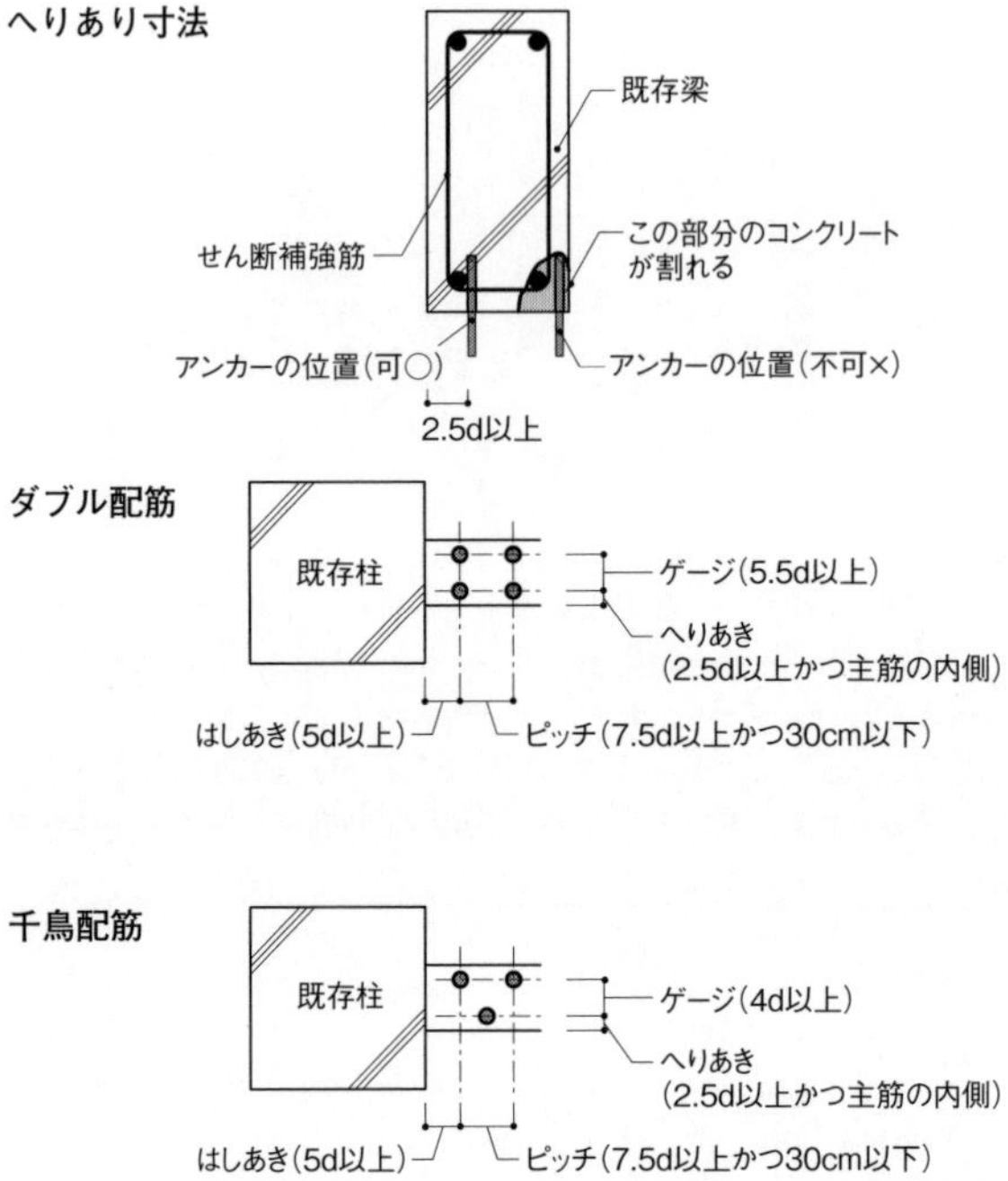


複数本打設した、あと施工アンカー同士の間隔が小さいと、アンカー１本当たりのコーン状破壊耐力が小さくなってしまい、複数本のアンカーの役目を果たさなくなってしまう。すなわち、あと施工アンカーの引張耐力が、打設した本数分まで向上しない。へりあき寸法が小さいと、あと施工アンカーの引張り、せん断耐力ともに小さくなってしまい、もはや、あと施工アンカーの意味をなさない

※１　「ケミカルアンカー」は製品名で登録商標されているので、設計図に記載する際は注意が必要
※２　構造設計者がアンカー製品を選定するに当たり、日本建築あと施工アンカー協会の製品認証制度の認証取得製品は、一定の選択の目安になる。同協会は、あと施工アンカー業界の自助努力団体であり、あと施工アンカーの品質および設計・施工に関する調査研究および技術開発を行っている。また、あと施工アンカー施工士の資格認定制度も設けている
※３　参考図書として、建築研究振興協会の「既存建築物の耐震診断・耐震補強設計マニュアル 2018年版」が挙げられる

孔角度を変えるなどの工夫をします［図2］。その際、非常に大切なのは、あと施工アンカーの所定の埋込み長さを確保することです。また、接着系アンカーの場合では施工後にアンカー引張試験を必ず行ったほうがよいでしょう。また、監理者でも簡単にできる品質確認法として打音確認があります。正しく施工されたアンカーは木琴を叩いたときのような打音が響きます。そのほか、設計上の配慮として見落としがちなのは、複数本施工する場合のあと施工アンカー同士の間隔と、へりあき寸法です［図3］。

## あと施工アンカーではコーン状破壊を考慮する

構造設計者は、先付けアンカーと同等と思いがちですが、あと施工アンカーは、短い定着長さで耐力を発現するという特殊な機構なので、あと施工アンカー特有の破壊形式である「コンクリートコーン状破壊」を考慮した設計にしなければなりません。コーン状破壊耐力は、既存コンクリート強度の関数となっており、強度の低いコンクリートに施工する場合は、特段の配慮が必要です［※3］。

また、あと施工アンカーにおいては、劣化の問題は避けてとおれないのですが、現状では、あと施工アンカーの劣化による耐力低下を定量的に把握することは不可能です。その点をふまえると、長期荷重をあと施工アンカーに負担させることは望ましくなく、やむを得ず負担させる場合でも特段の配慮が必要です。

（矢沢秀周）

# 構造計画

**Q 45**

# 構造種別の選択基準はどこにある？

「ボクにしなよ」「いや、ボクにしなよ」

## 構造種別ごとの特徴を知っておく

構造種別の選定にあたっては、それぞれの特徴を把握し、建物用途・規模・スパン・コスト・工期や構造形式なども含めて総合的に判断して決めることが重要です。また、基礎形式や経済状況などの要因も、構造種別の選定に大きな影響を与えるので注意が必要です。

建物を計画する際、構造設計者が最初に決めることの1つに、建物の構造種別が挙げられます。この建物はS造がいいのか、RC造がいいのか、それとも複合構造がいいのか、設計者がもっとも悩むところです。意匠設計者や設備設計者にとっても、平面計画を詰めていくためには、柱の位置や大きさが必要であり、設備計画を進めていくには、梁せいや床組みの構造が必要になってくるので、S造か、RC造かという構造種別の選定は、建物の基本計画の段階で重要事項の1つとなります。

では、構造種別はどのように決めていけばよいのでしょうか。

現在、広く用いられている構造種別には、S造（鉄骨造）、RC造（鉄筋コンクリート造）、SRC造（鉄骨鉄筋コンクリート造）、木造、これらを組み合せた複合構造などがあります。ここでは、中低層建物で一般的に採用されている構造種別、S造、RC造と複合構造の特徴について考えてみます［表1・図1～3］。

S造の最大の特徴は、自重が軽く、材料強度が高い鋼材を用いることで、大スパンに対応できる点です。また、S造の一般的な建物重量は、RC造が10～15kN/㎡なのに対して、6～10kN/㎡と30～40％程度の軽量化が図れます。そのため、地震力が小さくなり、中高層の事務所ビルや大スパンを有する工場などに適します。また、部材を工場で製作し、

## 表｜構造種別での主な特徴

| | 重量 | 標準スパン | 材料コスト | 工期 | その他 |
|---|---|---|---|---|---|
| S造 | 軽い | 10～20m | 高い | RC造より短い | 耐火被覆が必要 |
| RC造 | 重い | 6～10m | 安い | S造より長い | 居住性、遮音性に優れる |
| 複合構造（柱SRC＋梁S） | S造とRC造の中間 | 10～20m | S造とRC造の中間 | S造とRC造の中間 | 梁には耐火被覆が必要 |

## 図1｜S造（鉄骨造）の部材断面と骨組

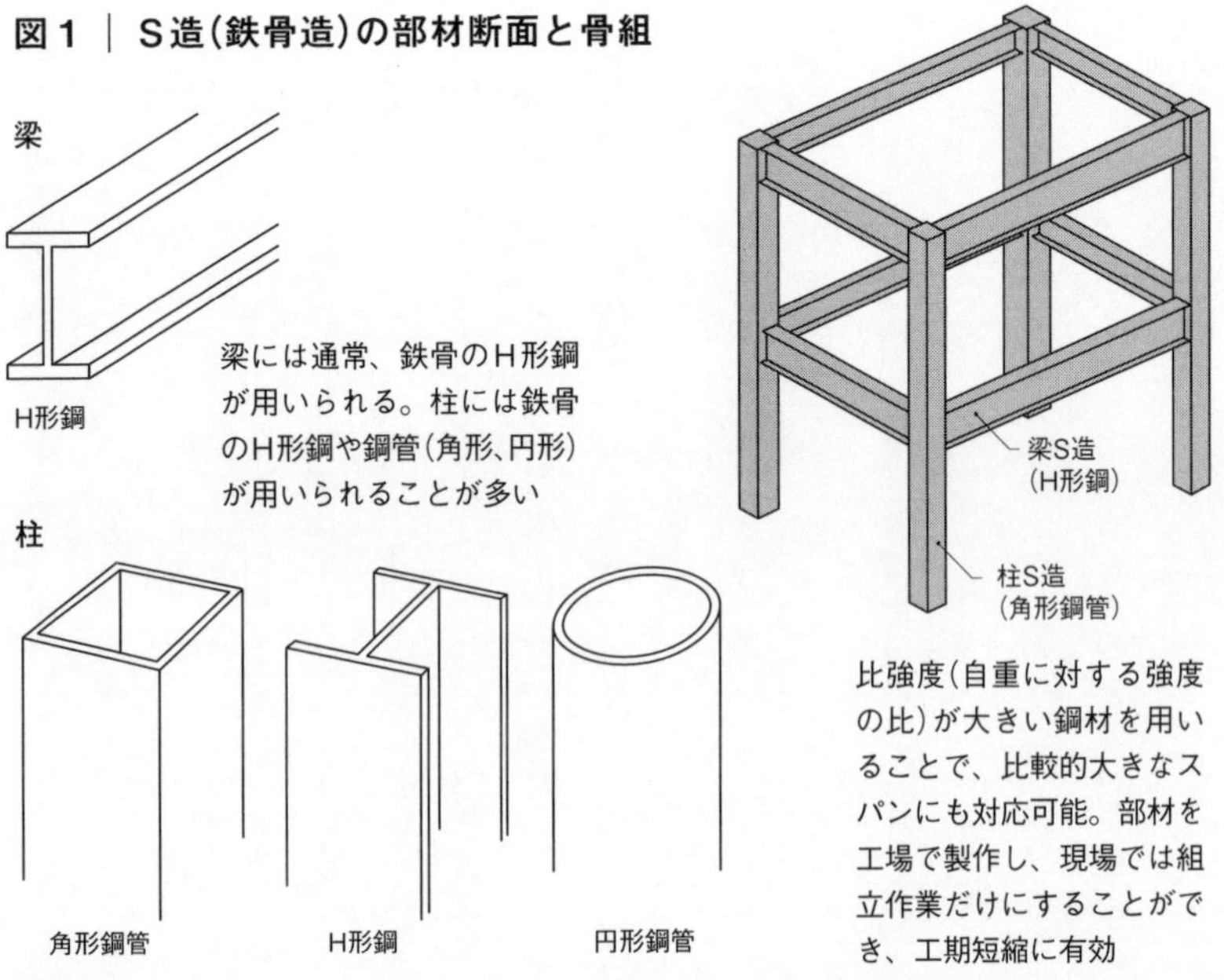

梁には通常、鉄骨のH形鋼が用いられる。柱には鉄骨のH形鋼や鋼管（角形、円形）が用いられることが多い

比強度（自重に対する強度の比）が大きい鋼材を用いることで、比較的大きなスパンにも対応可能。部材を工場で製作し、現場では組立作業だけにすることができ、工期短縮に有効

## 図2 | RC造(鉄筋コンクリート造)の部材断面と骨組

梁

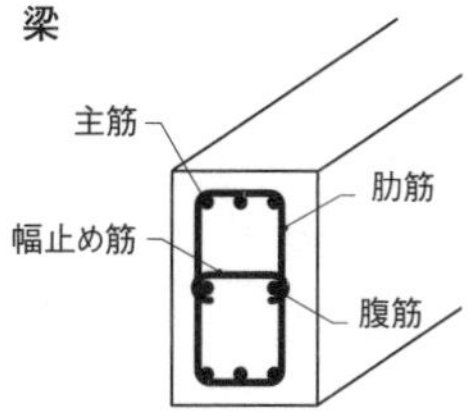


梁にはRCの矩形断面(長方形、正方形)が用いられる。柱にはRCの矩形断面(長方形、正方形)や円形断面が用いられる

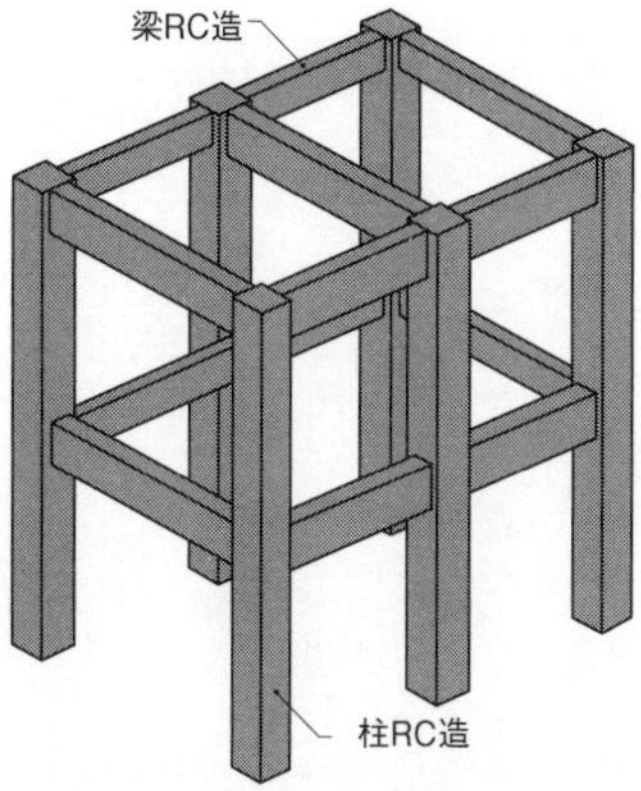


柱

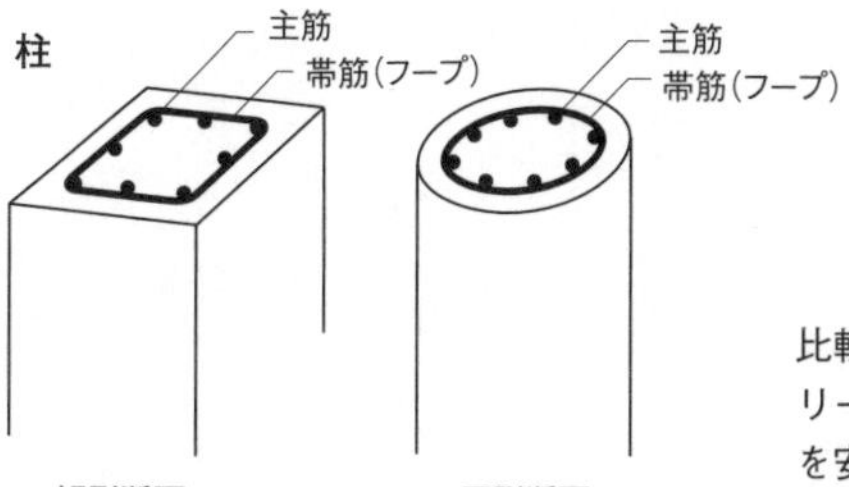


矩形断面　円形断面

比較的安価な材料である鉄筋、型枠、コンクリートで構造骨組をつくるので、躯体コストを安くできる。遮音性や居住性に優れているので、壁が多い集合住宅に適している

## 図3 | 複合構造の部材断面と骨組

梁

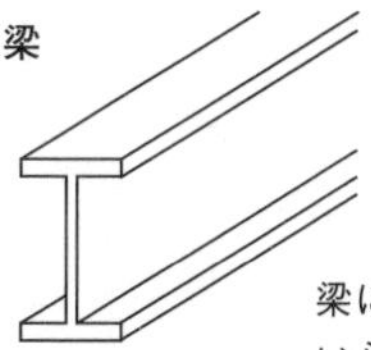

H形鋼

梁には鉄骨のH形鋼が用いられる。柱にはSRC造やCFT造の矩形断面や円形断面が用いられる

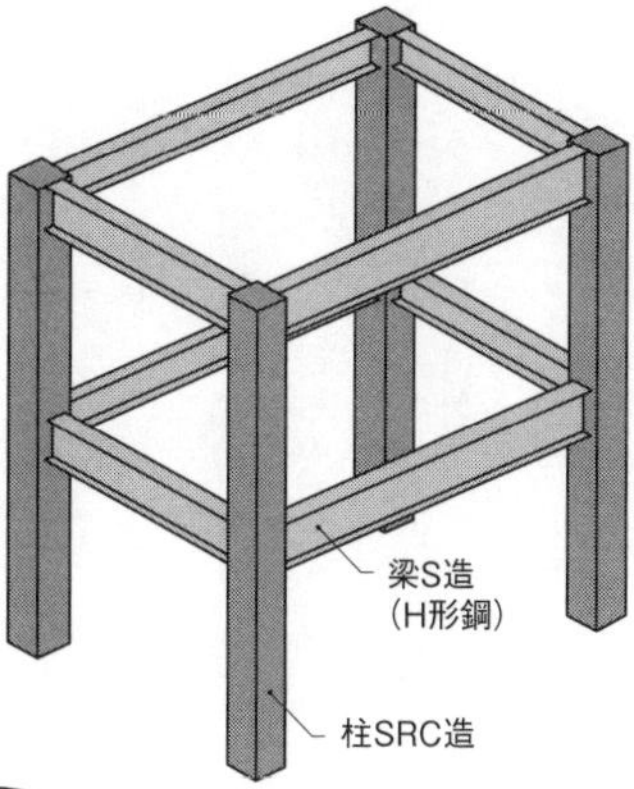


柱

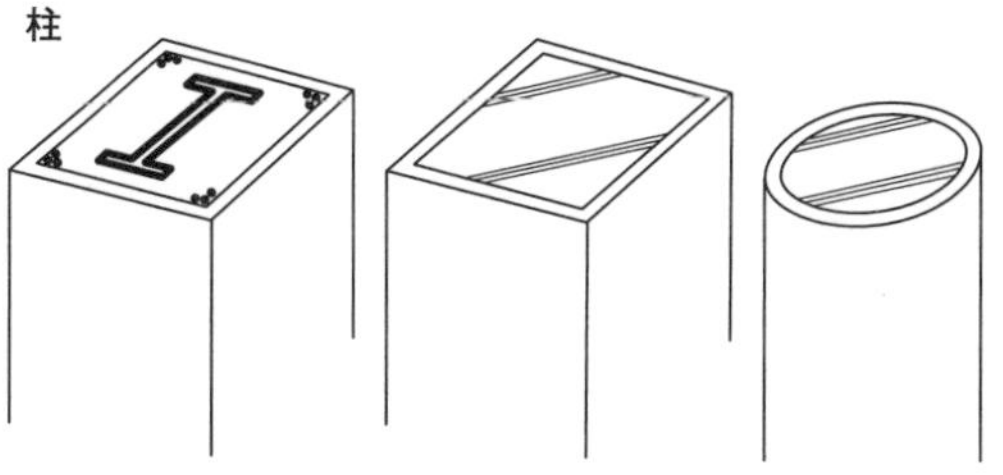

SRC造(矩形断面)　CFT造(矩形断面)鋼管の内にコンクリート充填　CFT造(円形断面)

柱SRC造・梁S造の例。梁をS造にすることで大スパンに対応し、柱をSRC造にすることでコストダウンを図ることができる。ほかにも柱をCFT造やRC造にするなど多様な組み合わせが可能

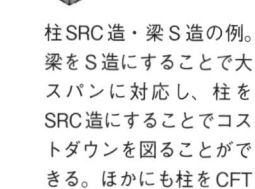

現場は組立作業だけになるので、工期短縮に有効です。欠点としては、耐火性能が低い（耐火被覆が必要）、座屈の問題、揺れやすいことなどがあります。

ＲＣ造の特徴としては耐火性、耐久性が高く、また遮音性や居住性に優れている点が挙げられます。また、鉄筋、型枠、コンクリートなどの材料自体が安価で躯体コストが安くできる点も挙げられます。欠点は重量が重いため、地震力が大きくなることや、鉄筋の組立て、コンクリート打設などの現場作業が多くなることです。中低層の集合住宅には壁が多く、遮音性や居住性が求められるため、採用されるケースが多くみられます。

複合構造の例としては、柱ＳＲＣ造・梁Ｓ造のタイプについて考えてみます。これはＳ造とＲＣ造のそれぞれのよい面を取り入れ、構造部材を適材適所に配した点が大きな特徴といえます。梁をＳ造にすることで大スパンに対応し、柱をＳＲＣ造にすることでコストダウンを図ることができます。欠点としては、現場での作業工種が増え、施工計画が煩雑になる点が挙げられます。また、Ｓ造と同等の工期にするため、柱をＣＦＴ造にする事例や、よりいっそうのコストダウンを図るため、柱ＲＣ造・梁Ｓ造にする新しい工法も、最近、開発され実現しています。

## 構造形式も一緒に考えたい

どの構造種別も、それぞれ一長一短の特徴をもっていますが、**選択にあたっては、構造形式も同時に考える必要があります。**構造種別と構造形式は密接に関係しており、どちらかだけを先行して決めてしまうと、建物の機能性や構造の合理性が欠けた計画になります。

中低層建物の構造形式としては、ラーメン構造、耐震壁付ラーメン構造、ブレース構造などが一般的に用いられます［図4］。

ラーメン構造は柱と梁を剛接合で構成した架構で、地震時の水平力に対して全体架構で抵抗します。ブレースや耐震壁などの水平抵抗要素が内部空間に現れないため、将来の部屋構成の変更などにもフレキシブルに対応できます。ブレースや耐震壁を用いた構造形式に比べると、水平剛性が小さく、水平変形が大きくなる傾向があります。

一方、耐震壁付ラーメン構造やブレース構造は水平荷重に対してブレースや耐震壁が効果的に抵抗するため、柱・梁の部材寸法をある程度小さくできるメリットがあります。ラーメン構造と比較すると、水平剛性の高い架構になります。建築計画上、バランスよく耐震要素を配置することができれば、経済的で、合理的な構造計画が可能になります。最近では、ブレース材をデザイン要素として外壁面に表現し、構造との整合を図った建物も見られるようになりました。

## 選定にあたっては基礎形式と経済状況も考慮

構造種別の選定にあたって考慮しなければならない主な要因としては、**建物用途**、**建物高さ（規模）**、**スパン**、**荷重条件**、**居住性能**、**コスト**、**工期**、**施工性**、**敷地条件**などが挙げられます。またそのほかにも、基礎形式や経済状況など、特殊な要因も考えなければなりません。

基礎形式については、建物自体の自重が軽いほうが有利になります。前述したとおり、一般的な建物重量は、S造はRC造と比べて30％程度の軽量化が図れるため、直接基礎や摩擦杭などの採用も可能となり、基礎形式の選定幅が広がります。

## 図 4 ｜ 構造形式

ラーメン構造

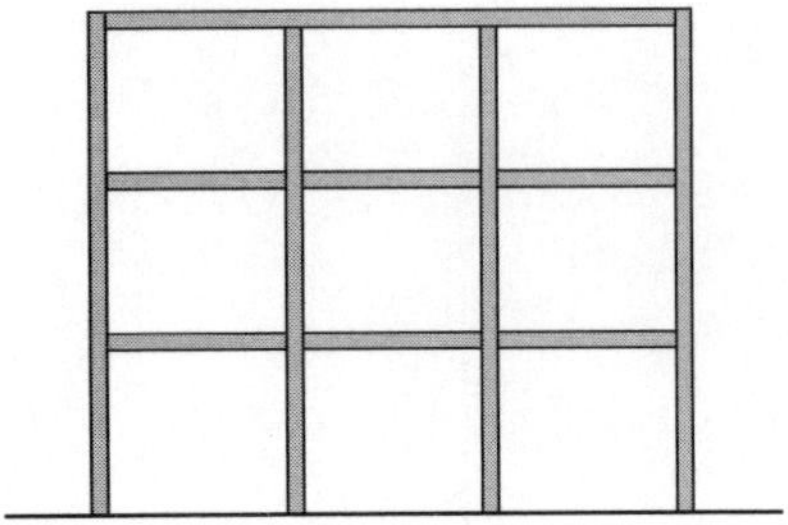

柱と梁の接合部を剛節で構成した架構形式。靭性（ねばり強さ）に優れた構造性能を有している骨組。RC 造では各部材のせん断破壊や付着割裂破壊、S 造では接合部強度や局部座屈などに注意が必要

耐震壁付ラーメン構造

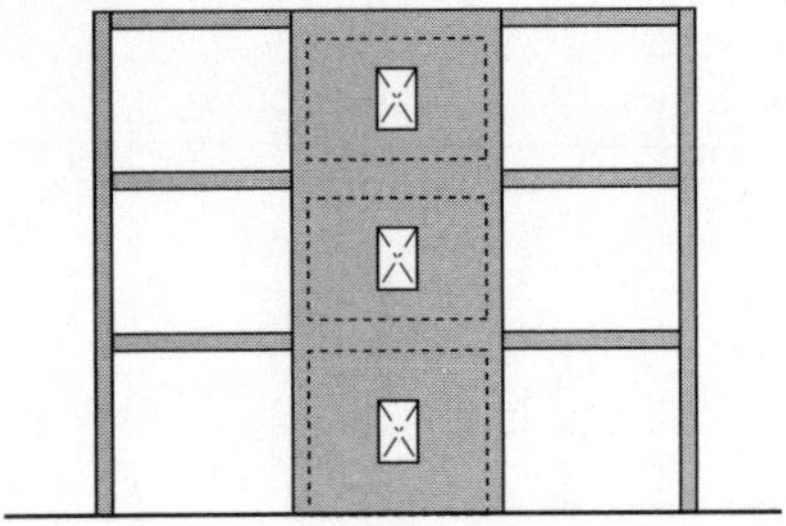

ラーメン架構に RC 壁を組み込んだ架構形式。耐震壁のせん断剛性で抵抗する強度抵抗型の骨組。耐震壁に水平力を集めて抵抗させるため、基礎の浮上がりや開口の形状・大きさに注意が必要

ブレース構造

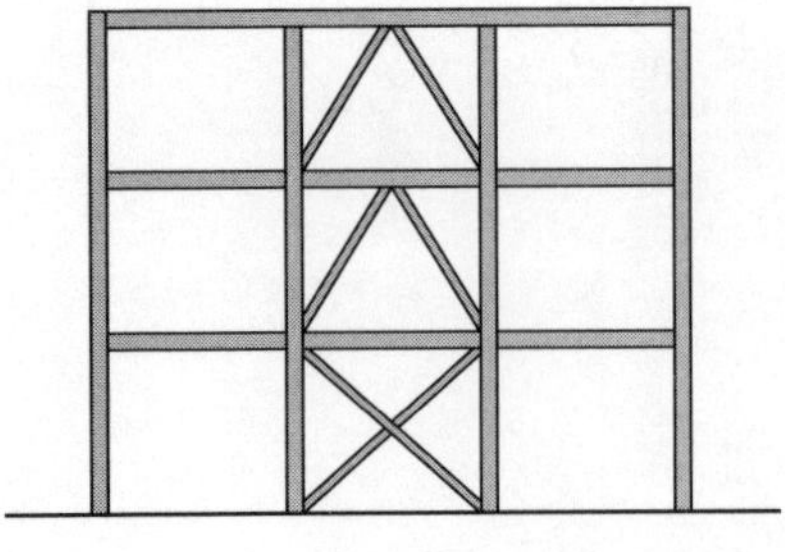

ラーメン架構にX形やK形にブレースを組み込んだ架構形式。ブレース材の軸力で抵抗する強度抵抗型の骨組（ブレース材の細長比が比較的大きい場合）。鉄骨造のブレースでは、引張側での接合部の破断、圧縮側でのブレース材の座屈などに注意が必要

## 図5｜免震構造

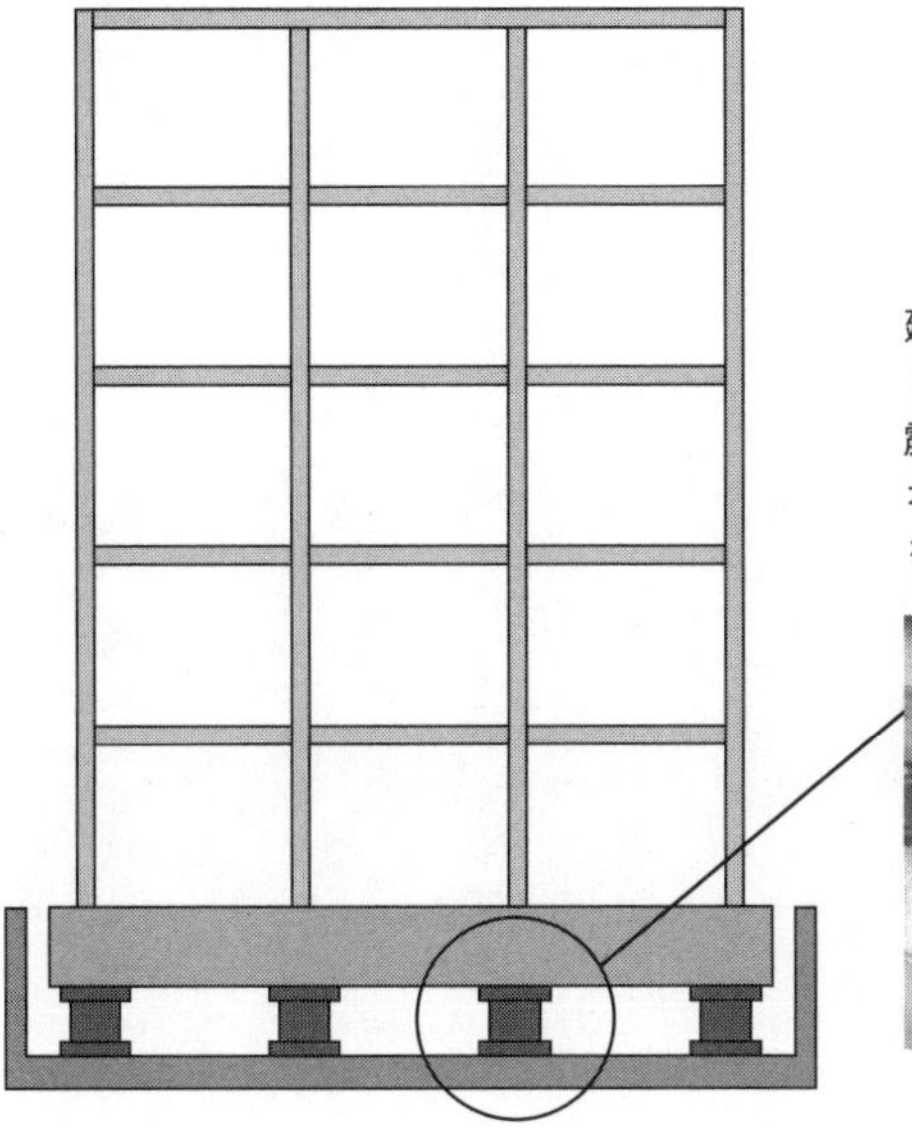

建物と基礎の間に免震装置を設置し、地震エネルギーを吸収する。免震装置には積層ゴムやすべり支承、オイルダンパーなどがあり、これらを組み合わせて用いる

## 図6｜制震構造

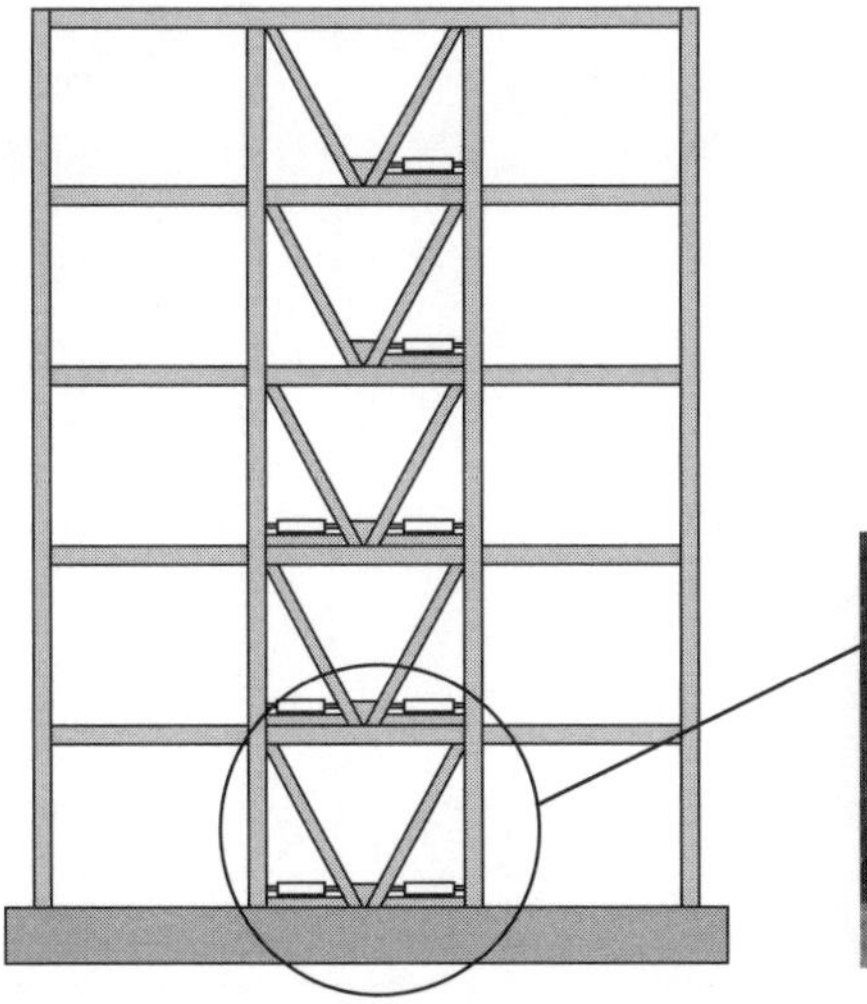

オイルダンパーや低降伏点鋼などの制震部材をブレースや間柱を介してフレーム内に設置し、地震エネルギーを吸収する

また、ここ数年、鉄鋼資源の急激な高騰による鉄骨価格の上昇が大きな話題になっています（最近では建築資材全体が上昇傾向にありますが）。そこで鉄骨数量を少なくする構造種別が望まれ、柱をSRC造やRC造にする複合構造を採用することで、S造の最大の特徴である大スパン架構を可能にするとともに、鉄骨数量を少なくしてコストダウンに対応する事例も増えてきています。

このように、選定にあたってさまざまな要因が考えられますが、これらの要因を総合的に判断し、最適と思われる構造種別を決めることが重要になります。

兵庫県南部地震（1995年）以降、新潟県中越地震（2004年）や新潟県中越沖地震（2007年）など、大きな被害をもたらした地震の発生により、クライアント（建築主）の耐震性能向上に対するニーズが増えてきています。このようなニーズに対応する新しい技術が免震や制震です。

デバイス（装置）を建物に取り入れた免震構造［図5］や、制震構造［図6］は、地震力を低減する最先端の技術であり、前述した巨大地震に対しても、その有効性が実証されました。最近では、住宅などの小規模建物にも採用されるケースが広がってきています。また、鉄骨、鉄筋、コンクリートなど構造材料の（超）高強度化が目ざましい発展をとげています。今後は、高強度材料を用いることで、大スパンへの対応や部材断面を小さくすることも可能になります。

新しい技術を採用することはもちろんですが、いろいろな工夫や既存技術の組み合わせなども取り込み、柔軟に構造設計を進めることが肝要となります。

（佐々木直幸）

Q 46

# 積載荷重は集中しても問題ない？

## 建築基準法施行令に定められている「荷重」

積載荷重は、用途によって決められています。事務所の場合は机・椅子・人や書類などが考慮されて2900N/㎡となっており、6×6mのスラブでは約100kN載せてよいことになります。が、載せ方次第では問題が生じます。

まずはじめに、建物を設計する際の「荷重」について説明しましょう。「荷重」は、建築基準法施行令（以下、令）の83条に「建築物に作用する荷重及び外力としては、次の各号に掲げるものを採用しなければならない」と明記されています。それぞれ、84条に「固定荷重」、85条に「積載荷重」、86条に「積雪荷重」、87条に「風圧力」、88条に「地震力」の詳細があります。

「固定荷重」は、その名のとおり建物自身の重さで、躯体を構成するコンクリートや鉄骨の重量である、いわゆる「自重」と、躯体に仕上げとして構成される床材や壁材を含んだものをいいます。固定荷重のうち、仕上げ荷重は床の仕上げを何にするかで大きく変わります。計画当初は重量の軽いものを想定していたのに、あとから重量のある石などを使用すると、使用される範囲によっては建物重量などに影響するので注意が必要です。

「積載荷重」は、その建物の用途により室内外に積載されるものから決められます。令85条には、「当該建築物の実況に応じて計算しなければならない」とあります。これは、その建物に予想される積載物が建物のどの位置に置かれるのか、たとえば室内にまんべんなく置かれるのか、偏載されるのか（満載かどうか）を予想して積載荷重を決めなさいというわけです［※1］。

ただし、その都度計算するのは大変なので、令85条但し書に用途ごとの積載荷重が定められており、その値にしたがって計算することが認められています。この値は、『建築物荷重指針・同解説』（日本建築学会／以下、『荷重指針』）の4章「積載荷重」を出典としています。このなかに積載荷重を決める際の考え方などが示されているわけですが、令に示されている数値はあくまでその用途での平均的な荷重でしかありません。したがって、実際にはその建物ないし各部屋で使用される実際上の使用法を十分理解して、積載荷重を決めなければなりません［※2］。

## 積載荷重は「掛かり方」が重要

さて、「積載荷重の集中」ですが、前述のとおり、積載荷重は設計当初に定めた用途によって決められます。たとえば事務所ビルの場合、床の積載荷重は2900N／㎡とするので、仮に6×6mの範囲で考えると約100kNが積載として見込まれます。そこには約100kNのモノが載ってもよいということです。ただし、問題はどのような状態で載せるかです。床の一部分に集中して載せるのか、床面全体に均等に載せるのかによって建物への影響は異なります。

**図1**に示す大きさの床上に、約100kNの重さのものを積載する場合、図のような状況を考慮して算定すると、応力の違いが分かります。**図2**に全体に均して積載した場合、**図3**に中央に集中して積載した場合、**図4**に2×2mの大きさで積載した場合の変位および応力を示しています(図示の計算結果には、掛かり方の違いが分かるようにスラブ自重は考慮していません)。図は極端な掛かり方で示していますが、同じ重さのモノでもどのような状態でスラブに掛かるかで応力に大きな違いが生じることを理解できるでしょう。このように、**応力は積載の状態で変わるものなので、載せ方の確認と、それ以外に置か**

## 図１｜算定事例スラブの大きさおよび荷重状態

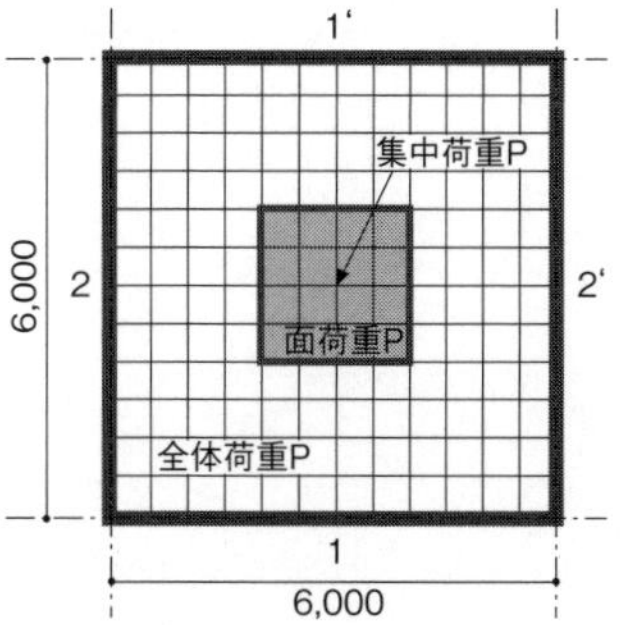


梁で囲まれた６×６ｍの大きさの床に、全体に均して積載された場合、中央に集中した場合、ある大きさの範囲に部分積載された場合を比較する

**れるものの確認が重要になる**ことは理解しておきましょう。

また、建物全体で考えた場合、ＲＣ造の事務所ビルでは、建物重量（積載荷重含む）は約12kN／㎡程度、Ｓ造の場合は約８kN／㎡程度ですので、１フロアの広さが10×20ｍの建物では、ＲＣ造なら２４００kN、Ｓ造なら１６００kNがそのフロアの重量になります。この部分に100kNのモノを載せる場合、ＲＣ造では約４％、Ｓ造では約６％が積載荷重の割合になります。

積載荷重は、全体で見ると大きな割合にならなくても、局部的にみると大きな問題となる場合があります。積載の面積に関する筆者の実感としては、適切ではないかもしれませんが、靴のヒールを考えると分かりやすいかもしれません。ヒールに全体重をかけて踏まれた場合、底が大きいヒールと小さいヒールではどちらが痛く感じるでしょうか？

**図２｜全体荷重時の変位および応力図**

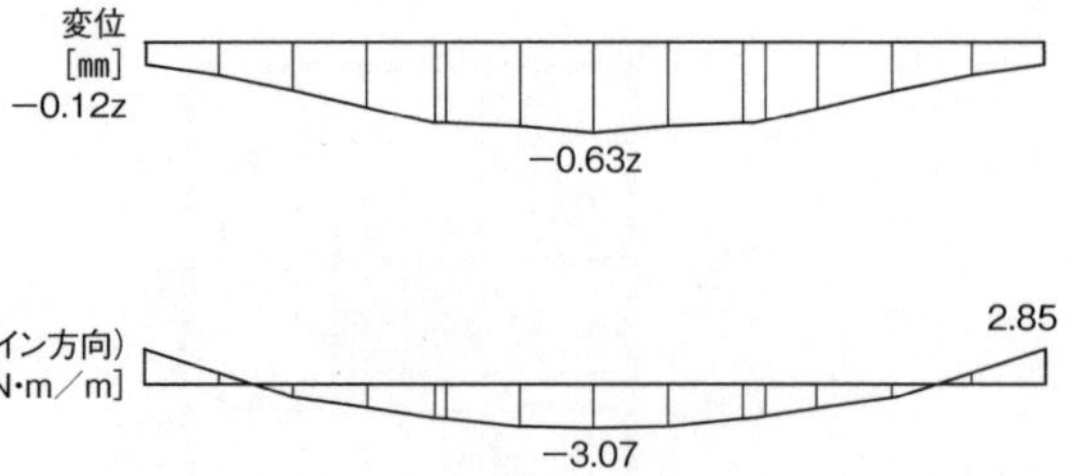


床全体に均して積載された場合の床中央部分の変位ならびに応力状態を示す

いずれにしても、設計時はその建物の用途などを考慮し、基準の荷重をただ採用するのではなく、積載の集中度も考慮する必要があります。さらに、将来的な積載物の移動も考慮して、算定結果に余裕をもたせた配筋などを考える必要があると覚えておいてください。

（安藤欽也）

**図3 | 中央集中荷重時の変位および応力図**

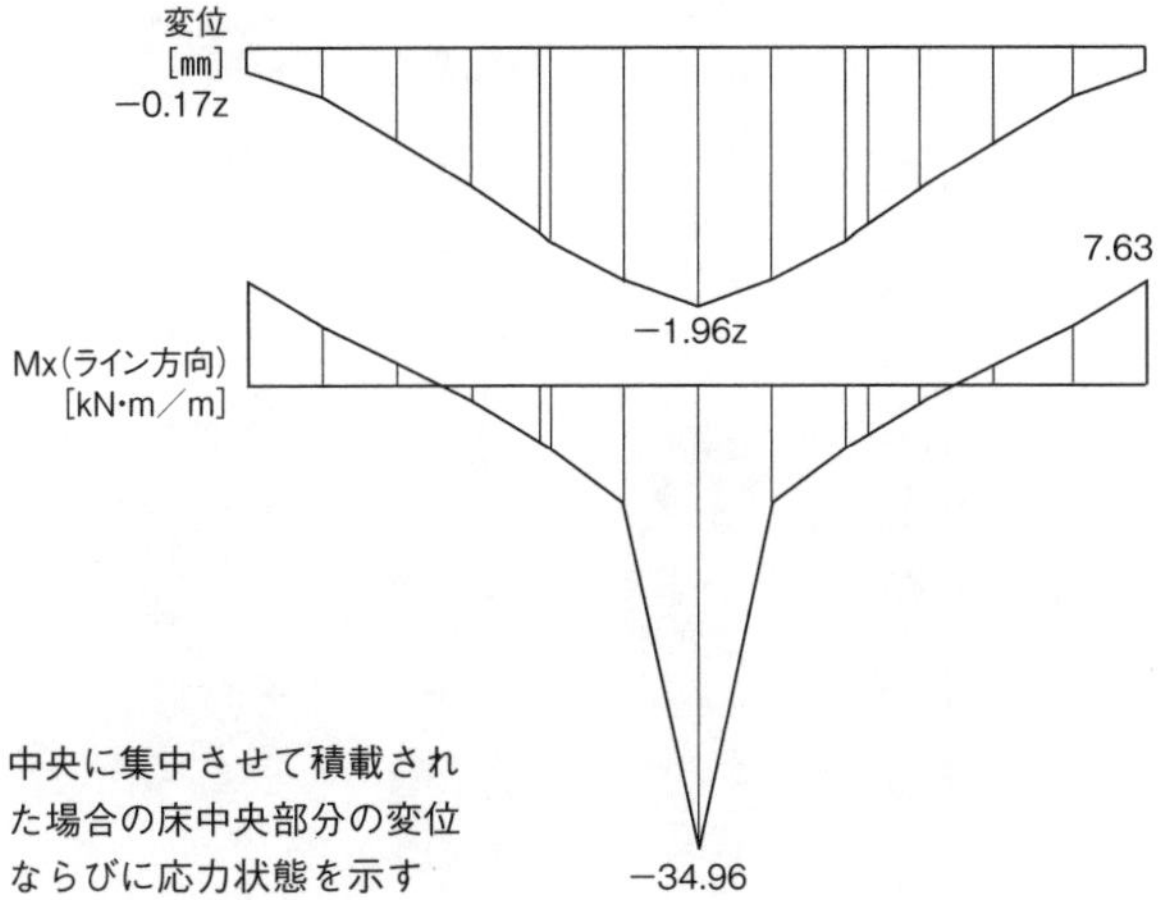


**図4 | 面荷重時の変位および応力図**

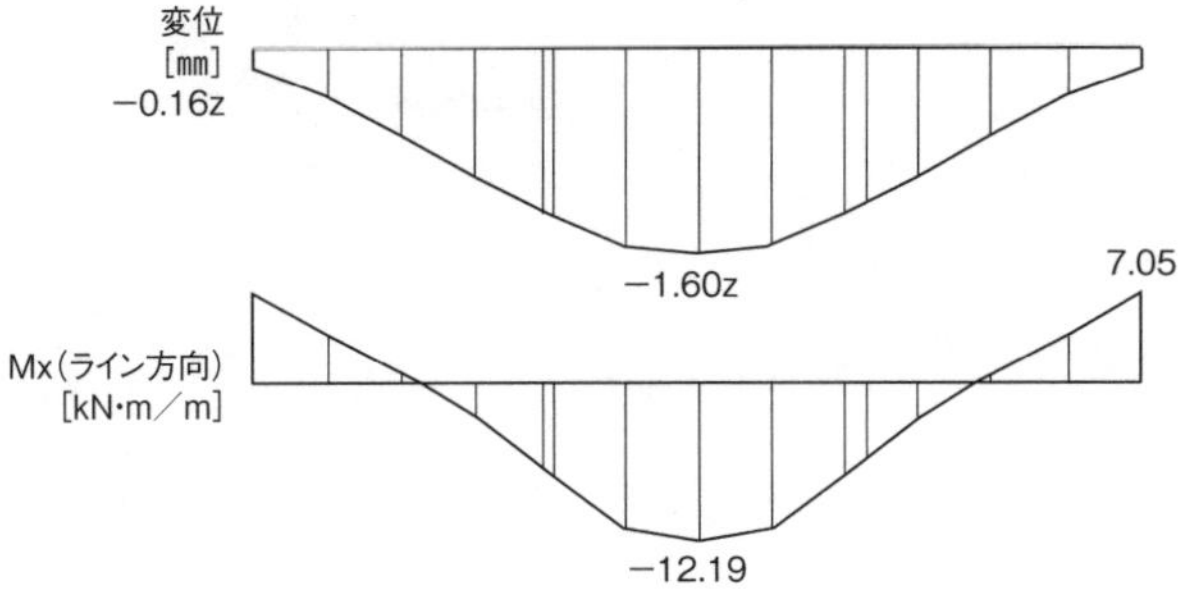


中央2×2mの大きさの範囲に均して部分積載された場合の中央部分の変位ならびに応力状態を示す

※1　最近は、屋上緑化などで屋上に土などを置くことがあるが、土の重量などは固定荷重に近いものだが、将来的に変更も考えられるため、現実的には積載荷重として考慮するほうがよい

※2　令の積載荷重の項を見ると、「床の構造計算をする場合」「大ばり、柱又は基礎の構造計算をする場合」「地震力を計算する場合」に分けられて少し値が異なっている。これは、既述の『荷重指針』にも示されているが、積載荷重は、建物を構成する床板、梁、柱に対し、積載物が与える重さの影響度合いを統計的に勘案して決められている。地震力における積載荷重も、積載がない場所や少ない場所がある割合を統計的に勘案して決められている

Q 47

# 「絶対に倒壊しない建物にしてほしい」という要望にどう答える？

「う～ん…壊われない、ですか…」

## 耐震性に「絶対安全」という言葉はない

建物の安全性は自然を相手にしており、正確にどのくらいの地震動が起きるかは分かりません。したがって、どの程度の地震動に対して安全性を確保するか、建築主と決める必要があります。建築基準法は最低限の目安です。

たとえば、5階建て程度のS造、RC造の事務所ビルを設計する際に、建築主（あるいは意匠設計者）から「この建物は建築基準法に適合しているので安全ですよね」とか、「この建物だけは、絶対に倒壊しないようにしてくださいね」などと言われたとします。そのとき、設計者としてはどのように答えればよいのでしょうか。ここでは、「安全」や「絶対」という言葉が本当にいえるのかどうかという観点から、建物の「安全性」について改めて考えてみたいと思います。

そもそも構造安全性には、検討すべき要素として長期的に常時作用する固定荷重と積載荷重、短期的に作用する地震荷重、風荷重、積雪荷重（多雪地域では長期荷重）などがありますが、ここでは地震荷重に対する安全性について考えてみましょう。

建築基準法で定められている耐震設計の基本理念は、2段階の地震を対象としています。1つは建物の耐用年限中に数度遭遇する程度の地震（中地震、震度5弱程度）、もう1つは耐用年限中に一度遭遇するかもしれない程度の地震（大地震、震度6強程度）です。

中地震に対しては、構造骨組が損傷を受けず、地震時の変形制限（変形角200分の1、変形により著しい損傷が生じる恐れがない場合は120分の1まで緩和可能）を設けています。仕上材などの一部は外観上の軽微な損傷を受けますが、建物の機能はほぼ維持されるという考え方です。したがって、中地震に対してはほとんど補修の必要なく地震後も建物を使用することができます。

しかし、大地震に対しては、構造骨組は大きく変形することにより地震エネルギーを吸収し、建物は落床・倒壊することなく人命だけは保護されることを想定しています。つまり、大地震に対して人命は保護しますが、構造部材の損傷は大きく、地震後は建物に立入ることが危険となり、余震による倒壊の危険性もある状況になります。この場合、構造骨組の完全な復旧は困難で、建物の財産価値も失われます。

すなわち、**建築基準法は、大地震に対して人命保護という最低限の耐震性を規定しているだけの法律**といえます。つまり、**建築基準法で考えている地震の大きさの範囲内という条件付きで、「倒壊はしない」「安全である」と考えることができる**のです。また、そこから「絶対」という言葉も使えないことが分かります。建築基準法は守らなければならない最低基準でしかなく、地震は自然現象なので基準法が決めた範囲を超える大地震が起こることも十分考えられます。このことを肝に銘じておく必要があります。

ところが、建築主（なかには意匠設計者も）は、建築基準法の基準を満たしていれば生命の保護はもちろん、財産の保護もできると解釈しがちです。構造設計者が、建物の性能に対して正確に説明してこなかったことも原因の1つかもしれません。

今後は大地震に対して、どの程度の耐震性能を求めるのかを建築主と対話しながら決めていくことが重要になってきます。高い耐震性能を目標にすると、建設費や設計費が増加し、意匠や設備に対する制約も出てきます。建築主が何を求めるのかを具体的に考え、建築主と設計者がお互いに合意したうえで、建物の耐震性能を決める必要があります。

## 図1 | 建築基準法と品確法の安全性の関係

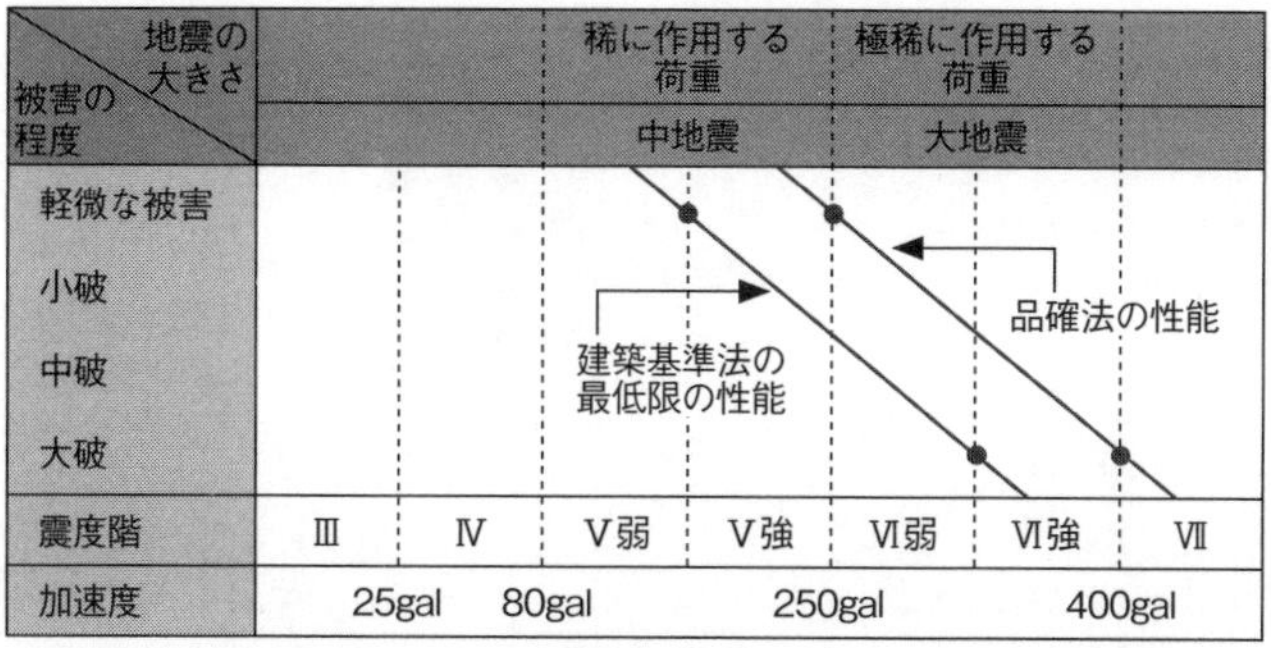


軽微な被害 ●構造骨組にはほとんど変形が残らず、構造強度に影響がない
●仕上材などは若干の損傷を受けるが、使用性は損なわれない

小破 ●構造骨組に若干の残留変化が認められ、耐震性は多少低下するが余震には耐える
●仕上材などには、ある程度の損傷を受ける

中破 ●構造骨組は鉛直荷重支持能力を保持するが、構造強度に影響を及ぼす変形が残る
●仕上材などは相当の損傷を受けるが、脱落はしない

大破 ●構造骨組が大損害を被るが、落床・倒壊はしない
●仕上材などの広範にわたる損傷・脱落を生じる

## 図2 | 耐震・制震・免震

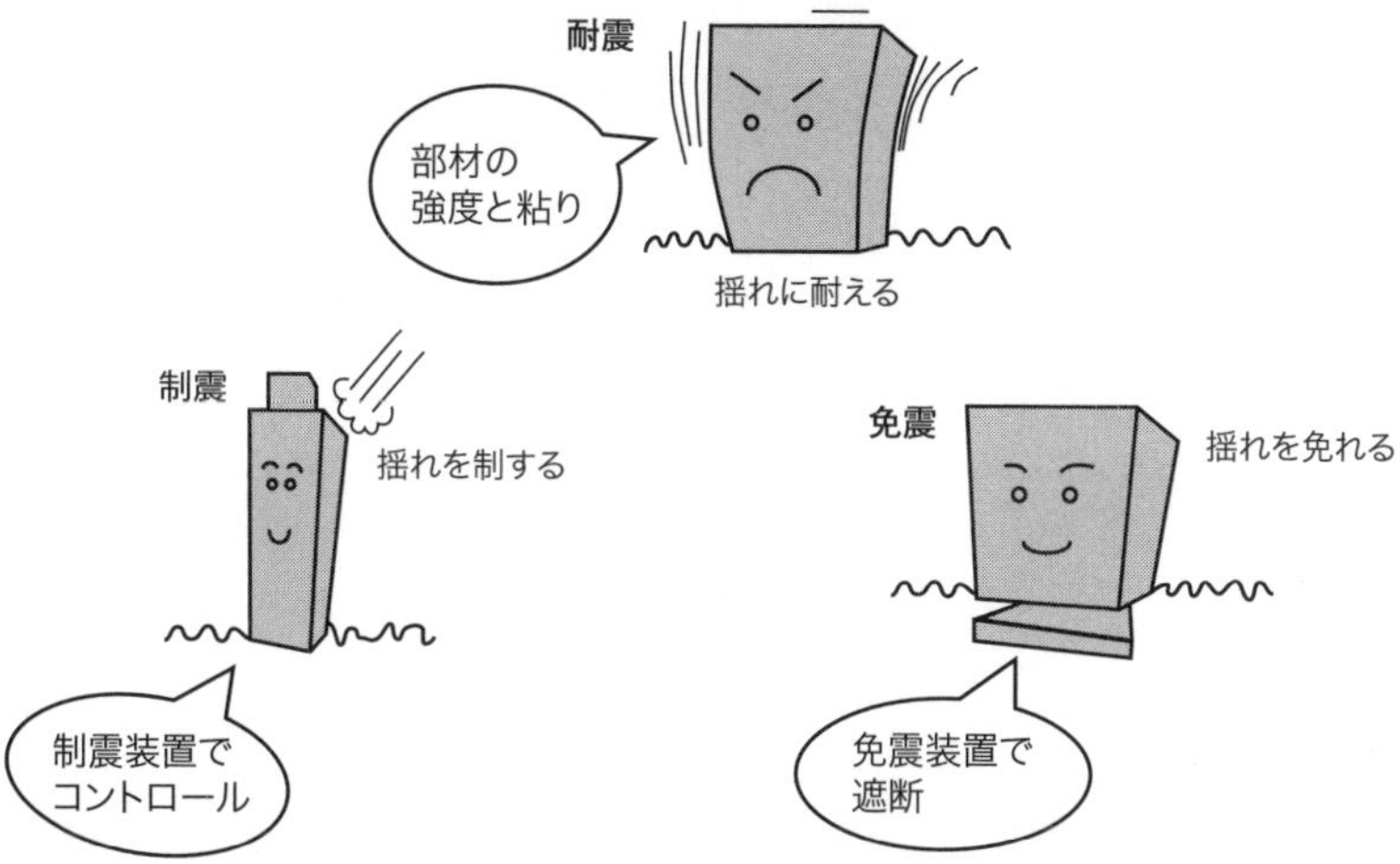

## 図３｜地震エネルギーの吸収

| | 外力に対する抵抗要素 | 建物イメージ（エネルギー吸収個所）● |
|---|---|---|
| 耐震構造 | 主要構造材の強度と変形性能により抵抗 | 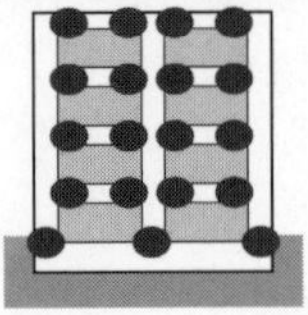 |
| 制震（振）構造 | 制震部材のエネルギー吸収により、主要構造材の損傷を低減 | エネルギー吸収型 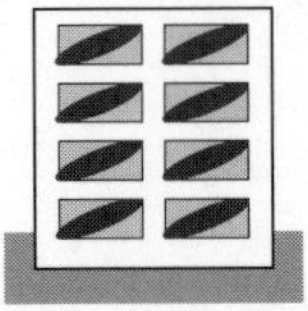 動吸振器型 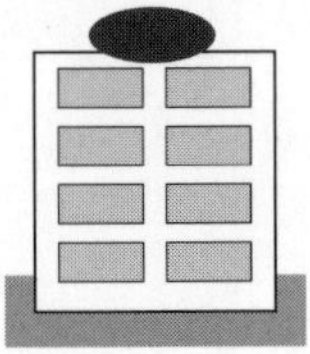 |
| 免震構造 | 免震層によるアイソレータ（絶縁）とダンパーによるエネルギー吸収により、主要構造材の損傷を防ぐ | 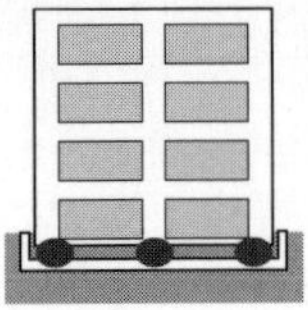 |

## 制震構造、免震構造で「安全」の質を高める

安全性を向上させるための耐震性能の技術には、さまざまなものがあります。いちばん簡単なのが「品確法」と呼ばれる「住宅の品質確保の促進等に関する法律」で定められている方法です。これは、建築基準法で定めた地震力を1・25倍（耐震等級2）、1.5倍（耐震等級3）にして設計する方法で、大きな地震に耐えられるように設計することで、建物の耐震強度を増し、財産価値を高めるという考え方です。大きな地震を想定して設計するという考え方は、地震時の避難場所や防災拠点になる公共建築や学校にも採用されています。

このほかに、耐震構造ではなく、制震構造や免震構造を採用することによって安全性を向上させる方法もあります。制震構造は地震エネルギーを吸収する装置を設け、構造骨組の損傷を小さくするように地震の影響を制御する構造です。また、免震構造は、地面と建物を絶縁することで、地震の影響をカットする構造です。免震構造では大地震に対しても構造骨組が損傷しないように設計することが多く、大地震時でも建物の機能を維持することができます。事業継続性（ＢＣＰ）を考えた場合、今のところ最良の方法となります。

われわれ設計者は、地震に対しての安全性ばかりでなく、資産価値や事業継続性の観点からも耐震性能がどうあるべきかを考え、建築主と対話しながら設計を進めていくことが重要になるのです。

（細澤 治）

Q 48

# 構造設計者との打ち合わせをスムーズに進めるには？

「これと これか…」

## 「コスト」と「性能」を意識して話し合う

構造設計者との打ち合わせをスムーズに進めるためには、**着地点（発注者の希望と意匠設計者の思い入れが十分に満たされた建築物）を明確に示すこと**です。そしてそのためには、意匠設計者、構造設計者、設備設計者が信頼関係を構築していくことが大切です。

現代の建築設計は、意匠、構造、設備など各専門分野の技術がそれぞれ著しく高度化してしまい、かつてのように1人ですべてを設計することが、ほとんど不可能になってしまいました。しかしながら、できあがる建築物は、各分野の仕切りがなく一体になったものです。設計の依頼者はエンドユーザーであれ官の発注担当者であれ、たとえそれが分離発注であっても設計者は1人（よき理解者であれば1チーム）と考えます。

建築物の完成に向けて、各関係者が一体となって歩むには、共通言語が必要です。関係者を大きく捉えると、「建築主」「金融（融資など）」「設計」「施工」「維持管理」などとなりますが、そこでの共通言語の1つは「コスト」でしょう。さらに「設計」のなかの上記3分野であれば、建築物の「性能」が共通言語となります。もちろん、「コスト」と「性能」は切っても切れない関係にあります。

「性能」については発注者の要求、要望あるいは設計者としての目標、法律上の規則などが考えられます。そしてそれらは基本的には社会に受け入れられるものでなければなりません。

構造設計者としてもっとも関心の高い「性能」は「耐震性」でしょう。施行令［※］でもそれらの詳細な計算方法、あるいは構造体（部材）の耐力計算の方法が記述されています。

問題は通常発注者（非専門家）の人たちがいう

図１｜バランスのとれた性能

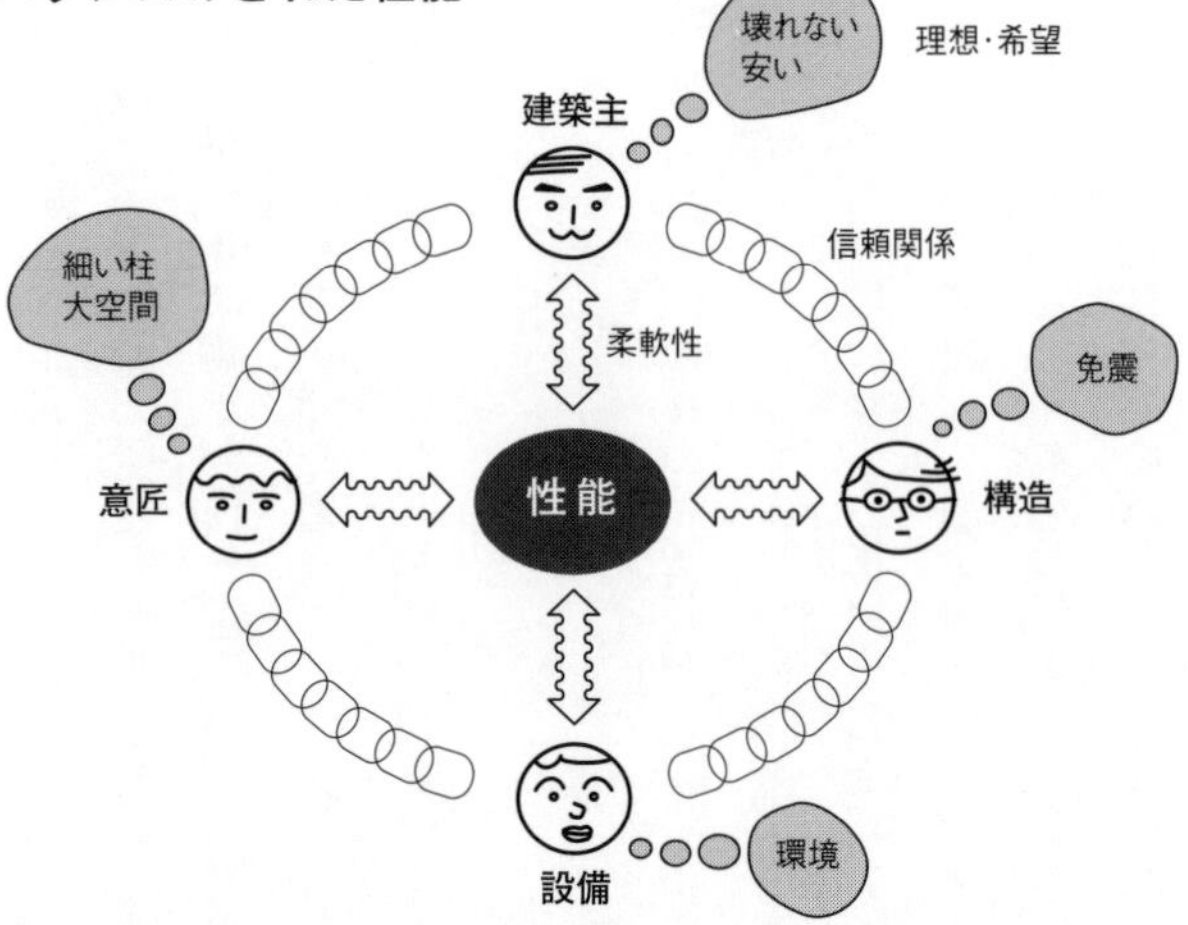


「建築主」「意匠」「構造」「設備」の４者の理想・希望を実現するためには、４者が強固な信頼関係で結ばれ、互いの主張を認め合う柔軟性を身につけておく必要がある

ところの「地震で壊れないようにしてください」の「地震」です。これは未知なる自然現象ですから、それによって建物に作用する「力」は現在の研究成果から確率論などを駆使して決められた想定値です。したがって、今後その「力」の大きさが変わることは大いにあり得ます。構造技術者としては、想定された「力」に対して、このような「被害」が想定されるということを、一般の人たちに分かりやすく説明する必要があります。常に自身の技術力に対しては謙虚であるべきで、「こうすれば絶対大丈夫です」という安易な発言は避けるべきです。

一方で発注者に心配を与えるだけでは技術者としては失格です。構造設計者としては発注者のみならず、意匠設計者にも現状でオーソライズされている技術レベルを説明し、より安心できる「性能レベル」を選択できるように、対話を十分に重ねる必要があります。

# 「思い入れ」を尊重し信頼関係を築く

設計は、発注者と設計者双方の信頼関係がないと成り立ちません。品物の売買は消費者が現物を見ることによって、ある程度の判断はできますが、設計は依頼（契約）があっても完成品を見られるのは数カ月先、あるいは1、2年先の場合もあります。一度お互いに不信感が生じると、決してよい物はできません。そのためには、**設計者が思い入れで持論を強制してはいけません**。発注者側も同じで、依頼する立場だからといって社会的に受け入れられないことを要求してきたら、設計者は断固として間違いを指摘し、よい方向にもっていくべく粘り強く説得するべきです。

意匠設計者と構造設計者とのやり取りも同じで、意匠設計者からの「この柱を取ってください」「この梁のせいを5㎝小さくしてください」などという要求をやむを得ず了承し、後で不具合が出た場合も、それは構造設計者の責任です。無理な要求であったことは理由になりません。意匠設計者も、この建築物に対する思い入れというものを構造設計者によく伝達しておく必要があります。構造設計者も意匠設計者の「見せ場」を理解していれば、前述の「柱を取れ」に対し、たとえば「その代わりとして、（見せ場とならない）こちらに柱を入れる。あるいはこの梁せいを大きくする」などの代替案を提示できます。設計当初は構造設計者も意匠のコンセプトを理解し、「遊ばせておくところは遊ばせておく（変更がありそうなところはあまり詳細に詰めない）」だけの余裕をもって打ち合わせに望みたいのです。

設計は生き物ですから、工事が完成するまで変更はつきものです。2005年に発覚した「耐震強度構造計算書偽装事件」により建築基準法が改正

**図2 ｜ バランスのとれた性能**

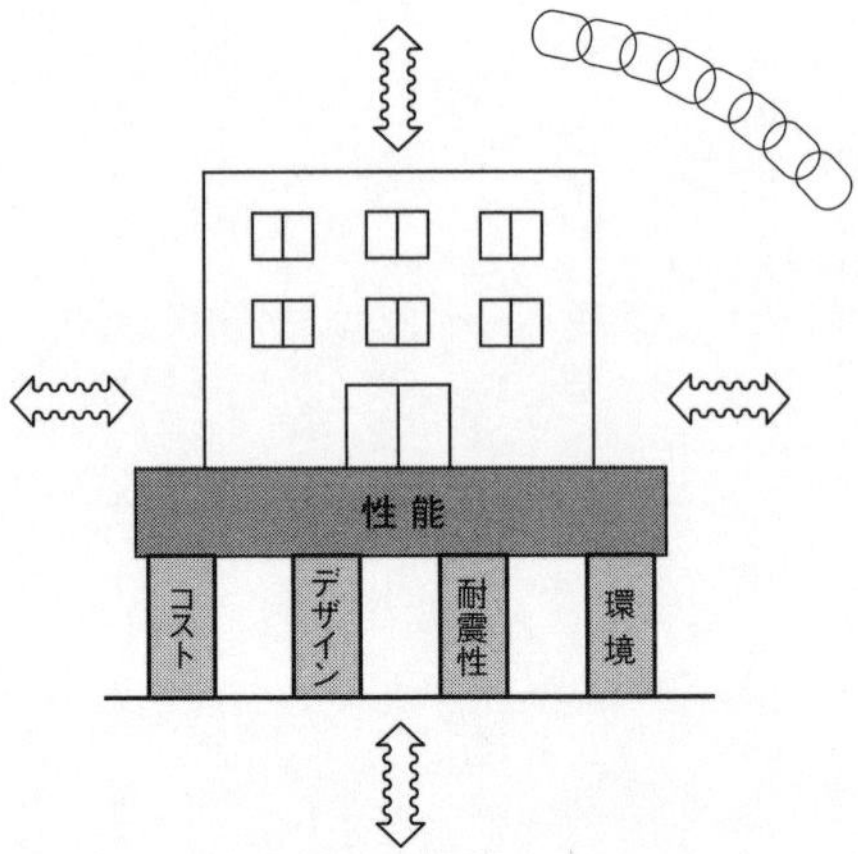


バランスのとれた性能で支えられた建築物はしっかりと建っている

**図3 ｜ アンバランスな性能**

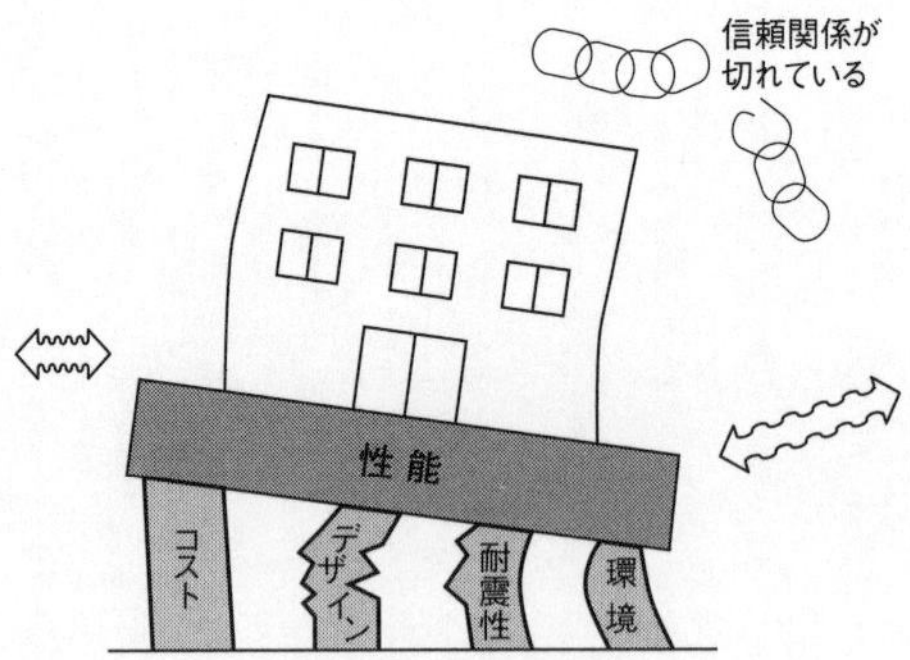


バランスがとれていないと（つまり、各自が好き勝手なことをいって「コスト」だけ勝ってしまったりすると）、耐震性などさまざまな性能が損なわれ、建築物が傾いてしまう

され、設計変更等の行政手続きが非常に煩雑になってしまいました。その後徐々に無駄な手続きが解消しつつありますが、より良い建築物を後世に残していこうという本来のあり方と、偽装防止の法的拘束力（行政手続き）の両立に向けた改正を今後とも続けていくべきと思います。

基本設計、実施設計、工事監理と一連の流れのなかで常によりよいものを目指しているのがわれわれ設計者です。意匠設計者は、自分のやりたいことの優先順位を的確に構造設計者に伝え、彼らの業務をスムーズに行わせる技量を身につけておく必要があります。もちろん、対発注者に対しても同じで、お互いの「調整代」が多ければ多いほど、お互いが満足のいく建物が完成するでしょう。発注者、設計者が目標とする、あるいは要求する「性能」の共通認識を、明確に共有することが大切です。

（榊原信一）

※ 建築基準法では第１条（目的）に「……最低の基準を定めて、国民の生命、健康及び財産の保護を図り、もって公共の福祉の増進に資することを目的とする。」第20条（構造耐力）に「……地震その他……に対して安全な構造のもの……」、第88条（地震力）には「……地上部分の地震力については……地震層せん断力係数を乗じて……。標準せん断力係数は、0.2以上……。……必要保有水平耐力を計算する場合においては……1.0以上……」という記述がある。

Q49

# 構造設計者の良し悪しはどこで決まる？

「誰れが適しているかなァ」

## 資格がすべてではない

建築は人々が多くの時間を過ごす器です。安全で安心して過ごせ、使いやすく親しまれ、美しいことが求められます。同時に、建築とは文明社会を構成する重要な社会資産でもあります。構造設計者は、個人の住宅であれ、公共の建物であれ、まず第一に法に準じて設計できる人でなければなりません。

2006年、建築基準法が大幅に改定され、新たな建築士法により、「一級建築士」に「構造設計一級建築士」という資格が加わりました。構造設計に対し国家資格を与えられるほど高度な専門的職能であることが認められたのです。しかし、法が与えた資格だけで規定できる単純な職能ではありません。多くの専門分野にまたがる奥深くかつ広範な職能であるため、構造設計者本来の技量は資格だけで見極めることはできません［図1］。

意匠設計者がパートナーにすべき構造設計者は、**求められている事柄が何かを理解できる人**でしょう。設計はイメージを実在化することなので、完成したあとに建物に何が起こるのか、どのようなことが建物に作用するのかを洞察できる人でなくてはなりません。**コストやスケジュールを大切にし、さらに新しいことを試みる人**であることも重要です。

## 計算書と図面を作成するだけが仕事ではない

一般に構造設計とは、計算し、図面を描く作業であるととらえられがちですが、大切なのは何を計算し、何を描くべきかです。そこにどんな建物が求められているか。全体あるいは個々の建築空間の構成、形状、大きさ、そして高さはどのようなものか。どんな場所に建つか。その場所の地盤はしっかりし

**図1 ｜ 構造設計者の資格と質の関係**

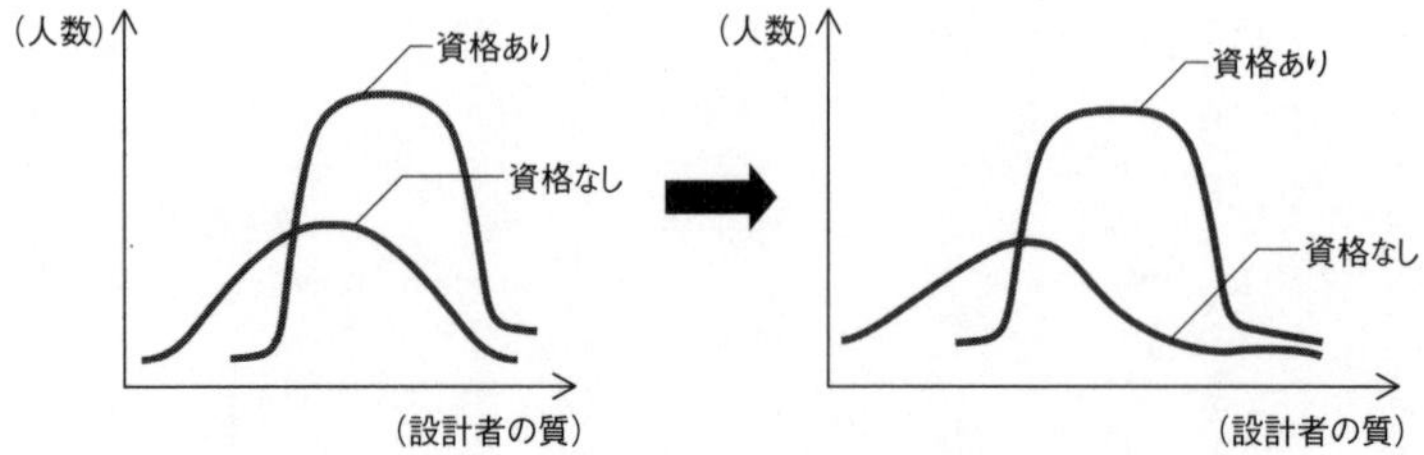


資格と能力とは同じではない。資格によって規定される技能は狭い。ふつうは左図のように考えられるが、実際は右図かもしれない

ているか。そこではどのような地震、強風そして雪などが発生するのか。そうした条件を満たす構造の形や材料とはどのようなものか。構造設計には多角的で深い思考が必要とされるため、構造設計者にも当然豊富な知識や判断力、理解力が求められます。

## 求められる空間を十分に理解できるか

建築は社会資産でもあるので地震の揺れをしのぎ、強い風に耐え、大雪を載せ、巨大な重力を支える強さが必要です。建築物の強さは構造が担っているといえます。

また同時に、構造は建築の空間構成を規定します。たとえば居室を広くする柱の位置、跳ねても揺れない床は構造によって決定されます。構造設計者は、求められる空間のあり方を十分に理解しそれを満たす構造を実現できる人でなければなりません。

課題となる条件を統合させ、実現可能な構造を創案するには、空間や力学を理解する能力が必要となります。また、自分が創案した構造が、自然界や人間社会に起きる多くの出来事、事象に対してどのように挙動するのか、予測し分析できなければなりません。その構造により何が起こるか無知のまま創案しているようでは、本来の構造設計の役割は果たせません。構造設計者には豊富な経験あるいは鋭敏な洞察力が問われるのです。

## 完成後に建物が遭遇する事態にも備える

構造設計者が一生に手がける建物には限りがあります。体験できる事象も多くはありません。たとえば地震などの自然災害についても、大きな地震を個人で体験する機会は極めて少ないものです。しかしほかの人々が経験した地震および災害への観察・記録・実験・解析などの報告や、ほかの地域で起きた多くの自然的・社会的事象を間接的に学び、経験知を蓄えることはできます。設計過程の全般に対する知見を獲得することにより、構造設計者は建築が遭遇する出来事を予見し、確信をもって構造設計を行えるのです。

日本が耐震設計を法に導入してからまもなく100年になります。その間、わが国は多くの震災に見舞われましたが、そのたびに建物の被害から地震を受ける建物の挙動、あるいは発生から建物に至る伝達経路に起こる地震現象を研究し、より確かな耐震設計法が確立されるようになってきました。台風や竜巻、大雪、津波などの地震を含む外力と、外力に対する建物の構造の工学的挙動、さらに建物が建つ地盤の工学的な特性と構造の連成挙動などに関して、長年にわたり多数の研究者が不確定かつ未解明な事象を研究してきたのです。それらを踏まえた

**図2 ｜ 求められる建築計画に適合する構造の提案**

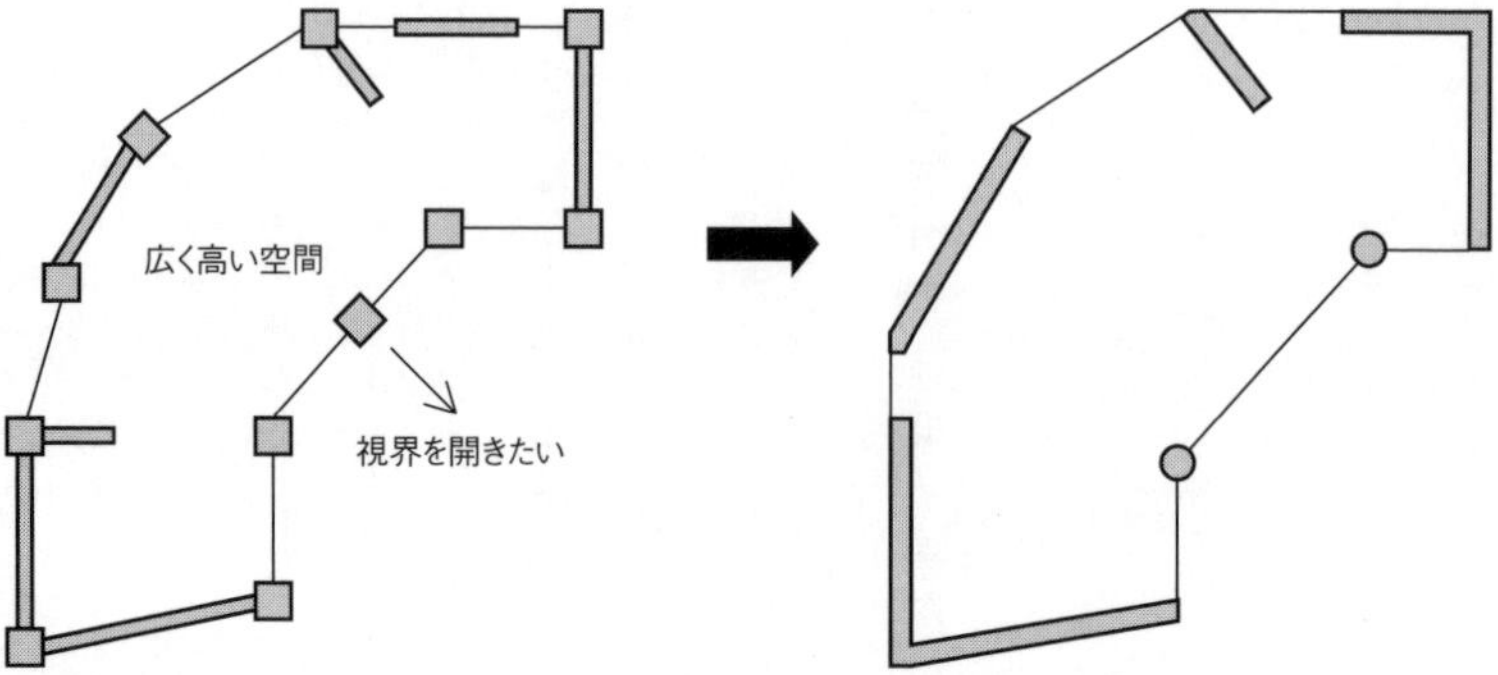


空間を理解し、それに適合する構造を計画する。左図は不整形な平面にむりやりラーメン構造を配置する。右図は耐力壁と軸力柱を空間に適合させて配置している

設計規準は、研究によって学び体験した成果を安全にかかわる手法として準法文化したものと考えられます。規準はいわば膨大な経験知のダイジェスト版。これを熟知していることが大切です。

## 既成概念を超える構造設計者

計算規準は極めて明確な研究や知見のみを文章化したものといえます。一方で、現実の事象や構造の種類・形式そしてその挙動はあまりに多様・複雑なので、基本的な工学的知見は確立していても、計算規準では規定しきれていません。

たとえば鋼板のような面材で構造をつくろうとすると、その多様な挙動は規準ですべてが規定されてはいません。したがって規準は新しい構造の設計指標にはなりません。計算規準に依存している限り、既成概念を超えた挑戦的な構造を考えることはでき

ないのです。構造を拘束している既成概念とは何かを把握し、蓄えられた経験知をもつ構造設計者だけが新たな構造を創造していくことができるといえるでしょう。

構造設計者が、既成概念を超える新たな構造を生み出そうと考えるとき必要なのは、まず可能性を束縛しているものが何なのかを、過去の経験を振り返って知ることです。次には、それを打破する意思が必要となります。構造は、さまざまな事象に対して、またそれ自身の特性によって、実に複雑な挙動をするものです。それを支配しているのは力学的特性。そこで構造設計者は、深い力学知識をもって自らの経験知と構造技術史が蓄積してきた経験知に照らし合わせ、構造の挙動を定性的・定量的に理解し、安全性を評価する必要があります［図2］。

（新谷眞人）

Q 50

# 設計変更が許されるリミットはどこまで？

## 設計変更は確認申請提出前までですが……

実施設計の最終段階、構造設計者の立場からいえば、「構造計算の最終計算に入ります」という宣言以降は、設計変更は極めて困難になります。この最終段階へ突入するタイミングは建物の規模、計画の難易度などによって変わるので、事前に相談しておくべきです。**計算書のまとめや図面との整合性の確保を考えると、小規模建物でも少なくとも10日から2週間は必要**でしょう。

設計変更は設計時における「事件」です。したがって、ニュース風の５ｗ１ｈでいえば、「誰が、いつ、どこで、なにを、なぜ、どのように」を明確にすると、いつまでなら変更可能かが分かりやすくなります。

「いつ」は「いつまで」、「どこで」は場所というより、基本設計時の決定事項が実施設計時に変更されることを前提としますので、「実施設計時」とします。

では、「誰が」は誰でしょうか、考えられるのは「建築主」「意匠設計者」「設備設計者」「構造設計者」です。「施工者」が加わる場合もありますが、そのときは主に、施工上の難易度や施工費に関わる問題によるものと思われるので、ここでは、事前に設計者が調査したうえで判断しているとして省きます。

「建築主」の「何を」は予算、使い勝手やデザイン嗜好、事務所ビルや共同住宅ならレンタブル比などになりそうですが、これらは契約時や基本設計時に決めておくべきものですから実施設計時にないはずです。ただし、あった場合はどうでしょう。それは、「何を」「なぜ」「どのように」の内容で変化します。実施設計期間内に対応可能であればよいのですが、時間的問題や大幅な戻りなどで約束の設計契約を逸脱してしまい、できない場合がありますので事前に対処方法などを設計者間で決めておくべきでしょう。

一方、設計者間での設計変更はどうでしょうか、実施設計時以降の設計者に関わる流れから概略を見てみましょう。

実施設計が終わると、確認申請が待ち受けています。設計変更は、確認申請提出前まで可能ですが、後述にように現実的には変更して間に合う時間から逆算しての実行となります。確認申請提出後の審査期間中は原則的に設計変更は認めてくれません。設計変更を行おうとすると、いったん確認申請を取り下げて変更設計後、新たに確認申請を行うことになってしまいます。

では、次の機会はいつでしょうか、それは、「軽微な変更」（軽微な変更の内容については確認検査機関で確認したほうがよいでしょう、軽微な変更届だけで済む場合があります）を除いて、計画変更申請時までです。これは確認済証発行後、変更部分に係わる工事に着手するまでの間に、計画変更の申請書を提出し、その確認済証が発行されていなければなりません。実際には工事の進捗状況を考えて、工事を行う前に変更設計をして計画変更の確認済証の取得が可能かを判断するか、やむを得ず工事をストップして設計変更を行います。いずれにしても変更設計期間や変更設計費の確保が必要になります。

## 実施設計期間中の構造設計の変更は困難

実施設計期間における設計者間の設計変更を、構造設計者の立場から考えてみましょう。まずは設計変更によって構造設計の変更がどの程度まで及ぶか考えなくてはなりません。これには「なにを」「どのように」が必要ですが、「なぜ」も必要です。構造計算の前にどのように架構を成立させるかを考え

**図｜設計フローと変更時期**

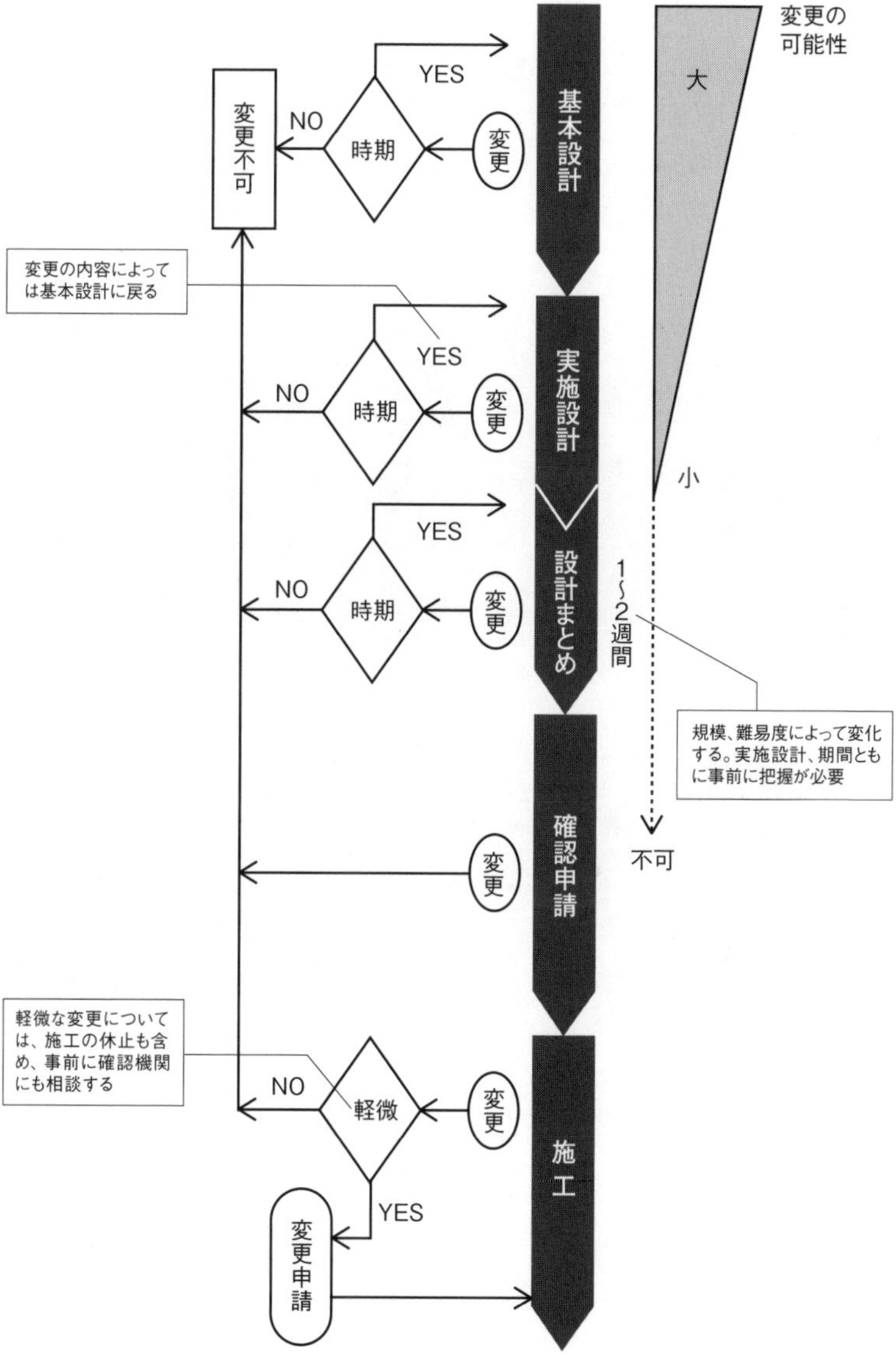


各項目の変更の大きなものは、基本設計にまで戻ってしまう場合もある。時期とスケジュールを考慮して考えられる変更時期であり、スケジュールに乗らないような変更は不可能

ること、すなわち、構造計画を行ううえでは、目的の分からない設計に対して適切な架構を提示することが困難だからです。それに、プロジェクトの一員として納得して設計変更を行いたいと思う気持ちも大切でしょう。「なぜ」が納得できると、「なにを」と「どのように」もスムーズに考えやすくなります。

たとえば柱や梁の大部分を移動するか削除する、または、大幅な耐震壁の変更のような場合であれば、構造計画からやり直すほどの大掛かりな変更になり、時間的に余裕のない場合であればアウトです。変更できません。これらの変更は、本来基本計画の段階で終わっていなければならないものです。

では、柱や梁の寸法の変更はどうでしょうか、これは、基本設計をどこまで詰めているかによりますが、実施設計の初期段階で終わっておきたい事項です。設計が進んできてから柱や梁の寸法を変えるような変更は困難を極めます。余裕のある設計スケジュールを組んでいる場合は多少大丈夫ですが、スケジュールに余裕を見ている場合は少ないものです。

耐震壁はどうでしょうか。窓開口やドア開口もありますが、近年とくに梁や壁に多くあけるようになっている設備用開口は、その設定が変更されてしまうと、地震時の抵抗要素の目安となる柱や壁の水平断面積の確保がどれほどあるかという量的な構造計画が成り立たないことになってしまいます。さらに、耐震壁として成立する小さな開口なのか、それとも袖壁や垂れ壁としてしか扱えない耐震壁としては成立しないものかでも変わってきます。こうなると、構造計画や構造計算をやってみなければ確実にどれほどの時間がかかるのか分かりません。そのあげく、建築主から依頼された当初の計画が成り立てばラッキーですが、成り立たない場合は泥沼に陥ります。開口の変更も実施設計時の早い段階に終えておくべき事項でしょう。

以上、実施設計時の設計変更の可能性を述べましたが、どの時点が最終変更期限かということはケースにより異なりますので、設計者間の意思疎通を図り、タイミングよく情報の交換を行なって、変更が設計の後半にならぬよう心がけることがもっとも大切といえるでしょう。

（岡部喜裕）

Q 51

# 海外のプロジェクトに挑戦するには？

## 海外で求められる「構造デザイン」

日本の構造設計者が必要とされる、魅力的な「海外プロジェクト」が増えています。求められる構造設計の内容も、大空間建物や、高層建物の免震・制震化といった技術的支援だけでなく、美術館やリゾート施設など、施主や意匠設計者が求める、新しい空間実現の依頼に幅を広げています。

単に、構造計算をするのではなく、**「建物に求められる空間」を実現させる「構造デザイン」**［図1］が求められています。

鉄・コンクリート・ガラスといった構造素材を活かした空間表現に加え、世界的な木造ブームにより、木造建築も増えています。アジアを中心とした新興国でも、経済成長による建築文化の高まりから、「構造デザイン」が浸透し始めています。この潮流は、東南アジア、アフリカへと続くはずです。

**図1｜海外で求められる構造デザイン**

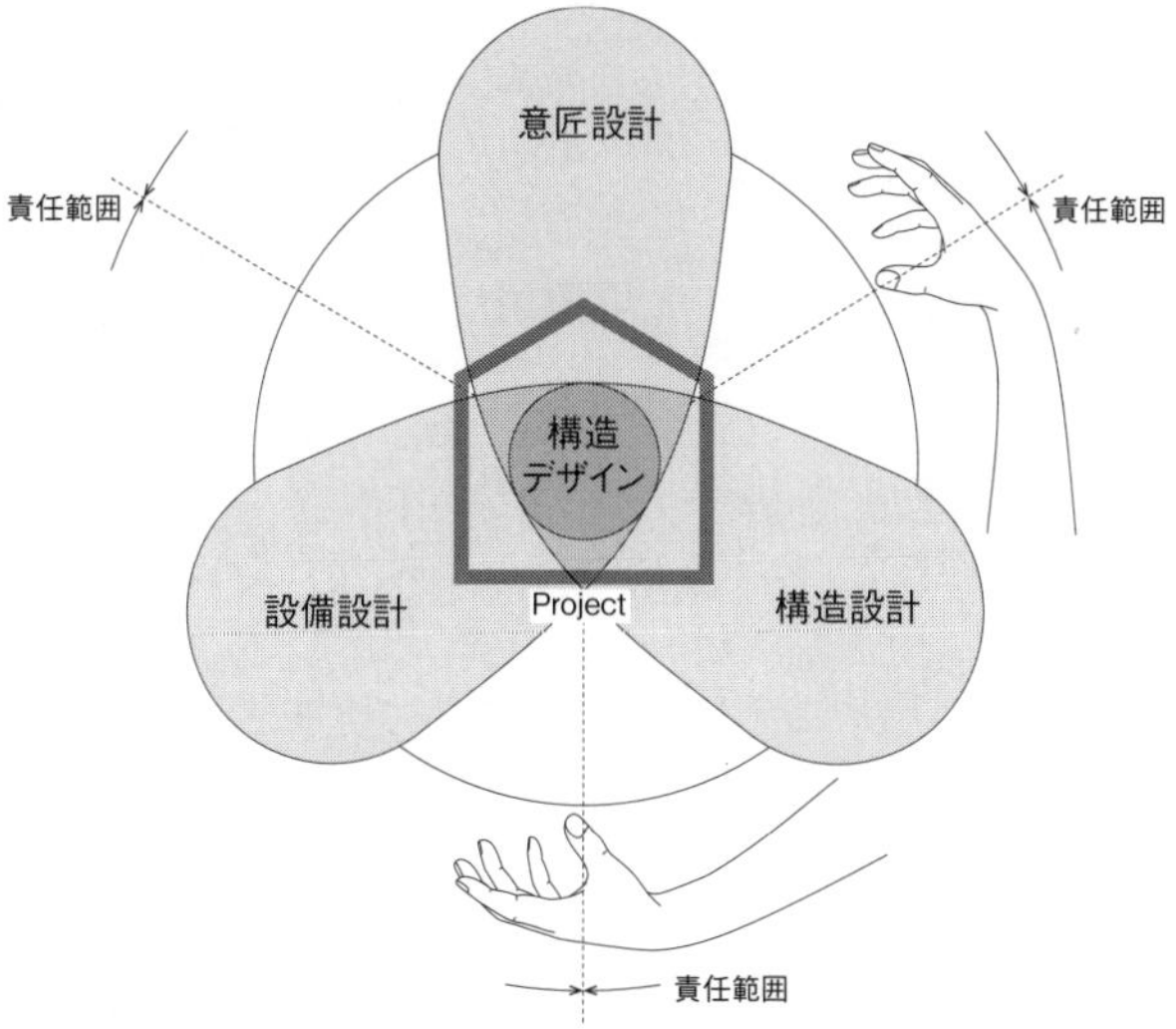


単なる構造計算で終わらせず、美しい建築空間を見出せるか？

**写真1｜シドニーオペラハウス（豪州）**

意匠設計者ウッツォン（デンマーク）と構造設計者アラップ（英国）が設計した、「海外プロジェクト」の代表例（写真：PIXTA）

**写真2｜上海旗忠森林体育城テニスセンター（中国）**

上海マスターズの開催会場。カメラのシャッターのような開閉屋根。日本では実現できなかった開閉機構も可能となった（写真：上海旗忠森林体育城有限公司）

## 海外プロジェクトの魅力

「海外プロジェクト」では、建築をつくることにポジティブで、思い切った提案をできる機会に恵まれます。**魅力的な構造デザインを提供できれば、若くて実績が無くても、日本で関わることの出来ない規模や種類のプロジェクトに参加できます。**日本で断念した構造システムや工法の提案も可能かもしれません。何より、知らない風土での構造設計は、現地の方々とのコラボレーションからハイブリッド建築を生み出すチャンスに溢れ、魅力的です。

## 日本人が求められる理由

私が海外活動の中で驚くことは、日本人構造設計者の少なさです。多くの若手（20～30代）意匠設計者が海外で挑戦し、活躍しています。それなのに、

**写真3｜蔚山文殊2002ワールドカップスタジアム（韓国）**

日韓サッカーワールドカップ会場。韓国国内のコンペに構造チームとして参加。設計チームも施工チームも日韓が協力した（写真：SDG）

**写真4｜クレセントホテルの構造模型（アゼルバイジャン）**

韓国意匠設計者との海外プロジェクト。国籍、言語、文化、宗教が違っても、構造模型があれば「構造デザイン」を共有できる（写真：SDG）

構造設計者は、技術的な国際交流はしても、海外での設計活動には消極的です。なぜでしょうか？

〝バカでかい〟スケールの「海外プロジェクト」だからこそ、「コンパクトで機能的な建築」を求めています。その実現に、日本の構造設計者のきめ細やかな「構造デザイン」は必要不可欠です［図２］。

## 海外プロジェクトとの出会い方

私が「海外プロジェクト」を学んだ構造設計集団〈ＳＤＧ〉は、「２００２年日韓ワールドカップ」、「２００８年北京オリンピック」、「２０１０年上海万博」といった世界的なイベントをきっかけに、海外プロジェクトに参加していました。ほとんどが国内外の意匠設計者と国際コンペに挑戦し、獲得したプロジェクトです。私自身は独立後、現地で覚えた言語や、ネットワークを武器に海外活動をしてい

**図２｜日本人設計者の魅力**

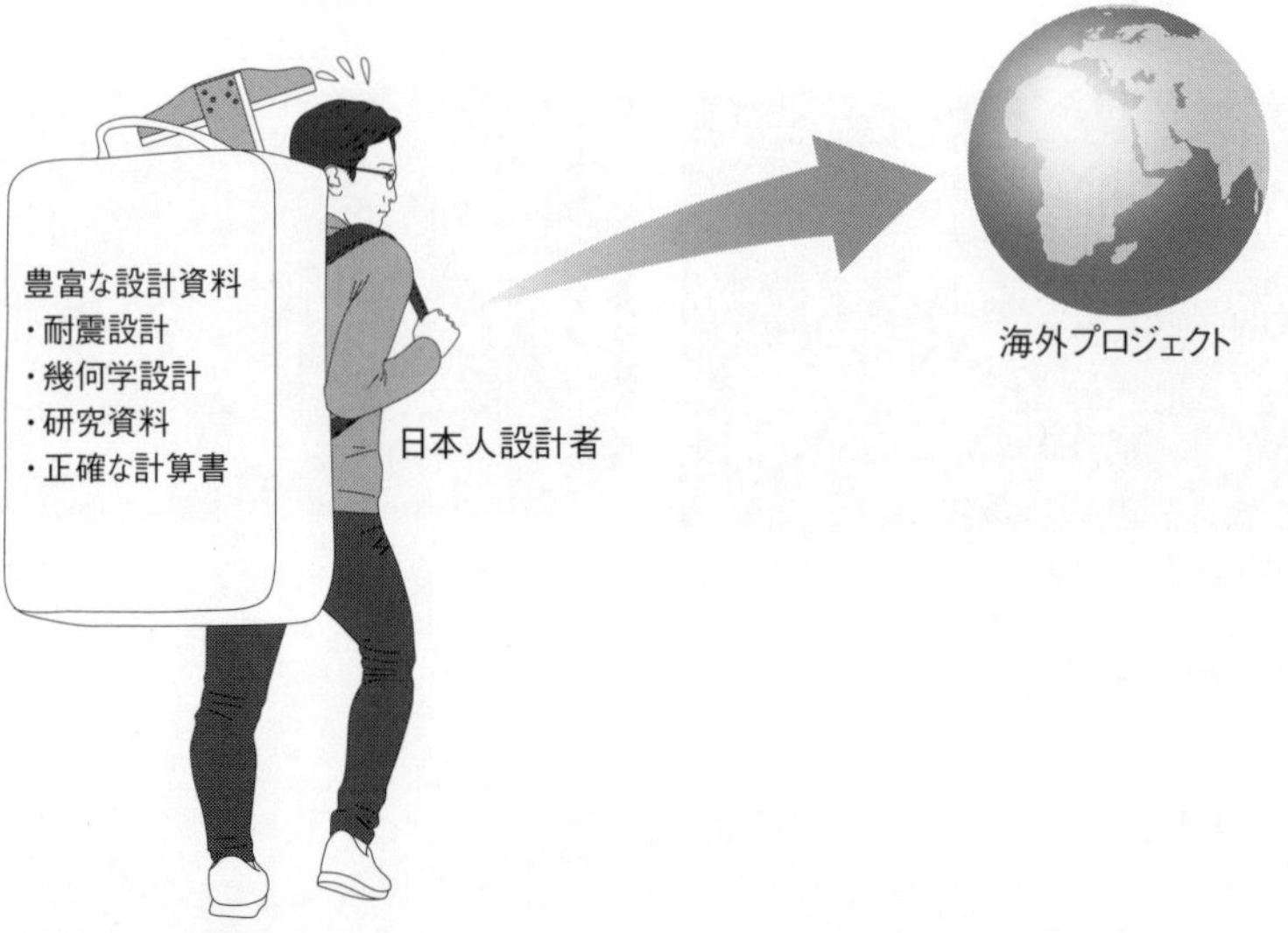


日本の構造設計者の魅力はいくつもある。豊富な設計資料（リュックの中身）は、海外プロジェクト挑戦の助けとなる

ます。コンペ以外にも、海外留学、海外勤務、国際結婚、ＯＤＡ（政府開発援助）への参加、日本企業の海外拠点の設計をきっかけに、海外プロジェクトと出会うことができます。参加者の多くは、語学レベルや働く環境にこだわりが無く、**「いつでも、どこでも行き、なんでもする」挑戦的な人材**です。

## 「設計した建物と、完成した建物が違う！」ことにならないよう……

基本設計だけを手がけ、残りをローカル事務所に一任する意匠設計者も多く存在します。もし、構造設計者が同様のことをすれば、失敗するでしょう。当初の設計意図は、ローカルエンジニアに無視をされ、あっという間に柱は増え、Ｓ造で設計したはずの建物は、ＲＣ造で建っていることに……。

**「設計した建物と、完成した建物が違う！」**こと

図3 ｜ プロジェクト相関図の一例

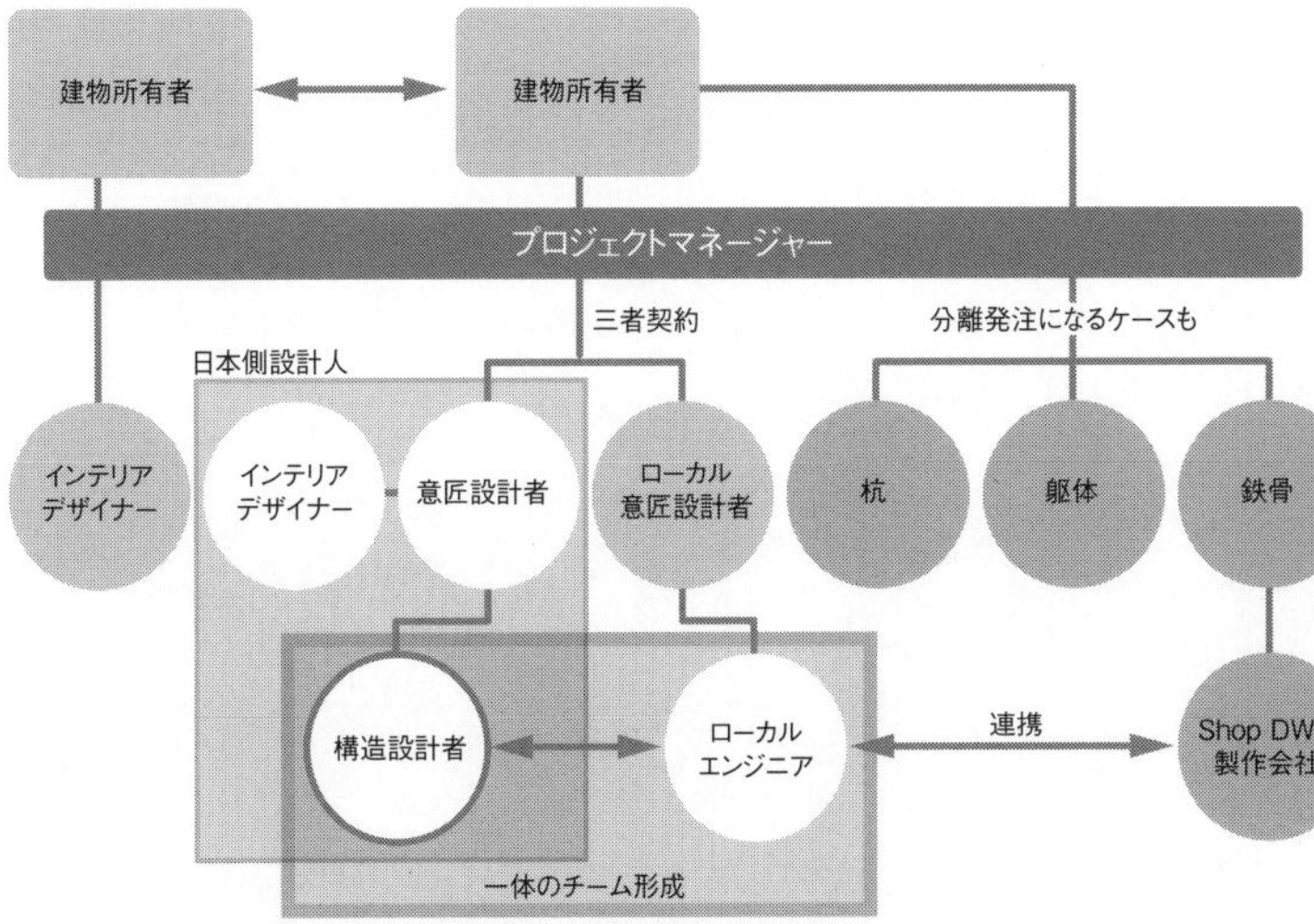


プロジェクトの登場人物も様々だ。プロジェクトのキーマンをみつけよう。
ローカルエンジニアと連携し、一体の設計チームを造る

にならないように、最後まで参加する（外されない）仕組みを考えます。そのために、私は、

**①建物に求められる空間の発見**
**②設計スケジュールの自己管理**
**③ローカルエンジニアとの共同設計**

を強く意識し、プロジェクトに参加します。

## ①「建物に求められる空間」をみつけよう

「建物に求められる空間」を見るけることができれば、質の高い「構造デザイン」を提供できます。問題は、誰と探すかです。登場人物や契約関係を整理し、そのプロジェクトのキーマンを探します［図3］。彼らとの、わくわくする議論から、その建物ならではのチャーミングポイントを見るけることは、「海外プロジェクト」の楽しさのひとつです。

**図4｜海外プロジェクトの設計スケジュール**

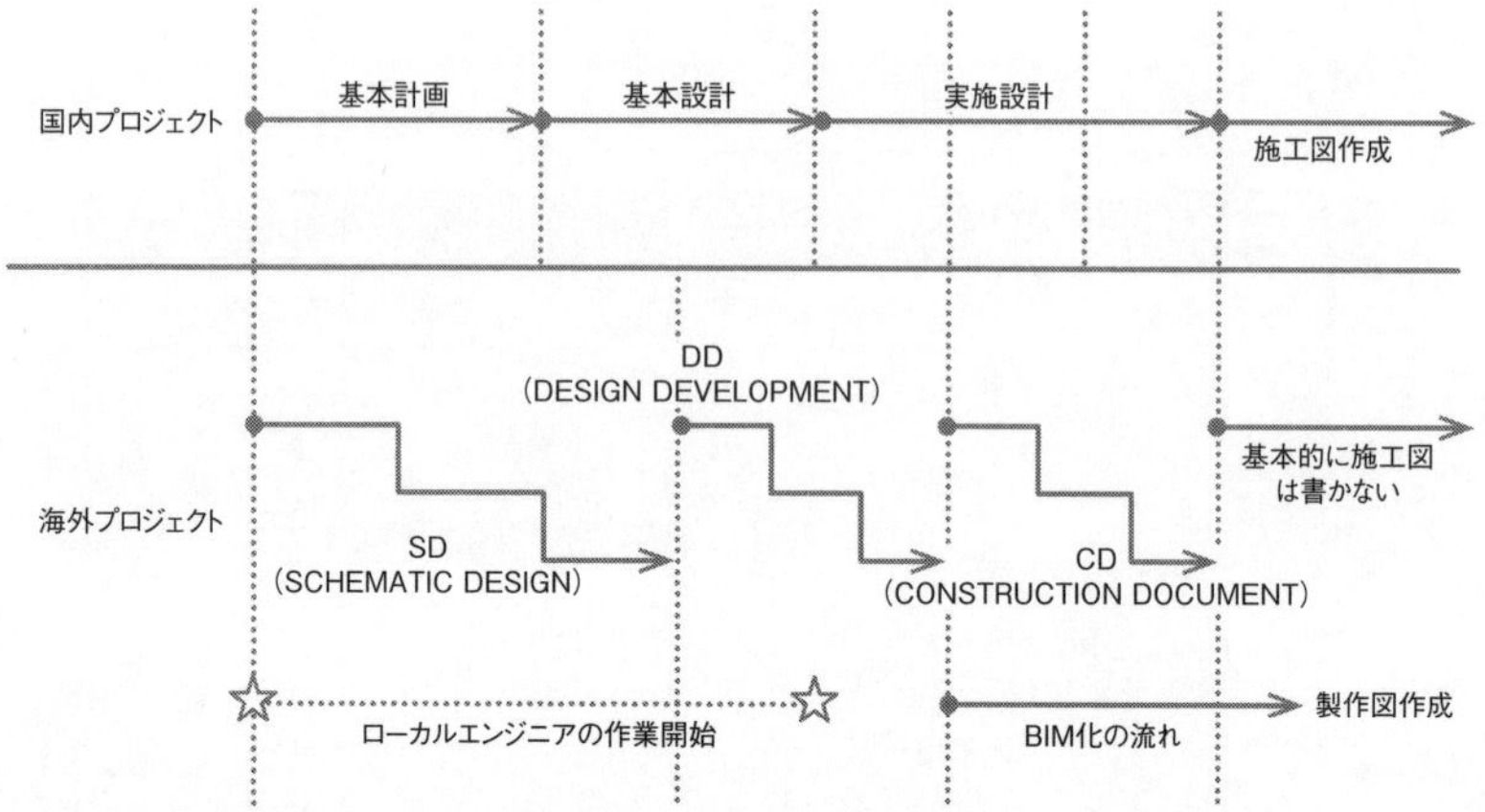


海外プロジェクトは体力勝負。マラソンと同じようにペース配分、
スパートのタイミングは自分できめる！！！
設計段階を細かく設定すれば、設計料も回収しやすい

## ②設計スケジュールを自分で考えよう

日本に比べ、設計のスケジュール管理が甘く、先が読めません。ダラダラと設計期間が延びれば、ビジネスとして成立しない恐れがあります。そうかと思えば、突然に、考えられない速さの設計スケジュールを要求されます。あせってはいけません。国が違っても、設計や施工に必要な時間は、脅されているほど変わりません。周囲から伝えられるスケジュールを鵜呑みにせず、自分自身で考えたスケジュールを持ち、体力を温存しながら、プロジェクトを最後まで走りぬきます［図4］。

## ③ローカルエンジニアと連携しよう

構造設計図書の最終決定権は、ローカルライセンス（判子）を持つ、ローカルエンジニアにありま

図５｜ローカルエンジニアとの設計作業分担

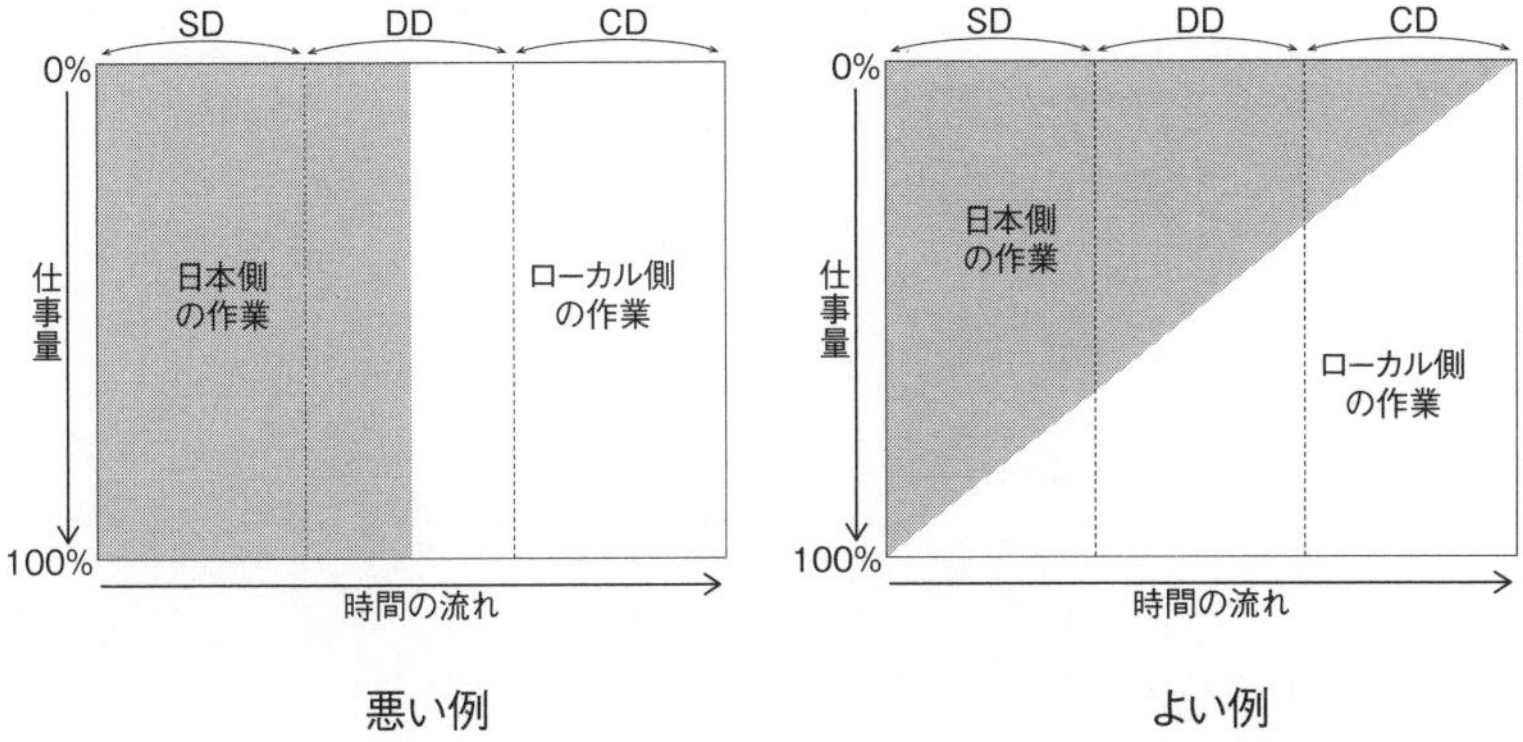


設計フェーズごとに作業を分けず、最初から最後まで共同作業とする

す。そのため、共同設計は必至です。信頼関係を築くため、すぐにローカルエンジニアに会いに出かけます。一緒に構造模型を眺めながら、「求められている空間」を認識し、必要な「構造デザイン」を共有します。とにかく、設計初期に直接会うことが大切です。設計終盤に会っても彼らは設計図書のまとめ作業に忙しく、こちらの要望は黙殺されます。

「日本技術」の押し売りも禁物です。国籍にこだわらない一体の構造設計チームを目指します。最後まで関係が途切れず、協力して設計を進めるため、作業分担はナナメ割とします［図５］。

## 海外の設計規準を知ろう

国が変わっても工学的理論に差異はなく、海外での構造設計は日本と同じはずです。それなのに、設計規準の違いがローカルエンジニアとのコミュニ

## 図6 ｜ 設計基準とコミュニケーション

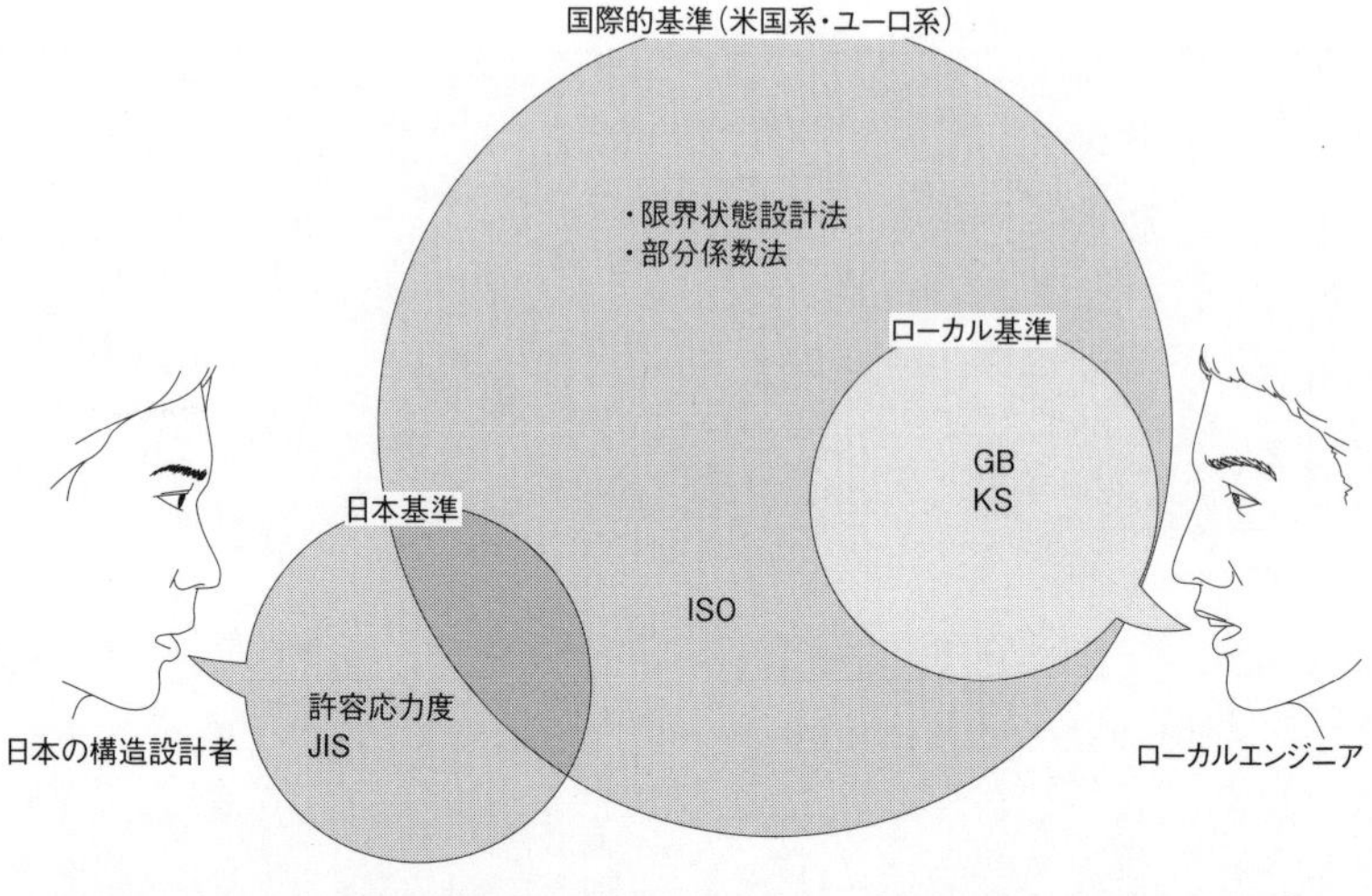


海外旅行で「日本語、英語、現地語」を使い分けるように、海外で構造設計する場合は、「日本基準、国際基準、ローカル基準」を使い分けよう

ケーションを難しくします。たとえば、海外では「限界状態設計法」が主流であり、馴染みの深い「許容応力度設計法」の話をしても通じません。理由の一つは日本側にあります。災害大国である日本の設計規準は、耐震設計に重きを置き、独自に発展してきたため、国際化されていないのです。コミュニケーション向上のため、国際規準の理解が望ましいです［図6］。

ローカル基準の多くは、国際基準をベースに、その国の、地域性・災害発生確率・建築業界事情・経済性を考慮し、安全率を個別に設定しています。そのため、ローカル基準を短期間で理解することは難しく、表面的解釈は危険です。信頼できるローカルエンジニアを見つけ、基準解釈や、安全性を習いながら設計を進めます。海外基準の内容も大変参考になります。日本基準との相違を知り、その理由を考えることは日本基準の理解を深めます。

**写真5｜慶州の梁のない家（韓国）**

韓屋の食堂。新しい伝統木造の提案。世界的に木造建築が広がりをみせている。(写真：Park Seh-won)

**写真6｜Xiangcheng Yangcheng Lake Tourist Transportation Center（中国）**

「上海蟹の産地」である陽澄湖の観光拠点施設。鉄とアルミルーバーの巨大な三角屋根の重なり。構造素材を活かしたデザインが普及してきている（写真：Erieta Attali and Tsehou Hsiao）

## 海外プロジェクトは成長のチャンス

海外と日本の〝違い〟を知り、建築の多様性を学ぶことは、自分らしい「構造デザイン」を育んでくれます。海外プロジェクトで必要とした設計スキルは、日本国内のプロジェクトでも必ず役に立ちます。意匠、設備、ランドスケープ、照明など、構造設計以外の多分野に興味が持てるようになり、「構造デザイン」の幅を広げてくれます。

もちろん、海外旅行だけでは味わえない食や、文化交流も魅力的で、人間性を豊かにしてくれます。自分自身の成長のため、あまり深く考えず、若いうちに一度くらいは、「海外プロジェクト」に、挑戦してみましょう！

（揚原茂雄）

# 構造計算

Q
52

# 構造設計と構造計算はどこが違うか？

「う〜ん、どっちも同じに見えちゃうねェ」

# 「設計」と「計算」は表裏の関係にある

　構造設計は「自然外力に対して、建物の機能保持と復元、損傷をバランスを取りながら追究する作業」。工学判断は経験に加えて創意工夫が求められます。構造計算は「構造設計における結果の検証手段」ですべてではありません。

　また、英語で考えると分かりやすいと思います。「設計」は「デザインDesign」、「計算」は「キャルキュレイションCalculation」、構造設計すなわち「構造Structural」と聞くと、何やら難しいことをやっているので、即「キャルキュレイション」と思い込みがちですが、必ずしもそれだけではありません。ここでは、その解釈を掘り下げて考えてみたいと思います。

　デザインとは、図案、意匠、設計のことです。図案とくればアート（芸術、美術）にまでその世界は広がります。一方、「キャルキュレイション」は数学（マスィマティックスMathematics）が不可欠になります。数学の一分野には、図形および空間の性質を研究する幾何学（ジオメトリGeometry）もあります。こうしてみると、「設計、計算、図案、意匠、芸術、美術、数学、幾何学」と、そのキーワードは多岐にわたります。これらの概念のなかに共通するものはあるのでしょうか?

　伝統的数学の発達は物理現象の解明とともにありました。いわゆる「自然の法則の追究」に近いものです。しかし、構造設計の世界は、重力、風力、地震、水圧、土圧などの外力に対して土、石、木材、鉄、レンガなどの自然素材そのものを相手とします。これにより、つくられた空間に居住するのは自然の生んだ芸術品である人間であり、動植物です。

　自然の基本は「釣り合い、バランス」です。物事が「不釣り合い、アンバランス」であればバランスを求めて物事に動きが生じます。人間の感覚でアンバランスになると、崩れたバランスを取り戻し完全に落ち着くまで、気分は晴れ晴れしないものです。

さて、仮に前述の共通のキーワードが「自然の法則の追究」だとすれば、構造の「設計」と「計算」の根っ子は同じであり、物事の表裏の関係で別問題ではないことが分かります。しかし、この解釈だけでは論理のすり替え、「コジツケ」といわれかねません。

## 構造設計は計算行為ではなく創造行為

構造設計および構造計画の判断項目には、満足させなければならない以下の制約条件があります。すなわち、建築主の条件〈好み、予算、工期〉、環境条件〈敷地、近隣対策〉、意匠設計者の条件〈美的感覚、設計意図〉、設備・避難・施工の条件、構造材料特性・耐久性・維持管理・性能レベルの条件です。また近年は、構造判断に制約を加える建築基準法や、場合によっては実験、検証、解析ソフトの開発からの条件なども加わりその制約は多岐にわたります。

そもそも構造設計とは、自然の外力に対して建物のエネルギー吸収・消散である損傷過程を「力と変形」のエネルギーの流れとしてとらえてバランスをとりながら追究する作業です。**建築基準法に準拠する「計算」は、結果の検証手段ですから、構造設計（構造計画を含む）の一部分であってもすべてではありません。**しかし、一般には（建築業界内でも）、「構造計算書」「構造図書」「構造設計」それぞれの違いに対して理解が十分でないところがあるようです。最近は、耐震強度偽装事件によって「構造設計者」の存在が、広く世間に知れ渡ったので、この機会に「構造設計業務」そのものの説明をすることも必要でしょう。そのためには、建築システムにおけ

図1｜「設計」と「計算」の位置づけ

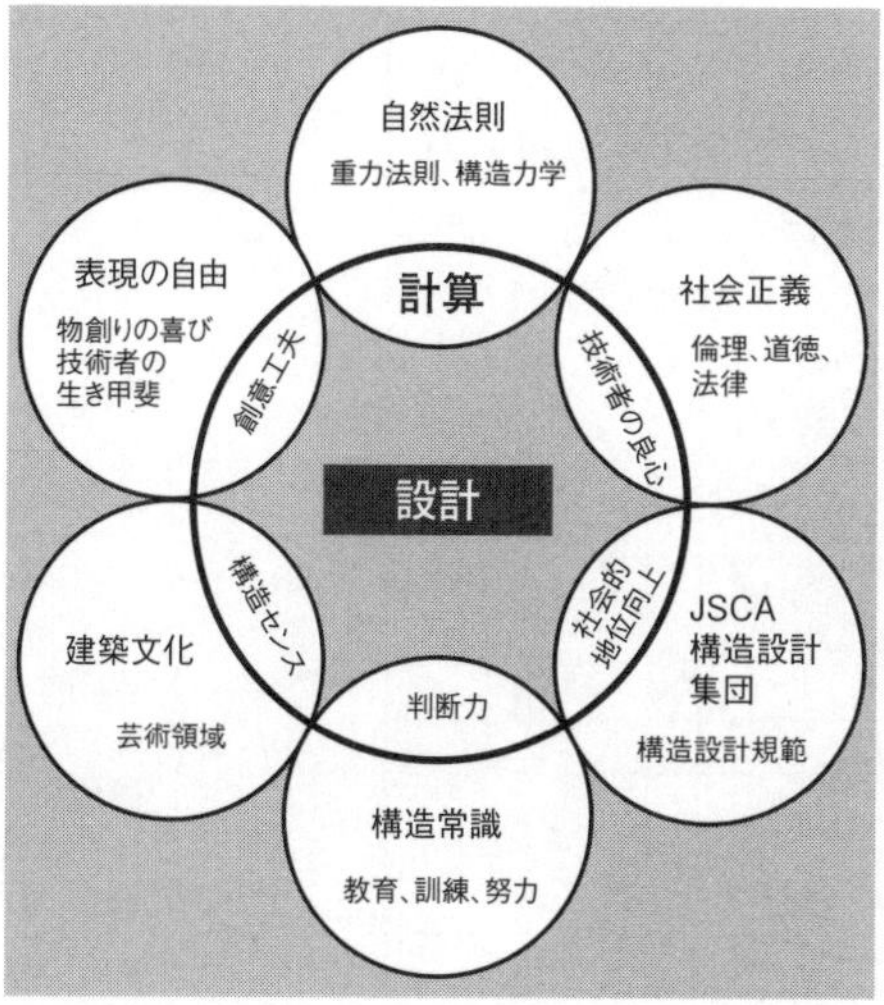


構造設計のもつ概念には、計算だけでなく、物づくりとしての創意工夫、構造センス、常識、良心、切磋琢磨がある。計算も自然の法則に対する謙虚な探求がベースにある

る構造家のスタンスを正しく理解することが大切です［図1、図2、図3］。

意外に思う人もいるようですが、構造設計にもとづく構造計算書および構造図面（以下、構造図書）は、携わる構造設計者によって結果はマチマチで、1つとして同じものはありえません。なぜなら、構造設計とは、コンピューターに計算条件を入力した結果を構造図書にまとめることが業務ではないからです。

構造設計者は、自身の構造業務に対する思想、信条、倫理観、道徳観により構造安全性を検討するなかで、コンピューターを道具として使用しているにすぎません。しかも、道具として使用するコンピューターの計算ソフトは各自で異なります。場合によっては、自身のイメージするエネルギーの流れを確認するために、複数のソフトを併用して結果の信頼性を判断することも多々あります。構造設計は、

**図2 | 構造技術者を取り巻く相関図**

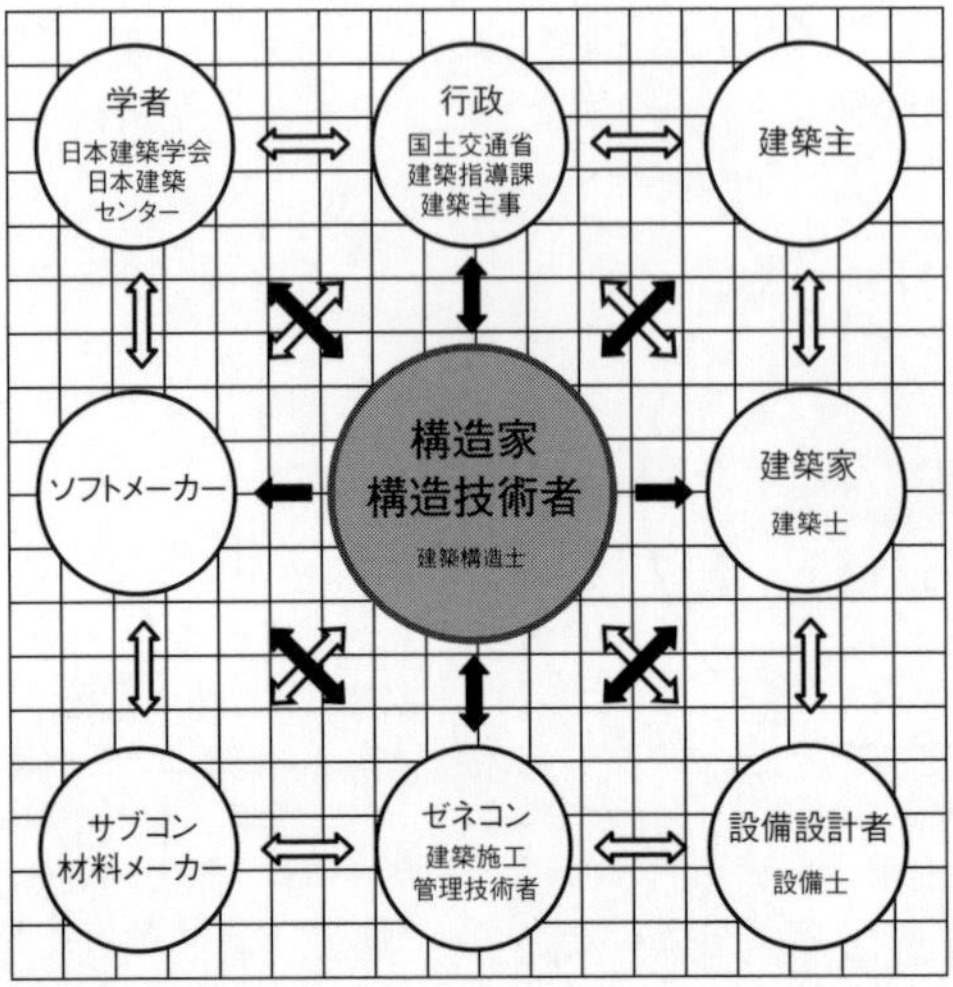


構造家の仕事に関わるのは、建築主・建築家に始まり、設備設計・行政・ゼネコン・学者・ソフトメーカー・材料メーカーと多種多様

種々の要件を力学的なルールにのせるものですが、数学的に簡単に割り切れるものではありません。その結果として、構造設計者によって構造安全性に対する技術的なスタンスの違いが多岐にわたることは当然といえば当然でしょう。構造設計は「単なる計算作業ではなく創造行為」なのです。すべての物事は「部分が全体の一部」であり、あらゆる部分の変化は必ず全体に影響を及ぼすものです。

たとえば設計完了後に、RC造の中層ビルの1カ所の窓の大きさを変更したとします。すると再計算の結果を元に平面的な偏心検討、高さ方向の剛性検討、柱、梁部材の検討、梁、柱リストの配筋の納まり検討など、条件バランスを見直す必要が生じます。計算も複数回行うこともあります。そうしてできた建物でも、地震などの外力を受けたとき、計算したイメージどおりに挙動するかどうかは定かではありません。

（真崎雄一）

## 図３｜建築システムベクトル図

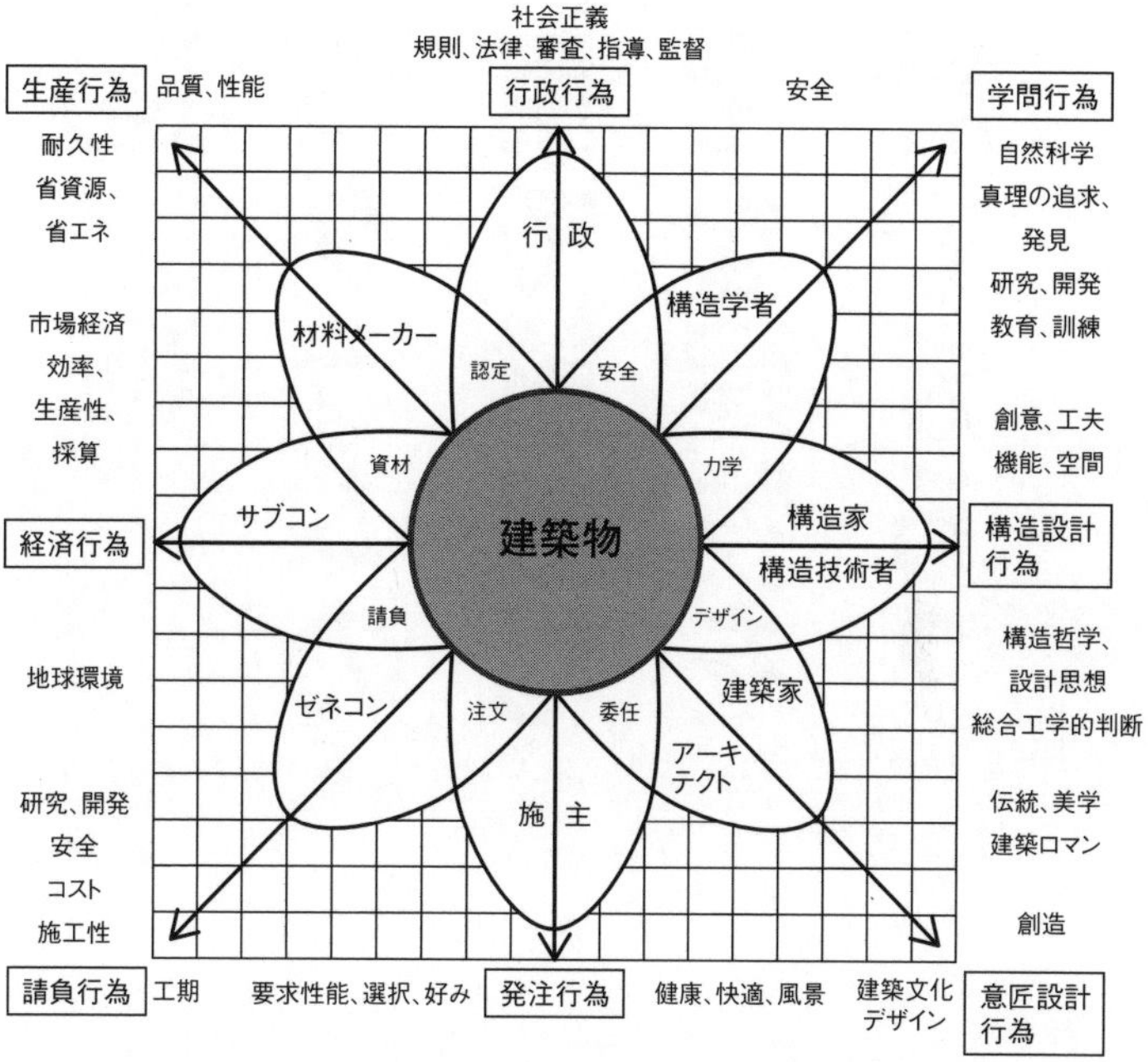


建築物を完成させるのには行政・学問・構造・意匠・発注・請負・経済・生産などの多様な行為が必要。すべての役割がバランスよく機能してこそ、よい建物ができる

Q53

# 構造計算プログラムの使用で誰でも安全な建物を設計できる？

「誰れでも…ねェ…」

## 入力する計算条件は一義的ではない

形状認識（モデル化）により荷重伝達や剛性評価が異なり、複雑な形状になると断面寸法が変わるほど結果が違う場合があります。構造計算プログラムを熟知し正しい工学的判断によるデータ作成が必要です。とくに斜め軸や基礎レベルが階段状のものや大きな吹抜けがある不整形な建物などでは、構造計算プログラムによって断面寸法が異なることが多いものです。断面剛性に影響する雑壁などや計算方法の選択が正しくないときもあります。

構造計算プログラムは、設計者が使用する「道具」の1つです。そろばんから計算尺、さらに電卓へ変わり、今は構造計算プログラムを使って設計しています。荷重計算・断面計算のように計算の繰り返しや応力解析のような複雑な計算を行うところでは省力化になりますが、構造設計においては、入力する計算条件は高度な工学的判断が必要となり一義的に定義できないときがあります。また、初期値（入力指定がないとき、自動的に採用される値）が設計意図と異なって計算結果の正当性に疑問がある場合があります。したがって、たとえ**大臣認定された構造計算プログラムをその適用範囲で使用しても、正しい設計と過信することはできません。**法改正や機能拡張・計算書式の省略などもあり、結果の判定も難しくなっています。だからといって「その結果の根拠はメーカーに聞いてくれ」などとはいわず、構造計算プログラムを正しく理解しなければなりません。構造計算プログラムの機能に使われるのではなく、設計方針の検証のためにその機能を使用することが重要です。

### ●構造計算プログラムの審査

現在、設計に使用されている一貫構造計算プログラムは、日本建築センターの性能評価を取得し、

図１　｜　15°以上の傾斜フレームをもつ建物

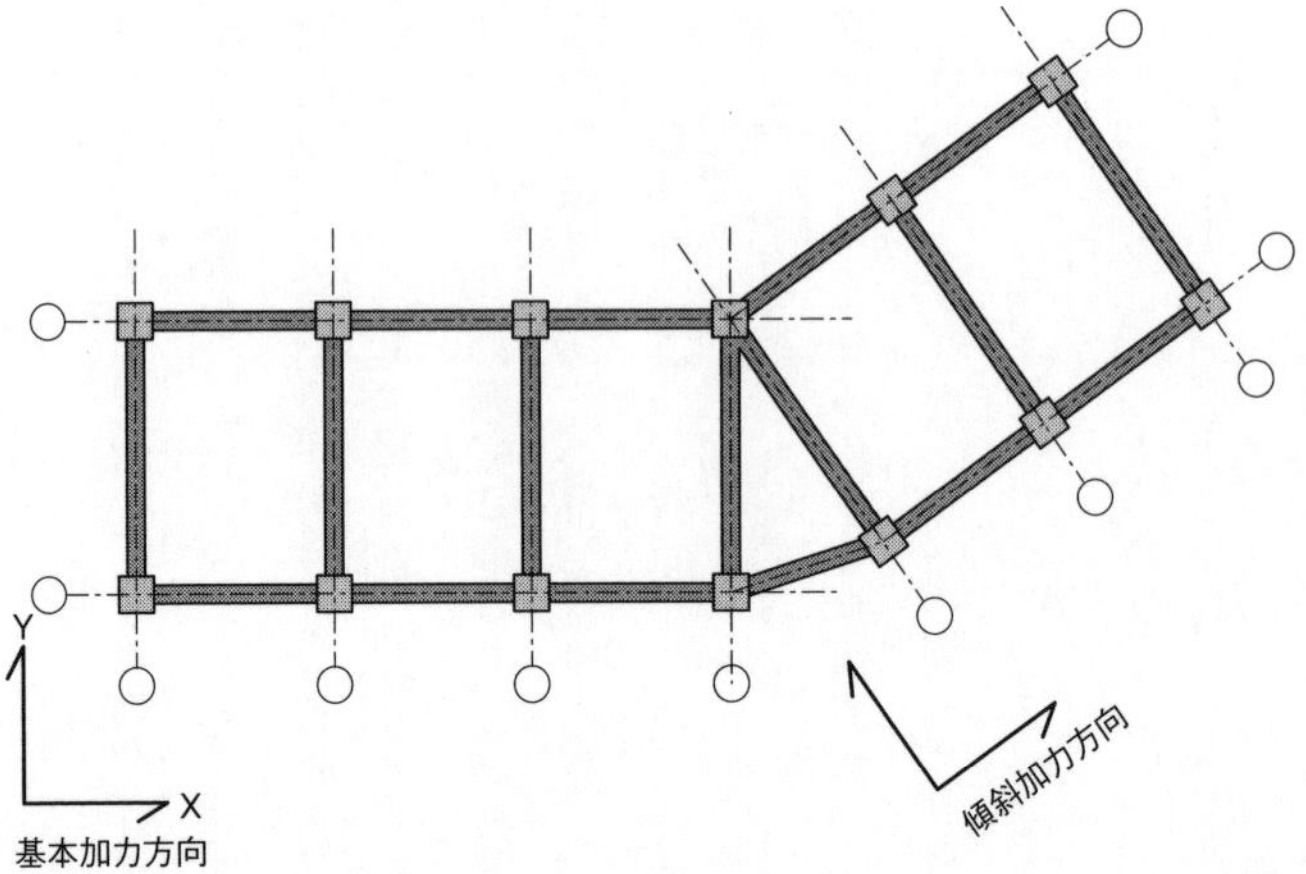


Ｘ・Ｙの基本座標に対して15°以上傾斜しているフレームがあると、その傾斜したフレームに平行な加力が、最大応力になる場合があるので検討が必要

今後、大臣認定を取得する予定になっているものが多くあります。大臣認定プログラムの審査は、計算内容・解析方法・計算式に加え、解説書が理解しやすいことなども評価されます。同時に、法解釈の曖昧な点をなくし、検証モデルデータ（特定の共通データ）を使用して計算結果の誤差が少なくなるように調整することが目指されています。

## ●構造計算プログラムの現状

構造計算プログラムは、開発当時の基本機能（形状認識や応力解析など）をベースに、法解釈や計算式の拡張・修正を逐次行いながら運用されているものです。かつての計算プログラムはグリッド（格子）タイプの整形な形状を対象としていましたが、現実の建物は形状が複雑であることが多いため、とくに形状認識の点では、各社の創意工夫やユーザーの要望により進歩発展してきました。したがって、計算条件としての解析モデルには同じような機能が備

### 図2｜通りずれによる近接架構のモデル化

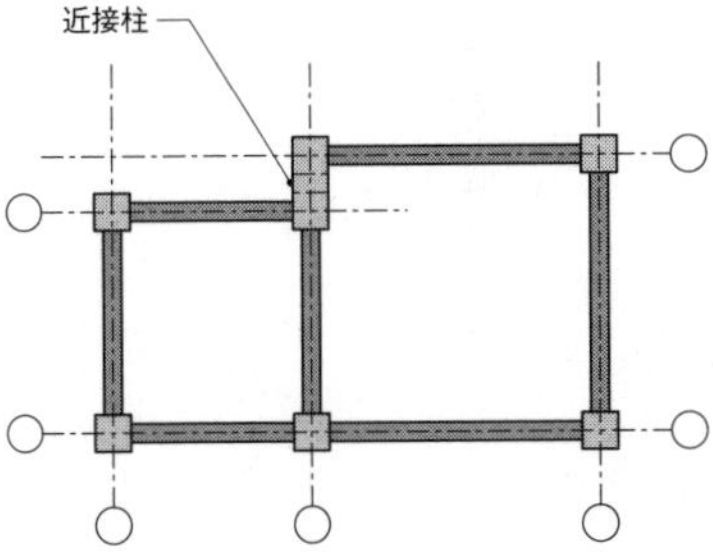


柱が近接したりスパンの中間に柱があり、短スパンが生じる場合は、そのスパンに応力が集中してしまうので、配置部材の連続性を考慮した断面検討が必要になる。建物プランに合わせた無理なフレーム形式に依らず、応力集中のないフレーム架構の計画が望ましい

わってきましたが、詳細はまだまだ似て非なるものといえます。

**●使用上の注意点**

各構造計算プログラムを使用する際は、それぞれに特徴や独自の機能があるため、データの作成には細心の注意と、計算結果の正しい判断が必要です。

**モデル化**／建物を立体解析するために形状を認識するものです。立体解析は、節点を生成し不安定にならなければ、釣り合い条件をもとに解析できます。建物形状により、逆梁や近接柱・傾斜梁などの形状を便宜上「モデル化」として設計者が都合よくデータ作成しますが、実際には計算ルートやそのほかの諸係数計算を行うため、剛性率や偏心率の判断が難しくなります。傾斜フレームも同様で、釣り合い条件は満足しますが基本座標軸（XY軸）の加力が最大とは限らないので別途検討が必要になります。

**荷重計算**／部材の配置は応力解析上節点に接続させ

**図3｜基礎レベルが階段状および逆梁のある建物**

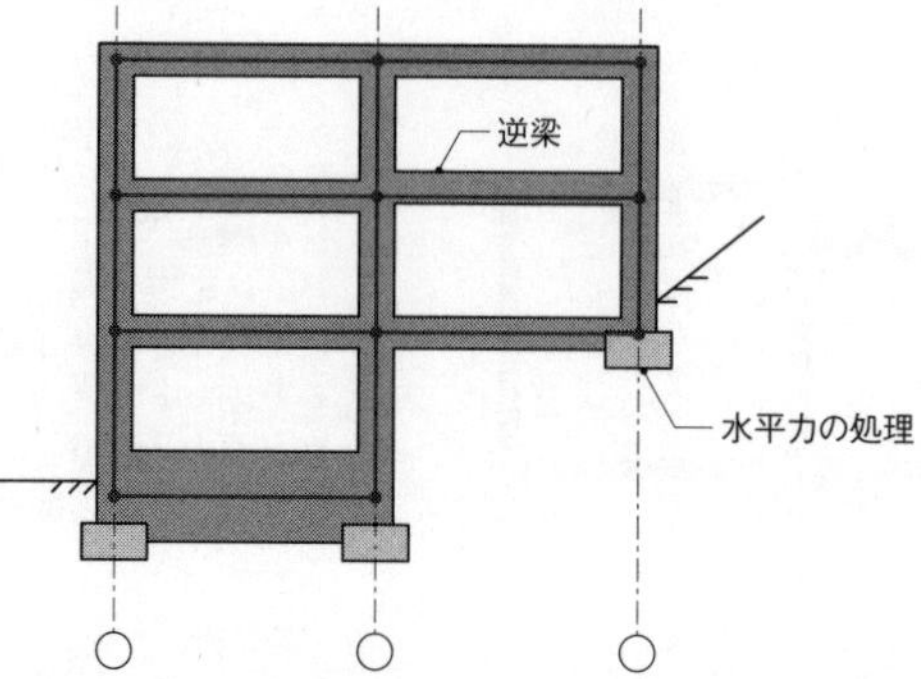


傾斜地に建つ階段状の建物の水平力はそのレベルの基礎や杭で負担される。逆梁で材の中心位置がほかと異なると、柱の可とう長さが変わるのでその剛性を正しく評価する必要がある

ますが、柱・梁・壁の位置は通り芯に対して寄りがあると、複雑な立体形状をできるだけモデル化して入力しなければなりません。二次部材（小梁・床・雑壁など）や特殊荷重の追加も重要です。支配面積による計算だけでなく境界条件による荷重移動もあります。なお柱の軸力は大梁の配置による荷重伝達後の応力計算の軸力を使うのが一般的です。

**応力計算**／解析条件としての部材剛性評価や境界条件については設計者の判断がとくに求められます。RC造の有開口耐震壁やスリット付き雑壁の柱・梁の剛性評価や基礎の浮き上がりの考慮の有無、鉄骨造の床の梁に対する増大率などがあります。

**断面検定**／部材断面は算定でなく指定部材での検定が必要です。検定にもそれぞれ条件があり、その条件で検定されているかの結果を確認することが望ましいのですが、計算結果を検証するには、省略されている数値の工夫と計算をしなければなりません。

既製品などは、各メーカーそれぞれに計算内容や判定が異なっているので、その根拠を理解することも大切です。

**保有水平耐力**／建物の保有水平耐力は、指定層間変形角や脆性破壊発生時で決まります。「必要保有耐力」は、部材の崩壊形式などで決まります。「崩壊メカニズム」の判定が自動判定できず、判定結果に大きく影響しています。たとえば、S造で横補剛を満足しない部材にヒンジが起きたときを、保有水平耐力としていないソフトもあります。「崩壊メカニズム」の判定規準も含めて、今後の機能変更や運用には注意とその理解が重要です。

**●プログラムの役割と運用**

構造計算プログラムが販売された当初は、一般ユーザ（Public）の誤使用防止のための評定制度（解析内容や計算条件などの評価を第3者機関で審査を受ける制度）でした。そのため、形状などの制限があり、適用範囲内で使用しているかを確認するためのチェックリストがありました。範囲外の場合はメッセージを出力していました。また、利用者には使用方法の注意点を講習会で説明し証明書を発行していました。さらに、構造計算プログラムの使用条件に、使用プログラムを「熟知した技術者が使用すること」となっていましたが、その取り扱いは普及の度合いもあり現在では設計者に委ねられています。

（細山典雄）

Q 54

# 構造計算ソフトの大臣認定プログラムを使うと何かよいことがあるのか?

## 認定と非認定の違いは3点

構造計算書偽造問題を受けた建築基準法の改正から12年、第1号の大臣認定プログラム（以下、認定プログラム）の誕生（２００８年2月）から11年を迎え、現在（２０１９年11月）認定を取得したプログラムは4本になりました。しかし販売されているものは2本で、認定を取得しながら「運用体制に関する課題が残っているため……」「円滑な運用ができる環境が整うまで……」との理由で販売されていないものがあります。このように、現状では認定プログラムが一般的なツールとして活用されているとはいいがたい状況ですが、どんな制度かをおさらいします。

まず、認定プログラムと認定されていないプログラム（以下、非認定プログラム）で取り扱いが異なる点は、次の３つになります。

### ①構造計算適合性判定の要・不要

認定プログラムを使った構造計算書を提出すると、どのような規模の建築物であっても構造計算適合性判定（以下、適判）での審査が行われます。確認申請に必要な時間と費用が増える点は問題ですが、当該構造設計者以外の専門家による審査が行われるので構造計算に対する信頼性は高まります。

### ②適判の手数料および判定期間の差

認定プログラムは非認定プログラム（認定プログラムの非認定部分の使用を含む）に比べて、適判の手数料が安く、判定期間が短く設定されています。２００７年に建築基準法が改正された直後は適判を含む確認申請に要する期間も長かったのですが、現在は非認定プログラムによる申請でも判定期間が短くなり実質的な差は少なくなりました。手数料は建設地により異なりますが、東京都［表1］の例によると、認定プログラムは非認定プログラムの6

表1｜構造計算適合性判定の手数料（建設地が東京の場合）

| 区分（床面積） | | 構造計算適合性判定の手数料 | |
|---|---|---|---|
| | | 構造計算が大臣認定プログラムにより行われたもの | 構造計算が大臣認定プログラム以外の方法により行われたもの |
| 建築物 | 1,000㎡以内のもの | 108,000円 | 156,000円 |
| | 1,000㎡を超え2,000㎡以内のもの | 134,000円 | 209,000円 |
| | 2,000㎡を超え10,000㎡以内のもの | 147,000円 | 240,000円 |
| | 10,000㎡を超え50,000㎡以内のもの | 187,000円 | 319,000円 |
| | 50,000㎡を超えるもの | 319,000円 | 587,000円 |

確認申請で構造計算適合性判定を要する場合、その建築物の床面積に応じて確認申請手数料に加える金額。構造計算書作成が大臣認定プログラムの認定された機能によるかどうかにより手数料が決められている

参考資料：構造計算適合性判定手数料（東京都都市整備局）

～7割程度の金額となっています。

「大臣認定を取得した構造計算プログラムを用いて構造計算を行い、認定の範囲内で使用した場合において、入力データを確認申請時に提出し、構造計算適合性判定機関において再計算・照合することにより、構造計算プログラムの計算課程に係わる審査が簡略化され手数料が減額されます。」と（一財）建築センターのホームページではその理由が述べられています。

**③確認申請時の提出図書の省略可否**

認定プログラムで確認申請を行う場合は、入力データや全出力をCD－ROMなどによって提出し、適判で再計算を行うため、申請時に紙による提出を省略することができる図書が大臣によって指定されます。しかし、第1号の認定プログラムの場合は、出力が半分程度になるといわれています。

**表２｜認定プログラム評価の基準［※１］**

①適用範囲の適合性
②仮定条件と計算理論の妥当性並びに法令等及び諸規準の適合性
③モデル建築物等の計算結果が適切であること
④誤用・改ざん防止対策が確実に機能することについて動作確認
⑤出力された構造計算書の体裁及び適正さ
⑥プログラムが適切に運用されうるか
⑦構造計算適合性判定における再計算が適切に実施できること
⑧メンテナンスの適切性

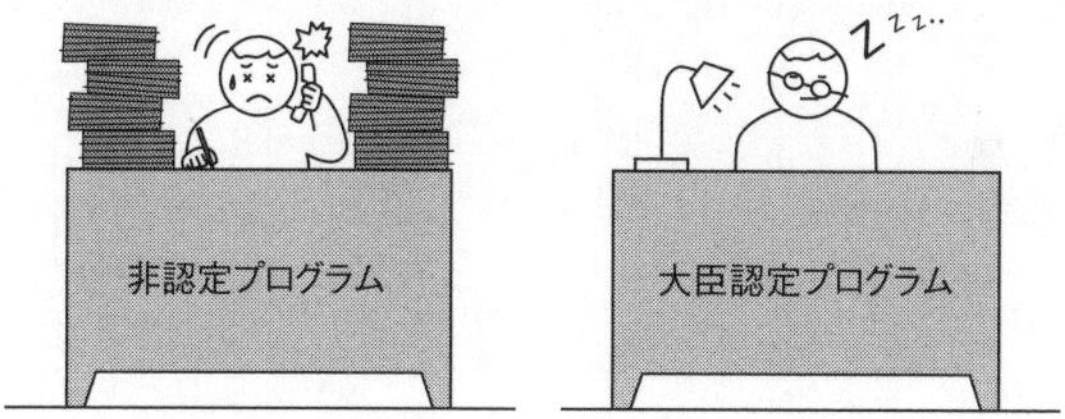


## 認定には一定の基準がある

認定プログラムは、表２に示した評価基準についての性能評価の審査を経て認定されます。プログラムを開発した会社のチェックに加え、第三者の複数の委員により検証や確認が行われます。したがってこのような過程を経ていない非認定プログラムや、認定プログラムでも認定の適用範囲外機能（評価対象外のため非認定として扱われる機能）をもつものに比べると、その信頼性は高まります。

しかし、認定プログラム以外でもユーザーに使われることによって不具合（バグ）が発見され、プログラムの信頼性が向上する可能性は否定できません。構造計算の過程を理解、計算結果を検証しながら利用しているユーザーに長く使われているプログラムの信頼性は高まる、といえるのではないでしょうか。

## 問題はバグへの対応

情報セキュリティーの専門家である村瀬一郎氏は、プログラムの性質として「プログラムにはバグ(不具合)が存在する。出荷後のプログラムに、バグが存在することも常識となっている。多くのプログラムが、インターネットにより自動更新やバージョンアップされている(以下省略)。」[※2]と指摘しています。

このような性質をもつプログラムを建築基準法、第20条、構造耐力では、「……国土交通大臣が定めた方法によるもの又は国土交通大臣の認定を受けたプログラムによるものによって確かめられる安全性を有すること」と位置づけています。バグの存在するプログラムで確認された安全性が否定される事態を避けなければいけないという点が、制度を複雑にしているといえるでしょう[※3]。

## 認定プログラムを過大評価してはならない

構造安全性に影響を与える重大なバグの存在を否定できないプログラムというツールを使う限り、たとえ認定プログラムであっても「少し信頼性が高いプログラム」程度に考え、構造設計者も審査する人も「水戸黄門の印籠」のような扱いは避けなければなりません。

どんなにプログラムの信頼性が高くても、誰がやっても同じ安全性を確保する世界をプログラムだけで創ろうとするのは無理な話です。スパンや部材寸法・荷重条件で桁を間違えるなどの入力ミスや勘違いも含め、計算結果の信頼性を高めるためには、構造設計者の役割・力量を抜きには実現できません。

構造設計者は認定プログラムであろうと非認定プログラムであろうと計算結果を予測し、常にチェックする気持ちや、必要に応じて社内を含め第三者の検証を受けることなどを忘れてはなりません。ただ、現在要求されている計算の流れや式は複雑で全体の流れが見えにくく、概算での確認が困難になっています。この点に関しては、シミュレーションや表現方法などＩＴを駆使し、建物全体の安全性を直感的に把握できる環境の開発が進められることを期待しています。

（水津牧子）

※１　一般財団法人日本建築センターホームページ　構造計算プログラム審査「審査の内容」より抜粋
※２「情報処理分野から見た耐震偽装問題」建築学会　総合論文誌　No7　JANUARY　2009
※３「大臣認定構造計算プログラムを用いた構造計算書の確認審査・構造計算適合性判定のガイドライン（平成21年２月17日改訂版）に、バグがあった場合の取り扱いが約７頁にわたって書かれている。それによると、プログラムにバグが発見されると大臣認定は取消（撤回）され、バグを修正したプログラムが新たに認定される。この取消（撤回）が確認申請中・着工前・着工後・竣工後のどの時点で行われるかによって取り扱いが異なる。確認申請中にバグが発見され影響がありそうな場合は適判などからバグによる影響に関して追加説明が構造設計者に求められ、設計者はバグの影響の有無を確認し、資料を提出するなど負担が大きな制度になっている。さらに追加説明書などの作成期間は中断期間となるため、本来審査期間が短いはずの認定プログラムで審査期間が読めなくなる点も発注者の理解を得られるかどうかなど問題になる可能性がある。このガイドラインは一般財団法人建築行政情報センターのホームページにおける公開が一時中断されており、2019年11月時点ではガイドラインに係わるQ&Aのみが公開されている

# 索引

# 執筆者一覧（五十音順）

揚原茂雄　Ｓｔｒｕｃｔｕｒａｌ ＮＥＴ
朝川　剛　東京電機大学・慶伊朝川一級建築士事務所
新谷眞人　オーク構造設計
安藤欽也　安藤構造計画室
一之瀬春雄　Ｈ＆Ａ構造研究所
伊藤栄俊　竹中工務店
伊藤喜啓　ビーオーセイツ・ジャパン
井戸川隆一　東北三興設計事務所
内山晴夫　久米設計
宇山　徹　ＦＥＡ設計
江尻憲泰　江尻建築構造設計事務所
大賀成典　大賀建築構造設計事務所
大沼彰裕　Ｔ＆Ａ設計
大畑勝人　竹中工務店
岡部喜裕　力体工房
岡本憲尚　岡本構造研究室・ＳＡＭ
小椋仁志　ジャパンパイル
小野潤一郎　日建設計
小野はやを　確認サービス
梶井照仁　建構造研究所
金田勝徳　構造計画プラス・ワン
栗原一郎　栗原建築構造事務所
越田英一　越田構造設計

坂井田泰圭　坂井田構造事務所
榊原信一　榊原構造設計コンサルタント
佐々木直幸　鹿島建設
佐藤則勝　戸田建設
進藤正文　東京都防災・建築まちづくりセンター
水津牧子　オルタス建築事務所
鈴木直幹　竹中工務店
関　洋之　梓設計
髙橋新一　鹿島建設
高原茂樹　高生綜合設計
高山正春　高山構造設計室
中井政義　竹中工務店
中島一浩　ロブテックスファスニングシステム
久田基治　構造設計工房デルタ
星山　守　エコザック普及協議会
細澤　治　大成建設
細山典雄　アクティ・ハウス
真崎雄一　ＭＡＳＡ建築構造設計室
丸川玲子　入江三宅設計事務所
萬田　隆　ｔｍｓｄ萬田隆構造設計事務所
森田仁彦　大成建設
矢沢秀周　エーピーエヌ設計
山口幸治　石井アーキテクトパートナーズ
横田幸久　横田建築研究所
横山　充　ｙ構造コンサルタント
吉田　守　東京ソイルリサーチ
吉原　正　三菱地所設計
依田博基　久米設計
脇田健裕　日本ＣＦＳ建築協会

最新版　建築構造の「なぜ」がわかる一問一答

2019年11月29日　初版第1刷発行
2021年4月15日　　　第2刷発行

著　者　建築構造用語研究会

発行者　澤井聖一

発行所　株式会社エクスナレッジ

〒106-0032　東京都港区六本木7-2-26

https://www.xknowledge.co.jp/

[問合せ先]
編集　Tel 03-3403-1381 / Fax 03-3403-1345
info@xknowledge.co.jp
販売　Tel 03-3403-1321 / Fax 03-3403-1829